ケイスメソッド

刑事訴訟法

山口直也　上田信太郎　編著

岡田悦典　京　明　小島　透　笹倉香奈
德永　光　中川孝博　正木祐史　緑　大輔

不磨書房

──[執筆分担]────────────

山口直也 (やまぐち なおや)	(山梨学院大学法科大学院教授)	**序章第1節～第4節** *CASE 5, 6, 48, 49*
上田信太郎 (うえだ しんたろう)	(岡山大学法科大学院教授)	**序章第5節～第8節** *CASE 38～41*
小島　透 (こじま とおる)	(岡山理科大学工学部助教授)	*CASE 1, 2, 4, 47*
岡田悦典 (おかだ よしのり)	(南山大学法学部助教授)	*CASE 3, 23, 24,* *31～33, 44～46*
徳永　光 (とくなが ひかる)	(甲南大学法学部助教授)	*CASE 7, 8, 17, 18*
正木祐史 (まさき ゆうし)	(静岡大学人文学部法学科助教授)	*CASE 9～12, 19, 20*
緑　大輔 (みどり だいすけ)	(広島修道大学法学部助教授)	*CASE 13～16, 21, 22*
中川孝博 (なかがわ たかひろ)	(龍谷大学法学部教授)	*CASE 25～28, 34～37*
京　明 (きょう あきら)	(龍谷大学矯正・保護センター博士研究員)	*CASE 29, 30, 51, 52*
笹倉香奈 (ささくら かな)	(日本学術振興会特別研究員（一橋大学）)	*CASE 42, 43, 50*

────[執筆順]──────────

　　　　　　　はしがき

　司法制度改革にともなって刑事司法の領域でも多くの新立法が誕生し，刑事手続全体が大きく変わりつつある。たとえば，被疑者段階での国選弁護人の選任，公判準備段階で事前に争点を絞り込む公判前整理手続などがすでに行われている。また，国民の司法参加としての裁判員制度が2009年5月までには始まることになっている。さらには，刑事手続に関する新しい判例やそれに対応する学説の集積も著しい。

　本書は，このような状況を踏まえたうえで，刑事訴訟法を基礎から学ぶことができるように構成されたテキストである。ケイスメソッド（具体的ケイスを通して法的内容を理解する方法）と題して，捜査段階から公判段階までの52の〈CASE〉をとりあげているが，各〈CASE〉の素材になっているのは，主として，当該領域のリーディングケイスとなっている最高裁判例である。

　本書の読者として想定しているのは，法学部・法科大学院ではじめて刑事訴訟法を学ぶ学生である。そのため，刑事訴訟法を基礎から学んで基本的な知識や考え方を身につけることができるように構成に工夫を凝らしたつもりである。序章として刑事訴訟手続の全体像を理解するために80頁程度の概説を施したこと，各〈CASE〉の最後に理解度確認のための〈Practice〉の問題を設けたことなどがそれである。

　本書は以下のように活用してほしい。

　まず序章を熟読して，刑事訴訟法の全体像を理解してもらいたい。その後，少なくとも，同じ箇所を3，4度は通読することをお勧めする。そのうえで，第1章以下のケイスメソッドに順番に進んでいってもらいたい。そして，〈CASE〉の内容をよく理解した上で解説部分を読んでほしい。解説は論点に関する一般的な説明から始まっているが，途中で具体的ケイスの解答へと導いている。具体的ケイスをイメージしながら解説を読むことで，当該領域の問題点を必ず理解できるはずである。そして最後に，〈Practice〉の問題を解くことで，最低限理解しておかなければならない基礎知識を確認することができる。

　なお，本書の執筆を分担したのは，法学部，法科大学院で刑事訴訟法を教え

はしがき

ている刑事法の若手研究者であり，基本的な志を同じくする研究者仲間である。その意味で，内容の統一性は自然にはかられているものと確信している。もっとも，基礎的なケイスをベースとした書物であるという性格上，判例・通説に基づく基本的な解説が中心にならざるを得ず，必ずしも刑事訴訟法全般の論点，内容を網羅的に，また詳細に論じたものではない。しかし，底流には憲法的刑事訴訟法を指向する熱い思いが貫かれていることを感じ取ってもらえれば幸いである。

2006年12月

編　者

目　次

はしがき

序章　刑事訴訟法の概要

- 第1節　総　　論 …………………………………………………………… 3
  - 1　刑事訴訟法の意義と目的　*3*　　2　刑事訴訟法の基本原理　*3*
  - 3　刑事訴訟法の構造　*5*　　4　刑事訴訟法の法源と適用範囲　*6*
  - 5　刑事手続に関与する者　*6*
- 第2節　捜　　査 …………………………………………………………… 9
  - 1　捜査概説　*9*　　2　捜査の端緒　*12*
  - 3　任意捜査と強制捜査の区別　*15*　　4　任意捜査　*17*
  - 5　逮捕　*19*　　6　勾留　*21*　　7　逮捕・勾留の諸問題　*23*
  - 8　証拠収集　*24*　　9　被疑者等の取調べ　*33*
  - 10　被疑者の防御権　*36*　　11　捜査の終結　*41*
- 第3節　公訴の提起 ……………………………………………………… 41
  - 1　公訴提起の基本原則　*41*　　2　起訴便宜主義　*42*
  - 3　検察官の訴追裁量のコントロール　*42*　　4　起訴状　*43*
  - 5　訴因と公訴事実　*46*　　6　訴訟条件　*51*
- 第4節　公　　判 …………………………………………………………… 56
  - 1　準備手続　*56*　　2　公判手続　*57*　　3　公判期日　*59*
- 第5節　証　　拠 …………………………………………………………… 61
  - 1　証拠の意義と種類　*61*　　2　証拠法総則　*62*
  - 3　自白法則と補強法則　*68*　　4　伝聞証拠　*71*
- 第6節　裁　　判 …………………………………………………………… 78
  - 1　裁判の意義および種類　*78*　　2　裁判の成立　*78*
  - 3　裁判の内容　*79*　　4　裁判の効力　*80*
- 第7節　上訴・救済手続 ………………………………………………… 80
  - 1　上訴　*80*　　2　再審　*84*　　3　非常上告　*85*

目　次

第1章　総　論

CASE 1　迅速な裁判……………………………………………88
 1　実体的真実主義　88　　2　適正手続の保障　89
 3　迅速な裁判を受ける権利　89
 4　裁判が遅延した場合の救済措置　90

CASE 2　被告人の地位……………………………………………92
 1　被告人の意義　92　　2　被告人の特定　93
 3　被告人の能力（当事者能力と訴訟能力）　93
 4　被告人の訴訟能力と手続の停止　94

CASE 3　刑事手続における弁護人の意義と役割………………96
 1　弁護人の意義　96　　2　弁護人の選任　98
 3　代理権と固有権　99

CASE 4　被害者の法的地位……………………………………101
 1　当事者主義における被害者の地位　101
 2　捜査段階における被害者の地位　103
 3　公訴段階における被害者の地位　104
 4　公判段階における被害者の地位　105　　5　修復的司法　107

第2章　捜　査

CASE 5　職務質問・所持品検査………………………………110
 1　捜査の端緒としての職務質問　110
 2　職務質問における有形力の行使の可否　111
 3　所持品検査の許容性　113

CASE 6　自動車検問……………………………………………116
 1　自動車検問の定義　116　　2　無差別一斉検問の許容範囲　117
 3　無差別一斉検問の法的根拠　117
 4　無差別一斉検問の違法性　118

CASE 7　任意捜査と強制捜査の区別…………………………120
 1　任意捜査の原則とは何か　120
 2　任意捜査において有形力を用いることができるか　121
 3　任意同行は許されるか　122　　4　承諾留置は許されるか　124

CASE 8　おとり捜査……………………………………………126
 1　おとり捜査の定義　126　　2　おとり捜査は適法か　126
 3　違法なおとり捜査で起訴された者の救済　129

目　次

CASE 9　緊急逮捕 ·· 130
　　1　逮捕の意義と種類　*130*　　2　緊急逮捕の意義および要件　*131*
　　3　緊急逮捕は合憲か　*132*

CASE 10　準現行犯逮捕 ·· 134
　　1　現行犯逮捕の意義および要件　*134*　　2　準現行犯の要件　*135*
　　3　準現行犯逮捕の合憲性　*137*

CASE 11　逮捕・勾留の一回性 ·· 138
　　1　勾留の意義，要件および手続　*138*　　2　事件単位の原則　*139*
　　3　逮捕・勾留一回性の原則　*140*　　4　再逮捕・再勾留の禁止　*140*

CASE 12　別件逮捕・勾留 ··· 142
　　1　別件逮捕・勾留の意義　*142*
　　2　別件逮捕・勾留はいかなる場合に違法となるのか　*142*
　　3　別件逮捕・勾留についての司法的抑制　*144*

CASE 13　捜索差押えと令状主義 ··· 146
　　1　捜索差押えの意義と令状主義　*146*　　2　捜索・差押えの要件　*147*
　　3　令状への罰条および被疑事実の記載の要否　*148*
　　4　捜索場所と差押対象物の特定　*149*　　5　捜索の範囲　*151*

CASE 14　別件捜索・差押え ·· 152
　　1　別件捜索・差押えとは　*152*
　　2　別罪の証拠の差押え——緊急差押えの可否　*153*
　　3　場所の捜索を対象とする令状と人の身体・所持品の捜索　*154*

CASE 15　逮捕に伴う無令状捜索差押え ··································· 156
　　1　無令状での捜索・差押えの意義　*156*
　　2　逮捕に伴う捜索・差押えの時間的限界　*157*
　　3　逮捕に伴う捜索・差押えの場所的限界　*158*
　　4　同意捜索としての法律構成　*161*

CASE 16　通信傍受／盗聴 ·· 162
　　1　強制処分法定主義の意義　*162*　　2　「通信傍受」の定義　*163*
　　3　「通信傍受」と令状　*164*　　4　通信傍受法の問題点　*165*

CASE 17　写真撮影・ビデオ録画 ··· 167
　　1　写真撮影は強制処分か任意処分か　*167*
　　2　写真撮影は現行法上許されるか　*168*
　　3　ビデオ録画は許されるのか　*169*

CASE 18　強制採尿 ·· 171
　　1　強制採尿の意義　*171*　　2　強制採尿の可否　*171*
　　3　強制採尿に必要な令状とは　強制連行は許されるか　*172*

　　　　4　強制採血の可否　*173*

CASE 19　取調べ受忍義務 ……………………………………………………………*175*
　　　　1　被疑者取調べの意義　*175*　　2　被疑者の取調べ受忍義務　*176*
　　　　3　被告人に対する取調べの可否　*178*

CASE 20　余罪取調べ ……………………………………………………………………*179*
　　　　1　「余罪」とは何か　*179*　　2　余罪取調べの可否　*180*
　　　　3　余罪取調べの限界　*181*

CASE 21　黙　秘　権 ……………………………………………………………………*183*
　　　　1　黙秘権の意義と存在根拠　*183*　　2　黙秘権の範囲と氏名黙秘　*185*
　　　　3　黙秘権の告知義務　*186*

CASE 22　接見交通権 ……………………………………………………………………*189*
　　　　1　接見交通権の意義　*189*　　2　接見指定の要件　*190*
　　　　3　接見指定の方法　*192*　　4　余罪の接見指定　*193*
　　　　5　任意同行・取調中の被疑者の接見交通権　*194*

第3章　公訴の提起

CASE 23　起訴状一本主義 ………………………………………………………………*196*
　　　　1　起訴状一本主義　*196*　　2　予断排除の原則　*197*
　　　　3　起訴状における添付・引用の禁止　*198*
　　　　4　起訴状と余事記載　*199*

CASE 24　一罪の一部起訴 ………………………………………………………………*201*
　　　　1　起訴便宜主義　*201*　　2　一罪の一部起訴　*202*
　　　　3　一罪の一部起訴の限界　*203*

CASE 25　訴因変更の要否 ………………………………………………………………*206*
　　　　1　訴因変更の意義　*206*　　2　訴因の同一性の判断基準　*209*
　　　　3　訴因逸脱認定の効果　*210*

CASE 26　訴因変更の可否 ………………………………………………………………*211*
　　　　1　訴因変更に限界を設ける趣旨　*211*
　　　　2　公訴事実の同一性（広義）　*212*　　3　〈CASE〉への当てはめ　*214*
　　　　4　単一性と同一性（狭義）の関係　*215*

CASE 27　訴因変更の時期的限界 ………………………………………………………*217*
　　　　1　共同正犯の訴因　*218*
　　　　2　訴因変更の許否①～時期に遅れた訴因変更　*218*
　　　　3　訴因変更の許否②～中間訴因を経た訴因変更　*220*

CASE 28　訴因変更命令 …………………………………………………………………*221*

　　　　1　問題の所在 *221*　　2　訴因変更命令を発すべきときとは *223*
　　　　3　訴因変更命令に形成力はあるか *224*
CASE 29　公 訴 時 効 ……………………………………………………………… *225*
　　　　1　公訴時効の意義 *225*　　2　時効の停止 *227*
　　　　3　公訴提起の効力と時効停止の範囲 *228*
CASE 30　公訴権濫用論 …………………………………………………………… *230*
　　　　1　国家訴追主義・起訴独占主義と起訴便宜主義 *230*
　　　　2　公訴権濫用論の意義 *232*　　3　公訴権濫用論と訴訟条件論 *232*
　　　　4　判例の立場 *233*

第4章　公　　　判

CASE 31　裁判の公開と法定秩序の維持 ……………………………………… *236*
　　　　1　裁判の公開とメモ *236*　　2　裁判と写真撮影・録音 *238*
　　　　3　法廷警察権と訴訟指揮権 *238*
CASE 32　必要的弁護事件 ………………………………………………………… *241*
　　　　1　弁護人の援助を受ける権利の意義 *241*
　　　　2　必要的弁護制度 *242*　　3　弁護人の不出廷 *243*
CASE 33　証 拠 開 示 ……………………………………………………………… *245*
　　　　1　証拠開示の意義 *245*　　2　従来の証拠開示に関する判例 *246*
　　　　3　新しい証拠開示制度 *247*

第5章　証　　　拠

CASE 34　厳格な証明と自由な証明 ……………………………………………… *252*
　　　　1　証拠裁判主義 *252*　　2　厳格な証明という概念 *253*
　　　　3　ほぼ争いなく厳格な証明を要するとされている事実 *254*
　　　　4　厳格な証明を要するか否か争われている事実 *254*
CASE 35　科学的証拠の証拠能力 ……………………………………………… *257*
　　　　1　証拠能力とは *257*　　2　自然的関連性 *257*
　　　　3　法律的関連性 *258*　　4　証拠禁止にあたらないこと *259*
　　　　5　ポリグラフ検査結果の証拠能力 *259*
CASE 36　自由心証主義 ………………………………………………………… *261*
　　　　1　自由心証主義とは *261*
　　　　2　心証形成の適正さを担保する制度 *262*　　3　適正な事実認定 *263*
CASE 37　証明の程度 …………………………………………………………… *265*
　　　　1　合理的疑いを超えた証明 *265*　　2　証明基準の機能 *267*

目　　次

　　　3　挙証責任の配分　267　　4　挙証責任と訴訟追行責任の分離　268
　　　5　挙証責任の転換　269

CASE 38　自　白　法　則 ……………………………………………………271
　　　1　自白の意義　271　　2　自白法則の根拠　272
　　　3　自白採取の諸形態と任意性　274

CASE 39　補　強　法　則 ……………………………………………………276
　　　1　補強法則の意義と根拠　276
　　　2　補強を要する範囲および程度　277
　　　3　共犯者の自白と補強証拠　279

CASE 40　伝聞法則とその不適用 ………………………………………282
　　　1　伝聞法則の意義　282　　2　直接主義，憲法と伝聞法則　283
　　　3　伝聞と非伝聞の区別　284　　4　〈CASE〉の検討　287

CASE 41　検面調書と供述不能 ……………………………………………289
　　　1　伝聞法則の例外の根拠　289　　2　伝聞法則の例外の体系　290
　　　3　供述不能の問題　292　　4　信用性の情況的保障　294
　　　5　〈CASE〉の検討　294

CASE 42　検面調書の特信性判断 …………………………………………296
　　　1　刑訴法321条1項2号後段　296
　　　2　相反・実質的不一致供述　297　　3　特信情況の判断　298
　　　4　「前の供述」の意義　299

CASE 43　実況見分調書の証拠能力 ………………………………………301
　　　1　検証調書の証拠能力　301　　2　実況見分調書　302

CASE 44　同　意　書　面 ……………………………………………………306
　　　1　326条の同意　306　　2　同意の法的性格　307
　　　3　違法収集証拠の同意　308　　4　同意の擬制　309

CASE 45　弾　劾　証　拠 ……………………………………………………311
　　　1　弾劾証拠と伝聞証拠　311　　2　学　説　312
　　　3　「証明力を争う」の内容　313　　4　「後になされた供述」　314

CASE 46　現場写真の証拠能力 ……………………………………………316
　　　1　写真の証拠法上の問題点　316　　2　現場写真の証拠能力　317
　　　3　録音テープの証拠能力　318　　4　ビデオテープの証拠能力　318

CASE 47　違法収集証拠排除法則 …………………………………………320
　　　1　違法収集証拠排除法則の意義およびその根拠　320
　　　2　排除の基準　321　　3　「毒樹の果実」理論　322
　　　4　違法収集証拠と当事者の同意の効力　323

CASE 48　被告人の証人適格 ………………………………………………324

1　(共同)被告人の証人適格　324　　2　弁論の分離　325
　　　3　共同被告人の証人としての供述の証拠能力　326
　　　4　共同被告人の公判廷における供述の証拠能力　326
　　　5　共同被告人の公判廷外の供述の証拠能力　327

第6章　裁　　　判

CASE 49　択一的認定 ……………………………………………330
　　　1　有罪判決の理由　330　　2　択一的認定とは何か　331
　　　3　狭義の択一的認定(＝選択的認定)は許されるのか　333
　　　4　共犯関係と択一的認定　334
CASE 50　一事不再理効 …………………………………………336
　　　1　一事不再理の効力とは　336　　2　一事不再理効の発生事由　337
　　　3　一事不再理効の範囲　338　　4　〈CASE〉の考え方　340

第7章　上訴・救済手続

CASE 51　控訴審における職権調査の範囲 ……………………344
　　　1　控訴の意義と控訴審の構造　344
　　　2　科刑上一罪と上訴の効力　345　　3　控訴理由とその調査　345
　　　4　職権調査の意義と限界　346　　5　攻防対象論の実質的基礎　347
　　　6　攻防対象論からの帰結　348
CASE 52　再　　　審 ……………………………………………349
　　　1　再審制度の意義　349　　2　再審請求手続　350
　　　3　再審理由としての証拠の明白性　350　　4　乙鑑定の新規性　351
　　　5　明白性の程度　351　　6　明白性の判断方法　352

　　Practice 解　答 ……………………………………………………355
　　事項索引……………………………………………………………369

凡　例

文献略語

渥美	：渥美東洋・刑事訴訟法〔新版補訂〕［有斐閣，2001］
井戸田	：井戸田侃・刑事訴訟法要説［有斐閣，1993］
上口・後藤他［執筆者名］	：上口裕・後藤昭・安冨潔・渡辺修・刑事訴訟〔第4版〕［有斐閣，2006］
争点〔1～3版〕	：刑事訴訟法争点〔第1～3版〕［有斐閣］
百選〔5～8版〕	：刑事訴訟法〔第5～8版〕［有斐閣］
白取	：白取祐司・刑事訴訟法〔第3版〕［日本評論社，2004］
鈴木	：鈴木茂嗣・刑事訴訟法〔改訂版〕［青林書院，1990］
高田	：高田卓爾・刑事訴訟法〔二訂版〕［青林書院，1984］
田口	：田口守一・刑事訴訟法〔第4版補正版〕［弘文堂，2006］
田宮	：田宮　裕・刑事訴訟法〔新版〕［有斐閣，1996］
田宮・構造	：田宮　裕・捜査の構造［有斐閣，1971］
平野	：平野龍一・刑事訴訟法［有斐閣，1958］
平野・基礎理論	：平野龍一・刑事訴訟の基礎理論［日本評論社，1964］
福井・講義	：福井　厚・刑事訴訟法講義〔第2版〕［法律文化社，2003］
松尾(上)	：松尾浩也・刑事訴訟法(上)〔新版〕［弘文堂，1999］
松尾(下)	：松尾浩也・刑事訴訟法(下)〔新版補正第2版〕［弘文堂，1999］
松尾・条解	：松尾浩也〔監〕・条解刑事訴訟法〔第3版増補版〕［弘文堂，2006］
三井(I)	：三井　誠・刑事手続法(1)〔新版〕［有斐閣，1997］
三井(II)	：三井　誠・刑事手続法(II)［有斐閣，2003］
光藤(上)	：光藤景皎・口述刑事訴訟法(上)〔第2版〕［成文堂，2000］
光藤(中)	：光藤景皎・口述刑事訴訟法(中)〔補訂版〕［成文堂，2005］
村井［執筆者名］	：村井敏邦・現代刑事訴訟法〔第2版〕［三省堂，1998］
安冨	：安冨　潔・演習講義刑事訴訟法〔第2版〕［法学書院，2001］

判例集などの略称

刑　録：大審院刑事判決録(明治憲法下)	下刑集：下級裁判所刑事裁判例集
刑　集：大審院刑事判例集(明治憲法下)	判　時：判例時報
最高裁判所刑事判例集(日本国憲法下)	判　タ：判例タイムズ
高刑集：高等裁判所刑事判例集	ジュリ：ジュリスト
判　特：高等裁判所刑事判決特報	法　時：法律時報
高刑裁特：高等裁判所刑事裁判特報	

序 章

刑事訴訟法の概要

第1節　総　　論

1　刑事訴訟法の意義と目的

　刑事訴訟法とは，刑法を実現するための手続を定めた法律，あるいは，刑罰権の具体的実現を目的とする手続に関する法律である（田宮・1頁）。
　刑法には，個人的・社会的・国家的法益を守るため，そして，社会秩序を維持するために，犯罪構成要件が明示され，それに対応した罰則が規定されている。これは，逆を言うと，明示された犯罪構成要件に該当する行為をしない限り，人は刑罰を科されることはないということを意味している。罪刑法定主義と呼ばれる刑法の大原則である。
　では，犯罪構成要件に該当する行為をした者には直ちに刑罰を科してよいのであろうか。答えはノーである。
　この場合，犯罪構成要件に該当する「行為をした」と誰が判断したのかがまず問題になる。私的な復讐が認められていた時代ならいざ知らず，現代社会は，憲法に支えられた民主主義社会である。誰がどういった犯罪を行ったかを判断するのは，被害を受けて復讐を誓った者ではなくて，公正中立な第三者たる裁判所である（裁判員法施行後は，一部の重大事件について主権者たる国民が関わる）。最初から，「犯人だ」と決めつけることなく，適正な手続に則って，公平かつ公正な判断をすることが大前提となる。

2　刑事訴訟法の基本原理

　刑事訴訟法1条は「この法律は，刑事事件につき，公共の福祉の維持と個人の基本的人権の保障とを全うしつつ，事案の真相を明らかにし，刑罰法令を適正且つ迅速に適用実現することを目的とする」と規定している。刑事手続が社会で起こった犯罪事実の真相を明らかにするための手続であることを否定する者はいないであろう。その意味で刑事訴訟法の目的の1つが事案の真相（実体的真実）を発見することであることは当然である。しかしながら，それは同時に基本的人権の保障（特に憲法31条以下）を全うするものでなければならないのである。そこでこれらの関係をどのように捉えるかは，刑事司法のあり方そのものに対する理解にとってきわめて重要である。

(1) 実体的真実主義

　刑事訴訟法で明らかにされるのは神のみが知っている絶対的真実ではなく，訴訟法上，できるかぎり真相に近い形で明らかにされる真実である。このような真実を基準として刑事手続を行う原理を実体的真実主義という。

　この実体的真実主義には2つの考え方がある。1つが，犯罪は必ず発見して処罰に遺漏がないように厳しく取り締まる積極的実体的真実主義であり，もう1つが，罪のない無辜の者を処罰することがないように手続をすすめる消極的実体的真実主義である。前者の考え方をとると，捜査機関は多少無理をしても真実を明らかにするための証拠収集に力を注ぐことになり，仮に違法な捜査手続があったとしても，公判で証拠能力が認められることになる。そしてそれは間違いなく必罰主義の考え方に結びついてくる。一方，後者の考え方をとると，間違って無実の者を処罰することがあってはならないのであるから，捜査段階からの手続そのものが重視され，誤った「真実」に結びつかないようにすすめられる。それゆえに，違法な手続（真実を誤らせるような手続であるから違法とされている）は許容されず，適正な手続に基づいてすすめられることが必要になる。言うまでもなく，現行刑事訴訟法は，憲法の人権保障の観点から，後者の立場をとっていることがわかる。

(2) 適正手続の保障

　刑事訴訟手続においては，実体的真実の発見と適正な手続の保障が矛盾することなく，貫徹されることが理想である。その意味で，憲法31条が規定する総則としての適正手続（デュー・プロセス）保障，すなわち，個々の手続が法律に明定され，法律上の根拠を有し，手続が内容的に適正であることの保障を中心にすえる必要がある（白取・69頁）。そして，令状主義（憲法33条，35条），弁護人依頼権（憲法34条，37条），自己負罪拒否特権（憲法38条）などを遵守しながら，実体的な真実発見に努めるべきである。いわゆる憲法的刑事訴訟法論をとることが重要である。

　そのうえで，なお，実体的真実の発見と適正手続の保障が厳しく衝突するような場合があったときはどうするべきだろうか。例えば，時効寸前の連続殺人犯人を，違法な別件逮捕でとりあえず逮捕・勾留して，起訴した場合はどうであろうか。迷わず，適正手続違反で起訴自体を無効とすべきである。それが憲法および刑事訴訟法が要請する適正手続の保障である。

(3) 迅速な裁判の要請

また，迅速な裁判の要請も刑事手続全体の問題である（憲法37条1項，刑訴1条，刑訴規1条1項）。迅速な裁判は，国家の利益からも，被告人の利益からも，さらには刑事裁判に参加する裁判員の利益からも要請される（田口・24頁）。この迅速な裁判を実現するためには，いわゆる「高田事件」最高裁判決（最大判昭47・12・20日刑集26巻10号631頁）にあるように，不当に長期な公判手続が継続する場合は，その手続を打ち切ることもある。

なお，迅速な裁判には，公判段階のみならず，公判前手続も含まれると解されるが（白取・71頁），2005年11月から必要な事件については公判前整理手続（316条の2）がとられており，公判の連日的開廷の確保（281条の6）が実現されつつある。

3 刑事訴訟法の構造

刑事訴訟法の目的として積極的実体的真実を重視するか，それとも適正手続保障を重視するかは，あるべき刑事訴訟法の構造の理解についても大きな考え方の違いを生み出すことになる。すなわち，積極的実体的真実主義（必罰主義）を重視すれば，手続構造そのものとしては裁判所が訴訟進行の責任を負う職権主義がふさわしいということになるであろうし，適正手続保障を重視すれば，当事者である検察官および被告人・弁護人が訴訟進行の責任を負う当事者主義がふさわしいということになるであろう。

(1) 当事者主義

いずれにしても，現行刑事訴訟法が当事者主義を採用していることは疑いがない。具体的には，まず，起訴状一本主義を導入して公判が捜査を引き継ぐという旧刑事訴訟法の観念はとらないことが明確にされた（256条6項）。裁判所は白紙の状態で公判に臨むことになったのである。次に，審判の対象としての訴因制度が導入されて，訴因（＝攻撃・防御の対象）の設定・変更は裁判所ではなくて，当事者たる検察官が行うことになった（256条3項，312条1項）。したがって，基本的に，証拠調べは当事者の攻防の中で展開されることになり，裁判所の職権的な証拠調べは例外的な位置づけになったのである。しかし，被告人が強大な権力を行使できる検察官と比較して本当の意味で当事者であるためには，被告人側に何らかのアドバンテージがなければ不公平である。そこで

法は，被告人に包括的な黙秘権を保障し，さらに国選弁護人を含む弁護人依頼権を保障し，証拠の収集・吟味のための十分な機会を保障したのである（田宮・11頁）。また，この当事者主義は公判段階だけに通用するというわけではなく，捜査手続の段階から貫徹されるべきものである。捜査段階から当事者が対等でなければ，公判段階で被告人は極めて不利な立場からスタートしなければならないからである。後に触れるいわゆる弾劾的捜査観の考え方がそれである。

(2) 職権主義

もっとも現行刑事訴訟手続に職権主義的な色彩がないかと言えばそうではない。裁判所に訴訟進行の主導権を与えた訴訟指揮権があるし（294条），職権証拠調べ（298条2項）および訴因変更命令（312条2項）等の条文があるからである。

しかしながら，この職権主義的な条文も，前者は，当事者の訴訟追行を円滑にすすめるための職権発動に過ぎず，直接的に訴訟の実体問題に関わるものではないし（田口・32頁），後者は，被告人の防御能力を補充するための職権証拠調べは当事者主義と矛盾するものではない（井戸田・34頁）。また，明らかに司法の利益に反する場合には，それを是正する限度で訴因変更命令を発することも可能となるだろう。いずれにしても，現行刑事訴訟法における職権主義は，当事者主義を補完する限度で機能すべきものであると捉えておけばよい。

4　刑事訴訟法の法源と適用範囲

刑事訴訟法の法源としては，憲法，刑事訴訟法の他，裁判所法，検察庁法，警察官職務執行法，少年法などの法律，刑事訴訟規則などの規則，そして，市民的および政治的権利に関する国際規約などの条約がある。

刑事訴訟法は，わが国の裁判所において刑事事件として取り扱われるすべての事件に適用され，また，日本国領土内に現存するすべての者に適用される（鈴木・5頁）。わが国の裁判権が及ばない者に対しては公訴棄却が言い渡される（338条1号）。

5　刑事手続に関与する者

刑事手続にはさまざまな人々が関与する。専門的な職業として関わる者（裁判官，検察官，弁護士など）もいれば，犯罪を行った疑いで手続にのせられて

いる者（被疑者・被告人），犯罪の被害者，目撃者，そして一般市民から抽選で選ばれて被告人の有罪・無罪を決める裁判員などがいる。

以下では，(1)被疑者・被告人，(2)警察官，(3)検察官，(4)弁護士，(5)裁判官，(6)被害者，そして(7)裁判員について簡単にその役割を説明することにする。

(1) 被疑者・被告人

犯罪を行った疑いによって刑事手続にのせられた者が刑事司法の中心的存在であることは言うまでもない。その者は捜査段階では被疑者とよばれ，公訴提起後には被告人とよばれる。法に触れる行為をしたことが疑われると誰であっても被疑者となる可能性がある。また刑事責任能力があると認められると，検察官によって起訴されて公判で被告人として裁判を受ける場合もある。もっとも，被告人については，裁判上の重要な利害を判断して自らを防御する能力，いわゆる訴訟能力がない場合には，公判手続を進めることはできない（314条，最決平7・2・28刑集49巻2号481頁）（〈CASE 2〉参照）。

(2) 警察官

刑事手続の始まりは捜査である。この捜査活動において第1次的な捜査権限を有しているのが警察であり，捜査を行うのは警察官である。警察官は刑事訴訟法上の司法警察職員として捜査を行う（189条）。司法警察職員は司法警察員および司法巡査の総称であり，各公安委員会がそれらを指定している。前者が事件捜査の中心となるのに対して，後者は補助的な捜査ができるにとどまり，権限にも差がある（例えば，令状の請求は警部以上の階級にある司法警察員に限られる）。なお，警察官の任務が犯罪捜査だけではなく，犯罪の予防，鎮圧，交通の取締その他公共の安全と秩序の維持に広く及ぶことは言うまでもない（警察法2条1項）。

(3) 検察官

検察官は広く刑事訴訟手続全般において国側を代理する公務員である。捜査段階において捜査を行うとともに，公訴を提起し，主張立証を行う。また裁判の執行の監督を行う（検察庁法4条）。特に公訴提起に関しては，被疑者を起訴するかしないかの訴追裁量権が検察官に与えられている（247条，248条）。検察官が行政官として検察庁に属し，事件処理については上司の命令に従わなければならない。起訴・不起訴などの重要訴訟行為は上司の決裁を受ける必要があり，それらの行為は担当検察官が交替したとしても変わることはない。これを

検察官同一体の原則と呼ばれている。もっとも，現実には独任性の官庁として，個々の検察官の創意，権限が認められており，「検察官の独立」が保たれている。

(4) **弁 護 士**

弁護士は，基本的人権の擁護と社会正義の実現という使命を課せられている法律事務一般を処理する専門職である（弁護士法1条）。刑事手続では弁護人と呼ばれる。被疑者・被告人は何時でも弁護人の有効な援助を受ける権利が保障されており（30条1項），この権利は憲法（34条，37条3項）および国際人権法（自由権規約14条3項(b)(d)）において認められている。被疑者・被告人が貧困などの理由で，私選の弁護人を選任することができない場合は，裁判所に国選弁護人の選任を求めることができる（憲法37条3項，刑訴36条，37条の2）。国選弁護人は地裁所在地に設置される「司法支援センター」から派遣される。

(5) **裁 判 官**

裁判官は裁判を任務とする国家公務員であり，特に刑事事件では，捜査段階での令状審査とそれに基づく令状発付，公判段階での審理・判決が大きな任務である。原則として10年以上の法曹経験を経て判事に任命される（裁判所法42条）。裁判官は憲法によって職権の独立と身分が保障されている（憲法76条3項，78条，80条2項）。その意に反して転官，転所されることもない（裁判所法48条）。裁判所には，裁判官を助けるために裁判所調査官（同法75条），裁判所書記官（同法60条），裁判所事務官（同法58条）等の職員が置かれている。

(6) **被 害 者**

被害者は告訴の権利（230条）を有し，公判では証人となる場合がある。わが国では私人訴追は認められていないので，被害者が訴訟当事者となることはない。もっとも，被害者の利益・権利保護の必要性を求める近年の国際的動向にも影響されて，わが国でも，2000年の刑訴法改正で，証人尋問の特例（157条の2ないし4），被害者意見陳述制度（292条の2）が設けられた。また，同年制定の被害者保護法によって，優先傍聴制度，公判記録閲覧制度，民事裁判上の和解への執行力の付与などが認められるようになった。なお，2005年成立の犯罪被害者基本法によって，いっそう法的整備が進められている。

(7) **裁 判 員**

2009年5月までに，司法に対する一般市民の理解の増進・信頼の向上を目的

とする裁判員制度が始まることになっている（裁判員法1条）。これによって，一般市民の中から選任された裁判員が裁判官とともに刑事訴訟手続に関与して，事実の認定，法令の適用および刑の量定を行うことになる（裁判員法6条1項）。裁判員の選任にあたっては，まず裁判員候補者が衆議院議員の選挙権を有する者の中からくじで選ばれ，その後，一定の選任手続を経たうえで，裁判員として選任される。対象とする事件は，死刑，無期懲役・禁錮にあたる事件，短期1年以上の故意による致死事件である（同法2条1項）。

第2節 捜　　査

1　捜査概説
(1) 捜査の意義

捜査とは，「捜査機関が犯罪が発生したと考えるときに，公訴の提起・遂行のため，犯人を発見・保全し，証拠を収集・確保する行為である」（田宮・40頁）と定義するのが一般的である。ここでいう捜査という観念は，段階・手続そのものを指すのではなく，捜査機関による処分の集積にすぎない。捜査活動は，起訴前だけでなく，起訴後も行われることがある。

(2) 捜査の主体

捜査活動は，警察および検察が主体となって行われる。

一般に，警察活動は，行政警察活動と司法警察活動に分類される。前者は犯罪発生前の予防・鎮圧のためのものであり，後者は犯罪発生後のいわゆる捜査活動である。刑事訴訟法は後者を問題にする。警察官は，一般司法警察職員（司法警察員および司法巡査）と特別司法警察職員（海上保安官，麻薬取締官等）に分けられる。このうち，司法巡査には令状請求権が認められていない（199条2項）。

これらの司法警察職員が第一次的な捜査権を有することになるが，検察官も捜査権を有していて警察官に捜査権を独占させているわけではない（191条）。それは，①補充捜査が必要な場合があること，②被疑事実の性質上，検察官が捜査主体となることがよい場合があること，③警察官の職務犯罪の訴追・処罰の必要性などから検察官に捜査権限を与えておくことが適正な場合があることなどからである。

このような捜査権限を有する両者の関係は，基本的には相互に協力する関係にある（192条）。もっとも，検察官は第1次捜査権を持つ警察官の捜査が適正かつ公正に行われたか否かをチェックする必要がある。もし杜撰な捜査が行われたら公判が維持できなくなるからである。その意味で，①検事正による微罪処分の基準，少年事件の簡易送致基準などに関する一般的指示権（193条1項），②各県にまたがる事件など捜査の方針・計画を立てて警察官に捜査協力を求める場合などの一般的指揮権（193条2項），③検察が現に捜査している場合に警察官に捜査の補助を求める具体的指揮権（193条3項），④これらの指揮権に基づく指示・指揮に服従する義務（193条4項）に警察官が違反した場合に懲戒・罷免の訴追を可能とする懲戒処分請求権（194条）が検察に認められている。

(3) 捜査の構造

刑事手続全体の中で捜査機関が行う捜査をどのように位置づけるのかは，公判において職権主義あるいは当事者主義かが問題になるのと同じように，個々の解釈論においても大きな影響を及ぼしてくる。ここでは，捜査の構造を対照的にとらえる糾問的捜査観と弾劾的捜査観について簡単に説明することにする。

まず，糾問的捜査観は，捜査を，本来，捜査機関が被疑者を取調べるための手続であるととらえる。この考え方に立てば，被疑者は捜査機関による取り調べを受ける義務（いわゆる取調べ受忍義務）があることになる。そしてこれによって，当然に捜査機関側が被疑者よりも優位な立場にあることになる。

これに対して，弾劾的捜査観は，捜査を，捜査機関が単独で行う準備活動であり，被疑者も同様の準備を行う手続であるととらえる。この考え方では，被疑者はあくまでも刑事訴訟手続全体の中で当事者としての地位を有するとするので，被疑者の取調べ受忍義務は否定されることになる。公判段階で当事者主義に基づいて訴訟を追行する前提として，捜査段階での当事者対等主義を強調しなければ，公判に至るいわば準備段階で優劣の差がついてしまうからである。

これらの2つの考え方は，いずれも捜査の目的が公判の準備にあるとするものであるが，現行刑事訴訟法が当事者主義を採用していることからすると弾劾的捜査観の方が妥当である。

また，これらの考え方とは別に，訴訟的捜査観を唱えるものもある（井戸田・25頁）。この考え方によれば，捜査とは，第1次的捜査機関である司法警察職員と被疑者がそれぞれ証拠収集などの活動をして，検察官がその結果を判定

する手続，すなわち起訴すべき被疑者とそうでない被疑者をふるい分ける手続ということになる。したがって，取調べは弁解聴取の程度でしか許されないことになる。これに従えば，確かに，弁護活動は強調され，起訴後の強制捜査も否定されることになろうが，現行の刑事手続において捜査機関として活動する検察官に準司法官的な役割を期待するのは危険である。

(4) 捜査の基本原則

捜査機関は捜査を実行するうえで，少なくとも以下の5大原則を遵守しなければならない（上口＝後藤他・44頁～47頁〔渡辺修〕）。

第1は，任意捜査の原則である。197条1項本文は，「捜査については，その目的を達するため必要な取調べをすることができる」と規定している。ここでいう「取調べ」は広い意味でも捜査活動一般を指している。同但書が「但し，強制の処分は，この法律に特別の定のある場合でなければ，これをすることができない」と規定していることから考えると，捜査活動は，あくまでも市民の自由を侵害することなく，任意の協力を得て実行することが原則であるということを示していると考えられる。もっとも，実際の捜査活動においては，任意捜査における有形力の行使が頻繁に行われるなど，任意という名の強制が行われている場合があることに注意しなければならない。

第2は，捜査比例の原則である。これは，犯罪捜査においては，その処分の目的の正当性，目的達成の必要性，その目的を実現する手段の妥当性と被疑者・市民の側の被る利益侵害の程度とが比例していなければならないとする考えである。このことは適正手続の保障を規定する憲法31条の要請でもある。

第3は，令状主義である。犯罪捜査においては，対象者のプライバシーの侵害をともなう場合があるが，法は，その適正を期すため，事前に裁判官が正当な理由の有無を審査する制度を設けている。憲法33条および35条，それを受けた法199条および218条が，裁判官がその処分を認める旨の令状を発し，その令状の執行として処分を行わなければならないとすることを定めているのはそのためである。しかしながら，実際に捜査機関が裁判官に令状を請求した場合に，それが却下されるのは0.1％以下であることから，令状主義の形骸化が懸念されている。

第4は，強制処分法定の原則である。これは第1の任意捜査の原則と表裏の関係にある原則である。すでに触れたように，強制の処分は，この法律に特別

11

の定のある場合でなければこれをすることができない（197条1項但書）とするのが法の要請である。これは，適正手続を保障する憲法31条の観点からの当然の要請である。

　第5は，客観証拠優先の原則である。捜査の基本的あり方として，物証の収集保全を先に行い，それによって嫌疑の集中できた人について取調べを行うべきである。憲法では，人身の自由，黙秘権の保障が規定されているので，人についての取調べはなるべく謙抑的でなければならない。しかしながら，実際の捜査では，物証の保全が困難な場合が多いことから，まず人に対する取調べを行って自白を得，それにそった物証を集めていくという原則に外れた捜査が行われている。このような捜査のあり方が虚偽自発を誘発し，冤罪を生んできた事実は否定できない。

2　捜査の端緒

　ところで，捜査機関が犯罪の発生を知るきっかけ，すなわち捜査の端緒についてはさまざまなルートが考えられる。捜査機関自体がその発生をつかむ場合（⑴職務質問・所持品検査，⑵自動車検問，⑶検視），一般市民等がその発生を捜査機関に知らせる場合（⑷告訴・告発・請求），犯人自身が捜査機関に知らせる場合（⑸自首）等である。これらの内容を簡単に説明すると次のようになる。

⑴　職務質問・所持品検査

　警察官は，挙動不審者に対して，犯罪の嫌疑の有無等を確認するため，停止させて質問できる（警察官職務執行法（警職法）2条1項）。いわゆる職務質問である。また職務質問のために付近の警察署等に任意同行を求めることもできる（同2項）。もっとも，身柄拘束および答弁の強要は厳格に禁止されている（同3項）。職務質問はあくまでも任意手段として，相手方の協力の上で成りたつ行政警察活動である。しかし，職務質問の多くは犯罪に関わるものであるので大きく司法警察活動に接近し，特に停止における有形力の行使の限界が実務上問題になる。

　これについて判例は，職務質問中に逃げ出したものを追跡する行為（最決昭29・12・27刑集8巻13号頁），引き止めるためにその「腕に手をかける」行為（最決昭29・7・15刑集8巻7号頁），エンジンキーを回転してスイッチを切る行為（最決昭53・9・22刑集32巻6号頁）を「停止」の範囲にあるとしている。しか

しながら，車のエンジンキーを切って発車できないようにすることはもはや任意の限界を超えているとも言えそうであり，問題がある。

　学説には，(a)任意の受忍を前提として実力行使を不可とする厳格任意説，(b)任意を原則としつつも，犯罪の重大性，嫌疑の濃厚を要件として例外的実力行使を認める例外的実力説，(c)執拗な説得の続行を予定する説得説，(d)任意と強制の間の強制に至らない実力行使を認める実力説，そして，(e)身柄拘束に至らない自由の制限を認める制約説がある。(c)が妥当である。

　また法的根拠は明確でないものの，多くの場合，職務質問に付随して，携帯品や身体の装着物に対して所持品検査が行われる。判例は，(i)所持品検査は職務質問（警職法2条）に付随する行為であること，(ii)原則として所持人の承諾を得てその限度で行うこと，(iii)所持品検査の必要性，緊急性，これによって侵害される個人の法益と保護される公共の利益との権衡を考慮し，具体的状況の下で相当性が認められる限度で例外的に許容されることを示して，所持品検査を適法とした（最判昭53・6・20刑集32巻4号670頁）（〈CASE 5〉参照）。

　もっとも学説はこれに対して概ね否定的である。それは，(イ)職務質問と所持品検査とを「付随する」として一体視することの根拠が薄弱であること，(ロ)捜索，強制にわたらなければ承諾なしに実力で開披するものも任意だというのは，捜索・強制の概念を不当に狭め，権利の侵害範囲を拡大してしまうこと，(ハ)所持品検査によって保護される公共の利益とそれによって侵害される個人のプライバシーの権利の比較考量は，それ自体前者に有利に解釈されるおそれが多いのみならず，果たして警察官の即座の判断になじむのかが問題であること，(ニ)警職法2条は停止権限しか明示していないのに，所持品検査までできると読み込むのは不当な拡大解釈であり，実質的に判例による新立法であることなどである。

(2) 自動車検問

　自動車検問には，(a)道路交通法違反の予防・検挙を目的とする交通検問，(b)不特定の犯罪の予防・検挙を目的とする警戒検問，そして，(c)特定の犯罪（例えば，銀行強盗の発生）が発生した際に犯人の発見・情報収集を目的とする緊急配備検問がある。

　(c)については，197条の任意捜査として，あるいは警職法上の職務質問として許される。(a)(b)についても，不審車両という外見上の不審事由があれば道交

法上の停止が可能である。自動車検問の問題は，(a)(b)の場合，不審事由の有無に関わらずに全車両を一斉に停止させることはできるのかということである。特に問題になるのが，交通取締を目的とした，無差別の交通一斉検問である。

判例は，警察法2条1項（交通の取締についての警察の責務）を根拠として，(a)交通違反の多発地帯で，(b)対象者に対して短時間の停止を求め，(c)対象者の任意の協力の上で，(d)その自由を不当に制約しない方法で行う限り，適法であるとした（最決昭55・9・22刑集34巻5号272頁）（《CASE 6》参照）。

しかし警察法は組織法であり，具体的な警察活動の根拠とするには無理がある。現時点では明確な法的根拠はないと言わなければならない。立法によって，一斉検問の根拠および要件が明示される必要がある。

(3) 検　視

検視とは，人の死亡が犯罪によるものかどうかを判断するために，検察官が，五官の作用によって死体の状況を見分することをいう（229条）。見分は，場合によって，検察事務官もしくは司法警察員に代行させることができる。変死者または変死の疑いのある死体のみが対象となる。検視の結果は検視調書に記載される（検視規則5）。

(4) 告訴・告発・請求

告訴とは，告訴権者が捜査機関に対して犯罪事実を申告して，犯人の訴追を求める意思表示をすることである（最判昭26・7・12刑集5巻8号1427頁）。単なる被害届は告訴にはあたらない。主体は，(a)犯罪被害者（230条），(b)被害者の法定代理人（231条1項），(c)被害者死亡の場合の被害者の配偶者，直系親族，兄弟姉妹（231条2項），(d)一定の場合の被害者の親族（232条），(e)名誉毀損罪で被害者死亡の場合のその親族，子孫である。告訴は意思表示を内容とする訴訟行為であるから，当該法律行為の意味を理解する能力がある者の告訴でなければ有効ではない（松尾・条解・403頁）。また，告訴にあたっては，何の犯罪でどのような被害を被ったかが特定される必要があるが，必ずしも，犯罪の日時，場所，犯行の態様等が詳らかにされる必要はない（大判昭6・10・19刑集10巻462頁）。

告発とは，告訴権者・犯人・捜査機関以外の者が，犯罪事実の申告をし，犯人の処罰を求める意思表示である（239条1項）。私人による告発は何ら要件がないので自由にできる。国家公務員，地方公務員がその職務を行うにあたって

犯罪を発見した場合には告発の義務がある（同2項）。
　請求は告発類似の制度で特定の犯罪について認められている（刑法92条の外国政府の請求がなければ公訴提起できない事件，労働関係調整法42条の労働委員会の請求を待って論ずる事件等）。

(5) 自　　首

　犯人が，捜査機関に犯罪が発覚する前に自らすすんで自己の犯罪を申告し，その処分に服する意思表示をすることをいう。書面または口頭で自ら行わなければならず，代理人による自首は認められない。告訴・告発に準じた手続によって扱われる（245条）。刑法上は，刑の減免の理由となる（刑法42条1項）。

3　任意捜査と強制捜査の区別

　捜査の手段は，一般に，任意捜査と強制捜査に区別される。
　捜査手段としての原則である任意捜査とは，法的に保護されている権利，利益の侵害を伴わない手段（例えば，尾行張り込みなど），または相手方が捜査に協力する意思を示し権利，利益を放棄した場合に行われる処分（例えば，聞き込み捜査）などをいう。197条1項は，「捜査については，その目的を達成するために必要な取調べをすることができる。但し，強制の処分は，この法律に特別の定のある場合でなければ，これをすることができない」と規定しているが，このことは強制処分を用いる必要がなければ任意の手段で行うべきであるとする任意捜査の原則を宣言している。
　一方で，強制捜査の方法である強制処分とは，市民が憲法あるいは法律で保障されている身体の自由，財産権等の権利・利益の侵害を伴う処分（捜索，差押え，検証，逮捕，勾留等）をいい，法律に定められる必要がある（憲法31条，刑訴197条但書）。実際に，その性質に応じて事前の令状審査（憲法33条，35条）など適正手続保障が前提となる。判例上，強制捜査とは，「個人の意思を抑圧し，身体，住居，財産等に制約を加えて強制的に捜査目的を実現する行為」である（最決昭51・3・16刑集30巻2号187頁）とされているが，実際には，意思の抑圧の程度（プライバシーの侵害の度合い），身体の制約の程度（有形力行使の度合い）など，任意捜査との区別は微妙な場合も多い。

(1) 任意捜査と有形力の行使

　任意捜査は，相手方の権利・利益を侵害しない手段として，また，相手方が

協力の意思を示して自らの権利・利益を放棄した場合に行う処分としてはじめて成り立つ。もっとも，197条1項は，捜査の目的を達成するため「必要な取調べをすることができる」と規定しているので，任意捜査であっても，捜査の合目的性・必要性に照らし，場合により合理的な有形力の行使が認められるのではないかということが問題になる。

これについて判例は「強制手段にあたらない有形力の行使であっても，何らかの法益を侵害し又は侵害するおそれがあるのであるから，状況のいかんを問わず常に許容されるものと解するのは相当でなく，必要性，緊急性なども考慮したうえ，具体的状況のもとで相当と認められる限度において許容されるものと解すべきである」（最決昭51・3・16刑集30巻2号187頁）として一定の有形力の行使を認めている（〈CASE 7〉参照）。

しかしながら，捜査機関が有形力を行使する場合には，単なる心理的威圧感をこえて相手の意思の自由の制圧を伴うとみるべきで，これを任意捜査に含めるのは強制処分法定主義に反するものと思われる（上口＝後藤他・49頁〔渡辺修〕）。

(2) **任意同行・任意の取調べ**

職務質問における行政警察活動としての任意同行には警職法2条2項に規定があるが，被疑者取調べのための司法活動としての任意同行には明文規定がない。したがって，それが可能か否かが問題となる。

通説によれば，相手方の任意の承諾による同行は，197条1項により，任意捜査の一方法として許容される。真の同意による任意処分であれば禁止される必要はないからである。しかしながら，任意同行に強制的要素がある場合には，実質的な逮捕になるので，逮捕についての諸規定（203条ないし206条）および令状主義に反して違法となることは言うまでもない。もっとも，明確に被疑者の意思を制圧したりする事例は少ないであろうから，要は，いやいやながら同行する事例に強制的要素がないかどうかを判断する必要がある。(a)同行を求めた時間的・場所的関係，(b)同行の方法・態様，(c)同行の必要性，(d)同行後の取調時間・方法，(e)監視状況，(f)被疑者の対応状況，(g)逮捕状準備の有無等から総合的に判断する必要がある（田宮・67頁）。なお，下級審の判例には，「事実上の看視付きの長時間の深夜にまで及ぶ取調べは，仮に被疑者から帰宅ないし退室についての明示の申し出がなされなかったとしても，任意の取調べである

とする他の特段の事情が認められない限り，任意の取調べとは認められない」（富山地決昭54・7・26判時946号137頁）としたものがある。

(3) 宿泊を伴う取調べ・任意同行後の宿泊

任意同行後に被疑者の承諾を得て宿泊させ，引き続いて連日の取調べを行うことは任意捜査として許されるのかがが問題とされる。

これについて最高裁は，「任意捜査の一環としての被疑者に対する取調べは，（個人の意思を制圧するなどの）強制手段によることができないというだけでなく，さらに，事案の性質，被疑者に対する容疑の程度，被疑者の態度等諸般の事情を勘案して，社会通念上相当と認められる方法ないし態度および限度において，許容される」と判示して，4夜にわたり捜査官の手配した宿泊先に泊めて，前後5日間の長時間の取調べを是認したのである（最決昭59・2・29刑集38巻3号479頁）。もっとも，この判例では，「このような状況のもとにおいては，被告人の自由な意思決定は著しく困難であり，捜査官らの有形無形の圧力が強く影響し，その事実上の強制下に右のような宿泊を伴う連日にわたる長時間の取調べに応じざるを得なかったものとみるほかない（ので）……違法……である」との少数意見が述べられている。妥当な判断であり，この方が社会通念に合致するように思われてならない。もっとも最高裁は，その後も，一睡もさせずに徹夜で取調べた事例で，原則として許されないが，事案の性質・重大性その他特殊事情から社会通念上任意捜査として許容されると判断している（最決平元・7・4刑集43巻7号581頁）（〈CASE 19〉参照）。

4 任意捜査

任意捜査としては，(1)実況見分，(2)鑑定・通訳・翻訳の嘱託，(3)任意提出・領置，同意捜索，そして，人に対する任意出頭・張り込み，供述に対する取調べ・聞き込みなどが考えられる。また，いわゆる(4)「おとり捜査」についても任意捜査の一環として許容されている。以下では，これらについて説明する。

(1) 実況見分

実況見分とは，犯行現場に残される犯罪の痕跡や現場周辺の状況，犯行時の関係者の位置等，犯罪に関連する事物の性状を五官の作用によって把握する処分である（強制捜査として行われる場合は検証と呼ばれる）。例えば，公道上の交通事故現場の実況見分を行った結果を実況見分調書に記載することになるが，

判例は，これに，強制処分として行われた検証の結果を記載した検証調書と同じく，321条3項（伝聞例外）によって証拠能力が認められるとしている（最判昭35・9・8刑集14巻11号1437頁）。

(2) 鑑定，通訳，翻訳の嘱託

捜査機関は犯罪の捜査をするについて必要があるときは専門家に鑑定，通訳，翻訳を嘱託することができる（223条1項）。嘱託の方法に特に制限はなく，書面，口頭によって適宜行われる。必要があるときは，捜査機関が裁判官に令状を請求し（224条，225条），令状によって鑑定留置（167条），鑑定に伴う処分（168条）を行うことができるが，直接強制はできない（225条1項は139条，172条を準用していない）。なお，通訳，翻訳は鑑定の一種である。

(3) 任意提出・領置，同意捜索

捜査機関は，被疑者その他の者が捜査に協力して任意に提出した物や遺留品の占有を取得できる（221条）。これを領置という。いったん領置されると差押えの効果が生じる。

また，捜索も同意によって無令状でなしうる。ただし，家宅捜索は侵害される利益が大きいので，本来，同意捜索はできないと考えるべきであるし，女子の身体検査についても同様である（犯罪捜査規範107条，108条）。

(4) おとり捜査

おとり捜査とは，捜査機関又はその依頼を受けた捜査協力者が，その身分や意図を相手方に秘して犯罪を実行するように働き掛け，相手方がこれに応じて犯罪の実行に出たところで現行犯逮捕等により検挙する捜査手法である（最決平16・7・12刑集58巻5号333頁）（〈CASE 8〉参照）。麻薬犯罪等で用いられる。未だ犯罪が発生していないのに，いわば捜査官が「わな」をかけて犯罪者を検挙することになるので法的に許容されるのかは慎重な判断を必要とする。判例・通説は，いわゆる主観説をとり，すでに犯意を有している対象者に犯罪の機会を提供する「機会提供型」のおとり捜査は適法だが，新たに犯意を起こさせる「犯意誘発型」のおとり捜査は違法であるとする（上記最決平16・7・12）。国家が対象者に「わな」をかけて犯罪を創設することはデュー・プロセスの観点から許容できないからである。基本的にはこの考え方をとるべきである。

これに対して客観説は，働きかけが通常の誘惑を越えていたか否かを基準に判断する。しかしこの場合，客観的な「おとり行為」の度合いに焦点をあてる

ので，犯意を誘発する場合でも「適度なおとり行為」は許容されることになり，問題である。

5 逮　　捕
(1) 逮捕の意義
　逮捕とは，被疑者に対して最初に行われる強制処分であり，その自由を短期間拘束する処分である。勾留要否の判断のための一定時間の留置を行う効果を伴う。被疑者の逃亡の防止，罪証隠滅の防止，公判出頭の確保が目的である。取調べ目的の逮捕が許されるか否かについては意見が分かれる。前述の糾問的捜査観に立てば肯定されるが（捜査実務の考え方），弾劾的捜査観に立てば否定される（通説）。いずれにしても，逮捕には，通常逮捕，現行犯逮捕，緊急逮捕の3つがある。以下，順次説明する。

(2) 通常逮捕
　通常逮捕とは裁判官が事前に発付する令状（逮捕状）に基づいて行われる逮捕で，逮捕の原則型である（憲33条，刑訴199条）。通常逮捕の要件は，被疑者が犯罪を犯したことを疑うに足りる相当の理由（相当性）と逮捕の必要性である。前者については，捜査機関の主観に基づかない客観的証拠によることが必要とされている（大阪高判昭50・12・2判タ335号232頁）。後者については，逃亡または罪証隠滅のおそれがあること（刑訴規143条の3），諸般の事情に照らして逮捕が相当であること（大阪高判平6・10・28判時1513号71頁）が判断される。これに関して，正当の理由のない不出頭が逮捕の必要性と判断されるかが問題となるが，(i)被疑者の捜査協力義務を前提として，不出頭は取調べの必要性を高めることになるので逮捕の必要性を推定させるとする推定説（判例），(ii)何度の呼出にも当初の居場所にいながら出頭しない場合は逃亡のおそれがなく，198条1項但書の「出頭拒否権」の行使に過ぎないから，逮捕の必要性がないとする非推定説が対立している。非推定説が妥当である。なお，令状の請求は検察官または警部以上の司法警察員によって行われるが，その請求にあたっては逮捕の理由と必要についての疎明資料が必要である（刑訴規143条）。

(3) 現行犯逮捕・準現行犯逮捕
　犯罪を行っている者あるいは行い終えた者（いわゆる現行犯），および犯罪を行い終えてから「間がない」と明らかに認められる者（いわゆる準現行犯）は

令状なく逮捕できる。なお準現行犯の場合には、(i)犯人として追呼されている者、(ii)盗品・犯罪に供した凶器その他の物を所持している者、(iii)身体・被服に犯罪の顕著な証跡がある者、(iv)誰何(すいか)されて逃走しようとする者のいずれかである必要がある（212条）。

　これは令状主義の例外（憲33条）を規定したものであるが、ことの性質上、令状を得る余裕がないこと、現場での罪証隠滅および逃亡を防止する必要性が高いこと、犯罪の嫌疑が明白であること等の理由からその例外が認められている。私人でも逮捕することは可能であり（213条）、事後の令状審査もない。現行犯逮捕時の要件審査は捜査機関に一任されている。軽微犯罪の場合は、住居・氏名不詳または逃亡のおそれがある場合に限られる（217条）。

　現行犯逮捕の場合には、令状主義の例外を認めるわけであるから、犯罪および犯人の明白性が要件となる。判例には、警察官が被害者の供述に基づいてはじめて被疑者を犯人と認めた場合には、それが犯行現場から20メートルしか離れていない場合でも現行犯逮捕は許されないとしたものがある（京都地決昭44・11・5判時629号103頁）。なお、逃亡・罪証隠滅のおそれが明白になく、逮捕の必要性、相当性がない場合には現行犯逮捕は許されない（大阪高判昭60・12・18判時1201号93頁）。

　準現行犯逮捕は令状主義の例外たる現行犯逮捕に準じる例外を認める点でそれ自体かなり問題がある。犯行から相当の時間が経過したときは現行犯性は認められず、犯行後、「間がない」ことが必要である。判例は、犯行1時間40分後に犯行場所から4キロメートル離れた場所での準現行犯逮捕を適法としているが（最決平8・1・29刑集50巻1号1頁）、「間がない」と言えるかには疑問が残る（《CASE 10》参照）。なお、212条2項各号の内容についても、1号については犯人との結びつきを強く疑わせ、2号および3号については、犯行状況を知っていることを疑わせるものの、4号については、犯行との関連は薄いといわなければならない。令状主義の例外の例外を認める要件としては問題が残るといわざるをえない。

(4) 緊 急 逮 捕

　死刑、無期または長期3年以上の懲役・禁錮にあたる罪を犯したと疑うに足りる充分な理由がある場合で、急速を要するため令状を得る余裕のないとき、令状なしに逮捕することができる（210条）。これを緊急逮捕という。緊急逮捕

した場合は，相手にその理由を告知し，事後，「直ちに」裁判官に令状を請求しなければならない。令状が発せられない場合は被疑者を釈放しなければならない。これは令状主義の例外ではない。緊急逮捕自体が違憲ではないかとの議論もあったが，現在では，令状主義の精神に反しない合理的例外と見て合憲とするのが通説である。判例も，(i)緊急性，事案の重大性および犯罪の充分な嫌疑を要件としていること，(ii)事後の令状審査を保障していることから合憲であるとしている（最大判昭30・12・14刑集9巻13号2760頁）。なお，「直ちに」逮捕状を請求することの意味について，捜査実務は，書類作成，疎明資料調整等の合理的準備時間が必要なので，「できるだけ速やかに」請求すると解している。しかし，すでに嫌疑の充分性が前提なので即刻逮捕状請求が可能なはずであるから，「即刻ないしその足で」と解すべきである（通説）。

(5) **逮捕後の手続**

　私人が現行犯逮捕した場合，検察官か司法警察職員に引き渡さなければならない（214条）。司法巡査が私人から現行犯人を受け取った場合，また自ら逮捕を行った場合には，被疑者を司法警察員に引致しなければならない（202条，211条，215条1項，216条）。司法警察員が自ら被疑者を逮捕した場合，または身柄を受け取った場合には，被疑者に犯罪事実の要旨，弁護人を選任できる旨の告知をし，弁解の機会を与え，留置の必要がないときは直ちに釈放し，必要があるときには身柄と書類，証拠物とともに48時間以内に検察官に送致しなければならない（203条1項）。身柄を受け取った検察官は，被疑者に再度弁解の機会を与え，留置の必要がないときは直ちに釈放し，留置の必要があると認めるときは，24時間以内（逮捕時から72時間以内）に裁判官に勾留請求をしなければならない（205条）。検察官が自ら逮捕した場合は，犯罪事実の告知，弁護人依頼権の告知，弁解の機会の付与を行い，留置の必要があるときは48時間以内に勾留請求しなければならない（204条）。

6　勾　　留

(1) **勾留の意義および要件**

　勾留とは，被疑者の逃亡または罪証隠滅を防止し，また将来の公判に備えてその者の身柄を確保するため長期間拘束する処分をいう（起訴前勾留）。被告人に対する勾留を起訴後勾留という。起訴前勾留をするためには，必ず逮捕が

先行していなければならない（207条1項，逮捕前置主義）。勾留の対象となる被疑事実と逮捕事実とは基本的に同一でなければならず，一事実については2個以上の勾留が併存しないことが原則である（一罪一勾留の原則）。勾留の要件は，犯罪の相当の嫌疑（狭義の勾留理由）があり，かつ住居不定または逃亡もしくは罪証隠滅を疑うに足りる「相当の理由」（勾留の必要性）のあることである（60条，207条1項）。通常逮捕の要件が逃亡・罪証隠滅の「おそれ」であるのに対して，ここでは要件が厳しくされていることに注意しなければならない（東京地決昭43・5・24下刑集10巻5号581頁参照）。

(2) **勾留の通知と勾留理由の開示**

裁判官が勾留状を発するときは，被疑者に被疑事件を告知し意見陳述の機会を与えなければならない。これを勾留質問手続という（61条，207条1項）。通常，裁判所の勾留質問室で行われる。運用上，黙秘権・弁護人依頼権が告知される。被疑者は，その際，憲法34条の弁護人依頼権と包括的防御権により弁護人立ち会いを請求できると解される。もっとも，裁判実務は反対の立場をとっており，立ち会いが認められる例は少ない。

また，被疑者および弁護人は勾留理由開示請求ができる。手続は公開で行われ（憲34条後段，刑訴82条，83条），不当拘禁でないかどうかを吟味する。勾留時および開示時点での勾留の理由，必要性，相当性が示されることになる。もし，それらの事由が消滅していれば，勾留の取消しを請求できる。裁判官は職権で勾留を取り消しうる（87条）。

(3) **勾留の期間**

勾留の期間は，勾留請求日から原則として10日であるが，例外として，やむを得ない事由がある場合には10日を超えない限度で延長することができる（208条）。実務上，「やむを得ない事由」とは，(i)捜査を継続しなければ検察官が事件を処分できないこと，(ii)10日間の勾留期間内に捜査を尽くせなかったと認められること，(iii)勾留を延長すれば捜査の障害が取り除かれる見込みがあることの要件が揃っている場合であるとされている（松尾・条解356頁）。加えて，被疑者が，黙秘・否認をしている場合が「やむを得ない事由」にあたるかが問題となるが，裁判実務では肯定的に解されている。もっとも，通説はこれについて否定的である。

(4) 勾留の場所としての代用監獄

勾留場所は監獄であり（64条），現在のところ，法務省管轄の拘置所と警察本部または警察署付置の留置場（代用監獄と呼ばれる）が用いられている。被疑者の勾留場所としては90％以上が代用監獄である。これは歴史的に見ると，拘置所への勾留を原則とし，代用監獄を例外的に用いようとしてきたことに反する結果になっている。原則と例外の逆転が起きているのである。下級審の判例には，「被疑者を勾留する場合，勾留場所は原則として拘置監たる監獄とすべきものであり，特段の事由が認められる場合に限って例外的に代用監獄たる警察署付属の留置場を指定しうる」（大阪地決昭46・12・7判時675号112頁）と代用監獄例外を認めたものがあるが，「勾留の裁判をするに際し，勾留場所を拘置監たる監獄にするか，代用監獄たる留置場にするかは，検察官の意見を参酌し，拘置場の物的，人的施設能力，交通の便否のほか，捜査上の必要性，被疑者または被告人の利益等を比較考量したうえ，裁判官の裁量によって決定すべきものであって，適法な捜査のための便宜はこれを考慮することが許される」（東京地決昭43・5・24下刑集10巻5号581頁）として代用監獄の使用も例外的ではないとするものもある。通説は，代用監獄に被疑者が勾留されることによって，取調べ機関と拘置機関が同一化され，被疑者に不利な状況が生まれ，誤判の温床となりやすいので代用監獄の使用は基本的に認めるべきではないとしている。

しかしながら，2006年6月には，いわゆる未決拘禁法が国会で成立して，警察段階の代用監獄使用が原則化される傾向にある。

7 逮捕・勾留の諸問題
(1) 別件逮捕・勾留

捜査機関は，逮捕状を請求できる証拠の整っていない重大な犯罪（本件）について取調べを行う目的で，すでに逮捕状を得られる証拠の整った比較的軽微な別事件（別件）で逮捕・勾留する場合がある。これは別件逮捕と呼ばれるが，このことは令状主義を規定した憲法に違反しないかが問題になる。

これに関して，明確な最高裁判例はないが，身柄の拘束が「専ら」他罪に関する取調べを目的としていた場合には違法となることを示唆してはいる（最決昭52・8・9刑集31巻5号821頁）。下級審の判例は，身柄拘束自体の適否よりも，

その間の余罪取調べが許される限界を越えていたかどうかを問題にしている傾向があり，違法としたものもある（金沢地七尾支判昭44・6・3刑裁月報1巻6号657頁）（〈CASE 12〉参照）。

　通説は，このような別件逮捕は，本件取調べに利用する目的でありながら，本件に関する適法な逮捕・勾留を経ていないので令状主義の潜脱であり違法であるとしている（本件基準説）。一方，逮捕・勾留の理由とされる別件について身柄拘束の要件が存在している限り違法とは言えないとする考え方（別件基準説）もあるが，支持できない。その理由は，(a)本件の身柄拘束が実質的には裁判官の発した令状によらずに行われるので憲法33条および31条に違反すること，(b)本件について，あらためて逮捕・勾留することが見込まれているので，起訴前身柄拘束の時間的制約（203条以下）を無視することになること，(c)逮捕・勾留の目的は取調べではないのに，逮捕・勾留を自白獲得の手段とする点で刑事訴訟法の精神に反すること（60条1項，刑訴規143条の3）にある（白取・163頁）。

(2) **再逮捕・再勾留の禁止**

　逮捕・勾留は同一被疑事実につき1回しか許されないのが原則である。厳格な法定要件が規定されているのはそれが人身の自由を制限する強力な捜査手段だからである。その意味で安易な反復は許されない。しかしながら，流動する捜査実務の中で，例外を認める必要性が生じる場合がある。実際に，再逮捕を前提とした規定（199条3項，刑訴規142条1項8号）もあり，その要件をどのように限定するかが問題になる。捜査実務においては，重要な新たな証拠が出た場合，罪証隠滅のおそれがあらたに生じるなど捜査の合理的必要性から，逮捕の蒸し返しにならない限り容認されている。しかし，同一の犯罪事実に対する再逮捕は事実上制限すべきであり，逮捕状が失効した場合などに限定すべきである。なお，再勾留については明文の規定はないが，再逮捕を容認する立場からは，例外的に短期間で認められることになるであろう。

8　証拠収集

(1) **令状主義**

　憲法35条は米国憲法修正4条（プライバシーの保護を目的とし，相当な理由がある場合にのみ捜索・押収が可能となる）を母法としている。いわゆる無差別一

般令状による無制約な捜索・押収から私人を保護するのが目的である。そのために，法は明快かつ厳格な基準（「正当な理由」「捜索場所・物」の明示）を設けたのである（憲35条，刑訴218条以下）。そして，憲法33条の現行犯逮捕の場合を除き，無令状の捜索・押収は，仮に正当な理由があっても許されないことが明らかにされたのである。このような厳格な令状審査の下で，はじめて捜索・差押えは可能になる。これを令状主義という。しかし，実際には裁判官による令状却下率はきわめて低く，令状主義は形骸化していると言われている。

(2) **捜索・差押え**

それではいかなる要件のもとで令状が発付されるのであろう。

捜査機関は，犯人または証拠の発見・保全のため必要があるとき，裁判官の発する令状によって，家等の一定の場所，被疑者等の身体，鞄類等の物について探索・検査を行い，発見した物については保管を捜査機関に移すことができる（上口＝後藤他・53頁〔渡辺修〕）。その際に令状発付の要件を審査する裁判官は，令状発付のための，(a)「正当な理由の存在」，(b)「捜索・差押え処分の必要性」および(c)「捜索差押え物・場所の特定性」を検討しなければならない。

(a)については，(i)犯罪の嫌疑，すなわち，被疑者が罪を犯したと思料される理由のあること（刑規則156条1項），(ii)差押対象物の存在，すなわち，物の存在を認めるに足る状況の存在（102条，222条1項），そして，(iii)事件との関連性（後述(c)）があるかどうかが問題となる。(b)について218条1項は，犯罪捜査の必要性があるときに令状請求できるとしている。判例は，まず裁判所が差押えの必要性について判断できるという点を確認した上（199条2項但書との関連）で，その判断要素として，「犯罪の態様，軽重，差押え物の証拠としての価値，重要性，差押え物が隠滅毀損されるおそれの有無，差押えによって受ける被差押え者の不利益の程度その他諸般の事情」をあげている（最決昭44・3・18刑集23巻3号153頁）（〈CASE 13〉参照）。そして，(c)については，憲法35条が「捜索場所・物の明示」，刑訴219条1項が，「罪名」，「差し押さえるべき物」，「捜索すべき場所」を令状記載の要件としているが，特に問題になるのは「物の概括的記載」が許されるか否かである。判例は，物の特定性を広く解しており，例えば，地方公務員法違反事件で差し押さえるべき物を「会議議事録その他本件に関係ありと思料せられる一切の文書及び物件」と記載した令状についても明示に欠くところはないと判示している（最大決昭33・7・29刑集12巻12号2776頁）。

25

(3) 捜索・差押えの執行

捜査官は令状に記載された「場所」で捜索し，記載された「物」を差し押さえることになるが，特にそれらの限界が問題となる場合がある。(a)差押えの範囲の限界，(b)居合わせた者の捜索の可否の2点に触れておくことにする。

(a)について，判例は，暴力団の恐喝被疑事件での捜査中に賭博開帳のメモ196枚を発見してそれを差し押さえ，賭博開帳図利で起訴した事例で，「捜索差押え許可状には恐喝被疑事件に関係のある暴力団を標章する状，バッチ，メモ等が差し押さえるべき物のひとつとして記載されているが，賭博メモも（組の組織内容と暴力団的性格を知ることができ，恐喝被疑事件の証拠ともなるから）許可状記載の差押えの目的物にあたる」としている（最判昭51・11・18判時837号104頁）。しかし，恐喝事件との直接的関連性があるかについては疑問が残るといわざるをえない。なお，別件捜索・差押えについては，〈CASE 14〉の解説を参照されたい。

(b)について，判例は，覚せい剤取締法違反でAの居室を捜索した際に，同室にいたAの内縁の夫Bが携帯するボストンバッグをBが任意提出を拒んだために強制的に取り上げ，その内部を捜索して覚せい剤330グラムを発見して押収した事例で，「捜索差押許可状に基づき被告人が携帯する右ボストンバッグについても捜索できるものと解するのが相当である」と判示している（最決平6・9・8刑集48巻6号263頁）。しかしながら，場所に対する捜索令状で人の身体の捜索は許されないので，現場にたまたま居合わせた第三者の身体，携帯品の捜索はできないのではないだろうか（白取・120頁）。

(4) 押収拒絶権

ところで，公務上の秘密または一定の業務上の秘密については，押収が制限される（103条，104条，105条，222条1項）。もっとも押収の拒絶は権利であって義務ではない。この押収拒絶権との関係で問題になるのが，報道機関が取材の自由（表現の自由）に基づいて収集したビデオテープなどの押収を拒絶することができるか否かである。判例は，「取材の自由も憲法21条で十分保障されるが，公正な刑事裁判のためにはある程度制約されるのもやむをえない」（最大決昭44・11・26刑集23巻11号1490頁），「適正迅速な捜査を遂げる必要性と，取材結果を証拠として押収されることによって報道の自由が妨げられる程度及び将来の取材の自由が受ける影響など諸般の事情を比較衡量して押収の許否を決

すべきである」（最決平元・1・30刑集43巻1号19頁）としている。
(5) コンピュータと差押え
　現今のコンピュータ関連機器の発展にともなって，従来の差押えではその目的を達成できない場合も少なくない。例えば，HD，USBメモリー，MO，DVDなど様々な電磁的記録を差押えの対象にできるか否かが問題となる。消極説からすれば，可視性・可読性を欠く記録に過ぎない電磁的記録（＝情報自体）は，証拠「物」に当たらないので捜索・差押えできないことになる。これに対して，積極説は，情報そのものが捜索・差押えの対象になるする。電磁的記録そのものは，物にはあたらないので，積極説には疑問がある。基本的には，消極説をとりつつも，記録媒体自体の捜索・差押えは可能とすべきであろう。そして，被疑事実と関連する差押物か否かを確認するために，捜索に必要な処分として，プリントアウト等が必要ということになろう（111条，222条）。判例には，「捜索差押えの現場で確認していたのでは記録された情報を損壊される危険があるなどの事情の下では，内容を確認せずに108枚のFDを差し押さえることが許される」（最決平10・5・1刑集52巻4号275頁）としたものがある。
(6) 差押物以外の物の写真撮影
　捜査機関は執行方法の適正性を担保するために捜索時に写真撮影を行うことがある。その際に，令状の「差し押さえるべき物」以外の帳簿，住所録，文書などを接写した場合に，帳簿管理者等は，それらは令状にない検証であるとしてフィルムの引き渡しあるいは廃棄を請求できるか否かが問題になる。判例はこれに対して，下級審レベルではあるが，「捜索差押令状に記載のない物，書類の写真撮影は違法である」と認めている（大津地決昭60・7・3刑裁月報17巻7＝8号721頁）。しかし，現実の救済措置としては，「写真撮影は検証としての性質を有していて，420条2項の押収に関する処分にあたらないから，準抗告は許されない」とされている（最決平2・6・27刑集44巻4号385頁）。立法的措置が必要である。
(7) 令状執行の適正化
　令状執行の適正化に関してはいくつかの問題点を解決する必要がある。
　まず，立会権の問題である。捜査機関が令状によって行う捜索・差押えについては，住居主，看守者またはこれらの者に代わるべき者に立会を義務づけている（114条，222条1項）。これは，処分を受ける者の利益保護と手続の公正の

27

ためであるとされている（通説）。もっとも，これについては，住居主等の主観的利益確保のための純粋な権利と位置づける主張もある。なお，被疑者には法文上立会いの権利はないが，防御権の行使として立会権を認めるべきである。解釈論としては222条6項の「必要があるとき」を「被疑者の申し出がある場合」と同視することになろう。

次に，令状の呈示および令状の筆写の問題である。捜索・差押え令状を執行する際に令状を被処分者に呈示することは捜査機関の義務である（110条，222条1項，犯罪捜査規範141条）。これは憲法35条の要求である（ただし，捜査実務はそう解していない）。執行に際して，令状の筆写・コピーの請求があったときに捜査機関は応じる義務があるかについて，捜査の秘密性からも義務はないとするのが現状である。しかし，令状存在の確認，処分の許容範囲の確認，そして，不服申立のために，筆写権は認められるべきである

さらに偽計等を用いた令状の執行が許されるかが問題となる。判例には，捜査官が令状を得て，被処分者のドアをあけさせるために「宅急便です」などと偽ってドアを開錠させて立ち入ることを適法としたもの（大阪高判平6・4・20高刑集47巻1号1号），捜査官が来意を告げることなく施錠されたホテル客室ドアをマスターキーで開けて室内に入り，その直後に捜索差押え令状を呈示して令状を執行することを適法としたもの（最決平14・10・4刑集56巻8号507頁）などがある。しかし，プライバシーの観点から十分な検討が必要である。

なお，刑訴法は令状執行適正化の観点から不服申立制度を設けている。押収令状発付そのものに対する準抗告（429条1項2号）および捜査機関の行った押収処分の取消し請求である（430条1項，2項）。また，還付および仮還付の制度によって，留置の必要のない押収物の返還を請求できる（123条）。

(8) 検証・身体検査・鑑定・照会

検証とは，場所，物または人の形状・性質等を五官の作用によって認識する処分である（218条1項）。物の占有を取得できない場合に，形状等を感知し記録しておくために用いられる処分である（田宮・113頁）。検証と同じ内容を任意処分で行う警察実務を実況見分という。

検証の対象が人の身体におよぶ場合を身体検査という。特別の配慮のため身体検査令状が必要になる（218条1項）。身体検査令状の執行にあたっては相手の名誉を害さない必要があり，女子については医師または成年女子の立会いを

必要とする（131条，222条）。

　鑑定とは，特別の知識経験である法則またはその法則に基づく意見判断の報告である。捜査機関は犯罪の捜査において必要があるときはこれを専門家に依頼できる（223条1項）。鑑定のために被疑者を鑑定留置する必要がある場合は，裁判官の発する令状が必要となる（224条，167条）。

　捜査機関は公務所または公私の団体に必要な事項の報告を求めることができる（197条2項）。相手方は原則として報告義務を負う。ただし，直接的に強制する方法はない。

(9) 強制採尿

　覚せい剤使用事犯において尿は唯一とも言える証拠物である。1977年頃から尿任意提出拒否者に対して，裁判官の「令状」を得て医者によるカテーテル挿入を実施して尿を採取するようになったのだが，現行法上は，このような措置を念頭においた令状は準備されていない。このような屈辱的方法による採尿は精神的打撃が大きいのでその可否が問題になる。

　下級審の判例には，「裁判官の令状を得て医師の手によって行われたとしても，被疑者の人格の尊厳を著しく害し，その令状の執行手続きとして許される限度を越え違法である」（名古屋高判昭54・2・14判夕383号156頁）とするものと，「身体検査令状（直接強制の根拠：139条の準用），鑑定処分許可状（カテーテル挿入：172条）の2つの令状に基づく強制処分であるから，採尿の際，危害防止等のため被告人の身体を押さえつけ，ゴム管を尿道に挿入して採尿することは右強制処分の執行として必要やむを得ない措置として許容される」（東京高判昭54・2・21判時939号132頁）とするものがある。これについて最高裁は，強制採尿が，肉体的不快感，屈辱感等の精神的打撃を与えることを認めながら，「同様の打撃は，検証の方法としての身体検査においても同程度の場合がありうるのであるから，強制採尿が捜査手続上の強制処分として絶対に許されないとすべき理由はない」とし，それは，「被疑事件の重大性，嫌疑の存在，当該証拠の重要性とその取得の必要性，適当な代替手段の不存在等の事情に照らし，犯罪の捜査上真にやむをえないと認められる場合には，最終手段として，適切な法律上の手続を経てこれを行うことも許され」，「捜査機関がこれを実施するには捜索差押令状を必要とすると解すべきである」としたのである（最決昭55・10・23刑集34巻5号300頁）（〈CASE 18〉参照）。これによって，実務上，強制採

尿令状（捜索差押令状）による強制採尿が定着することになったのである。しかし，通説は，強制採尿が精神的屈辱を与える行為であり，人間の尊厳を侵す行為であることから，憲法13条に反して許されないとする。

なお，強制採尿令状によって被疑者を採尿場所まで連行できるか否かが問題となるが，判例は，「強制採尿令状（そのもの）の効力として，採尿に適する最寄りの場所まで被疑者を連行できる」（最決平6・9・16刑集48巻6号420頁）としている。

(10) **令状によらない捜索・差押え**

法は令状主義の例外として，被疑者を逮捕する場合令状なしで住居等の捜索ができる場合を認めている（憲35条，刑訴220条1項）。これについては概ね2つの考え方がある。1つは，逮捕行為を完遂するために必要な緊急的措置，すなわち被逮捕者の逃亡を防止し，または逮捕者の安全を図り，罪証隠滅を防ぐ最小限の行為のみが許されるとする立場である（通説・緊急処分説）。この立場からすると，逮捕と捜索・差押えの強い関連性（時間的・場所的接着性）が必要になる。もう1つは，逮捕状がだされるような相当な理由がある場合には，逮捕現場に証拠の存在する蓋然性が高いとする立場である（判例・相当説）。この立場からすると，「相当な理由」があれば，逮捕と無関係に無令状で捜索・差押えが可能になる。時間的・場所的要件も厳格には要求されなくなる。判例は，相当説の立場から，ヘロイン所持で緊急逮捕する20分前に同所に赴いて無令状で行った捜索・差押えを適法としたり（最大判昭36・6・7刑集15巻6号915頁）（〈CASE 15〉参照），逮捕5分後に逮捕場所から500メートル離れた警察署での捜索，約1時間後3キロ離れた警察署での差押えをそれぞれ適法としている（最決平8・1・29刑集50巻1号1頁）。

(11) **緊急捜索・差押え**

緊急の捜査の必要があるとして，令状なしで押収，または捜索・押収を行うことは可能か否かが問題となりうるが，通説は，緊急逮捕のような規定がないので無令状の捜索押収はできないとする。これに対して，アメリカ法が採用するプレインヴュー（plain view）の法理に従って差押えは可能であるとする考え方もある（押収可能説）。ただし，その場合には，(i)適法な職務中に，(ii)偶然の事情によって，(iii)明白な犯罪関連物として，(iv)直ちに差押え可能な場合に限られる。その他にも，220条1項2号を準用する考え方もある（捜索・押収可能

説)。

(12) 新しい捜査方法

光学機器等の発展とともに，捜査手法もそれらを用いるものに変わってきている。そこで，法的根拠，捜査の許容範囲等が問題になる。

① 写 真 撮 影

写真撮影は，人の身体の自由，財産に対する直接的，有形的，物理的な侵害を伴わないが，対象者の容貌，行動等が静止画像として記録されることによるプライバシーの利益の侵害を伴う。これについて，判例は，違法なデモ行進を撮影していた警察官の職務の適法性が問題とされた事案で，憲法13条の一内容としての肖像権を認めたものの，これは捜査という公共の福祉のために制約をうけることがあるとした。そして，被撮影者の同意がなく裁判官の令状がなくても，犯行直後に証拠保全の必要性および緊急性があり，撮影が社会的に相当な方法でなされる限り，適法な捜査行為として許容されると判示している（最大判昭44・12・24刑集23巻12号1625頁）（《CASE 17》参照）。しかし，写真撮影は肖像権ないしプライバシーを侵害する強制処分としての性格を持っているので，明文の規定なく行うことは許されないと考えるべきである。

② 監視カメラ

公共の安全と秩序をまもるという目的のために，街頭の監視カメラによって一般人のプライバシーは警察の監視下に置かれることはやむを得ないことなのであろうか。特に，犯罪が多発する地域での監視カメラの設置は警察の裁量権の範囲内にあるのかが問題となる。下級審の判例には，監視カメラの設置は基本的に警察の裁量事項であり，(a)目的の正当性，(b)客観的・具体的必要性，(c)設置状況の妥当性，(d)設置・使用による有効性，(e)使用法の相当性の各要件が満たされれば使用してよいとしたものがある（東京高判昭63・4・1判時1278号152号）。法的根拠については，この判例のように任意手段であるから不要とするものもあるが，対象者の容貌を監視する「事実上の強制処分」であるから法的根拠は必要である。現状では明確な法的根拠を欠くので違法と考えざるを得ない。

③ 自動速度監視装置の正当化の根拠

高速道路には，速度違反の自動車の写真を自動的に撮影する自動速度監視装置が設置されているのが一般的であるが，これについて判例は，「現に犯罪が

行われている場合になされ，犯罪の性質，態様からいって緊急に証拠保全する必要性があり，その方法も一般的に許容される限度を超えない相当なものであるから憲法上許される」（最判昭61・2・14刑集40巻1号48頁）としている。

④　電話（通信）傍受・盗聴

盗聴は憲法13条のプライバシー権を侵害すると同時に，憲法21条2項の通信の秘密をも侵害する強制処分である。このような処分は，憲法31条の適正手続保障に反することができないのと同時に，憲法35条の令状主義の要請をも満たす必要があることは言うまでもない（白取・135頁）。

これについて，判例は，電話検証令状（219条1項）による盗聴を「電話傍受により侵害される利益の内容，程度を慎重に考慮した上で，なお，電話傍受を行うことが犯罪の捜査上真にやむを得ないと認められるときは電話検証も許される」として合憲であるとしている（東京高判平4・10・15高刑集45巻3号85頁（〈CASE 16〉参照），最決平11・12・16刑集53巻9号1327頁）。そして実務もこれにしたがって行われてきた。しかし，これについては，(i)検証が人の会話といった無形のコミュニケーションを予定しているかには疑問があること，(ii) 219条1項の検証は「場所若しくは物」のみを対象にしていること，(iii)数多くの無関係通話が盗聴されることで憲法35条の特定性がないことになるし，将来の犯罪にまで捜査概念を拡張することになり根本的な疑問があることなどを理由に厳しく学説から批判されてきた。

もっとも，2000年から通信傍受法が施行され，現在では検証令状による盗聴は許されなくなった。同法に規定された通信傍受令状によってのみ可能になったのである。同令状発付の要件は，(i)犯罪の嫌疑，(ii)犯罪関連通信の蓋然性，(iii)補充性である（通信傍受法3条1項）。しかも，対象となる犯罪は，数人の共謀によって実行される組織的な殺人，薬物および銃器の不正取引にかかる犯罪等の重大犯罪に限定されている。また，通信傍受手続についても，検察官または司法警察員から地裁裁判官に傍受令状の請求を行って事前の承認を得る必要があること，手続適正化のために傍受場所の管理者等の立会を義務づけ，傍受媒体を封印することが義務づけられ，厳格な運用が求められている（2005年度の実施件数は10件である）。

⑤　ポリグラフ検査

ポリグラフ検査とは，犯罪に関する質問をしたり，物をみせて，呼吸・皮膚

電気反射・脈派を測定してその生理的変化から犯罪に関する事項の知覚の有無を推定する検査方法である。下級審の判例には，被検査者が質問に対して答弁することは必要ないので，検査それ自体が直ちに被疑者たる被検査者の供述拒否権を侵害し，憲法38条1項の趣旨に反し，刑訴198条2項に違反するとは考えられないとしている（東京高決昭41・6・30高刑集19巻4号447頁）。しかし，質問に対する生理的変化は供述を動作で行うのに似ているので，黙秘権の告知に準じて検査を拒否できると解すべきである。少なくとも不利な証拠になることを十分に説明した上で同意を得るべきであろう。

9 被疑者等の取調べ

(1) 参考人取調べ

法は，被疑者以外の者（参考人）についても，その出頭を求めた上で取調べをすることができる（223条1項）。これは任意処分であり，参考人はいつでも退去することができる。被疑者ではないので黙秘権の告知はない。問題は，参考人が自己の犯罪で逮捕・勾留されている場合に，他者の事情に関する取調べのための出頭・滞留義務を負うか否かということである。これについては，223条が198条1項但書を準用していることなどから肯定する見解もあるが，逮捕・勾留の被疑事実は限定されているはずであるし，黙秘権告知もないのであるから否定的に考えるべきである。

(2) 捜査のための証人尋問

犯罪捜査に不可欠の知識を有する者が出頭要求に応じない場合（226条）および参考人として供述した者が公判期日に異なる供述をするおそれがあり，その供述が犯罪証明に不可欠の場合（227条），検察官の請求によって裁判官が証人尋問を行うことができる。この場合，証人は召喚，勾引されることもあり，宣誓と供述の義務を負う。作成された調書は321条1項1号により証拠能力が与えられる。検察官は証人尋問に立ち会うことができるが，被疑者・弁護人は裁判官の裁量で許される場合があるだけである。被疑者・弁護人は調書を閲覧できない。

なお，参考人が自己負罪拒否特権を使い被疑者・被告人を有罪にする重要な証言を得られない場合，証言に関連する犯罪を免責したり証言を証拠としない条件の下でこれを強制できるかという問題がなる。判例はこれについて，「最

高裁・検事総長・検事正等が免責の宣明をした上で，法226条の手続きの嘱託に基づいて行われたアメリカ人のアメリカの裁判所面前での証言について，わが国に刑事免責を認める法定の手続きがないので証拠能力が否定される」（最大判平7・2・22刑集49巻2号1頁）と判示している。

(3) 被疑者取調べの意義と取調べ受忍義務の有無

198条1項は，「捜査機関は犯罪の捜査をするについて必要があるとき，被疑者の出頭を求めて取調べを行うことができる」と規定して被疑者に対して取調べができることを明示するとともに，但書で，「逮捕・勾留されている場合以外は，出頭を拒みまたは出頭後いつでも退去できる」と規定している。

本条本文における被疑者に対する任意の取調べにおいて，被疑者がいつでも取調べを拒んで取調べ場所から退去できることは言うまでもない。いわゆる取調べ受忍義務はない。しかし，但書を反対解釈すると，逮捕・勾留されている被疑者には，出頭を拒んだり，取調べ場所から退去することができないようにも見える。そこで，この但書の規定をもって，逮捕・勾留されている被疑者には，取調べを受忍する義務があるのではないかという点が問題になる。逮捕・勾留中の被疑者に取調べ受忍義務を認めるか，あるいは認めないかは刑事訴訟手続そのものに対する考え方と深く関わってくる重大な問題である。

糾問的捜査観をとる判例・実務の考え方すれば，当然のことながら受忍義務が肯定されることになる。その理由は，(i)逮捕・勾留されている被疑者は，かかる出頭を拒否し，あるいは出頭後，自由に退去することができないことは，文理上明らかであるということ，(ii)被疑者は，被告人と異なり，捜査手続きの純然たる当事者ではなく，取調べの客体との性格を有しているということ，(iii)受忍義務を課しても黙秘権の侵害にはならないことなどである（なお，東京地決昭49・12・9刑裁月報6巻12号1270頁参照）。

これに対して通説はこれを否定する。理由は，もし，逮捕・勾留された被疑者に取調べを受忍する義務（すなわち，留置場から出頭し，取調室に滞留することの強制）を認めるとすれば，そのような取調べは，それ自体，憲法38条が保障する被疑者の黙秘権を侵害することに他ならないということ，また，逮捕・勾留は逃亡・罪証隠滅の防止を目的とするものであって，取調べを目的としないことである。

もっとも198条1項但書の文言をどのように解釈するかは問題として残る。

これについてはさまざまな考え方があるが，これは，身柄拘束下の被疑者も原則として在宅被疑者同様取調べ受忍義務はないが，例外的に相当の根拠がある一定の場合には，弁護人立会・接見の実質的保障を前提として，出頭・滞留義務が肯定されると解するのがよいように思われる（三井(1)・133頁）。

(4) 取調べの規制
① 出頭・滞留の限界

逮捕・勾留をされることなく任意で取調べを受けている被疑者が，取調べを拒絶して，退去できる自由を有することは言うまでもない（198条1項）。しかしながら，実際にはそのような自由が制約される場合がある。判例も，捜査機関が一定の有形力を行使して退去しようとする被疑者をで制止することができるとしている（最決昭51・3・16刑集30巻2号187頁）。しかしこれは法的根拠のない強制的措置であり，適法とするには問題がある。

また，余罪の取調べとの関係で，出頭・滞留義務があるかどうかが問題になる場合がある。通説は，被疑者が逮捕・勾留されている場合であっても，余罪については出頭・滞留義務はないとしている。これに対して捜査実務は，法が取調べの対象を特に制限していない以上，余罪の取調べも許されるとしているが，事件単位の原則からして問題である。

② 取調べと黙秘権

被疑者には取調べに対して黙秘する権が保障されている（憲38条1項）。黙秘権が保障されているということは，捜査機関にはその権利を被疑者に告知する義務がある（198条2項）。もっとも，捜査実務は，黙秘権の告知そのものは憲法38条1項の直接的要請ではないと考えている。判例も，告知を怠ったからといって直ちにその供述が任意性を失うことはないとしている（最判昭25・11・21刑集4巻11号2359頁）。しかし，黙秘権の告知を怠れば，被疑者はもっとも重要な権利を行使できないことになるわけであるから，その告知は当然に憲法38条1項からの直接的要請と考えるべきである。

また黙秘権の告知があったとしても，深夜・徹夜の取調べ，長時間の取調べ，休憩や食事を与えない取調べなどが行われれば，実質的には黙秘権を侵害することになる。そこで，法は，取調べにあたり，拷問，強制，脅迫，不当に長く抑留・拘禁することは禁止しているのである（憲38条1項，刑訴319条1項）。しかしながら，判例は，事案の重大性，取調べの緊急性・必要性などを勘案して，

取調べの態様が社会的相当性の範囲にあれば適法とする傾向にある（最決昭59・2・29刑集38巻3号479頁，最決平元・7・4刑集43巻7号581頁（《CASE 19》参照））。事案の重大性や取調べの必要性が黙秘権保障に優先することがあってはならない。

③　取調べの可視化

取調べの結果について捜査機関はこれを調書にすることができる（198条3項）が，捜査実務ではこれは裁量規定と解されているので，取調べが一段落した後の一括記録が肯定されている（東京高判昭29・5・6高刑判特40号86頁）。いわゆる，問答形式にするかどうかも基本的に捜査官の裁量に委ねられている。しかし，取調べの客観性を担保および被疑者の防御権保障のために，供述調書は取調べの都度作成すべきである。また被疑者からの申出により作成すべきである。さらに，読み聞かせを実質化するために，被疑者にわかりやすい丁寧な説明をすべきであるし，外国人の場合には適正な通訳を確保する必要がある。より現実的には，密室での物語風調書作成の弊害を回避するために，取調べ過程のビデオ録画・テープ録音を導入する必要がある。

④　弁護人の取調べ立会請求権

黙秘権の適正かつ実質的な保障のために弁護人の取調べ立会請求権が認められべきであるが，現在，認められていない。法律に規定がないこと，捜査の密行性・効率性・迅速性に支障があることなどが理由であるとされている。しかしながら，(i)被疑者の黙秘権の実質的保障，(ii)当事者主義下の包括的防御権の1つであること，(iii)弁護人依頼権の1つであることを根拠に認めるべきである。アメリカ連邦最高裁は，1966年に有名なミランダ判決（Miranda v. Arizona, 384 US 436）を下して，被疑者に対して，(a)黙秘権があること，(b)弁護人の立会いを要求する権利があること，(c)供述は法廷で不利な証拠となることがあること，(d)資力がなければ国選弁護人を依頼できることを告知して理解させたうえでなければ，得られた自白に証拠能力は認められないとした。わが国においても参考にすべきである。

10　被疑者の防御権

(1)　黙　秘　権

被疑者は一切の供述を拒む権利，黙秘権が保障されており，捜査機関は取調

べにあたりこの権利を被疑者に告知しなければならない（憲38条1項，刑訴198条2項）。黙秘権は自己を防衛するためのもっとも基本的な権利の1つである。被疑者は被告人の前身であり，被告人同様に包括的黙秘権が保障されてしかるべきである（291条2項，311条1項）。したがって，被疑者は，自己の氏名についても黙秘することが認められるべきである。判例は，「被告人の氏名については原則として憲法38条1項が規定する不利益な事項に該当するものではない」としている（最大判昭32・2・20刑集11巻2号802頁（《CASE 21》参照））。このように黙秘権の及ぶ範囲を狭く解することは不当と言うほかない。なお，黙秘権の効果として，(i)供述しないことに対する制裁の禁止，(ii)黙秘権を侵害して得られた供述証拠の排除，(iii)黙秘したことから有罪を推認することの禁止などがあげられる（白取・172頁）。

(2) 弁護人依頼権

被疑者または被告人，その配偶者・親族等はいつでも弁護人を選任することができる（30条）。そして，逮捕・勾留中の被疑者は，弁護士，弁護士会を通じて弁護人の選任を申し出ることができることになっている（78条，209条，憲34条）。法は，法律の専門家ではない被疑者に，法律の専門家である弁護士にその弁護を依頼し，自らを弁護するパートナーとして選任する権利を無条件で保障したのである。ここで言う弁護人依頼（選任）権がただ単に弁護人をつける権利を意味するのではなく，被疑者本人のために有効な弁護を行ってくれる弁護人を選任する権利であることを認識しなければならない。したがって，選任を受けた弁護士は，少なくとも，(i)捜査の適正性の監視，(ii)令状手続の適正性の監視，(iii)検察官の訴追裁量の適正な行使の監視，(iv)被疑者本位の防御活動を直ちに行わなければならない（上口＝後藤他・97頁〔渡辺修〕）。

現在，全国で行われている当番弁護士制度は，各単位弁護士会によって運用されているもので，初回接見は無料，必要に応じて法律扶助制度を利用した弁護活動を展開している。もっとも，2004年の刑事訴訟法の改正で被疑者国選弁護制度が設けられたので，一定の重罪で勾留されている事件については，被疑者の請求によって裁判官が弁護人を選任することになった（37条の2）。選任される弁護士は各地裁所在地に設置される司法支援センターに所属する弁護士である。アメリカの都市部のパブリック・ディフェンダー（公設弁護人）事務所のような専門体制の構築が，被疑者・被告人の有効な弁護のためには必要と

なろう。

(3) 接見交通権

接見交通権とは，弁護人依頼権を実質的に保障するための重要な権利であり，被疑者が立会人なしに，弁護人と接見して，書類や物の授受ができる権利である。

① 接見交通権保障の意義

2004年の刑事訴訟法改正で，被疑者国選弁護制度が成立したので，今後は，被疑者段階での弁護人接見の場面が一般化してくる。そのような中で，接見交通権を保障することはますます重要になってくる。原則として，身柄拘束中の被疑者は弁護人と自由に接見できる（39条1項，自由権規約14条3項(b)）。いわゆる自由交通権が被疑者には保障されていて，これは憲法34条が保障する弁護人依頼権に由来する。また弁護人の固有権でもある。これらのことは最高裁判例によっても認められている（最判昭53・7・10民集32巻5号820頁（《CASE 22》参照），最大判平11・3・24民集53巻3号514頁）。

接見交通権が保障されることによって，(i)被疑者の法的地位，権利，手続について弁護人が説明できる，(ii)被疑者の精神的なサポートができる，(iii)違法な取調べを抑制できる，(iv)反証準備の防御活動ができるなどの実質的弁護活動の展開が可能になる（村岡「接見交通権」『刑事手続（下）』330頁（築摩書房，1988））。

② 自由接見の例外とその根拠

しかしながら，法は，「捜査のため必要があるとき」は接見を指定できると規定している（39条3項）。自由接見が原則である被疑者と弁護人の面会を例外的に制約できるとしているのである。このような例外を設けること自体が違憲ではないのかという疑問が沸いてくるが，これについて判例は，「刑訴法39条3項本文の規定は，憲法34条前段，37条3項，38条1項に違反するものではない」として合憲の判断を示すに至っている（前掲・最大判平11・3・24）。

では，「捜査の必要」をどのように解するかが問題となる。これに関しては，捜査実務の考え方，判例の立場，そして学説がそれぞれ対立している。

捜査実務は，いわゆる非限定説をとっていて，罪証隠滅・供述妨害など広く捜査遂行上の障害が予想されるときには接見の制限ができると考えている。これには，弁護人と接見させると自白を撤回しそうな場合まで含まれるというのが一般的である。もっとも判例が，以下の物理的限定説をとってからその線に

したがっているが，非限定説も根強い。

　判例・通説は物理的限定説をとっている。すなわち，(i)現に被疑者を取り調べている場合，(ii)検証・実況見分に同行しているなどの事情がある場合，(iii)間近い時に取調べをする確実な予定があって，弁護人等の必要とする接見等を認めたのでは，取調べ等が予定通り開始できなくなるおそれがある場合に接見の制限を認めるというものである（最判昭53・7・10民集32巻5号820頁，最判平3・5・10民集45巻5号919頁，最判平3・5・31判時1390号33頁）。なお，判例は「捜査中断による支障が顕著な場合」に制限されると言っているので，事実上は非限定説に近いものとも考えられる。もっとも初回接見については，被疑者の防御の準備のための利益に，特に配慮する必要がある（最判平12・6・13民集54巻5号1635頁）。

　これに対して有力説である接見交通権優位説は，捜査権限は憲法上の保障である弁護人依頼権（接見交通権）（憲34条）に優越できないとして，接見の請求があるときは，法律上定められた取調べ権および出頭・滞留義務は譲歩せざるを得ないと主張している（上口＝後藤他・79頁〔渡辺修〕）。いわゆる取調べ中断効を認めるべきであるとしている。基本的に正当な主張というべきである。

　③　接見指定の方式

　検察官等が接見指定できるのは39条3項の「捜査の必要」があるときに限定されるが，従来，指定の方式としては，(i)一般的指定書および(ii)具体的指定書によって行われてきた。(i)は「接見の日時は追って発する指定書の通り指定する」と記載された書面で検察官からあらかじめ監獄の長に渡されている。そこで弁護人は，(ii)「○時○分から○時○分まで接見を許可する」と指定される書面，いわゆる面会切符を検察庁まで取りに行く必要があったのである。このような一般的指定は違法であるとする下級審の判断（鳥取地決昭42・3・7下刑集9巻3号375頁）があったが，最高裁は，一般的指定は捜査機関の内部的な事務連絡文書であり，それ自体は弁護人または被疑者に対し何ら法的な効力を与えるものでないので違法ではないとした（前掲・最判平3・5・31）。

　もっとも実務では，1988年4月から，「日時，場所及び時間を指定することがあるので通知する」旨の記載がされた通知書が用いられている。捜査実務では，通常，指定事件は予想できるので，事前に弁護人から連絡があり，協議を行っている。協議が整えば，あとはファックス等でやりとりすることが弁護士

業務として定着している。なお，指定までの合理的時間は30〜40分と考えられている。

④ 任意同行と接見交通権

任意同行後に取調べを受けている被疑者に，弁護人と面会・打ち合わせをする自由・権利は認められるか否かが問題になることがある。実務は，(i)任意同行者には39条のような規定がないこと，(ii)被疑者自らが取調べを拒否して弁護人の援助を受ければよいことを理由にこれを否定する。しかし，(iii)弁護人依頼権（接見交通権）は被疑者としての地位から生じるから身柄の拘束は問題ではないこと，(iv)事実上，退去は容易ではないことから，「接見交通」は必要とする有力説もある（白取・179頁）。特に(iv)の理由は無視できないので，接見交通を認めるべきである。なお，判例は，面会と取調べのいずれを優先させるかも被疑者の意思に委ねられているから，面会の申し出がなされた場合には，それは被疑者にとって捜査機関の取調べになお継続して応ずるかどうかを決定するにつき重要な事情であるから，すみやかに被疑者に取り次がれなければならないとしている（福岡地判平3・12・13判時1417号45頁）。

⑤ 余罪取調べと接見指定

被告人については接見指定できないが（39条3項），被告人に余罪がある場合に，それを理由に接見指定できるのかが問題となる。余罪被疑事件について逮捕・勾留されていない場合には，判例・学説ともにこれを否定するが，余罪被疑事件について逮捕・勾留されている場合には意見が分かれる。通説は，弁護人の秘密交通権を重視して，被疑者に対する例外的措置にしか過ぎない指定権が，被告人の防御権に対して当然に優越するわけではないとする（田宮・149頁）。したがって，被告人の地位と抵触する指定権の行使は一切否定されることになる。これに対して，捜査実務では，余罪捜査に名を借りて被告人の防御権を侵害するような場合は別として，被告事件の防御と被疑事件の捜査に必要性の調和を図って，指定権を行使しうる場合があると考えられている。判例は，「同一人につき被告事件の勾留とその余罪である被疑事件の逮捕，勾留が競合している場合，検察官等は，被告事件について防御権の不当な制限にわたらない限り，刑訴法39条3項の接見等の指定権を行使することができる」（最決昭55・4・28刑集43巻3号178頁）としているが疑問である。なお，〈CASE 20〉を参照されたい。

(4) 証拠保全請求権

被疑者または弁護人は，あらかじめ証拠を保全しておかなければその証拠を使用することが困難な事情があるときは，第1回の公判期日前に限り，裁判官に押収，捜索，検証，証人の尋問または鑑定の処分を請求することができる（179条）。被疑者らに認められるこの権利を証拠保全請求権という。これは，捜査機関と比べて証拠収集の手段に劣る被疑者に「対等」の武器を与えようとするものであるが，実際にはあまり活用されていない。その理由としては，(i)被疑者段階で弁護人がつくのはまれであること，(ii)捜査官が積極・消極全証拠を押収しているから証拠保全の余地がないこと，(iii)180条によって検察官が自由に閲覧・謄写できるから証拠保全しても防御の秘密が守れないことなどが考えられる（白取・180頁）。もっとも，被疑者国選弁護制度によって，今後捜査弁護が活発になれば，証拠保全請求も活用されることになるであろう。

(5) 違法な捜査に対する法的救済手続

違法な捜査を抑制し，被疑者を救済する手段としては，大きく分けて刑事手続内のそれと刑事手続外のそれに区別できる（田宮・154頁以下）。前者には，準抗告制度（429条以下），自白法則（319条1項）などがあり，後者には，懲戒処分（国家公務員法82条，地方公務員法29条），刑事罰（刑法193条以下），民事賠償（国家賠償法1条），人身保護手続などがある。

11 捜査の終結

司法警察職員が事件の捜査を終了したときは収集・作成した記録・証拠物とともに検察官に送致する（246条）。検察官は送られてきた資料等を参考にし必要な場合には補充捜査をも遂げて，起訴・不起訴の判断をする。この決定により捜査は終結する。

第3節　公訴の提起

1　公訴提起の基本原則

事件が検察官に送られてくると何らかの事件処理がなされる。大きく終局処分と中間処分に分類されるが，前者はさらに起訴処分か不起訴処分のいずれかに分かれる。後者は，捜査の中止や他の検察庁への移送である。起訴処分であ

る公訴提起は，裁判所に対して審判を求める意思表示であり，起訴状を裁判所に提出することによって行われる（256条1項）。

公訴提起（起訴）は国家公務員たる訴追官である検察官によってのみ行われる（247条）。わが国の刑事訴訟法は，国家訴追主義を採用しているのである。英米に見るように，被害感情や民衆の意識を採り入れて訴追を一定の私人などに委ねる私人訴追主義を採用しなかったのである。検察官の起訴独占主義がとられている。

もっとも，検察官が受理したすべての事件を起訴することはさまざまな意味で現実的ではない。それゆえに，法は，検察官に訴追裁量を認めている。

2　起訴便宜主義

検察官は，訴訟条件が備わっており，有罪判決の見込みがある時でも，①犯人の性格，年齢・境遇，②犯罪の軽重・情状，③犯罪後の情況（自首，示談成立等）により訴追を必要としないと判断したときは，起訴しないことができる（248条）。検察官には起訴猶予の訴追裁量が与えられているのである。これを起訴便宜主義という。

実務上，考慮の対象とされているのは，①については，性質，素行，学歴，前科前歴，若年，老年，家庭情況，職業，交友関係等，②については，法定刑の軽重，被害の程度，犯罪の動機・方法，社会的影響等，そして③については，反省の有無，謝罪・被害回復，被害弁償の有無，被害感情の強弱等である。

検察官が訴追裁量を有することは，被疑者に対するスティグマ（犯罪者であるという烙印付け）を避けるなどの利点はあるが，裁量権の濫用という危険性が常に付きまとっていることに注意しなければならない。

3　検察官の訴追裁量のコントロール

そこで，法は検察官の訴追裁量をコントロールするためのいくつかの手段を用意している。これらの手段には種々のものがあるが，大きく不当な「不起訴」を抑制するものと不当な「起訴」を抑制するものに分けられる。前者については，不起訴処分の通知（260条，261条）による検察官の自律的コントロールのほか，以下の2種の制度がある。

まず検察審査会制度である。検察審査会法（検審法）は，検察官のした不起

訴処分の当否を審査する機関であり，抽選で選ばれた11人の一般市民によって構成される（検審法4条）。検察審査会に，審査を請求できるのは，検察官のした不起訴処分に不服のある告訴もしくは告発をした者，請求をした者，または犯罪の被害者である（同法30条）。審査手続においては，必要に応じて，証人尋問，公務所への照会などを行うことができる（同法36条，37条）。検察審査会がする議決には，「起訴相当」，「不起訴不当」，「不起訴相当」があるが，「起訴相当」の議決をする場合には8人以上の多数によらなければならない。2004年の検察審査会法の改正によって，審査会がする2度目の起訴相当議決には拘束力が付与されることになった（同法41条の6）。この場合，裁判所が指定する「指定弁護士」によって公訴提起されるが，訴追のための証拠をどのように集めるかは，運用上問題が残ることが予想される（白取・202頁）。

　もう1つは付審判請求制度（準起訴手続）である。この制度は，職権濫用等の罪につき，告訴または告発をした者が，検察のした不起訴処分に不服があるときに，地方裁判所に対し，事件を裁判所の審判に付することを請求するものである（262条）。付審判請求が認められると，裁判所の指定した弁護士が公訴維持のための検察官の職務を行う（268条）。もっともこの制度の対象になる事案は限定されている。刑法193条ないし196条の職権濫用罪，破防法45条の公安調査官の職権濫用罪について告訴・告発した者が付審判請求できる。請求審の法的性格については，捜査ないし捜査に準じるものと考えられているので，請求人の手続関与を前提とした代理人への捜査記録の閲覧・謄写は許可されていない（最決昭49・3・13刑集28巻2号1頁）。訴訟に準じる形で請求人が手続関与できるようにすべきであろう（田口・175頁）。

4　起　訴　状

(1)　起訴状記載の内容

　起訴は要式行為であって起訴状を提出してこれを行う（256条1項）。提出先は，公訴提起をした検察官が所属する検察庁に対応する管轄裁判所である（検察法4条，5条）。起訴状には，被告人の氏名，その他被告人を特定するに足りる事項，公訴事実および罪名を記載しなければならない（256条2項）。

(2)　被告人の特定

　被告人の特定に関しては，被告人の氏名のほか，年齢，職業，住居，本籍を

記載しなければならない（刑訴規164条1項1号）。もっとも、これらの事項が明らかでないときはその旨を記載すれば足りる（同2項）。特定の程度は他人と区別できる必要があり、区別できればそれで足りるとされている（福岡高判昭24・10・13判特1号252頁）。仮に黙秘権の行使などにより、氏名その他が判明しないときは、人相、体格など被告人の身体的特徴によって特定しても差し支えないとされていて、被告人が勾留中であれば留置番号を表示し写真を添付する扱いになっている（松尾・条解466頁）。

(3) 訴因の特定

起訴状に記載される公訴事実は訴因を明示してこれを記載しなければならない（256条3項）。そして、訴因を明示するには、できるかぎり、日時・場所および方法をもって罪となるべき事実を特定してこれをしなければならない（同項）。ここでいう公訴事実と訴因は基本的には同一の内容を指している。旧法においては、訴因概念がなかったので公訴事実とは起訴状に記載される事実よりも広がりをもった概念として把握されていたが、当事者主義をとり、訴因制度を採用した現行法の下では、訴因こそが審判の対象である（後述「5 訴因と公訴事実」の項を参照）。起訴状に記載されているのは訴因（＝公訴事実）そのものなのである。

いずれにしてもこの訴因が特定されなければ、裁判所は審判の範囲がわからない。また被告人にとっても、どのような事実で訴追されているのかがわからないことになり、当事者主義に反する。訴因には、(a)だれが、(b)いつ、(c)どこで、(d)何を、または誰に対し、(e)どのような方法で、(f)何をしたか、の6項目を含めなければならない（松尾・条解468頁）。実務では、このうち、(b)日時、(c)場所、(e)方法は訴因特定のための一手段ではあるが、必ずしも訴因たる罪となるべき事実そのものではないので、記載に多少不備があってもその訴因と区別できる程度の記載があれば特定性は肯定できるとしている（最大判昭37・11・28刑集16巻11号1633頁）。

訴因の明示・特定に関する最高裁判例は、犯罪の種類、性質等の如何によって訴因を詳らかにすることができない特殊事情がある場合に、審判および防御の範囲の明示を害さない限り、幅のある表示をしても、違法とは言えない（最大判昭37・11・28刑集16巻11号1633頁、最決昭56・4・25刑集35巻3号116頁）としている。

第3節　公訴の提起

なお、起訴状の記載が不明確で「罪となるべき事実」が特定されていないという場合には、起訴状は無効で公訴は棄却される（338条4号）。

(4) 罪　　名

罪名は適用すべき罰条を示してこれを記載しなければならないとする（256条2項3号、4項）。ただし、単なる罰条記載の誤りは、被告人の防御に実質的な不利益を生ずるおそれがない限り、公訴提起の効力に影響を及ぼさない（同4項但書）。

(5) 日本語を解さない外国人へ起訴状謄本を送達する場合

訴因と特定、罪名の明記に関連して、日本語を解さない者へ起訴状を送達する場合が問題となることがある。これについて判例は、「公判手続を通じて、被告人が自己に対する訴追事実を告げられ、これに対する防御の機会を与えられていると認められるならば、適正手続にいう『告知と聴聞』の機会は十分に与えられている」（東京高判平2・11・29判時1357号139頁）として、訳文の添付を欠く場合でも適正手続に反しないとしている。

(6) 起訴状一本主義（予断排除の原則のあらわれ）

起訴状には、裁判官に事件につき予断を生ぜしめるおそれのある書類その他の物を添付し、またはその内容を引用してはならないとされている（256条6項）。これを起訴状一本主義とよんでいる。憲法37条1項の要請である「公平な裁判所」の理念を実現するために、裁判所に予断をもつことなく公判にのぞませるためのしくみである（予断排除の原則）。また検察官も、被告人と同レベルの「当事者」として、裁判所からは隔絶することになり、旧法下にあった裁判官の有罪心証への傾斜（捜査資料の精査）はシャットアウトされたのである。裁判官は審理が始まるまでは証拠に触れることはないので、真っ白な心証で公判に提出された証拠のみに基づいて有罪・無罪を公平に判断することができるというわけである。

もっとも、2004年刑事訴訟法改正による公判前整理手続では、起訴状朗読の前に、裁判官は争点と証拠「整理」のためにどのような証拠があるのかを知ることになったので、一定程度の「予断」を抱く余地が出てくることが懸念される（316条の5第4号）。

いずれにしても、実際の起訴状で予断排除に関して問題になるのは、(a)引用の場合、そして、(b)余事記載の場合である。

(a)について脅迫文書の引用などが問題になる。これについて最高裁は，郵送脅迫文書の内容が婉曲暗示的であって，それが脅迫にあたるかどうかは解釈によって判定が分かれるという微妙な関係にある場合で，要約摘示しても相当詳細にわたるのでなければその文書の趣旨が判明し難いような場合には，起訴状に脅迫文書の全文と殆んど同様の記載をしたとしても，被告人の防御に実質的な不利益を生ずるおそれもないので許されるとしている（最判昭33・5・20刑集12巻7号1398頁）（〈CASE 23〉参照）。

また，(b)に関しては被告人の前科・経歴等の記載が問題になるが，最高裁は，「詐欺罪の公訴事実について，その冒頭に，『被告人は詐欺罪により既に2度処罰を受けたものであるが』と記載しているのであるが，このように詐欺の公訴について，詐欺の前科を記載することは，両者の関係から言って，公訴犯罪事実につき，裁判官に予断を生ぜしめるおそれのある事項にあたる」としている（最大判昭27・3・5刑集6巻3号351頁）。もっとも，前科そのものが構成要件になっている場合（常習累犯窃盗），犯罪事実になっている場合（前科で脅す犯罪）などは訴因の明示としてむしろ必要である。

5 訴因と公訴事実

(1) 審判の対象

すでに見たように起訴状には，「公訴事実」という文言と「訴因」という文言が登場する。訴因は現行法においてはじめて登場した概念であるが，審判の対象はいずれであるのかという問題がある。これについては考え方が大きく2つに分かれている。

1つは，公訴事実対象説と呼ばれるものである。これは，公訴事実こそが審判の対象であり，訴因は公訴事実の法的評価（構成）を示すもので，訴因の機能は，攻撃・防御の争点を明確にし，さらに法律判断に関する裁判所の不意打ちを防止することにあるとする考え方である。しかし，審判の対象はあくまでも起訴状に書かれているはずである。起訴状には訴因を明示してその対象を明らかにしているはずだから，それよりも広がりをもった公訴事実を観念することは当事者主義に反するものと言わなければならない。

そこで現在では，もう1つの訴因対象説が通説となっている。これは，訴因が審判の対象であって，それは検察官が犯罪構成要件にあてはめて法律的に構

成した具体的な犯罪事実の主張であるとする考え方である。この考え方からすると，起訴状に書かれているのは公訴事実であって訴因そのものであり，公訴事実と訴因とは同じものであるということになる。そして現実に公訴事実という観念が問題になるのは，訴因変更について考える場合であり，その場合でも，公訴事実というのは，訴因変更の限界を画する単なる機能的な概念に過ぎないことになる（312条1項）。

(2) 訴因の変更

このように刑事裁判における審判は起訴状に記載された訴因をめぐって，その内容が証拠によって証明されたか否かを判断していくわけである。言い換えれば，訴因は検察官が捜査によって収集した証拠に基づいて構成した犯罪事実の主張である。被告人の側から見れば，反論・反証による防御の対象そのものということになる。

裁判所は，当事者主義の要請から，検察官の主張する訴因に拘束されることになる。したがって，検察官の主張する訴因と裁判所のした心証にずれが生じた場合，当該訴因についての有罪の心証形成がなされない限り，無罪判決を下すしかない。しかし，それではあまりにも不合理であるので，312条1項は，「裁判所は，検察官の請求があるときは，公訴事実の同一性を害しない限度において，起訴状に記載された訴因又は罰条の追加，撤回又は変更を許さなければならない」として訴因の変更を認めている。ただし，あくまでも，一方当事者である検察官から請求があるときに，しかも「公訴事実の同一性」の範囲の中で訴因変更は許されることに注意しなければならない。

(3) 訴因変更の要否

ではどのような場合に訴因変更が必要になるのであろうか。

従来は，罰条に変化がある場合，構成要件の修正形式の変更（既遂と未遂，共犯の形式の変更など）および法律構成の変更（作為犯と不作為犯）などの場合に訴因変更が必要であるとする法律構成説が唱えられてきた。しかしながら，現在の通説・判例は，法的評価が同じでも，犯罪事実に「ずれ」が生じれば訴因変更が必要であるとする事実記載説をとっている。審判対象としては事実を問題にしなければ訴因制度の意義が没却されるからである。

それでは，ごくわずかな事実の「ずれ」でも訴因変更は必要となるだろうか。基本的には，訴因が同一といえないほどのずれがあれば変更が必要である。例

えば，犯罪の日時などでも，罪となるべき事実そのものではないが，重要な変化である場合は変更が必要である。そのような場合，被告人に不意打ちを与え，防御に実質的に不利益になるからである。なお，どのような場合に被告人に不利益になるかは，起訴状記載の訴因と変更請求されている訴因とを比較して，一般的抽象的な見地から判断するとするのが判例・通説である（いわゆる抽象的防御説）。具体的に被告人の防御に不利益となるか否かを問題にする考え方（具体的防御説）は，最終的に具体的防御の不利益はなかったという判断に用いられやすいので，やはり抽象的防御説が妥当である。

　具体的に訴因変更が必要とされた事例としては，犯行の具体的態様（過失の態様）の変化が問題になったものがある。これは，自動車事故で足を滑らせてクラッチペダルから左足を踏みはずした過失で起訴されたのに，ブレーキをかけるのを遅れた過失で有罪認定したものである。裁判所は，起訴状に訴因として明示された態様の過失を認めないで，それとは別の態様の過失を認定するには，被告人に防御の機会を与えるため訴因の変更手続を要するとしている（最判昭46・6・22刑集25巻4号588頁）（〈CASE 25〉参照）。

　一方，訴因変更が不要とされたものとしては，いわゆる縮小認定の事例がある。強盗で起訴された事例で，強盗の起訴に対して恐喝を認定するような場合は，裁判所がその態様および限度において訴因たる事実よりもいわば縮小された事実を認定することになり，被告人に不意打ちを与えるわけでもないので，敢えて訴因罰条の変更手続を経る必要がないとしている（最判昭26・6・15刑集5巻7号1277頁）。もっとも，一般に訴因変更が不要とされる縮小認定の場合でも，例えば，道交法上の「酒酔い運転」を「酒気帯び運転」と認定する場合に訴因変更が必要かと言えば，防御方法も異なりうるので必要と考えられるのではないだろうか（白取・250頁）。しかし判例は，「酒気帯び運転の認定により，被告人の実質的防御権を不当に制限したものとは認められない」（最決昭55・3・4刑集34巻3号89頁）としている。

(4) 訴因変更の可否

　訴因変更が必要な場合であっても，訴因変更がすべて許されるわけではない。法は，「公訴事実の同一性を害しない限度」においてのみ訴因変更を許している（312条1項）。したがって，いかなる場合に「公訴事実の同一性」があるのかを判断することはきわめて重要である。

公訴事実の同一性（広義）という概念は，公訴事実の単一性と公訴事実の同一性（狭義）という概念を含んでいる。公訴事実の単一性とは犯罪の個数の問題であり，原則として刑法の罪数論によって決まる。併合罪であれば公訴事実は数個であるが，科刑上一罪も含めて一罪の場合は一個である。この点はあまり問題にならない。

　問題は公訴事実の同一性（狭義）である（以下で問題にするのは，特に断りのない限り，この狭義の公訴事実の同一性である）。つまり，起訴状記載の公訴事実と訴因変更請求の公訴事実とを比べて同一のものといえるか，同一性の判断基準をどこにおくかという問題である。例えば，牛の売買代金を着服したとして横領の事実で起訴されたが，審理の結果，牛そのものを盗んだ窃盗の事実が分かった場合，訴因を横領罪から窃盗罪に変更する必要が生じるが，これらが公訴事実の同一性の範囲にあるかが問題となる。

　判例は古くから基本的事実同一説をとっている。犯罪を構成する事実関係の基本となる部分が社会通念上同一の事実と認められれば，公訴事実の同一性があるとするのである。上の例で言えば，牛の売却代金の着服横領と牛そのものの窃盗は，同一被害者に対する一定物とその換価代金を中心とする不法領得行為であり，一方が有罪となれば他方はその不可罰的事後行為として不処罰となる関係にあるから同一性があることになる（最判昭34・12・11刑集13巻13号3195頁）。また，「公務員Ａと共謀の上，Ａの職務上の不正行為に対する謝礼の趣旨でＢから賄賂を授受した」加重収賄の訴因と「Ｂと共謀の上，上記の趣旨で公務員Ａに賄賂を供与した」贈賄の訴因にもその同一性を肯定している（最決昭53・3・6刑集32巻2号218頁（〈CASE 26〉参照））。

　学説にはさまざまなものがあるが，訴因と訴因とを比較して行為または結果のいずれかが共通であれば公訴事実の同一性が肯定されるとする訴因共通説と基盤として，「犯罪の日時・場所，手段・方法，被害客体など両訴因を構成する事実が相互に重複，近接，類似している等の事情上，それぞれ別個に2個の刑罰を加えるのは妥当でなく，一方が成立すれば他方は成立しないという刑罰関心の択一関係（非両立性）があれば公訴事実は同一である」（田宮・207頁）とする刑罰関心同一説をとるのがよい。

　なお，公訴事実の同一性がない訴因を審判の対象に加える場合には追起訴によらなければならない。また，併合罪の数個の訴因の中からいくつかを取り除

くには，訴因の撤回ではなく，公訴の取消しによらなければならない（257条）。

(5) 訴因変更の時期的限界

検察官の請求による訴因変更が公訴事実の同一性の範囲で可能である場合には，裁判所は常に許可しなければならないのだろうか。法は時期的な制約を設けていないので，請求は公判のどの段階でもできることになる。問題は，起訴状記載の訴因に対する被告人の防御活動が奏功して無罪で結審しそうな場合でも，公訴事実の同一性の範囲にある限り，訴因変更請求が認められるかである。

これについて下級審の判例ではあるが，被告人にとって不意打ちになり，その防御権を著しく害することになるような場合には許されないとしたものがある（福岡高那覇支判昭51・4・5判タ345号321頁）（《CASE 27》参照）。仮に検察官が時機に遅れた訴因変更請求をするとすれば，それは誠実な訴訟上の権利行使とは言い難く，権限の濫用と言えるであろう（刑訴規1条2項）。

(6) 訴因変更の許否

また当初の訴因について有罪の心証が得られるのに，検察官が訴因変更を請求してきた場合の扱いが問題になる。これについて判例は，起訴状記載の訴因で有罪判決が見込まれる場合であっても，公訴事実の同一性を害さない訴因変更の請求があれば，裁判所はこれを許さなければならないとしている（最判昭42・8・31刑集21巻7号879頁）。当事者主義の観点からすれば当然であるといえる。

(7) 訴因変更命令

裁判所は審理の経過にかんがみ適当と認めるときは，訴因または罰条を追加または変更すべきことを命ずることができる（312条2項）。当事者主義の原則からいって検察官が訴因変更の権限を有するが（同1項），当事者主義の例外として裁判所が後見的に介入する例外的措置を認めたのである。なぜなら，裁判官と検察官の間に生じる事実上または法律上の見解の不一致によって，無罪その他被告人に不当に利益な判決がなされる可能性がある場合に，適正な刑事司法の実現という見地から裁判所が介入する必要があるからである。

もっとも訴因変更命令を出す権限を行使するか否かは裁判所の裁量に委ねられている。判例には，(a)犯罪が重大であり，証拠が明白であるにもかかわらず，検察官が訴因変更をしないような場合には，裁判所は訴因変更を命令する義務があるとするもの（最決昭43・11・26刑集22巻12号1352頁）（《CASE 28》参照），(b)

検察官の公判請求意思の内容，被告人の防御状況などを考慮して，裁判所が釈明権の行使をすればよく，訴因変更命令までは必要ないとするもの（最決昭58・9・6刑集37巻7号930頁）がある。当事者主義の観点からすれば，裁判所には原則として訴因変更を命ずる義務はないと考えるべきであろう。

なお，訴因変更命令に検察官が従わない場合はどのようにすべきであろうか。裁判所が訴因変更を命じた場合，検察官はこれに従う訴訟法上の義務を負うと解すべきであるが，検察官がこれに応じないときに，当事者主義訴訟では裁判所は検察官の主張する訴因について審判せざるをえず，無罪を言い渡すほかない。検察官が裁判所の訴因変更命令に従わないのに，裁判所の訴因変更命令により訴因が変更されたものとすることは，裁判所に直接訴因を動かす権限を認めることになり，かくては，訴因の変更を検察官の権限としている刑訴法の基本的構造に反するから，訴因変更命令にこのような効力を認めることはとうていできない（最大判昭40・4・28刑集19巻3号270頁）。結局のところ，裁判所の訴因変更命令には形成力はないと言わなければならない。

6 訴訟条件

(1) 訴訟条件の意義と機能

訴訟条件とは，訴訟が適法に遂行されるための前提条件である。裁判所は，起訴が有効となる法律上の条件を具備する限り，被告事件について審理を行い，これに対して有罪または無罪の実体裁判をしなければならない。例えば，管轄を具備していること，親告罪において告訴があること，公訴時効が完成していないことなどは訴訟の前提条件である。もしこのような訴訟条件を欠く場合は，管轄違い判決（329条），公訴棄却判決（338条），公訴棄却決定（339条），免訴判決（337条）の形式裁判で手続を打ち切らなければならない。なお，訴訟条件は当事者主義構造の下では，検察官による公訴の適法要件である。

(2) 訴訟条件の種類

ではこのような訴訟条件にはどのような種類があるのだろうか。

まず，法が明文で認めている訴訟条件がある。これを類型的訴訟条件と呼ぶ。(a)裁判権があること（338条1号），管轄権があること（329条，339条1項5号），(b)親告罪において告訴があること，少年事件が家裁からの逆送を受けていること，(c)検察官の公訴提起に瑕疵がないこと（例えば，訴因不特定等の瑕疵があれ

51

ば338条4号で公訴棄却されることになる), (d)刑の廃止 (337条2号), 大赦 (同3号), 公訴時効の完成 (同4号) がないこと, (e)被告人が存在していること (339条1項4号), 一事不再理違反の起訴でないこと (337条1号), 二重起訴でないこと (338条3号) などがこれにあたる。

一方, 訴訟条件には, 現行法に規定されているもの以外の訴訟条件もある。これを非類型的訴訟条件と呼ぶ。代表的なものは, いわゆる(f)公訴権濫用論 (検察官による嫌疑なき起訴, 検察官の訴追裁量違反, 違法捜査に基づく起訴など) がある。また, (g)一般的訴訟能力 (314条1項) がないときは338条4号で手続を打ち切るべきとする主張もある (田宮・300頁, 白取・212頁)。さらには, (h)迅速な裁判違反も超法規的に免訴によって手続を打ち切るべきとの主張もある (白取・213頁)。

(3) 訴訟条件の判断基準

例えば, 強姦致傷罪で起訴したが致傷の結果が認められず, 告訴がない場合は, 訴訟条件存否の判断を, 訴因を基準に判断すべきかなのか, それとも裁判官の心証を基準に判断すべきなのかが問題になる。通説である訴因基準説によれば, 訴因変更したうえでないと公訴棄却できないことになる。したがって, 検察官が訴因変更しない限り, 裁判所は無罪判決を言い渡すほかない。一方, 心証基準説をとる場合は訴因変更しなくても公訴棄却できることになるが, 審判の対象はあくまでも訴因であるのでこの考え方は採用できない。

(4) 訴訟条件の消滅・追完

訴訟条件は, 原則として起訴から判決の全過程において必要であるが, 例外がある。

1つは訴訟条件の消滅である。例えば, 土地管轄のような短命の訴訟条件は公訴提起時にあればよいので, 事後に被告人が住居を移してもかまわないとされている (田宮・228頁, 331条2項参照)。

もう1つは訴訟条件の追完であり, これは公訴提起のときに訴訟条件を具備していなくても判決までにあればよいとする考え方である。例えば, 告訴がないのに親告罪で起訴し, 後に告訴が得られた場合は訴訟条件の追完があったとして公訴を有効としてよいかが問題となる。通説は, その瑕疵が重大であるので, 起訴の無効を明らかにしておくべきであるとするが (田宮・229頁), 原則的に否定しながらも, 冒頭手続までに追完されたり, 被告人の同意があるとき

は有効と認める考え方もある（平野・146頁）。通説が妥当である。
  (5) **公 訴 時 効**
　公訴時効の制度は，時効によって訴追を許さないという個人の地位の保障のための制度であり，一定の期間起訴されなかったという状態を尊重する趣旨から設けられている。犯罪の社会的影響の減少という実体法的側面と時間の経過による証拠の散逸による審理の困難さという訴訟法的側面が主たる理由である。2004年の刑事訴訟法の改正によって，公訴時効の期間が延長されている。例えば，改正前は15年であった殺人罪の公訴時効は，現在は25年になっている。これは，国民の平均年齢の延びや情報社会の進展などに伴い，被害感情の希薄化が低下したこと，新たな捜査技術の開発等から相当期間経過後も証拠収集が可能となったことなどが理由である（田口・191頁）。
　公訴時効を設ける根拠については，(i)時間の経過によって被害感情・応報感情が薄れて犯罪の社会的影響が弱くなり，刑罰権が消滅するという考え方（実体法説），(ii)時間の経過によって証拠等が散逸し適正な裁判の実現が困難になるという考え方（訴訟法説），(iii)可罰性の減少と証拠の散逸を根拠にする通説の考え方（競合説），(iv)犯人が一定期間訴追されない事実状態を尊重して，国家の訴追権行使を限定し個人を保護するという考え方（新訴訟法説）がある。(iv)が妥当である。なお，(ii)については，犯罪の軽重によって時効期間に差異があることが説明できないとの批判がある。
　公訴時効は法定刑を基準に決められていて（250条），犯罪行為が終わったときから進行する（253条1項）。いつの時点で「犯罪行為が終わった」とするかについては争いがある。行為時説は人を傷害する行為が終了した時点から時効が発生するとするが（光藤(上)・352頁），結果発生時説は，傷害を受けて10年後に死亡の結果が発生した場合にはそこから時効が進行すると考える（白取・227頁）。判例も結果発生時説をとっている（最決昭63・2・29刑集42巻2号314頁）。
　公訴時効は，一定の理由でその進行が停止し，停止事由が消滅した後に残存期間が進行する（254条1項，255条1項）。これに関して，まず起訴状謄本不送達の場合にも公訴時効が停止するか否かが問題となる。判例は，254条1項は起訴状謄本の不送達による公訴棄却を区別していないので，公訴時効は公訴提起の付随的効果として生じるとする（最決昭55・5・12刑集34巻3号185頁）

(〈CASE 29〉参照)。これに対して，公訴時効は進行が原則であり，271条2項で，「不送達のときは公訴提起はさかのぼってその効力を失う」としているから，公訴時効停止効もなければ意味がないとする有力説もある（田口・189頁）。また，訴因不特定の場合に公訴時効が停止するか否かも重要な問題である。判例は，特定の事実についての検察官の訴追意思の表明が認められるときは公訴時効は停止するが，そうでない場合は停止しないとする（最決昭56・7・14刑集35巻5号497頁）。これに対して，訴因不特定の時は事実も特定できていないので，公訴時効進行の原則によって，疑わしい場合は進行させるべきであるとする有力説がある（田口・190頁）。

(6) **不当な「起訴」の場合の救済措置としての公訴権濫用論**

現行法上明文の規定はないが，訴訟条件の1つとして，いわゆる公訴権濫用論が主張されている。これには大きく3つの類型が考えられる。

まず，嫌疑なき起訴が公訴権の濫用にあたるかどうかである。これを否定する立場は，嫌疑の存在は訴訟条件ではないこと，これを訴訟条件と解すると捜査の糾問化を招くこと，嫌疑を訴訟条件とすると冒頭等手続での実質的証拠調べを許すことになり，起訴状一本主義，予断排除の原則に反することを理由にあげる（平野・基礎理論48頁）。しかし，嫌疑の存在は訴訟条件であること，嫌疑なき起訴は被告人に不利益を生じせしめるので早期に手続から解放すべき必要があること，糾問的捜査と必然的関係がないことから，公訴権濫用を肯定する説が有力である（田宮・227頁）。肯定説が妥当である。

次に，訴追裁量権を逸脱して起訴猶予処分相当の者を起訴したときに公訴権の濫用になるかどうかが問題となる。これについては，検察官に訴追裁量の逸脱があるからといってただちに公訴権の濫用にはならず，総合的要因を考量して行使され訴追裁量権を尊重すべきであるとする立場がある。しかし，これに対して通説は，訴追裁量逸脱が顕著・明白な場合は公訴権濫用にあたるとする。当事者主義構造において，検察官の訴追裁量は自由裁量ではなく，憲法31条，刑訴法1条および248条，刑訴規1条2項，検察庁法4条による制約があるからである。判例も，検察官の裁量権の逸脱が公訴の提起を無効ならしめる場合のあり得ることを認めたが，それを公訴提起自体が職務犯罪を構成するような極限的な場合に限定したので（最決昭55・12・17刑集34巻7号672頁）〈CASE 30〉参照)，事実上，公訴権濫用論を論じる道を閉ざしてしまった感がある。

第3節　公訴の提起

　さらに，違法捜査に基づき起訴したときに公訴権の濫用にあたるかどうかが問題となる。例えば，被疑者に不当な暴行が加えられた捜査に基づいて起訴されたような場合である。有力説には，適正手続保障の観点から，捜査における重大な違法が直ちに訴訟障害事由となって公訴が無効になるとするものがある（小田中・刑事訴訟と人権の理論285頁）。しかし判例は，手続の違法が直ちに公訴提起の効力に影響を及ぼすものではないので，検察官の訴追裁量権を拘束しないとする（最判昭41・7・21刑集20巻6号696頁）。有力説が妥当である。

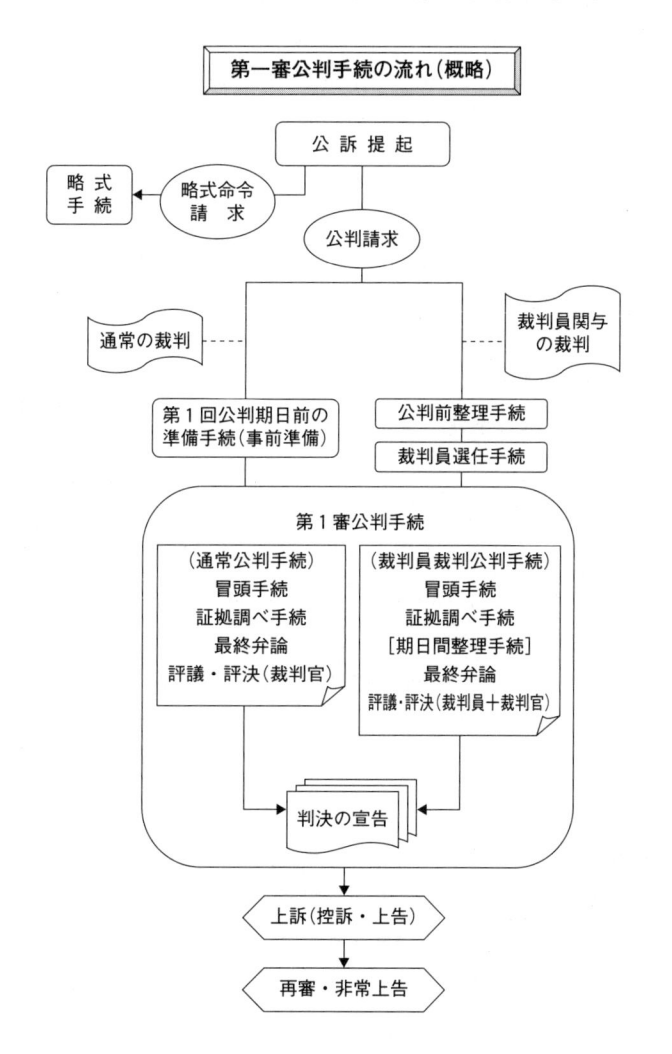

```
                    第一審公判手続の流れ（概略）

                           公 訴 提 起
                              │
        略式          略式命令 │
        手続          請　　求 │
                              │
                           公判請求
                              │
                   ┌──────────┼──────────┐
                通常の裁判            裁判員関与
                                      の裁判
                   │                    │
            第1回公判期日前の      公判前整理手続
            準備手続（事前準備）
                                  裁判員選任手続
                   │                    │
                        第1審公判手続
                ┌─────────────┬─────────────┐
                │(通常公判手続) │(裁判員裁判公判手続)│
                │ 冒頭手続      │ 冒頭手続          │
                │ 証拠調べ手続  │ 証拠調べ手続      │
                │ 最終弁論      │ ［期日間整理手続］│
                │ 評議・評決    │ 最終弁論          │
                │ （裁判官）    │ 評議・評決        │
                │               │ （裁判員＋裁判官）│
                └─────────────┴─────────────┘
                              │
                          判決の宣告
                              │
                       上訴（控訴・上告）
                              │
                        再審・非常上告
```

第4節　公　　判

1　準 備 手 続
(1)　公 判 準 備

公判準備は，「2004年刑事訴訟法等の一部を改正する法律（以下，2004年法改正，あるいは単に法改正と略す）」の結果，通常の準備手続と公判前整理手続との2本立てとなった。後者の手続を示した316条の2から同条の24と，それに続く証拠開示に関する裁定および期日間整理手続についての316条25から同条28は，じっくりと読んでおくべき条文である。公判の準備はやや錯綜した状況となっている。

① 　通常の準備手続

通常の準備手続は第1回公判期日前の準備手続（事前準備）と第1回公判期日後の準備手続に分かれる。前者の段階で重要なのは，予断排除の原則である。これは，第1回公判期日に際し，裁判官はシロの心証（裁判官の事件に対する心理状態）で臨まなければならないとする原則である。したがって，公判裁判所（官）は，配点された事件について，第1回公判期日前に証拠に触れることはできない。

裁判所の行う準備は，起訴状謄本を被告人に送達すること（271条1項）と弁護人選任に関する手続をとること（刑訴規177条，178条1項以下）が重要である。当事者も事前準備を行う。事件の争点を明らかにしておくために，できる限り当事者間で打ち合わせをしておくことのほか（刑訴規178条の6第3項），検察官は，相手方に証人等の氏名住所などを知る機会を与える必要があり（刑訴規178条の7），また弁護人も被告人をはじめ，その他の関係人に面接などの適当な方法で事実関係を確かめておく必要がある（刑訴規178条の6第2項1号）。

② 　公判前整理手続

公判前整理手続の目的は，「争点の絞り込み」に尽きる。裁判員裁判の事件は，一定の重大事件であるので，整理手続は必要的である（裁判員法49条）。裁判員が関与しない事件でも，事実関係が複雑な場合など，裁判所が必要と認めるときは，当事者の意見を聴いて整理手続に付することができる（316の2）。事件を審理する裁判所（受訴裁判所という）が中心となって整理手続を行うの

第4節　公　　判

で，あらかじめ当事者の主張や証拠に接することが予断排除の原則に抵触しないか問題となるが，既に2005年11月1日から始まっている手続であり，各地で法曹3者による模擬裁判も行われているので，運用を通じて問題点が抽出されてくるであろう。プロの力量が問われる手続段階ともいえる。

2　公判手続
(1)　概　　要
　公訴の提起がなされると，事件は，毎年度初めの裁判官会議によって決められた裁判事務の分配に従って，裁判所の各公判部に割り当てられる（事件の配点）。公判手続とは，広義では，公訴提起から裁判の終結にいたる一連の手続をいい，狭義では，公判期日（公判廷が開かれる期日）における手続をいう。公判手続の訴訟主体は，裁判所，検察官，被告人であり，このうち，検察官と被告人が訴訟当事者である。
　公判手続は公判廷で行われる（282条1項）。司法制度改革の一環として，「裁判員の参加する刑事裁判に関する法律」（裁判員法と略）が成立し，2009年5月までに，一定の犯罪の審理に対しては，市民が参加する裁判員制度下で審理されるのである。したがって，今後は，通常の公判手続と裁判員が関与して行われる公判手続（以下，便宜的に裁判員裁判とよぶ）とが併用されることとなった。

(2)　公判の基本原則
　公判を規制する原則には下記のようなものがある。
　① 公 開 主 義
　審判を公開の法廷で行う原則をいう。広く国民に公判の審理を公開して，その監視の機会を保障するものである。裁判の公平性維持のための不可欠の原則であり，憲法上の要請でもあり（憲法82条1項），これに反して審判を行った時は，絶対的控訴理由となる（377条3号）。ただし，一定の場合，審理を非公開とすることもできる（憲法82条2項）。その場合でも判決の宣告は公開で行わなければならない（裁判所法70条）。〈CASE 31〉では，法廷メモに関する訴訟として，レペタ訴訟を取り上げる。
　② 口頭主義・直接主義
　口頭主義とは，公判手続の進行に関して，書面などにより密室で審理するこ

とがないように口頭で行うことを原則とする考え方をいう。書面主義の対概念である。証人，鑑定人，翻訳人といった人的証拠に対しては尋問によって（304条1項），証拠書類の取調べは朗読によって（305条1項），それぞれ証拠調べを行われなければならないし，判決は口頭弁論に基づいて行われなければならない（43条1項。なお，審判は当事者の弁論，すなわち主張，請求，陳述などに基づいて行うべきだとする考え方を弁論主義といい，口頭主義と合わせて，口頭弁論主義という）。

　また，直接主義とは，裁判所が直接取調べた証拠だけを事実認定のための資料とできるという考え方である。その具体例として，証拠法則として重要な伝聞法則（320条）があり，裁判官が代わった場合の訴訟のその後の進め方として，公判手続の更新（315条。その方式として，刑訴規213条の2参照）がある。正しい事実認定のためには，仄聞や風評はむろん，間接的にしか接していない証拠から事実を認定するのではなく，裁判官自身が生々しい証拠にじかに接し，事実を認定していくのである。

　③　迅速な裁判

　裁判員制度の導入に向けて，近時，とりわけ注目され，また要請されている原則である。なぜ裁判は迅速に行わなければならないのか，迅速と拙速とはどこに違いがあるのか，じっくり考えてみなければならないが，少なくとも，これまでの審理の進め方は，継続審理を求める規定（刑訴規179条2。平成17年削除）もあったにもかかわらず死文化し，現実には公判は約1カ月ごとに飛び飛びに入るという状況だった（歯科治療方式，月賦販売方式などと揶揄される）。もっとも，自白事件が多いことが幸い（？）してか，平均の審理期間は，イメージされているほど長くはない（講義中，法学部生にこの点について質問すると，日本の刑事裁判は，結審するまで10年かかる，いや15年かかるのがふつうだ，などと平気で答える。実はそんなことはない。いわゆる10年裁判，15年裁判などは例外である）。しかし，この点を割り引いて考えてもなお，集中して審理を行うという実務慣習はこれまでなかった（著名な事件として高田事件がある。〈CASE 1〉参照）。しかし，2004年法改正では，裁判員制度に先駆けて，公判前整理手続が導入され，2005年11月から運用されている（2005年には5例のようである）。また審理が2日以上かかる事件については，連日開廷することが求められるようになった（281条の6）。この点では刑事裁判が大きく変わろう

としている（なお、「裁判の迅速化に関する法律」参照）。

公判手続を規制する原則には種々あるが、これらは、結局、犯罪事実の存否の確認は、公判において行われなければならないとする原則、すなわち、公判中心主義に集約される。当たり前のようだが、実は日本の刑事裁判に欠けていたものは、まさにこの点にあったといってもよい（刑事裁判は形骸化している、などといわれる。刑事事件に対する人々の関心も、「誰が逮捕されたか」に向けられ、「その裁判はどのように進められたのか」という点についての関心は、どちらかといえば低い）。公判をより活発にするための公判の構造に関する考え方が「当事者主義」だが、当事者のやり取り（攻撃と防御）をフェアな状況下で行えるようにしておく必要があることはいうまでもない（武器対等の原則）。この点で、鍵となるのは証拠開示である（《CASE 33》参照）。これは、ただ適切に争点を整理するというだけの意味しかないというわけではない。

3　公判期日

公判期日とは、裁判所、当事者その他の訴訟関係人が公判廷で訴訟行為を行うよう定められた日時のことである。公判期日は裁判長が決定する裁判長単独の権限である（273条）。公判期日の変更は、慎重を期す必要から、裁判所の権限とされている（276条）。公判手続は、大きく分けて、審理手続と判決の宣告手続に区分される。また、審理手続は、冒頭手続、証拠調べ、弁論手続に区分される。このうち、冒頭手続では、人定質問（刑訴規196条）、検察官の起訴状朗読（291条1項）、裁判長による黙秘権の告知（291条2項、刑訴規197条）、被告人・弁護人による被告事件に対する陳述（291条2項）が行われ、実務上、ここで認否（公訴事実に対する態度決定）をさせるのが通例となっている。

ところで、裁判官はどこから法廷に入ってくるかご存知だろうか。観音開きのように法廷正面の扉が開いて、そこから入ってくる。初めて法廷傍聴をした法学部1年生のレポートの中に「びっくりしました」とあった。これとは対照的に被告人が法廷に入る際、身柄事件では拘置所あるいは刑務所内の未決拘禁施設から手錠、腰縄をされて入廷してくる（その後、法廷内で手錠は外され、腰縄も解かれる）。そうした被告人の姿を裁判員にさらすというのはどういうものだろうか。きちんと身だしなみを整えさせ、被告人ではあるが一市民だという印象を損なわないように配慮すべきではなかろうか。被告人が着席する位置も

弁護人の隣席でいい。「当事者」なのに，1人で，場合によっては，拘置所の職員に挟まれて，後方にポツンと座らせておくのは，いかにもみすぼらしい印象を与える。「被告人は前に出なさい」という言い方も気になる。「○○さん」が基本だろう。

　証拠調べの段階に入り，検察官の冒頭陳述（296条）と証拠調べ請求がなされる（298条1項）。証人尋問では，交互尋問方式がとられる（刑訴規199条の2）。主尋問，反対尋問の順に当事者間で尋問が行われるが，①主尋問では原則として誘導尋問が禁止されるが，反対尋問では許容される，②できる限り個別的かつ具体的な尋問をしなければならない，といったことなど尋問方法，尋問事項に一定の制限がある（刑訴規199条の3以下）。また，2004年法改正により，証人，特に被害者保護の観点から，①ビデオリンク方式（157条の4），②遮へい措置（157条の3），③証人付添の措置（157条の2）のそれぞれの措置がとられうることになったのも注目される。

　各種の証拠が取り調べられた後，その結果に基づき，当事者の意見陳述（弁論）が行われる。検察官は，事実及び法律の適用について意見を陳述しなければならない（293条1項）。論告に際して行われる刑の量定についての意見（求刑）は訴訟法の上の義務ではない。これに続いて，被告人及び弁護人も意見を述べることができる（203条2項）。通常は弁護人が先に意見を述べ，被告人がそれに続く（最終陳述）。

　最終弁論がすみ，審理が終了し，判決宣告手続を残すだけの状態に至った段階を「結審」という。判決の宣告は，裁判長が必ず公開の法廷で主文及び理由を朗読し，あるいは主文の朗読と同時に理由の要旨を告げる方法で行う（342条，35条）。判決は，判決書ではなく（判決書は，裁判の内容を示す文書に過ぎない），告知（宣告）によってその効果が生じるから（宣告優位という），裁判長が言い間違えたときに問題となる。主文や理由の朗読を間違えた場合，宣告の途中，あるいは宣告終了時までなら訂正できる。実務上の宣告の誤りとして，幇助罪なのに減軽するのを忘れてしまったとか（刑法63条），逆に併合罪なのに加重し忘れた（刑法47条）というケースがある。

　裁判員が関与する手続では，事実認定だけでなく，量刑も裁判員と裁判官が行う。裁判所内には，裁判官が量刑を決める際，過去の類似事件でどんな判決が出たかを調べる「量刑検索システム」がある。プロが決めた量刑基準を裁判

員裁判でそのまま使ってしまっていいのか，検討してみる必要はある。

第5節 証　　拠

1　証拠の意義と種類
(1) 意　義
　証拠とは，過去の事実たる犯罪事実を直接，実験できない裁判所が，現時点から逆に推認していくときに用いる資料一般のことである。タイムマシンがないから，裁判官は，法廷に提出された証拠を基本に，過去の犯罪事実をそろりそろりと丹念に手繰り寄せてくるわけである。証拠は，証拠の源とその源から出てきた内容によって，証拠方法（源）と証拠資料（内容）とに区別される。たとえば，証人や書面が証拠方法，その証人の証言内容やその書面の記載内容が証拠資料である。

(2) 種　類
　また，証拠はさまざまな観点から分類される。列挙すると次のような区別になる。
　① 　直接証拠・間接証拠（証拠資料と要証事実との関係による分類）
　目撃者がそのまま，犯行現場を見た場合，その証言は直接証拠である。拳銃の「バン！」という音がしたので，振り返ったら，Aがピストルを持ってわなわな震えていてそばにBが血を流していました，という証言だと間接証拠である。あるいは，現場に残された指紋や足跡，血痕などはすべて間接証拠である。
　② 　人的証拠・物的証拠（証拠方法の物理的性質による分類）
　証人や鑑定人，参考人など生存する人間が証拠である場合，人的証拠という。物的証拠とは，人以外の物が証拠となる場合である。
　③ 　供述証拠・非供述証拠（証拠資料としての性質）
　供述証拠とは，一定の事実の体験その他の知識を報告する証拠で，証人の証言などがこれにあたる。非供述証拠とは，一定の事実が人の知覚以外のものに残った場合の証拠で指紋や血痕がそうである。
　④ 　人証・証拠書類・証拠物（証拠調べの方式からみた証拠方法についての分類）
　人証とは，供述証拠を得るための人的証拠のこという。証人や鑑定人などは

すべて人証である。人証は常に人的証拠だが，人的証拠が常に人証であるとはいえない。その人の身体的特徴が問題となるとき，それは人証ではない。証拠書類とは，当該手続において裁判所，捜査機関等が法令に従い作成した書面をいい，証拠物とは，その物の存在または状態が事実の証明に役立つ証拠をいう（光藤(中)・86頁）。

⑤ 本証・反証（挙証責任からみた分類）

本証とは，挙証責任を負う者が提出する証拠をいい，反証とは本証によって証明された事実を否定する者が提出する証拠をさす。挙証責任とは，立証を尽くしても，ある要証事実の存否が真偽不明という場合に，不利益に判断される者の法的地位をいう。刑訴法では，「疑わしきは被告人の利益に」の原則（略して利益原則などという）があるから，たとえば犯罪事実の存否が不明の場合，不利益な判断を受けるのは常に検察官ということになる。

⑥ 実質証拠・補助証拠

実質証拠とは，主要な事実（犯罪事実など）の存否を証明するために用いられる証拠であり，補助証拠とは実質証拠の信用性を争うためにのみ用いられる証拠をいう。「犯行現場をみた」という目撃者の証言は実質証拠だが，その目撃者の視力は弱いという事実を証明する証拠が補助証拠ということになる。

⑦ 弾劾証拠・回復証拠（補助証拠の区分）

上記の補助証拠は，2つの面から提出可能である。弾劾証拠とは，実質証拠の証明力を弱める証拠であって，さきほどの目撃者の視力は0.1だ，というように，その証言の価値を低くするものである。他方，回復証拠とは，いったん弱められた実質証拠の証明力を再度強めるための証拠で，確かに裸眼では0.1しかないが，当時，証人はコンタクトレンズを入れていたので良く見えていたという事実が証明できれば，これを証明する証拠は回復証拠である。

2 証拠法総則

(1) 証拠裁判主義

刑訴法317条は，「事実の認定は証拠による」と規定している。当たり前の規定のように思えるが，これには歴史的な意義と規範的な意義がある。かつて明治の初頭には，「凡ソ罪ヲ断スルハ口供結案（自白）ニ依ル」（明治6年改定律例）と規定されていたが，その後変更され，「凡ソ罪ヲ断スルハ証ニ依ル」（明

治9年)となった。これが現在の317条の前身である。自白があれば，犯罪責任を問うことができるとなれば，捜査機関は，何としても被疑者から自白をとろうとするだろう。かつて，中世カロリーナ法典では，このことが明記されていたが，自白の獲得が有罪に直結するものだったから，取調べの際の拷問の容認につながったのである。ドイツのローテンブルクにある犯罪博物館には，当時の拷問器具が展示されているので有名だが（実際に使われていたかどうか不明のものもあると言われている。日本でも磔（はりつけ），石抱き，鋸引き，釜茹でなど，さまざまな拷問が行われていた），刑事訴訟の歴史は，凄惨な人権侵害の歴史でもあった。証拠裁判主義は，拷問との決別を記した重要な規定なのである。

　また，規範的意義として，「証拠による」とは，証拠能力のある証拠でかつ「適式の証拠調べ」を経た証拠による，ということを意味する。証拠能力というのは証明力という用語とワンセットで出てくる用語で，その証拠を公判廷に提出して，裁判官が取り調べてもよいかどうかを決める資格のことである。証明力は，その資格があることを前提として，今度は，その証拠には当事者が証明しようとしている事実に対し，どれだけ価値をもっているかということである。「適式の証拠調べ」とは，先に述べた証拠資料によって，証拠の取調べ方が異なることを意味する。人証の場合の取調べは尋問（304条），証拠書類の取調べは朗読（305条），証拠物の取調べは展示（306条）である。このような証拠資料に対応したやり方で取調べを行って証明することを「厳格な証明」と呼んでいる。厳格な証明の結果，裁判官は，主張されるような事実があったかなかったか決めていくのである（これを「心証を形成する」という）。これに対して，何らかの証拠で何らかの手続を経た証拠による証明方法のことを自由な証明な証明と呼んでいる。両者の違い，厳格な証明の対象となる事項などの説明は，〈CASE 34〉を参照して欲しい。

(2)　**自由心証主義**

(a)　**意　　義**

　証拠裁判主義と並んで重要な証拠法則を自由心証主義といい，これは「証拠の証明力」の判断は，裁判官の自由な判断に委ねるという原則である（318条）。「自由」というと，何だか裁判官が自分勝手に判断（恣意的判断）することを認めているみたいに聞こえるが，そうではなく，あくまでも注意則，経験則，科学的水準に従った合理的なものであることが前提である。かつては，ある証拠

があれば，必ずある事実を認定しなければならないとする原則をとっていたが（法定証拠主義という），それでは，あまりにも人間の理性的な判断力を信用しない考え方であるし，自白がある，といっても虚偽ということもある。もっと，人間の理性とか判断力に期待してもよいのではないか，そうした思想が自由心証主義の背後にはある（〈CASE 36〉参照）。

(b) 心証の程度・内容

裁判官の証拠に対する価値判断が，そのようなものだとして，次に問題となるのは，「犯罪事実はあった」といえるためには，どの程度の証明が必要かということである。これについては，しばしば民事訴訟法との対比で説明される。民訴法では，裁判官がとるべき心証の程度として，証明の優越（preponderance of evidence）ということがいわれる。その内容は，通常人なら誰でも疑いをさしはさまない程度に真実らしいとの確信が必要ということである。これに対して，刑訴法では，合理的な疑いを超える（beyond a reasonable doubt）程度の証明が必要とされる。これを言い換えると，合理的な疑念の入り込む隙間のない，反証を許さない最高度の心証が必要だといわれる。しかし，「合理的な」疑いとは，何ともわかりにくい概念である。反証を許さないほどの証明というのだから，「この者が犯人だ」という主張に対して，「なるほどそうだ」，「それに間違いはない」という確信を抱かせるような証明を「疑いを差し挟まない」証明だというふうに理解しておこう。つまり，検察官の立証に少しでも疑いの余地が残れば，その証明は失敗したということになる（〈CASE 37〉参照）。

(c) 自由心証主義の合理性の確保および例外

① 合理性の確保

証拠の証明力の評価に際して，裁判官の理性に信頼する，心証形成は「合理的」でなければならない，とはいってもやはり人間のやることだから，間違いがおこらないとはいえない。心証形成の誤りを正す予防策を講じておくことが肝要である。刑訴法上では，たとえば，判決理由の制度（44条）があり，判決をするには理由を付すことが必要とされ，特に有罪判決を下す場合には証拠の標目といって，どの証拠を用いたのかを列挙するようにしている（335条1項）。

② 自由心証主義の制約と例外

自由心証主義の例外として，証拠能力による制限がある。たとえば，自白法則や違法収集証拠排除法則がこれにあたる。また，民訴法では口頭弁論の全趣

旨を考慮して判決を下すことができるが（民訴法247条），刑訴法では，心証形成の基礎となるのはあくまで証拠である。さらに，法律上の例外として，補強法則（憲38条3項，刑訴319条2項）もある（《CASE 39》参照）。これは，仮に，自白にどれだけ高い価値が認められても，それだけで有罪とはできないという法則である。補強法則がきちんと機能していれば，犯人と被告人との結びつきを誤る典型的な誤判は生じないと思われるのだがどうだろうか。

その他の例外として，たとえば，被告人が黙秘権を行使したことを，不利益に判断してはならない（不利益推認の禁止）とか，公判調書に記載されたものであれば，それだけで公判期日にどのような訴訟手続が行われたか証明できる（52条）とか，また，民事裁判との関係では，民事判決の確定力は刑事裁判に影響を与えないが，形成判決の場合は刑事裁判に効力が及ぶといったことが自由心証主義の例外に挙げられる。

なお，裁判員制度との関係でも自由心証主義は堅持されているが（裁判員法62条），評決は，「構成裁判官及び裁判員の双方の意見を含む合議体の員数の過半数」で決められるとされている点に注意すべきである（裁判員法67条）。裁判官3名が有罪だと判断し，あと2名の裁判員がそれに加われば5対4で被告人は有罪となる。市民参加を眼目とする裁判員制度の趣旨からするとどうなのか，またそもそも，果たしてこれで「合理的な疑い」を超える証明といえるのか議論の余地はある。

(3) 挙証責任と推定
(a) 挙 証 責 任

証拠上のルールとして，挙証責任の問題がある。これは，当事者が攻防を尽くしても，結局，ある要証事実の存否が不明だという場合（真偽不明），これによって不利益な判断をうける当事者の法的地位のことをいい，実質的（客観的）挙証責任と呼ばれる。刑訴法上の大原則である，「疑わしきは被告人の利益に」の考え方からすれば，訴訟の最終段階において，犯罪事実の存在が「合理的な疑いをいれない」までに証明されていない限りは，被告人は無罪となるというわけだ。結局，刑事訴訟法における挙証責任は，常に検察官が負うことになる。これに対して，形式的（主観的）挙証責任という用語もある。これは，訴訟の進行過程における立証の負担のことをいい，たとえば，検察官の立証が成功し，合理的な疑いをいれない程度にまで証明できた場合，被告人が今度は

反対立証を行わなければならないというように，その負担の帰属は常に流動する性格を持つ。

　実質的挙証責任は検察官にあるのだから，「刑事裁判でシロクロつける」，「黒白をはっきりさせる」というような言い方は正しくない。有罪か無罪か，という言い方ならまだしも，刑事裁判ではっきりさせるのは，クロかシロかではなく，あくまで「クロかクロでないか」というにとどまる。被告人側は，自分はシロであることを証明する必要などなく，「クロでない」ことを言えればそれで十分である。

　講学上の問題として，しばしば，正当防衛事由の存否について，検察官か被告人どちらに挙証責任があるか問題になる。かつては，違法性阻却事由であれ，責任阻却事由であれ，犯罪の成立を阻却する事由については，被告人に挙証責任があるとする考え方もあったが，このような犯罪阻却事由につき，被告人に挙証責任があるとすると，場合によっては，犯罪の存否が不明なのに，被告人は処罰されるという危険を招くことになる。そこで，実務では，阻却事由は罪となるべき事実の立証に当然に含まれ，格別その存否を論点にするまでもなく取り扱われ，仮に被告人側から，正当防衛である旨の一応の証拠が提出された場合，挙証責任は検察官に転換するとされている。一応の証拠提出であるから，単に「正当防衛状況があった」というだけでは足りないが（主張責任），合理的な疑い超える程度の証明までは不要ということになる（挙証責任が転換するわけではない）。また，現行法上，名誉毀損罪における事実の真実性の証明（刑法230条の2）の解釈をめぐって，挙証責任の問題が提示される。

　(b)　推　　定

　推定とは，甲事実（前提事実）が存在するとき，乙事実（推定事実）が存在するものと推認することをいう。推定事実について立証責任を負う者が前提事実を立証すると，推定事実不存在の立証責任が相手方に転換するという効果を持つ。しかし，その場合，前提事実の立証はどの程度に必要か，転換される立証責任の内容はどうなのか，などが解釈上の論点となる。

　推定は，事実上の推定（成文化されていない）と法律上の推定（成文化されている）に分けられるが，特に後者は，反証を許さない推定（擬制。245条がその典型例）と反証を許す推定にさらに区分される。

　反証を許す推定の例として，「人の健康に係る公害犯罪の処罰に関する法律」

5条がある。これによれば，「工場又は事業場における事業活動に伴い，当該排出のみによっても公衆の生命又は身体に危険が生じうる程度に人の健康を害する物質を排出した者がある場合において，その排出によりそのような危険が生じうる地域内に同種の物質による公衆の生命又は身体の危険が生じているときは，その危険は，その者の排出した物質によって生じたものと推定する」とある。この場合の前提事実は，「その排出によりそのような危険が生じうる地域内に同種の物質による公衆の生命又は身体の危険が生じている」ということがこれにあたり，推定事実は，「その危険は，その者の排出した物質によって生じたもの」であるということがこれにあたる。この規定の効果として，推定事実不存在の立証責任を被告人が負うのであるが，問題はその程度である。推定事実の存在につき，疑いを抱かせる程度の一応の証拠提出責任があると解すべきであろう。ただ，その場合でも，常に推定事実を認定しなければならない（must）というわけではなく，推定しうる（may＝許容規定）と捉えれば足りる。

(4) 証拠能力と証明力

(a) 証 拠 能 力

　先にも述べた証拠能力という概念は，当該証拠を公判廷へ顕出して，裁判所の事実認定の資料となり得るか（資格）の問題であり，別に「証拠の許容性」ともいわれるものである。代表例として，自白法則，伝聞法則，違法収集証拠排除法則がある。これに対し，事実を認定させるための証拠の価値を証明力という。

(b) 証拠能力の有無の判断

　ところで，この証拠能力があるかないかはどのようにして決められるのか？これについては，次の3つの観点からアプローチされる。

　① 第1に自然的関連性である。これは，その証拠が証明しようとする事実に対して，必要最小限度の証明力さえ有していないときは，「関連性」がないとされ，証拠能力は認められない。特に問題となるのは，指紋，足紋，タイヤ痕，血痕，毛髪，精液，DNA鑑定，犬の臭気鑑定，声紋鑑定，筆跡鑑定などの科学的証拠である（〈CASE 35〉参照）。土地勘はあるか，アリバイがないか，動機はあったか，という点も自然的関連性の問題といえる。ただ，これらは，多義的に解釈可能なものもあり，実質証拠としての適格性を認めてよいか慎重に判断しなければならないように思われる。

②　第2に法律的関連性である。これは，証拠として必要最小限の証明力はあるが（自然的関連性はあるが），他方，裁判官の判断を誤らすおそれがあり，そのほうの危険性が高い場合，その証拠は排除される。例として，被告人の悪性格証拠の立証や類似事実の立証などの取り扱いについて問題となる。

③　第3に証拠禁止である。自然的，法律的関連性のある証拠であっても，これを用いることが手続の適正性を害するものならばその証拠は許容されないとする観点である。証拠の証明力の有無とは無関係に判断される点に注意を要する。証拠禁止は，特にそれが非供述証拠の場合，違法収集証拠排除法則（狭義）として扱われる（〈CASE 47〉参照）。

　以上をまとめると，証拠能力と証明力は，①②の関連性と③の証拠禁止のファクターを通して，証拠能力を付与されたものだけが，証明力判断の対象とされる関係にある。

3　自白法則と補強法則

(1)　自白法則

(a)　意　義

　自白とは，自己の犯罪事実の全部または一部を認める被告人自身の供述をいう。かつては，自白は「証拠の女王」といわれ，その証拠価値は高いとされたが，先に述べたように，自白を取る（自白採取，自白獲得ともいう）ための拷問容認と容易につながったこともあって，後述するようにその獲得方法に対しては，厳しい法の網がかけられている。自白とよく似た概念に，「不利益な事実の承認」（322条），「有罪であることの自認」（319条3項）という用語もある。前者は被告人に不利益な供述すべてを含み，後者は「有罪の答弁」ともいうべきもので，不利益な事実の承認，自白，有罪である旨の自認の順に有罪認定へと近づく。自白法則とは，「強制，拷問，若しくは脅迫による自白又は不当に長く抑留若しくは拘禁された後の自白は，これを証拠とすることができない」（憲法38条2項），「強制，拷問又は脅迫による自白，不当に長く抑留又は拘禁された後の自白その他任意にされたものでない疑のある自白は，これを証拠とすることができない」（319条2項）と規定されているように，強制，拷問などに下で採取された自白の任意性を否定し，その証拠能力の否定する法則である。自白排除法則ともいわれる。なぜそうした自白を排除しなければならないのだ

ろうか。自白法則の根拠について考えてみよう。

(b) **自白法則の根拠**

自白法則の根拠については，①虚偽排除説，②人権擁護説，③違法排除説の3つに分けられる。①は不任意の自白は虚偽のおそれがあるから排除するというものであり，その判断基準は，虚偽自白を誘発するおそれの有無に求められる。②は黙秘権を中心とする被告人の人権を侵害したから排除するというものであり，その判断基準は，被告人の意思決定の自由を侵害するほどの不当な圧迫の有無に求められる。①も②も結局，不任意の自白の証拠能力を否定するものであるから，まとめて任意性説と呼ばれることもある。これに対し，③は，強制・拷問などの下で得られた自白の証拠能力を否定することが手続の適正確保に不可欠だと捉える。そして，その判断基準は，自白採取過程における取調方法の違法性の有無に求められる。仮に自白が任意になされたものであっても，手続に違法があれば，その証拠能力を否定した点にこの考え方の斬新さがある。

(c) **排除されるべき自白の諸類型**

排除される自白の諸類型を列挙すると，①拷問・脅迫による自白，強制自白，②長時間の拘束下での自白，③利益誘導，約束による自白などが明文で決められている。さらに，広く，④弁護権侵害による自白，接見交通権を侵害して採取された自白，⑤偽計による自白（捜査官があえて虚偽の事実を告げて被疑者を錯誤に陥れ，自白を獲得する方法）などは，憲法31条に違反するものとしてこの法則の対象となる。アメリカの1964年ミランダ判決（Miranda v. Arizona. 384 U. S. 436）は，黙秘権，弁護人立会権，弁護人依頼権などの告知を必須の条件としたが，そのような考えが日本にも浸透したものといえる。ただ，自白の任意性の有無をめぐっては，取調べが密室で行われることもあって，訴追側と被告人側の水掛け論に終わることが多い。近時，被疑者がどのように取り調べられたのか，その過程を録画したり，録音したりして後からわかるようにしておくべき（取調べの可視化という）だという主張がますます強くなっている。弁護人サイドは，被疑者と接見した際，「被疑者ノート」（日弁連のホームページからダウンロードできる）を差し入れて，取調べの状況を本人が記録するように勧めている。捜査機関としても，後で揚げ足を取られたくなければ，可視化の方策を推進していく必要があると思うがどうだろうか。検察段階の取調べだけではなく，警察段階のそれを可視化しなければ意味がない。裁判員が関与す

る刑事裁判では，この点についての不毛な争いを避ける必要があるし，取調官から，こづかれた，殴られた，正座させられた，などと今なお公判廷で被告人から指弾されるのは，先進国の捜査機関のあり方として決して美しいとはいえない（〈CASE 38〉参照）。

(2) 補強法則

自白法則が自白の任意性，すなわち証拠能力に関わる原則であったのに対し，補強法則（corroboration）は，自白の信用性，すなわち証明力に関わる原則である（憲法38条3項，刑訴319条2項）。この法則は，通常，自由心証主義の例外として考えられ，その主眼は誤判の防止にある。仮に被疑者，被告人が涙ながらに自白をし，それが真摯な態度で述べていて，嘘を言っているふうではなくても，それだけで有罪にはできず，それを裏付ける証拠が必要だという原則である。

また，証拠調べにあたっては，犯罪事実に関する自白以外の証拠が取り調べられた後でなければ，自白の取調べを請求することはできない（301条）。裁判官が，自白を先に取り調べると，その魔力に負けて自白からのみ有罪の心証をとってしまう危険があるからである。裁判官の心証形成の順序としては，自白以外の証拠をまず取り調べ，そこへ自白を取り込んで，犯罪事実の存否につき，合理的な疑いを超えることができたか，という段取りになる。そうすると，実は，自白以外の証拠が補強証拠としての性格を有するのではなく，自白そのものがそれ以外の証拠との関係で補強の役割を果たしているか問われることになる。物証間，あるいは供述と物証の間に多少，辻褄が合わないという関係があっても，自白によってその隙間が埋め合わせられるということもあるだろう。

補強法則の根拠は，自白の価値に対する理解の仕方で変わる。これについては，2つの考え方に分けられる。その第1は，自白は一般に過大に評価される傾向にあるから，自白に妥当な評価を与えるように補強証拠を要求したと捉える（割引説と呼んでおこう）。第2は，自白の証拠価値を一律に低く見積もるのではなく，万一の間違いを避けるため，自白内容を確認できる他の証拠を引き合いに出すため補強証拠を要求したと捉える（積み上げ説と呼ぼう）。多くの自白事件において，「自白した者が真犯人だった」というのが実態なのだから，積み上げ説が実務を反映したものといえるが，今，問題となっているその自白はどうなのか，その自白には100％の信用性があるのかという個別具体的な

ケースを前にした場合，当の自白には100％の信用性があること前提にしてもよい，などという合理性や正当性はどこにもないのだから割引説が妥当である。その他，補強法則については，補強を要する範囲や程度，共犯者の自白との関係が問題となるが，〈CASE 39〉で解説することとしよう。

4 伝 聞 証 拠
(1) 意　　義

　伝聞証拠（hearsay evidence）の意味内容は，いくつかに分類されるが，公判廷外の供述を内容とする公判廷における供述又は書面で，供述内容の真実性を立証するためのものと捉えられる。そして，伝聞法則（hearsay rule）は，このような伝聞証拠を排斥し，公判廷に顕出できないとする法則をいう（320条1項）。上述した証拠能力を付与する3要件のうち，伝聞証拠には法律的関連性がないから排除されるのである。供述証拠が公判廷に提出されるまでのプロセスは，知覚（perception）→記憶（memory）→表現（expression）→叙述（narration）という経過をたどる（知覚→記憶→叙述と考える考え方もある）。実は，この過程に誤りが入りやすいのである。目撃証人A（原供述者）が，「XがピストルでYを殺すのを見た」と証言した場合，これを聞いた証人B（伝聞証人）が公判廷に出てきて，「Aは『XがピストルでYを殺すのを見た』と言ってました」と証言したとしよう。しかし，①Bを公判廷に喚問して反対尋問しても，Aの供述（知覚・記憶の正確性，供述の真摯性，叙述の適切さ）について反対尋問できないのである。その供述の真実性を確認するには，あくまでAを証人として喚問しなければならないのである。Aの見当違い，見間違いということもありうる。

　このことは，②A自身が記した書面（供述書という），およびA自身が供述し，それを第3者が書き取った書面（供述録取書という）を公判廷に提出しても①と同じことが生じる。書面に対して反対尋問できないからやはり排除されるのである。要は，供述ほどその価値判断を誤ると危険なことはないので，そうした判断を誤らせる危険性の高い証拠は最初から排除してしまおうというわけである。

(2) 伝聞と非伝聞との区別

　伝聞証拠とは，上述したように，公判廷外の供述を内容とする公判廷の供述

または書面で供述内容の真実性を立証するものだが，公判廷外のAの供述を内容とする他の者Bの供述にあたるが，「供述内容の真実性を立証する」ために用いるものでなければ「伝聞証拠」とはならない。つまり，当該供述が伝聞にあたるかどうかは，要証事実との関係（証拠と要証事実との関係を立証趣旨という。刑規189条1項）で決まる。具体的には，①ことばが要証事実である場合，②行為の一部をなすことば（行為の言語的部分），③情況証拠であることば，④精神状態の供述などが問題となる。この点の検討は〈CASE 40〉に譲る。

(3) 伝聞法則の例外の根拠

　伝聞証拠は，反対尋問により供述過程（知覚・記憶・表現・叙述）を吟味，確認できないので，原則として排斥される。しかし刑訴法は，その例外を認める。その理由は，そうした証拠でも，①要証事実の認定にその証拠を用いる必要性が高く（証拠の必要性），②供述が信用できるような外部的情況があれば（信用性の情況的保障という），間違いは生じないだろうという点にある。逆にそのような証拠が使えないと裁判を遅延させるのみでなく，裁判に必要な証拠を得ることを妨げ，かえって正当な事実認定を害するおそれが出てくる。そこで法は，一定の要件のもとで伝聞証拠に証拠能力を与えた（321条以下）。このうち，重要なのは，321条1項1号から3号の供述録取書であり，その中でも特に重要なのは2号書面である（〈CASE 41, 42〉参照）。

　供述録取書とは，原供述者が他人に話したことをその他人が書き留めたものをいう。他人が伝え聞いたものを書面に記載するわけであるから，二重の伝聞だが，原供述者の署名や押印があることによって，伝聞の二重性が払拭されるとされ，証拠能力が付与されるのである（321条1項1号，2号，3号）。供述書とは，原供述者自身が作成した書面をいい，たとえば日記や手記は，被告人自身が作成したものとして（322条1項），また，被害届けは，被告人以外の者が作成したものとして（321条1項3号），それぞれ証拠能力が付与される。

　書面ではない伝聞供述には，①被告人または被告人以外の者が第三者に話したことをその第三者が公判廷で供述（証言）する場合（いわば典型的な伝聞供述）や（324条1項），②原供述者が被告人以外の者に話した場合（324条2項，321条1項3号準用），③原供述者が被告人に話した場合（324条1項，322条準用）があるが，それぞれ一定の要件のもとで証拠能力が付与される（その他，特信文書については，323条）。

上記の伝聞書面のうち，特に321条1項2号書面（検察官面前調書）の検討は〈CASE〉に譲り，321条1項1号と3号の書面，および同条2ないし4号の書面，その他の問題点について下記で解説しておこう。

(4) 伝聞書面
(a) 321条1項関連

伝聞書面に関する321条1項1号から3号までの書面のうち，要件は1号→3号の順に厳しくなっていく。このうち，裁判官・検察官以外の面前での供述書，供述録取書は，別に3号書面とも呼ばれ，典型例は司法警察職員が録取した書面（いわゆる員面調書）である。この書面に証拠能力が付与される要件は，①供述不能，すなわち供述者が死亡，精神若しくは身体の故障，所在不明若しくは国外にいるため公判準備又は公判期日において供述できないこと，かつ，②証拠の不可欠性，すなわちその供述が犯罪事実存否の証明のために欠くことができないこと，かつ③特信性，すなわちその供述が特に信用すべき情況のもとになされたものであることの3つである。特に③は，絶対的特信性とも呼ばれ，公判期日あるいは公判準備段階の供述の前後との比較で信用性が判断される2号書面とは異なっている点に注意を要する。

要件が最も緩やかな裁判官面前調書（321条1項1号）は，別に1号書面（裁面調書）ともよばれ，たとえば，捜査段階での裁判官による証人尋問（228条），証拠保全手続における証人尋問（179条）によってとられた調書をなどがこれにあたる。証拠能力付与の要件は，①供述不能と，②相反・実質的不一致の2つである。裁判官が性質上，公平な立場にあり，また，証人尋問では原則として宣誓もなされ，当事者の立会がないときでも裁判官が代わって反対尋問することが期待できるので，裁判官の面前であれば，緩やかな要件のもとでも類型的に信用性の保障があるとされている。

(b) 321条2項・3項・4項関連

321条1項以外の書面では，㋐当該事件の公判準備における裁判所の証人尋問調書，裁判所・裁判官の検証調書（321条2項）がある。これらは，検証の性質に照らし，事実を正確に報告していて，また裁判所等が行うに際しては当事者が立会権を持つので，吟味，点検が可能であるため，321条1項の要件なしでも証拠能力が付与される。

また，㋑捜査機関の検証調書など（321条3項）もある。具体的には，捜査

機関作成の検証調書，検察官作成の検視調書などがこれにあたる。「被告人以外の者の作成した供述書」であるにもかからず，また主体が裁判官ではなく，捜査官であるにもかかわらず，証拠能力が付与されうる理由は，検証が場所や物の状態に対する客観的認識を旨とする作業であるとか，検証の対象が可変的で調書にして永久化する必要があり，また対象が複雑な場合には，公判廷で口頭で報告するよりも文書の形にした方が正確性を保ちうるという点にある。ただ，作成者が公判期日において証人として尋問を受け，真正に作成されたものであることを供述したときに限り，証拠能力が認められることに注意すべきである。当然，内容の真実性についても尋問を受ける。

これに関して，捜査機関が作成する実況見分調書は本条の書面にあたるか，また実況見分時の立会人の指示説明は実況見分調書の一部とみてよいか，問題となる。実況見分調書とは，捜査機関が任意処分として行う検証の結果を記載した書面であり，判例は，検証活動の性質に相違ないので本条本項の書面に当たるとする（最判昭35・9・8刑集14巻11号1437頁）。指示説明とは，事件の目撃者が立会人として，「被害者が歩行していたのはこの地点である」と述べたような場合をいう（これに対して，「その被害者はその時，怯えているようでした」という説明を，現場供述といい，供述証拠そのものとして扱われる）。この指示説明部分は供述証拠だが，当該地点を確定するためであり，これで被害者の行動に関する事実認定を行うものではないから，実況見分調書の一部と考えてよいとされる。

これに関連して，実況見分調書に添付された，写真の扱いが問題となる。撮影，録音・録画，編集などはいずれも人為的操作が加わる。人為的操作の部分を重視すれば供述証拠の性格を持ち，伝聞法則に服することになり，科学的・機械的な過程を重視すれば，非供述証拠となり，関連性が認められれば証拠能力が付与されることになる（なお，関連性の確認といっても，公判廷で調書自体をペラペラめくって被告人に閲覧させ，「これに間違いないか」，「間違いありません」と質疑応答する程度のこともある）。判例（最決昭59・12・21刑集38巻12号3071頁）によれば，犯行の状況等を撮影したいわゆる現場写真は，非供述証拠に属し，当該写真自体その他の証拠により事件との関係を認めうる限り，証拠能力を具備するものであって，これを証拠として採用するためには，必ずしも撮影者らに現場写真の作成過程ないし事件との関連性を証言させることを要するも

のではない，とする。

　ただ，被害状況及び犯行状況が示された複数枚の写真とそれに当事者の説明文が付け加えられている実況見分調書（被害者によって被害状況が再現されている）および写真撮影報告書（被告人によって犯行状況が再現されている）について，最決平17・9・27（刑集59巻7号753頁）は，「写真については，撮影，現像等の記録の過程が機械的操作によってなされることから前記各要件のうち再現者の署名押印は不要と解される」としつつ，「本件両書証は，いずれも刑訴法321条3項所定の要件は満たしているものの，各再現者の供述録取部分については，いずれも再現者の署名押印を欠くため，その余の要件を検討するまでもなく証拠能力を有しない。また，本件写真撮影報告書中の写真は，記録上被告人が任意に犯行再現を行ったと認められるから，証拠能力を有するが，本件実況見分調書中の写真は，署名押印を除く刑訴法321条1項3号所定の要件を満たしていないから，証拠能力を有しない」として，このような証拠能力を欠く部分を含む本件両書証の全体を証拠として採用し，これを有罪認定の証拠とした第1審裁判所の訴訟手続は違法だとした。立証趣旨を「実質的に」考察した結果，それが犯罪事実の存否に向けられた場合には，たとえ写真であっても，厳しい伝聞例外の要件を具備する必要があるとした点に本決定の意義がある。同じことは，ビデオテープ，録音テープなどいわゆる写実的証拠について当てはまる。

　㈱鑑定書（321条4項）はどうか。裁判所または裁判官の命じた鑑定人の作成した鑑定書（165条，179条等以下）がこれにあたる。鑑定人が真正に鑑定を行った旨の供述を前提として，鑑定書は，性質上，正確な書面であり，第三者たる専門家による検証ともいえるので，捜査機関の検証調書に準じて証拠能力が付与される。ただ，捜査官から嘱託を受けた鑑定人（鑑定受託者）作成の鑑定書の証拠能力は入るかは問題となる。判例は，鑑定受託者の鑑定書も客観性，正確性を持ち，被疑者・被告人側は179条1項で証拠保全として鑑定請求ができるが，訴追側にはこのような規定はなく，嘱託鑑定によらざるを得ないとしてこれを認める（最判昭28・10・15刑集7巻10号1934頁）。ポリグラフ検査回答書，声紋鑑定書，臭気選別検査結果書などもこれに含まれるとする。ただ，主体が捜査機関の受託による者によって行われること，宣誓が要件となっていないことなどから疑問もある。

(c) **特信文書**（323条1号〜3号）

①公務文書（1号書面）である，戸籍謄本，公証証書謄本，不動産登記簿・商業登記簿の謄本・抄本，印鑑証明など。②業務文書（2号面）である，商業帳簿，航海日誌，「その他業務の通常の過程において作成された書面」。③その他の特信文書（3号書面）である，民事事件の判決書，前科調べ回答の電信訳文（ある検察庁から他の検察庁へ送付したもの），服役中の者と妻との間の一定の手紙，裏帳簿，公的な統計，記録，暦，学術文書などがこれにあたる。

(5) **被告人の供述**（322条）

被告人の供述の公判廷顕出形式としては，

① 供述を録取した書面，または供述書（322条）
② 口頭の供述（被告人以外の者の公判廷における供述で，被告人の供述を内容とする）（324条1項）
③ 被告人自身の公判廷供述

の3つが考えられる。「公判廷外の供述で，供述内容の真実性の立証に用いるもの」が伝聞証拠だと定義すれば，①と②は伝聞証拠となる。このうち，322条の対象となる，①不利益な事実の承認を内容とする被告人の供述が伝聞例外とされるのは，人はウソをついてまで不利益な事実を暴露しないだろうという経験則から通常，高い信用性があると考えられるので許容される。密室下での取調べの中でとられた被告人の自白調書の証拠能力がしばしば問題となるが，調書に被告人の署名，押印のあることを要件として，証拠能力が付与される（324条1項，322条1）。

(6) **伝聞供述**（324条）

公判廷証人が他人の法廷外供述について述べる伝聞供述の取扱いが問題となる。①被告人以外の者の公判準備または公判期日における供述で，被告人の供述を内容とするものについては，上記の322条の規定が準用される（1項）。②事実を見た人（A）が，直接，証人として出廷せずに，他人（B）に話をし，これを聞いたBがAの代わりに証人となった場合にBが伝聞証人であり，その証言が伝聞証拠となる。この証言が証拠となるのは，第1に，被告人の供述をその内容とするものについては，322条が準用され（324条1項），被告人の供述を含む書面と同じ要件にもとで証拠となり，第2に，被告人以外の者の供述を内容とするものについては，321条1項3号が準用され（324条2項），書面

第5節 証　　拠

と違って，聞いた人が誰であるかを区別せず，一律に原則型たる3号の要件の下で証拠能力が判断される。

(7) 同意書面と合意書面（326条，327条）

検察官および被告人が証拠とすることに同意した書面（同意書面）は，相当性が認められれば，証拠能力が認められる（326条1項）。同意すれば，伝聞証拠であってもなぜ証拠とできるのかは，刑事訴訟の性格とも絡むかなり大きな問題である（《CASE 44》参照）。被告人が不出頭でも証拠調べができる場合で，被告人不出頭の場合には同意があったものとみなされる（同条2項）。

合意書面は，無条件で証拠能力が認められる（327条）。従来，同意書面で代用できたので，実務で用いられることはほとんどなかったが，訴訟経済の観点から裁判員裁判において，積極的な活用が求められる状況にある。

(8) 証明力を争う証拠（328条）

321条から324条までの規定により証拠とすることのできない書面または供述であっても，弾劾証拠として用いることはできる。すなわち，公判準備または公判期日における被告人，証人その他の者の供述の証明力を争うためには，伝聞証拠であっても用いることができる。

証人Aが法廷で「犯人は被告人Xだ」と証言し，同じ証人Aが法廷外で「犯人はXではなかった」と語っている場合で，法廷証言には証拠能力があるが，法廷外供述（321条1項3号の要件を満たさない）には証拠能力がないときに，被告人側はAの法廷外供述（「犯人はXでない」との員面調書）を法廷証言の証明力を争うために使おうとするであろう。この場合，この員面調書は，弾劾証拠として許容される。この場合，「犯人はXでない」との事実を立証しようとするのではなく，2つの自己矛盾供述があることを立証して，いずれかの供述は虚偽である（法廷証言は信用できない）ことを立証しようとするからである。あくまで弾劾にのみ使用するにとどまり，実質証拠として用いることはできない（最決昭28・2・17刑集7巻2号237頁）。

ただ，弾劾証拠として用いる場合であっても，上記のような自己矛盾供述に限るべきか（限定説），あるいは証明力を争う場合であれば，すべての伝聞証拠も許容できるとするか（非限定説）で争いがあり，また，上記の場合とは逆に，訴追側が「犯人はXだった」との員面調書（321条1項3号で証拠能力を取得できない）を使用することができるか問題となる。また，「証明力を争う」

第6節　裁　　判

1　裁判の意義および種類

裁判とは，裁判所や裁判官の意思表示的な訴訟行為である。ひとくちに「裁判」といっても，判決，決定，命令という3つの区別がある。裁判の主体，成立手続による区別である。判決の主体は裁判所，決定および命令は裁判官である。また，判決は口頭弁論を開くことが原則だが（43条1項。但し，341条など例外もある），決定および命令はこれを要しない。また不服申し立て方法も異なる。判決に対しては上訴（373条，405条），決定に対しては抗告（419条，433条），命令に対しては準抗告（419条）である。

さらに，審級についてその手続を終了させるかどうかの区別で，終局裁判と非終局裁判（中間裁判）とに分かれる。終局裁判とは，被告事件について，当該審級における訴訟手続を終結させる裁判であり，たとえば，有罪・無罪の判決（実体裁判），管轄違いの裁判，免訴判決，公訴棄却の判決および決定（いずれも形式裁判）がこれにあたる。

非終局裁判には，終局前のものとしては，訴訟指揮の裁判，証拠調べに関する裁判があり，終局後のものとしては，訴訟費用負担の決定（187条），上告裁判所の訂正判決（415条），訴訟費用執行免除の申立についての決定（500条），解釈の申立（501条），執行異議の申立についての決定（502条）などがこれにあたる。また，刑事裁判では，検察官の主張に対する理由の有無についての判断として実体裁判（有罪判決と無罪判決），それに至る前の判断として形式裁判（管轄違いの裁判，免訴判決，公訴棄却の判決・決定）がある。後者は，実体判断に入るための要件を欠くものとして手続を打ち切るのである。

2　裁判の成立

当事者の最終弁論が終了し裁判の内容が確定し，後は判決を待つだけという段階がある（結審）。裁判の意思表示内容が裁判機関の内部で決定したこの段階を裁判の内部的成立といい，その後，裁判官が交代しても，公判手続の更新を要しない（315条但書）。合議体でする裁判は，評議によって内部的に成立す

るが，単独体の場合は評議がないので，裁判官の内心が固まったときに成立する。さらに，裁判は，これを受ける者に告知されることによって外部的に成立する。判決の告知は，公判廷における宣告によって成立する（342条）。

なお，裁判の内容を記載した文書を裁判書（判決書，決定書，命令書がある）というが，これは裁判の記録文書であるから，告知の要件というわけではない。告知内容と裁判書の内容とに食い違いがあった場合は，宣告された内容が優先する。また，決定，命令の場合は，裁判書の作成は必須のものではなく（53条），さらに，手続簡略のために，地方裁判所，家庭裁判所，簡易裁判所の判決については，一定の場合に判決書の作成が省略され，宣告日の公判調書の末尾に判決主文などを記載する場合がある。これを調書判決と呼んでいる（刑訴規219条）。

3 裁判の内容
(1) 有罪判決

裁判の内容のうち重要なのは，実体裁判である。上述したように，これには有罪判決と無罪判決がある。有罪判決は，「被告事件に犯罪の証明があったとき」に下される（333条1項）。これには，刑の免除の判決も含まれる。

有罪判決は，主文（典型例として，「被告人を懲役2年に処する」の部分と理由部分からなる。被告人とって重要な意義を持つので，その理由中には，罪となるべき事実，証拠の標目，法令の適用を明記しなければならない（335条1項）。罪となるべき事実とは，犯罪を構成する事実をいい，特定の構成要件に該当する事実で，違法，有責な事実のことである。未遂，予備，共犯にあたる場合も含む。

証拠の標目とは，罪となるべき事実を認定するに供した証拠の同一性を示す標題，種目をいい，「被告人の当公判廷における供述」，「被告人の検察官に対する供述調書」，「押収してある日本刀1振（平成〇年押第〇号の1）」などと示される。標目で足りるから，旧法でみられた証拠によって，当該事実を認定するに到った心証過程を説明する証拠説明は不要である。

法令の適用は，実体的刑罰法規の適用をいい，罪となるべき事実がどのような犯罪を構成するか，またそれに対応する処断刑がどのように形成されたか法条を示して明示する。

(2) 無罪判決

　被告事件が罪とならないとき，または被告事件について犯罪の証明がないときは，判決で無罪の言渡をしなければならない（336条）。被告事件が「罪とならないとき」とは，事実が証明されても何ら犯罪を構成しない場合，犯罪の成立を阻却する事由が存在するときをいう。有罪判決と異なり，無罪判決の場合には，記載事項は定まっていないし，特別の理由も不要である。

4　裁判の効力

　訴訟の当事者はもちろん，それ以外の者にとってもいったん判決が出た事件を蒸し返すことは，裁判に対する信頼を損なうし，何より当事者に無用の混乱を与える。攻撃と防御の限りを尽くした結果，下された判決を簡単にひっくり返してはいけないのである。裁判が通常の不服申立て方法で争えなくなった状態を裁判の確定という。第一審判決に対しては，14日以内に控訴の申立てがなければ，当該有罪判決，無罪判決は確定する。また，有罪，無罪の判決が確定すると，同じ事件について訴訟上，再度の起訴は許されなくなる。これを一事不再理効といい，憲法39条の二重の危険の禁止から帰結される。

　一事不再理効がなぜ公訴事実を同一にする範囲に及ぶのか，刑事訴訟における審判対象論とも絡んで争われているが，審判対象を公訴事実ではなく，訴因と捉えても不都合はない。検察官は，公訴事実の同一領域に対しては，訴追の可能性はあったにもかかわらずそれをしなかったのであるから，その範囲に（被告人からすれば訴追の危険の及ぶ範囲にほかならない）に効力が及ぶことになる。

第7節　上訴・救済手続

1　上　訴

　上訴とは，確定していない裁判の上級裁判所への不服申立てをいう。控訴，上告，抗告がこれにあたる。第一審判決は尊重されるべきものであるが，それでも訴訟手続や事実認定，法令の適用，さらには量刑の点で誤りがないとはいえないので，これを是正する点に上訴制度の意義がある。

第7節　上訴・救済手続

(1) 控　訴

　控訴とは，第一審判決に対する高等裁判所への不服申立てである。控訴申立権者は，検察官，被告人のほか限定されている（351条，353条）。申立ては，第一審判決の宣告があった日から14日以内に控訴申立書を第一審裁判所（控訴審ではない）に差し出して行うが（358条，374条），これとは別に控訴の理由を簡単に明示した控訴趣意書を（こちらは控訴審裁判所に）控訴裁判所が指定さいた最終日までに提出する必要がある（376条，刑訴規236条1項・2項）。申立書の宛先が第一審裁判所であるのは，これによって判決が確定したかどうか第一審裁判所に早期に認識させることができるからである。

　被告人側が控訴した場合は，第一審判決よりも重い刑を科すことはできない（402条）。これを不利益変更禁止の原則という。上訴したために，返って刑が重くなってしまっては，被告人が上訴権を行使することを萎縮してしまうことになりかねないため，これを避ける趣旨である。

　控訴審の構造として，覆審（事件の審理を全面的にやり直す），続審（第一審の審理を引き継ぎ，それに控訴審で提出された新たな証拠を加えて原判決の当否を判断する），事後審（第一審の証拠のみに基づいて第一審判決の当否について判断する）の3つの方式がある。現行法は原則として事後審方式をとるが，実際は多くの控訴事案で事実の取調べが行われている（393条。382条の2参照）。事後審の考え方を硬直して捉えると，新証拠の提出が認められず，当事者に酷だからである。

　控訴趣意書には控訴理由を簡潔に記載しなければならない（刑訴規240条）。控訴理由には絶対的控訴理由と相対的控訴理由の二つがある。前者は，原判決の瑕疵が重大である場合で判決への影響の有無とは無関係なものであり（377条，378条），後者は，逆に「その違反が判決に影響を及ぼすことが明らか」な場合にのみ控訴申し立てを許すというものである（379条，380条，382条）。

　ところで，第一審の公判審理中，証拠調べに関して行った異議申立ては公判調書の必要的記載事項である（309条，刑訴規44条1項14号）。控訴の申立てを行うには，訴訟記録と原裁判所において取り調べられた証拠に現われている事実を援用しなければならないから，第一審の審理中，当事者が適宜に異議申立てをし，記録に留めさせておかないと，控訴趣意書にそのことを援用できず，上訴で争うことができなくなる（上告の場合も同様である。407条，414条）。した

81

がって，第一審の異議申立ては，単に裁判所の注意を喚起する意味にとどまるものではないことに注意を要する。

控訴審では，控訴申立ての手続に違法がある場合，控訴理由に理由がない場合，相対的控訴理由に関し判決に影響を及ぼすことが明らかでない場合には，いずれもその控訴は棄却される（385条，386条，395条）。一方，控訴理由が認められた場合は，第一審判決は破棄され（397条），第一審に差し戻されるか，同等の他の裁判所に移送されるか，さらに控訴審が自判するかの何れかの判断を下す（398条，399条，400条）。上述した事後審の性質からすれば，自判は例外となるはずだが，実務上は，裁判の長期化の回避，事実の取調べによる判決形成などを背景に自判されるのが通常である。なお，破棄差戻の場合，差戻し後の第一審は，控訴審の判断に拘束される。これを破棄判決の拘束力という（裁判所法4条）。しかし，差戻し後に新証拠が出た場合はこの拘束力は解除される。この点は，捜査機関による補充捜査をどこまで許されるかという問題とも絡む。

(2) 上　　告

上告とは，高等裁判所の判決に対して取消し，変更を求める不服申立て方法である（405条。第一審の審級管轄が高等裁判所である場合，これに対する不服申立ても上告である）。おおむね，法律に特別の定めのある場合を除いて，控訴に関する規定が準用される（414条，刑訴規266条）。ただし，上告理由が制限されていて，憲法判断（405条1号）と法令解釈の統一（405条2号，3号）が審査対象となるのみで，事実誤認および量刑不当は対象から外れる。日本は判例に法的拘束力はないが，同種事案に対する裁判所の判断が不統一だと社会生活の安定性を害するから，判例違反は上告理由とされている。同条2号，3号の「判例」の意味は，具体的事件に対し裁判所が示した結論的判断で，法令の解釈を含みかつ当該事件をこえて一般的意味を有するものであり，必ずしも判例集等に掲載されているものに限られない。

さらに，憲法違反や判例違反以外の場合であっても，具体的事件を越えて，一般に広く影響を与えるため，法令解釈の統一が強く求められる事項を含む事件については，上告が認められる（事件受理の制度，406条。その他，刑訴規上，飛躍上告，事件移送がある。刑訴規254条，255条，247条～249条）。上告審としての事件受理を認めるもので，アメリカのサーシオレイライ（裁量上告制度）に

倣ったとされるが，411条1号による運用が一般化したこと，判例が集積されて405条の判例違反でカバーできることなどの理由から，実務上，あまり活用されていない。

　上告は，上告申立書を原裁判所に差し出し，また，上告申立ての理由を記した上告趣意書を上告裁判所に差し出さなければならない（407条，刑訴規253条）。上告審の裁判は，①上告棄却の判決（408条），②原判決破棄（410条），のそれぞれがある。①は，上告理由のないことが明らかな場合につき，口頭弁論を経ないで棄却することを認める。②は，当事者の主張に基づくか，職権調査（414条，392条2項）の結果，405条各号の事由があることが認められるときの判断である。ただ，判決に影響を及ぼさないことが明らかな場合はこの限りではない（410条但書）。さらに，上告審は，405条各号の事由がない場合でも，原判決を破棄することがある（411条1号から5号）。これを職権破棄という。

　上告審の判決に対しては，宣告日から10日以内に検察官，被告人または弁護人が訂正の判決申立てをすることができる（415条）。それゆえ，宣告日から10日間を経過するか，訂正の判決あるいはその申立てを棄却する決定があったときに上告審の判決が確定する。さらに，上告棄却決定に対しては，3日以内に最高裁に対し異議申立てができるので（414条），3日間を経過するか，異議申立てに対する裁判のあったときに確定する。

(3) 抗　　告

　抗告とは，裁判所の決定または命令に対する不服申立てをいい，①通常抗告，②即時抗告，③特別抗告の3種に分かれる。いずれも抗告申立書を原裁判所に提出して行う。①は，一定の場合を除く（419条但書，420条1項参照），裁判所のした決定全般に対し，高等裁判所に対して行う不服申立て方法である。②は，裁判所の決定に対し，法律に特別の定めがある場合にすることができる（419条）。再審請求棄却決定に対するものなどがこれに入る。③は，刑訴法上，不服申立てができないとされている決定または命令に対し，憲法違反，判例違反を理由として最高裁判所に不服申立てをする制度である（433条）。

　なお裁判官のした命令や捜査機関の処分に対する不服申立て方法として準抗告があるが（429条，430条），審級の同じ裁判所に対する不服申立てなので上訴ではない。

2 再　　審
(1) 意　　義

　再審は、事実認定の誤りを救済する非常救済手続である。確定判決に対する不服申立て方法である点で上訴と異なる。日本はドイツとは異なり、いわゆる不利益再審を認めていない。再審を請求できるのは、①検察官、②有罪の言渡しを受けた者、③有罪の言渡しを受けた者の法定代理人および保佐人、④本人が死亡した場合や心神喪失状態にある場合には、その配偶者、直系の親族および兄弟姉妹である（439条1項）。

(2) 再審理由

　再審が認められる理由は大きく分けて、①証拠に偽造などがあった場合（435条1号から5号）、②裁判官当に職務犯罪があった場合（同条7号）、③新証拠を発見した場合（同条6号）である。①と②をファルサ型（偽証拠型）、③をノバ型（新証拠型）再審という。6号にいう原判決において認めた罪より軽い罪を認めるべき「明らかな証拠」を「新たに発見したとき」の解釈をめぐり、さまざまに議論されている。特に明白性の程度およびその判断方法の解釈は、再審制度をどのように理解するかという点と関連性を持つ。「開かずの門」、「ラクダが針の穴を通るより難しい」といわれてきた再審であったが、いわゆる白鳥決定（最決昭50・5・20刑集29巻5号177頁）によって、再審開始のためには確定判決における事実認定につき合理的な疑いを生じさせれば足り、「疑わしいときは被告人の利益に」の刑事裁判における鉄則が適用されることが確認され、明白性の要件が緩和された。その後、いわゆる免田、財田川、松山、島田の各事件（4大疑獄事件などという）で、死刑確定判決が再審により無罪となった（その後の事案として、2005年4月再審開始決定があった「名張ぶどう酒事件」、また2004年8月に再審請求が棄却されている袴田事件の動向が注目される）。

(3) 再審手続

　再審請求は、趣意書に原判決の謄本、証拠書類および証拠物を添えて、管轄裁判所に差し出さなければならない（刑訴規283条）。管轄裁判所は、原判決（確定判決）をした裁判所のことをいう（438条）。再審請求審では、差し出された趣意書などを審査し、さらに、請求人とその相手方から意見を聴いて裁判をしなければならない（刑訴規286条）。

　請求が法令上の方式に違反しているときや（446条）、理由がないときは

(447条)，決定で棄却する。理由があるときは，再審開始の決定をしなければならない（448条1項）。開始決定があったときは，原判決の刑の執行を停止することができる（448条2項）。死刑事件の場合，停止されるのは絞首だけか，その前提たる拘置に及ぶか争いがある。

再審開始決定が確定した事件については，その審級に従い，さらに審理をしなければならない。「その審級に従う」とは，確定判決を下した審級審のことである。この再審公判でも不利益変更の禁止の原則が適用される（452条）。

3 非常上告

非常上告は，法令解釈の統一を目的として，確定判決やその訴訟手続の破棄を求める非常救済手続である。事実誤認による当事者の救済を目的とする再審とは制度趣旨を異にする。

検事総長が確定判決後，その事件の審判が法令に違反したことを発見したときに，最高裁判所に非常上告をすることができる（454条）。非常上告に理由があるとき，および原判決が法令に違反したときは，その違反した部分を破棄し（458条1号），原判決が被告人のために不利益であるときは，これを破棄して被告事件についてさらに判決をする（同但書）。

被告人の利益不利益に関係なく申し立てることができるが，判決の効力は，被告人に及ぼさないので（459条），仮に不利益に申し立てられたとしても，問題はない。

ケイスメソッド
第1章

総　論

CASE 1 ~ CASE 4

第1章 総　論

| CASE 1 | 迅速な裁判 |

　被告人Xは、傷害等により起訴された。その後、Xは本件の直前に起きた別の事件についても起訴され、裁判所はこの事件を本件に優先して審理することとし、本件の審理は検察側の立証段階の途中で事実上中断した。そして、本件の審理は、以降全く行われず、15年ほど経た後に再開されることになった。このような審理の遅延について、Xの救済は可能であろうか。

　〈POINT〉① 　実体的真実主義
　　　　　　② 　適正手続の保障
　　　　　　③ 　迅速な裁判を受ける権利
　　　　　　④ 　裁判が遅延した場合の救済措置

1　実体的真実主義

　刑事訴訟法は、第1条において「この法律は、刑事事件につき、公共の福祉の維持と個人の基本的人権の保障とを全うしつつ、事案の真相を明らかにし、刑罰法令を適正且つ迅速に適用実現することを目的とする。」と規定し、事案の真相を明らかにすること、すなわち、「真相の解明」をその目的の1つとして掲げている。刑罰は対象となる個人に大きな負担を強いるものであり、刑罰法令の適正な適用のためには、真実に基づく事件の処理が必要である。有罪・無罪の判定のみならず、適正な量刑を導くためにも、事件をめぐる事実の正確な解明が必要なのである。そのために、刑事手続において、「真相の解明」が重要となることは言うまでもない。

　しかしながら、刑事訴訟法は、真相の解明と並んで、基本的人権の保障をもその目的の1つとして掲げている。そして、真相の解明と基本的人権の保障とが互いに衝突し合う場合、例えば、事件の重要な手がかりとなる証拠を収集する過程で対象者に重大な人権侵害が伴うような場合、真相の解明を重視して証拠の収集を許すのか、あるいは、人権の保障を重視してそのような重大な人権

侵害を伴う証拠収集を禁止するのか，困難な問題に遭遇することがある。このうち，前者のように真相の解明を重視して法の解釈・運用にあたる考え方を「実体的真実主義」という。わが国の戦前の（旧）刑事訴訟法は，実体的真実主義をその理念としていた。

2　適正手続の保障

　現行の刑事訴訟法の成立の過程では，戦前の刑事手続における実体的真実主義に基づく運用を原因とする人権侵害が問題として指摘された。そして，このような弊害を除去するために，真相の解明を重視する従来の考え方から，（場合によっては真相の解明を犠牲にしても）人権の保障を重視し，刑事手続において適正な手続を保障しよう（「適正手続の保障」）という考え方が強調されるようになった。また，実体的真実主義についても，2つの側面，すなわち，真実を明らかにして犯罪行為者を必ず発見して確実に処罰しようとする積極的側面（積極的実体的真実主義）と，誤った事実認定に基づいて罪のない者を処罰することがないようにしようとする消極的側面（消極的実体的真実主義）が指摘され，人権保障との関係において，積極的側面の問題性，そして，消極的側面の重要性が主張されるようになった。

　わが国の憲法は，31条以下に刑事手続に関する詳細な規定をおき，また，人権保障を重要な原理と位置づけている。このような憲法の理念からは，現行の刑事手続において，実体的真実主義の積極的側面は排除されるべきであり，消極的実体的真実主義の考えを基礎に，真相の解明と適正手続の保障とのバランスを模索すべきである。そして，容易にその調和点を見出しえないときには，憲法の理念にたち帰って，適正手続の保障という原則を優先させるべきである（田宮・7頁）。

3　迅速な裁判を受ける権利

　憲法37条1項は「すべて刑事事件においては，被告人は，公平な裁判所の迅速な公開裁判を受ける権利を有する。」と規定し，被告人には迅速な裁判を受ける権利があるものと定めている。裁判が著しく遅延した場合には，被告人は，法的・社会的にさまざまな不利益を受けることになる。また，関係者の記憶の減退・喪失，関係証拠の散逸などによって，必要な証拠を収集することが困難

になり防御権の行使にも障害が生じる。このため，迅速な裁判を受けることは被告人にとって非常に重要なことである（もっとも，極刑が予想される事件において被告人がこれを少しでも先に延ばそうとするなど，現実には，必ずしも迅速な裁判を望まない場合も見受けられる）。また，関係者の記憶の減退・喪失，関係証拠の散逸は適正な裁判の実現にも支障をきたすことになるのと同時に，あまりにも時間が経過した後の刑罰権の行使は，刑罰の意義そのものを希薄化させることになる。さらに，長期にわたる裁判は，訴訟経済的な観点からも問題がある。このように，迅速な裁判は，被告人のみでなく，刑罰法令を適用する国家の側の利益にもなる。そこで，憲法37条1項に加え，刑事訴訟法は1条において「……刑罰法令を適正且つ迅速に適用実現する……」，また刑事訴訟規則も1条1項において「この規則は，憲法の所期する裁判の迅速と公正とを図るようにこれを解釈し，運用しなければならない」と規定し，迅速な裁判の実現を要請している（なお，平成16年5月28日に公布された刑事訴訟法等の一部を改正する法律（平成16年法律第62号）は，刑事裁判の充実・迅速化に関して，公判前整理手続の創設及び証拠開示の拡充（316条の2以下），連日的開廷の確保（281条の6），即決裁判手続の創設（350条の2以下）等の方策を講じている）。

4　裁判が遅延した場合の救済措置

以上のように，被告人には「迅速な裁判を受ける権利」が認められる。それでは，このような被告人の権利が侵害された場合，すなわち，裁判が遅延した場合には，被告人にはどのような救済処置が認められるのであろうか。

この点に関し，被告人の迅速な裁判を受ける権利が侵害された場合の救済についての具体的な明文規定は存在しない。そこで，最高裁は，当初憲法37条1項を「プログラム規定」すなわち単に政策の指針を示すものであり法的拘束力や裁判規範性をもたない規定と解釈し，具体的な救済を否定していた。しかし，いわゆる高田事件（最大判昭47・12・20刑集26巻10号631頁）において，最高裁は，手続の遅延による被告人の具体的救済を認めるに至った。すなわち，公判段階において約15年にわたり審理が中断した本件において，最高裁は，憲法37条1項は，「単に迅速な裁判を一般的に保障するために必要な立法上および司法行政上の措置をとるべきことを要請するにとどまらず」，「迅速な裁判をうける被告人の権利が害せられたと認められる異常な事態が生じた場合には，これに対

処する具体的規定がなくても、もはや当該被告人に対する手続の続行を許さず、その審理を打ち切るという非常救済手段がとられるべきことをも認めている」と解すべきである旨判示し、迅速な裁判を受ける権利が侵害された場合の手続打切りを認めた。本判決は、さらにその判断基準を、「遅延の期間のみによって一律に判断されるべきではなく、遅延の原因と理由などを勘案して、その遅延がやむをえないものと認められないかどうか、これにより右の保障条項がまもろうとしている諸利益がどの程度実際に害せられているかなど諸般の情況を総合的に判断して決せられなければならない」とした。そして、本件について、「被告人らが迅速な裁判をうける権利を自ら放棄したとは認めがたいこと、および迅速な裁判の保障条項によってまもられるべき被告人の諸利益が実質的に侵害されたと認められる」と判断し、「これ以上実体的審理を進めることは適当でないから、判決で免訴の言渡をするのが相当である。」とした。このように、高田事件最高裁判決によれば、被告人の迅速な裁判を受ける権利が侵害された場合には、審理を打ち切るという非常救済手段により、被告人救済することが可能となるのである。

　しかしながら、高田事件以降の最高裁判例は、事案が複雑であること、被告人が審理の促進に協力的でなかったこと、被告人が防御上の不利益を被らなかったことなどを理由として、迅速な裁判違反を理由とする救済を拒んでいる（白取祐司「迅速な裁判－高田事件」百選（7版）127頁）。そのため、高田事件が特異なケースであったという評価を定着（松尾(上)・203頁）させる結果となった。

Practice

下記の各問の正誤を答えなさい。
問1．刑事手続においては、真相の解明を最優先にしなければならない。（　　）
問2．適正手続の保障は、わが国の憲法が要請するものである。（　　）
問3．憲法37条1項は、迅速な裁判を受ける権利を保障しているが、具体的な救済を認めたものではない、とするのが最高裁の一貫した解釈である。（　　）
問4．被告人の迅速な裁判を受ける権利が侵害されたか否かは、遅延の期間のみならず、遅延の原因や理由などを考慮して総合的に判断すべきである。（　　）

CASE 2　被告人の地位

　被告人Xは、車上狙い等の窃盗の疑いで起訴された。ところが、Xは、高度な聴覚障害者であり、かつ適切な教育を受けることができなかったため、手話を取得しておらず、また文字もほとんど分からない状況にある。そのため、Xとの意思疎通はきわめて困難であり、X自信も自分の置かれている立場を理解しているか疑問である。このような場合、裁判所は当該Xについて審理を進めるべきか。

　〈POINT〉① 被告人の意義
　　　　　② 被告人の特定
　　　　　③ 被告人の能力（当事者能力と訴訟能力）
　　　　　④ 被告人の訴訟能力と手続の停止

1　被告人の意義

　公訴を提起された者を、「被告人」とよぶ。これに対して、公訴提起前に、捜査機関によって犯罪の嫌疑をかけられて捜査対象となった者は、「被疑者」とよばれ、被告人とは区別される。訴訟進行の主導権は訴追する側と訴追される側に与えるべきであるとする当事者主義（当事者追行主義）をとるわが国の刑事手続においては、訴追される側である被告人は、訴追する側である検察官と対向関係に立たされる。すなわち、被告人は、単なる取調べや訴追の客体ではなく、防御活動の主体として、自己の刑事手続に参加することになるのである（辻脇葉子「被告人の訴訟能力」争点（3版）22頁）。そのため、被告人も検察官と同様に当事者として訴訟に参加するのであり、被告人と検察官の訴訟上の地位は対等でなければならず、攻撃や防御の機会・手段は平等に与えられるべきである、とする当事者対等主義（武器対等の原則）が重要な意味を持つことになる。被告人に、黙秘権や弁護人選任権などのさまざまな権利が認められるのも、このような考えを実質的に実現するためである。

2 被告人の特定

　公訴は起訴状を提出することによって行われ（256条1項），起訴状には「被告人の氏名その他被告人を特定するに足りる事項」を記載しなければならない（256条2項）。被告人がその氏名等についても黙秘をしているなど被告人の氏名が不明な場合には，人相や体格などの情報の他，逮捕・勾留中の場合には留置番号を付し，あるいは写真を貼付するなど，被告人を特定できる措置がなされる。公訴提起によって始まる公判がそもそも誰を被告人として行われるのかは根本的な要素であり，また，公訴は検察官の指定した被告人以外の者にその効力を及ぼさない（249条）のであるから，被告人の特定は起訴状における最も基本的な記載事項の1つである。

　ところで，被告人が他人の氏名を冒用してその冒用された者の氏名が記載された起訴状が提出された場合，あるいは，起訴状に記載された者の身代わりとして公判に出廷した者が被告人として行動した場合のように，起訴状に記載された者と公判で「被告人」として行動する者とが食い違う場合がある。このような場合には，被告人の特定をどのように行えばよいのであろうか。

　この点に関し，(a)起訴状の表示を基準として，起訴状に記載された者を被告人と判断する表示説，(b)検察官の意思を基準として，検察官が実際に起訴しようと考えた者を被告人とする意思説，(c)公判における行動を基準として，被告人として行動した者を被告人とする挙動説（行動説），ならびに(d)表示説を基本としながら，検察官の釈明および被告人の行動も参考にしながら起訴状の表示を合理的に解釈しようとする実質的表示説，が主張されている。通説は，実質的表示説をとる（田口・204頁）。

3 被告人の能力（当事者能力と訴訟能力）

　一般的に訴訟において当事者となりうる能力を当事者能力という。刑事手続においては，刑罰を受ける可能性がある限り，自然人および法人には，すべて被告人としての当事者能力がある。自然人については，当事者能力は責任能力の有無には関係しない。また，法人格なき社団・財団および団体についても，当事者能力は認められる。

　以上のような当事者能力に対して，訴訟を適法に進行させるための能力を訴訟能力という（田宮・30頁）。被告人の訴訟能力とは，より具体的には，被告人

としての重要な利害を弁別し，それに従って相当な防御をすることのできる能力のことをいう。前述のとおり，被告人は防御活動の主体として自己の刑事手続に参加するのであり，そのための前提として，被告人に訴訟能力が必要とされるのである。

　訴訟能力の基本的な要件として，意思能力をあげることができる。法は，法人が被告人となる場合には，法人の代表者に訴訟行為を代表させることとし（27条），被告人が意思無能力の場合には，法定代理人が訴訟行為を代理することを定めている（28条）。また，被告人が心神喪失の状態にあるときは，公判手続を停止すべきことが定められている（314条１項）。

4　被告人の訴訟能力と手続の停止

　刑訴314条１項により公判を停止すべき場合の「心神喪失の状態」としては，まず，精神病その他の精神障害のために意思能力を欠く場合が考えられる。しかし，314条１項における「心神喪失」とは，刑法上の心神喪失（刑法39条１項）とは異なり，あくまでも訴訟法上の概念であって，その内容は，被告人の防御権を保障して公正な手続を担保しようとする同項の趣旨を考慮して決定されるべきである。そして，最高裁は，高度な聴覚障害を持つ被告人の訴訟能力が問題となったいわゆる岡山聴覚障害者窃盗事件（最決平７・２・28刑集49巻２号481頁）において，「心神喪失の状態」について，「訴訟能力，すなわち，被告人としての重要な利害を弁別し，それに従って相当な防御をすることのできる能力を欠く状態をいう」と判示した。そして，「被告人は，耳も聞こえず，言葉も話せず，手話も会得しておらず，文字もほとんど分からないため，通訳人の通訳を介しても，被告人に対して黙秘権を告知することは不可能であり，また，法廷で行われている各訴訟行為の内容を正確に伝達することも困難で，被告人自身，現在置かれている立場を理解しているかどうかも疑問であ」り，「被告人に訴訟能力があることには疑いがあるといわなければならない」と判示して，精神病やその他の精神障害のために意思能力を欠くとまではいえないような場合についても，聴覚等の身体障害があり，かつ適切な教育を受けなかったために，意思疎通能力に著しい制約があり，その結果，理解力・判断力に問題があると疑われる場合についても訴訟能力がないものと判断し，意思能力に加えて意思疎通能力も訴訟能力の判断に際して重要な要素となることを認

めた。そして,「同(314)条4項により医師の意見を聴き,必要に応じ,更にろう(聾)教育の専門家の意見を聴くなどして,被告人の訴訟能力の有無について審理を尽くし,訴訟能力がないと認めるときは,原則として同条1項本文により,公判手続を停止すべきもの」であると判断した。

なお,公判手続停止後の措置については,刑訴法上の特段の規定はない。しかし,訴訟能力が回復する可能性がないと判断されるに至った場合には,訴訟が継続した状態を形式的に続けていても意味がないのみならず,被告人に対する人権上の問題が生じる。そこで,検察官としては公訴を取り消すべきである(辻裕教「被告人の訴訟能力」百選（7版）117頁)。さらに,前述の最高裁決定では,補足意見としてではあるが,「訴訟能力が回復されないとき,裁判所としては,検察官の公訴取消しがない限りは公判手続を停止した状態を続けなければならないものではなく,被告人の状態等によっては,手続を最終的に打ち切ることができるものと考えられる」として,訴訟能力が回復されないときには,裁判所が自ら手続の打切りを行う余地があることを認める意見が述べられている。

Practice

下記の各問の正誤を答えなさい。

問1． 捜査機関に犯罪の嫌疑をかけられ公訴を提起された者を,被疑者という。
（　）

問2． 当事者主義の下では,被告人は刑事手続に主体的に参加する。（　）

問3． 被告人の訴訟能力は意思能力の有無のみによって判断される,とするのが判例の立場である。
（　）

問4． 被告人が心神喪失の状態に至ったときには,裁判所は直ちに公訴棄却をしなければならない。
（　）

第1章 総　　論

| CASE 3 | 刑事手続における弁護人の意義と役割 |

　死刑事件の上告において，弁護人は，被告人の意思を無視して，この被告人は死刑に価する罪状であり，死刑以外には量刑はあり得ないとの上告趣意書を提出した。この主張は弁護人の役割として妥当か。死刑判決を受けた被告人が上訴したいと申し出ているのに，弁護人がこれを拒否して上訴させないようにすることはどうか。

　〈POINT〉① 　弁護人の意義
　　　　　 ② 　弁護人の選任（私選弁護と国選弁護）
　　　　　 ③ 　弁護人の訴訟法上の地位

1　弁護人の意義

　弁護人の援助を受ける権利（憲法34条，37条3項）は，刑事訴訟において，極めて重要な権利として保障されている。なぜなら，刑事手続上の権利は黙秘権，迅速な裁判を受ける権利などが憲法上規定されているが，それらの権利を具体的に保障するためには，弁護人の援助によるところが大きいからである。刑事手続に直面した被疑者・被告人は，どうしたらよいのかさえわからないことが圧倒的に多いであろう。弁護人の援助を受ける権利は，適正手続を保障する基本的かつ不可欠なものと位置づけられるのである。逆に，弁護人の援助を受ける権利が保障されていなければ，手続の正当性が問われるといっても過言ではない。

　それでは弁護人は，いかなる役割を刑事訴訟において担うことになるのであろうか。第1は，被疑者・被告人の主張を代弁・防御することである。弁護人は被疑者・被告人の代理人であるから，被疑者・被告人の主張をできる限り訴訟の場で反映させるように努めることになる。あるいは，被疑者・被告人に刑事手続を説明したり，事件の見通しを説明するといった助言を行ったりすることも考えられるであろう。また，具体的な手続上の権利を行使するとともに，不当な取扱いが被疑者・被告人に対してあったかどうか，十分に弁護人は目配

りすることにもなる。弁護人が存在することによって，適正な手続が保障されることを担保することになるのである。

　このような役割とともに，弁護人は刑事裁判に備えて，可能な限り情報収集・調査に努める必要もある。あるいは起訴されるまでもないような事件の場合には，起訴猶予を勝ち取るために，示談や検察官への働きかけなどの，弁護活動をすることも考えられる。もちろん，これには被疑者・被告人との接見・面接を通して行うことになる。ただし，刑事事件の場合には被疑者・被告人が身柄を拘束されている場合があるため，接見交通権（39条1項）の保障は重要であることがわかる。なお，刑事訴訟法では，接見交通については被告人段階ではその制限が定められていないが，被疑者段階には接見の日時・場所を指定することができるという制限規定があることには注意すべきである（39条3項）。

　また，被疑者・被告人は刑事手続に直面して精神的にも打撃を受けている。弁護人は単なる法律知識を提供するだけではなくて，精神的にも重要な支えとなるであろう。むしろ，そのような存在であることによって，初めて弁護人の援助を受ける権利を保障する意味が出てくるものでもある。したがって，被疑者・被告人と弁護人との間には，信頼関係が成り立つ必要もある。このような前提によって，刑事訴訟上，弁護人は被疑者・被告人の唯一の見方として必要とされ，存在するのである。

　したがって，弁護人が付いたとしても弁護人が何ら被疑者・被告人のために弁護活動をせず，怠けていたとしたら問題であろう。形式的に弁護人を付けるだけでよい，というわけではないのである。つまり，弁護人は被疑者・被告人のために十分な弁護活動をすることが期待されているわけである。

　特に現在の刑事訴訟においては，当事者主義が基本的な原則とされているため，被疑者・被告人の当事者としての地位を保障する必要がある。したがって，弁護人が十分に活動しなければ，このような原則も実現しないであろう。そのためには，弁護人の援助を受ける権利は，より実質的な権利として保障される必要がある。最高裁も，最近，憲法34条の規定について「単に被疑者が弁護人を選任することを官憲が妨害してはならないというにとどまるものではなく，被疑者に対し，弁護人を選任した上で，弁護人に相談し，その助言を受けるなど弁護人から援助を受ける機会を持つことを実質的に保障しているものと解す

べきである」としている（最大判平11・3・24民集53巻3号514頁）。

　また，弁護人は弁護士の中から選任しなければならないが（31条1項），これも一定の資格を前提としてその質を担保しようとする趣旨と考えられる。ただし，裁判所の許可を得たときには，弁護士でない者を弁護人に選任することもできる（同2項）。

　このように考えると，弁護人は被疑者・被告人の利益に沿って，被疑者・被告人のために活動するものとして，刑事訴訟上，機能することになる。弁護士法1条では，「弁護士は，基本的人権を擁護し，社会正義を実現することを使命と」し，この使命のために誠実にその職務を行うこととされているのも，このためであると解される。

2　弁護人の選任

　被疑者・被告人は，何時でも弁護人を選任することができる（30条）。弁護人を選任しようとする被疑者・被告人は，弁護士会に対し，弁護人の選任の申出をすることができ（31条の2第1項），弁護士会はこの申出を受けた場合には，速やかに所属する弁護士の中から弁護人となろうとする者を紹介しなければならない（同2項）。公訴提起の前にした弁護人の選任は，第一審においてもその効力を有するが（32条1項），公訴の提起後における弁護人の選任は，審級ごとにこれをしなければならない（同2項）。自分で弁護人を付けた場合には，その弁護人は私選弁護人である。そうでないときには，貧困その他の自由により国選弁護人が選任される場合もある（36条）。

　このように，弁護人を選任する場合でも，自分の費用で選任する私選弁護の場合と，貧困等の理由によって選任される国選弁護の2種類がある。それでは，私選弁護人と国選弁護人とでは，その役割が異なるのであろうか。確かに，国選弁護人の場合には国で付されるため，私選弁護人とは異なる公的な役割があると考えられがちである。しかし，被疑者・被告人を弁護するという基本的理念においては，その区別はないと考えられる。また，具体的な区別をする意義もあまり見出せないであろう。「被疑者・被告人のために」弁護人が弁護活動をするということで区別はないはずであるし，むしろ国選弁護人が被疑者・被告人の意向を無視して，別の利益を考慮することになっては，弁護人の援助を受ける権利を保障し得なくなるであろう。権利保障という意味では，むしろ，

国選弁護人は私選弁護人と同じように，十分に活動することが求められるのである。

3　代理権と固有権

　一般的には，以上のような理念のもとに，弁護人には代理権と固有権があると説明される。すなわち，訴訟行為で性質上代理に親しむべき行為につき法規定がなくても，弁護人には包括的代理権があり，本人の明示・黙示の意思に反して行うことはできない。しかし，弁護人には，法の特別規定に基づいて独立して行使しうる独立代理権が付与されているとされている。さらにこの場合には，①本人の明示の意思に反して行使してよい場合（勾留理由開示請求〔82条〕，証拠調べ請求〔298条〕など），②本人の明示の意思に反して行使してはならない場合（上訴申立て〔355条，356条〕など）に分類される。弁護人の権利として特別に定められ，性質上代理に親しまない固有権については，①本人と重複してもつ権限と（証人尋問〔304条2項〕，弁論〔293条2項〕など），②弁護人だけがもつ権限（書類の閲覧・謄写〔40条，180条〕など）とに分類される。

　このように考えると，具体的な弁護人の行動の妥当性が問題になることもある。冒頭のケースは，まさにこのことを問う問題である。基本的にはこれまで説明してきたように，被疑者・被告人のために弁護人が存在するのであるから，被告人の意に反して，弁護人が主張をすることは許されないと考えるべきことになろう。冒頭のケースのように，被告人の意思に反して，死刑が相当であるといった主張をすることは許されない。過去にも，殺人罪等で死刑判決を受けた被告人から控訴趣意書を書くことを頼まれた弁護人が，被告人の同意・了解を得ることなく，第一審判決の死刑判決は適当であると思料する趣旨の控訴趣意書を提出したことが，民事上違法とされた判例もある（東京地判昭38・11・28下民集14巻11号2336頁）。ましてや，上訴の申立てについては，本人の明示の意思に反してまで行うことはできない。冒頭のケースでは，これとは逆のパターンであるが，同様に，弁護人が被告人の意思に反して取り下げさせることなど許されないと言えるであろう。

第1章 総　論

Practice

下記の設問の正誤を答えなさい。

問1． 被告人と弁護人との間の接見について，日時・場所を捜査機関は指定することが，刑事訴訟法上，規定されている。（　　）

問2． 最高裁の判例によれば，憲法34条の弁護人依頼権は，弁護人を選任することだけを保障する権利であると理解されている。（　　）

問3． 弁護人を被疑者が選任すれば，その効力は公訴提起以降，上訴審において裁判が確定するまで維持されるとするのが，刑事訴訟法上の規定である。（　　）

問4． 簡易裁判所，家庭裁判所，地方裁判所においては，裁判所の許可を得たときには，弁護士でない者を弁護人に選任することも可能である。（　　）

問5． 弁護人には，刑事訴訟法の特別規定に基づいて，独立して訴訟行為をすることができる。（　　）

CASE 4　被害者の法的地位

　被告人Xに子供を殺害されたAは，公判廷においてYに対する証人尋問を傍聴した。そして，Aは，Xのアリバイを証言するYの発言に大きな疑問を抱くようになり，Yが証言した事実について自らが質問したいと考えるようになった。Yに対する質問を公判廷において自ら行うことを，Aは裁判所に求めることが可能であろうか。

〈POINT〉① 当事者主義における被害者の地位
　　　　　② 捜査段階における被害者の地位
　　　　　③ 公訴段階における被害者の地位
　　　　　④ 公判段階における被害者の地位

1　当事者主義における被害者の地位

(1)　当事者主義と犯罪被害者

　わが国の現行訴訟制度は，当事者である検察官と被告人に訴訟進行の主導権を与える当事者主義（当事者追行主義）を採用している。この制度においては，訴追側である検察官と訴追される側である被告人は，ともに訴訟の当事者として主体的に主張・立証を行い，裁判所は両者の主張・立証を公正・中立的な立場で判断することになる。また，犯罪捜査は国家の任務とされ，捜査においては，捜査機関（警察および検察官）と犯罪の嫌疑を受けた被疑者とが対向関係に立ち，裁判官が令状の発付等において関与することとなる。このように，現行の刑事手続においては，犯罪の被害者は，（事件の当事者であることは疑う余地もないが，）手続における活動主体，すなわち当事者としての地位は与えられていないのである。

　このような状況は，刑罰制度を，個人的な復讐のレベルから，公平な刑罰を実現するために刑罰主体たる国家と刑罰を科される者との公的レベルでの関係に変容させた刑事法の進化（田宮・38頁）の歴史の所産でもあり，ある意味では必然的な帰結であったともいえる。

第1章　総　　論

しかしながら、「事件の当事者」であるはず被害者が刑事手続から疎外された状態（「忘れられた人」ともいわれる）で、果たして被害者の利益を十分に保障することができるのであろうか。さらに、そのような刑事司法に対して、国民が信頼をよせるのであろうか。このような問題意識から、まずは欧米を中心に、被害者の保護・支援を図ろうとする動きが現れるようになった。

(2)　**被害者保護・支援と犯罪被害者**

欧米諸国では、1970年代から被害者の権利を回復するための運動が展開され、1980年代に入ると、刑事手続における被害者の地位向上が、被害者保護・支援の中心的な課題となった。そして、その後種々の施策がとられて、被害者の刑事手続上の地位をより確実なものとしていった（椎橋隆幸・高橋則夫・川出敏裕『わかりやすい犯罪被害者保護制度』7頁〔椎橋〕（有斐閣、2001））。

一方、わが国においても、1980年に「犯罪被害者等給付金の支給等に関する法律」が制定され、さらに、犯罪被害者への社会的関心の高まりともに、1990年代には、警察における「被害者連絡制度」（後述2(1)）や「指定被害対策委員制度」、検察庁における「被害者等通知制度」（後述3(1)）の実施等、被害者に配慮した運用上の改善がなされるようになった。さらに、1999年には組織犯罪対策の一環として行われた刑事訴訟法の改正において、証人等の住所・勤務地等に関する情報開示を制限する規定（後述4(1)(e),(f)）が設けられ、証人として出廷する被害者の保護を強化した。

(3)　**犯罪被害者保護二法および犯罪被害者等基本法**

2000年には、「刑事訴訟法及び検察審査会法の一部を改正する法律」（平成12年法律第74号）および「犯罪被害者等の保護を図るための刑事手続に付随する措置に関する法律」（平成12年法律第75号、以下「犯罪被害者保護法」という）が成立（2000年5月19日公布）した（これら2つの法を「犯罪被害者保護二法」あるいは「犯罪被害者保護関連二法」という）。

まず、刑事訴訟法改正により、(a)性犯罪に関する告訴期間の撤廃（後述2(2)）、(b)証人尋問における「遮へい」やいわゆるビデオリンク方式の採用等、証人の負担軽減措置（後述4(1)(g)～(i)）、ならびに、(c)被害者等による心情その他の意見の陳述（後述4(2)(c)）が可能となった。また、検察審査会法の改正により、(d)被害者遺族への申立権者の範囲拡大（後述3(2)）、さらに、犯罪被害者保護法により、(e)被害者等に対する公判の優先的傍聴（後述4(2)(a)）、(f)公

判係属中の訴訟記録の閲覧・謄写（後述 4(2)(b)），(g)民事上の争いについての刑事手続上の和解（後述 4(3)）が認められるようになった。これらの制度により，被害者が刑事手続における当事者としての地位を与えられたわけではないが，明示的に被害者が刑事手続の中で特別な地位を持つものとして位置付けられることとなった（川出敏裕「刑事手続における犯罪被害者の法的地位」争点（3版）34頁）。

さらに，2004年には，「犯罪被害者等基本法」（平成16年法律161号）が成立（2004年12月8日公布）した。犯罪被害者等基本法は，犯罪被害者等のための施策に関する基本理念を定める（同法3条）と同時に，被害者の相談や情報の提供・助言（同法11条），損害賠償の請求についての援助（同法12条），給付金支給に係る制度の充実（同法13条）等とともに，被害者の刑事手続への関与に関して，「刑事に関する手続への参加の機会を拡充するための制度の整備」等，被害者が自己の刑事手続に適切に関与できるよう必要な措置を講じるものと規定した（同法18条）。この犯罪被害者等基本法は，具体的な制度を創設したものではないが，犯罪被害者の保護・支援をより充実させるためのさらなる一歩を踏み出すものと評価できる。

2　捜査段階における被害者の地位

(1)　捜査段階における情報提供

警察は，被害者と最初に接する機関である。このために，警察は比較的早い時期から被害者支援に取り組んできた。そして，1996年には「被害者対策要綱」が制定され，この要綱に基づく被害者支援の施策の1つとして，「被害者連絡制度」が実施されるようになった。本制度により，殺人・傷害・強姦等の身体犯やひき逃げ事件の被害者もしくはその遺族，または交通死亡事故の遺族は，捜査状況の他，被疑者の検挙や氏名・年齢等，ならびに処分状況（送致先検察庁，起訴・不起訴の処分結果，起訴された裁判所）に関する情報提供を受けることができることとなった（警察庁犯罪被害者対策室監修・被害者対策研究会編著『警察の犯罪被害者対策』41頁以下（立花書房，新版，2000））。

(2)　捜査段階における被害者の告訴

現行法上，捜査段階における被害者の手続への関与として，告訴がある。告訴とは，捜査機関に対して犯罪の事実を申告し訴追を求める意思表示である。

告訴を行える者（告訴権者）は，(i)犯罪被害者（230条），(ii)被害者の法定代理人（231条1項），(iii)法定代理人が被疑者である場合等においては，被害者の親族（232条），(iv)被害者死亡のときには，その配偶者・直系親族・兄弟姉妹（231条2項），(v)死者に対する名誉毀損罪については，当該死者の親族・子孫（233条）である。告訴の効果としてこれにより捜査が開始されることになるので，被害者は，告訴を通して，その限りでは捜査に関与することが可能となる。なお，公訴の提起に告訴（および請求，一定機関の告発）を必要とする「親告罪」については，告訴期間の制限が存在する（犯人を知った日から6カ月以内，235条1項）。ただし，2000年の刑事訴訟法改正により，強姦や強制わいせつ等の性犯罪については，告訴期間は撤廃されている（235条1項但書以下）。

3　公訴段階における被害者の地位
(1) 公訴段階における情報提供

告訴を行った被害者は，検察官により事件処理について情報提供を受けることができる。検察官は，起訴あるいは不起訴の処分を行った旨を，告訴人等に通知する義務を負う（260条）。起訴の場合には，「起訴した」という処分結果を通知すれば足りるものと一般には解されている。また，不起訴の場合には，告訴人等の請求があるときには，不起訴の理由を告知しなければならない（261条）。告知内容は，実務上，不起訴の直接理由である「起訴猶予」，「嫌疑不十分」，「嫌疑なし」，「罪とならず」等のみを告知すれば足りると解されている（田口・166頁以下）。

より詳細な情報を提供すべく，検察庁により1999年から全国統一の制度として実施されているのが，「被害者等通知制度」である。被害者等通知制度は，被害者等に対して，その希望により，事件の処理結果，公判期日，裁判結果（控訴審・上告審ならびに裁判の確定を含む），公訴事実の要旨，不起訴裁定の主文，不起訴裁定の理由の骨子，勾留・保釈等の身柄状況，公判状況等を通知するものであり，被害者はこの制度により，一定程度の情報を入手することが可能となった。

(2) 不起訴処分に対する不服申立て

不起訴処分について不服があるときには，被害者等は，検察審査会に当該不起訴処分について審査を申し立てることができる。審査の申立てをすることが

できる者は，告訴・告発人等の他，犯罪被害者であり，さらに2000年の検察審査会法改正により，被害者が死亡した場合にはその配偶者，直系の親族または兄弟姉妹が審査申立てできるものとされた（検察審査会法2条2項，30条）。

　検察審査会は，申立てまたは職権で当該不起訴処分についての審査を開始し，「起訴相当」，「不起訴不当」または「不起訴相当」の議決を行う。もっとも，検察審査会の議決は，現行法上は検察官を拘束するものではない。しかし，2004年5月28日に公布された「刑事訴訟法等の一部を改正する法律」（平成16年法律第62号）による改正検察審査会法では，検察審査会の「起訴相当」の決議に対する再度の不起訴処分等の場合には，検察審査会は，第二段階の審査を開始し（改正検察審査会法41条の2），「起訴決議」（同法41条の6第1項）がなされた場合には，裁判所に指定された弁護士が公訴を提起しその維持にあたる（同法41条の9）こととされ，検察審査会の決議に一定の拘束力が付与されるようになった（なお，本制度に係る規定は，公布の日から5年以内に政令で定める日から施行されることになる）。

(3) 親告罪における被害者の告訴

　強制わいせつ罪（刑法176条）や強姦罪（刑法177条）等の性犯罪，過失傷害罪（刑法209条1項），名誉毀損罪（刑法230条），一定親族間で行われた窃盗罪（刑法235条），器物損壊罪（刑法261条）等については，親告罪として，告訴がなければ公訴を提起することができない（刑法180条，209条2項，232条，244条2項，264条等）。したがって，これら親告罪については，被害者等の告訴がない限り検察官は起訴ができず，その限りで，被害者の意思は告訴という形で刑事手続に直接関与することになるのである。

4　公判段階における被害者の地位

(1) 証人としての被害者の保護

　公判段階における被害者の利益を考えるとき，まず，証人として出廷する場合の被害者の保護を考えなければならない。被害者が，証人として証言する場合，プライバシーが公開されたり，被告人から威迫を受けたり，あるいは被告人と再度対面すること自体が被告人とって大きな精神的負担になる。公判においては，このようないわゆる「二次被害」を防ぐことが必要である。

　被害者に二次被害が生じる可能性がある場合には，(a)被告人の退廷（304条

の2），(b)特定の傍聴人の退廷（刑訴規202条），(c)憲法82条2項の公開停止条件が満たされる場合には審理の非公開（裁判所法70条），(d)公判期日外の証人尋問（281条）を行うことが可能である。また，いわゆる「お礼参り」等を防止するために，(e)証人等の住所・勤務地等についての尋問を制限し（295条2項），あるいは，(f)住所・勤務地等を相手方に知られないようにすることができる（299条の2）。

また，2000年の刑事訴訟法改正によって，(g)証人と被告人・傍聴人との間における「相手の状態を認識することができないようにするため」の遮へい措置（157条の3），(h)性犯罪の被害者等に対する「裁判官及び訴訟関係人が証人を尋問するために在席する場所以外の場所にその証人を在席させ，映像と音声の送受信により相手の状態を相互に認識しながら通話をすることができる方法」いわゆるビデオリンク方式による尋問およびその録画（157条の4），ならびに，(i)証人が著しく不安または緊張を覚えるおそれがある場合における証人への付添い（157条の2）が可能となった。

(2) **公判手続への被害者の関与**

被害者にとって自己に関する事件の公判がどのように進行していくのかは重大な関心事であり，公判を傍聴することは，そのような情報を入手するための重要な手段の1つとなる。そこで，被害者等が確実に公判を傍聴できるように，(a)被害者等に対する公判の優先的傍聴，すなわち，被害者等から傍聴の申出があるときは，裁判長は被害者等が傍聴できるように配慮しなければならないこととされている（犯罪被害者保護法2条）。

また，被害者には，(b)公判係属中の訴訟記録の閲覧・謄写が認められる。すなわち，終結後であれば誰でも訴訟記録を閲覧することができる（53条1項）のであるが，公判継続中であっても，裁判所は，被害者等からの申出があるときは，当該被害者の損害賠償請求権行使等のために必要があり，犯罪の性質・審理の状況その他の事情を考慮して相当と認めるときは，当該被告事件の訴訟記録の閲覧・謄写をさせることができる（犯罪被害者保護法3条1項）。

さらに，被害者が刑事手続へ関与するための重要な制度として，(c)被害者等による心情その他の意見の陳述がある。これは，裁判所が，被害者等から申出のあったときは，公判期日において，被害者等に被害に関する心情その他の被告事件に関する意見を陳述させる（292条の2第1項）ものである。ただし，こ

の陳述は，犯罪事実の認定のための証拠とすることはできず（292条の2第9項），また，被害者に証人等への尋問権を認めるものでもない。この被害者の意見陳述制度は，被害者に刑事手続への主体的関与の機会を与えたものであるが，当事者としての地位を認めるものではないのである。したがって，設例におけるAは，意見陳述制度により被害に関する心情等を陳述することは可能であるが，証人尋問としてYに質問することは認められない。

(3) 刑事手続上の和解

被告人と被害者は，当該被告事件に係る損害賠償請求等の民事上の争いについて合意が成立した場合には，裁判所に対して当該合意を公判調書に記載することを求めることができる（犯罪被害者保護法4条1項）。そして，その記載がなされたときには，その記載は裁判上の和解と同一の効力を有するとされ（同法4条4項），公判調書に執行力が付与されることによって，合意内容が実現されない場合には強制執行が可能となった。

5 修復的司法

最後に，刑事手続における被害者の地位を考える上で重要な視座を提供するものとして，近年わが国においても関心を集めているのが「修復的司法」（関係修復的司法，回復的司法などともいわれる）の考えである。

修復的司法では，犯罪を，国家との関係における法律違反・規範違反としてではなく，加害者と被害者および地域社会との間における紛争と捉える。その結果，これまでの刑罰を中心とした懲罰的な刑事司法に代えて，犯罪者と被害者そして地域社会（コミュニティ）との関係の修復を基調とする司法制度が追求されることになるのである（上田寛『犯罪学講義』193頁（成文堂，2004））。そして，被害者本人や被害を被った地域社会に対して直接弁明する責任を加害者に課することにより，被害者と加害者の直接的な対話，加害者による被害者への被害弁済，被害者支援など，刑事司法制度における被害者の地位・役割を向上させることになる（藤本哲也『犯罪学原論』318頁（日本加除出版，2003））。修復的司法は，従来の刑事司法を根本から変質させるものである。

このような修復的司法に対しては，刑法の廃止論・民事的紛争化を主張するのはユートピアモデルである，同じような罪状の事件でも被害者ごとに異なった苦痛度・態度によって異なった処分結果になり不公平である，修復的司法の

舞台である地域社会が日本や西欧諸国では疲弊し無力化している，などの疑問や批判が提示されている。修復的司法は，一部の国で試行が始まったばかりのものであり，他国の動向を慎重に観察しながら，十分な検討が必要であろう（守山正＝西村春夫『犯罪学への招待［第2版］』188頁（日本評論社，2001））。

　以上のように，犯罪被害者の保護・支援に関するわが国の議論はますます活発化し，被害者をめぐる手続上の改革もさらに進んでいくものと思われる。犯罪被害者の利益を実現することは，刑事手続において重要な関心事である。しかしながら，その一方で，被告人・被疑者の権利は幾多の歴史的試練を乗り越え，蓄積され制度化されてきたものである。このような被告人・被疑者の正当な権利は，決して軽視されてはならない。刑事手続においては，被害者の利益の追求と被告人・被疑者の権利の保障とは，適切なバランスを維持しなければならないのである。

Practice

　下記の各問の正誤を答えなさい。
問1. 現行刑事手続においては，被害者は当事者としての地位には立たない。
　　　　　　　　　　　　　　　　　　　　　　　　　　　　　　　　　（　　）
問2. 強姦罪・強制わいせつ罪についての告訴は，3年の期間制限がある。（　　）
問3. 検察官の不起訴処分に不服があるときは，被害者は裁判所に対して事件の審理を開始すべく職権発動を求めることができる。　　　　　　　　　（　　）
問4. 名誉毀損罪については，被害者の告訴がない限り検察官は起訴できない。
　　　　　　　　　　　　　　　　　　　　　　　　　　　　　　　　　（　　）
問5. 被害者は，裁判所に対して，被害に関する心情その他の意見を公判期日において陳述することを申し出ることができる。　　　　　　　　　　（　　）

ケイスメソッド
第2章

捜　　　査

CASE 5 ～ CASE 22

CASE 5 　職務質問・所持品検査

　県警本部の無線によって銀行強盗の発生を知った警察官AおよびBは，犯行現場方面から歩いてきた手配人相に似た若い男XおよびYを呼び止めるとともに，両名の腕をつかんで停止させ，職務質問を開始した。A，B両警察官の再三にわたる質問および所持していたバッグの開披要請にX，Y両名が黙秘したので，警察署に同行して，承諾のないままバッグを開けた。そして盗まれた現金を確認したうえでX，Y両名を緊急逮捕した。

〈POINT〉① 捜査の端緒としての職務質問
　　　　② 職務質問における有形力の行使の可否
　　　　③ 所持品検査の許容性

1 　捜査の端緒としての職務質問

　犯罪捜査の端緒として考えられるのは，①職務質問，②所持品検査，③自動車検問，および④市民の協力・犯人の自首等である。

　①については，警察官職務執行法（警職法）2条1項に，「警察官は，挙動不審者に対して，犯罪の嫌疑の有無等を確認するため，停止させて質問できる」と規定されている。ただし，同3項によって，その際の身柄の拘束や答弁の強要は禁止されている。あくまでも職務質問は任意手段として許されている。

　②については明確な法的な根拠はないものの，警察実務においては，一般に，職務質問にともなって，相手が身につけて所持している物を開示させて警察官が点検したり，警察官自ら開披することが行われている。

　③は犯罪の予防・検挙のために進行中の自動車を停止させて当該自動車の点検や運転者に対する質問をし，免許の提示等を求める処分一般を指すことになる（詳しくは「〈CASE 6〉自動車検問」を参照のこと）。

　そして，④にあたるものとしては次の4つの場合が考えられる。まず，犯罪目撃，うわさ等が，投書，匿名電話等の形で捜査機関に伝わる場合，あるいは被害者が被害事実を申告する場合である。次に，犯罪の被害者，その配偶者・

親族等が，捜査機関に被害事実を申告し，かつその犯人処罰を求める意思表示，すなわち告訴する場合である（230条以下）。さらに，告訴権者・犯人・捜査機関以外の者が，犯罪事実の申告をし，犯人の処罰を求める意思表示，すなわち告発をする場合である（239条）。最後に，犯人が，捜査機関に対して自分が犯行を行った旨進んで申告すること，すなわち自首する場合である（刑法42条）。

このうち①および②が本件において問題となっている。

2 職務質問における有形力の行使の可否

①で触れたように，警察官は，挙動不審者を停止させて質問できるが，その者の身柄を拘束することおよび答弁を強要することは厳格に禁止されている。そこで，任意手段として停止させる場合に，警察官にはどの程度の有形力の行使が許されるのかが問題となる。

最高裁は，立ち去ろうとする者を引き止めるためにその者の腕に手をかける行為を適法としたり（最決昭29・7・15刑集8巻7号1137頁），職務質問中に逃げ出した者を追跡する行為を適法としてきた（最決昭29・12・27刑集8巻13号2435頁）。そして昭和53年には，再三の降車要求に応じない被質問者の自動車のエンジンキーを警察官が抜き取った事例で，「質問を遂行する目的で逃走または抵抗する相手を停止させる方法として必要かつ相当な行為であれば有形力の行使を適法とする」（最決昭53・9・22刑集32巻6号1089頁）という基準を示すに至っている。

〈CASE〉の場合も，呼び止めて腕をつかんで停止させた程度の有形力の行使であるので，「必要性」「相当性」の観点からして，これまでの判例の動向に照らせば適法の範囲であると言えそうである。実際に，実務においては，相手方の肩や着衣をつかむ，自転車の荷台を押さえる等の行為が警察活動上行われている（古谷洋一編著『注釈・警察官職務執行法（改訂版）』65頁（立花書房，2003））。

しかしながら，職務質問はあくまでも相手方の任意の協力のもとにおこなわれるべき犯罪防止のための行政警察活動であるので，停止のための有形力の行使もその観点から捉えなければならないことは言うまでもない。この点，以下のようにいくつかの学説が対立している。

第1に，職務質問の任意手段性をもっとも厳格にとらえる立場は，挙動不審者が明示的あるいは黙示的に拒絶の意思を表示したときは，もはや警察官は執

拗な説得活動をなしえないとする（厳格任意説［平野・87頁等］）。もっとも，この考え方を徹底するとそもそも職務質問自体ができなくなることが起こりうるので，現実の警察活動にそぐわないとのもっともな批判がある。

　第2に，有形力の行使を例外的場合に許容する立場は，重大な犯罪で緊急逮捕の要件が認められる場合にのみ，例外的にそれを認めるべきであるとする（例外的許容説［松尾(上)・44頁等］）。しかし，そもそも，緊急逮捕の要件が整っていれば緊急逮捕が可能であるし，また，法解釈論的にもこのような解釈が許されるのかに疑問が呈されている。

　第3に，一度拒絶されても，異常な挙動その他に現れた疑いの強さ，関係ありと思料される犯罪の軽重との関連において執拗に説得活動ができるとの立場がある（規範的任意説［光藤(上)・11頁等］）。この立場は，相手方の拒否の自由を基本的に認めながらも，例えば，翻意のために方に手をかけるなどの軽度の有形力の行使は許されるとするのである。これは任意手段としての警察活動の常識的限界と評価でき，基本的に妥当な立場と言える。

　第4に，任意と強制の間に説得的性格をもつ「強制にわたらない実力」の段階が存在し，停止に応じない不審者の腕をつかみ肩を押さえて引き止めるのは説得の範囲であるとする立場もある（実力説［渥美・110頁等］）。この考え方は，基本的に実務のとる考え方である。しかしながら，そもそも，強制力とは別に実力というカテゴリーを措定すること自体にかなり無理があり，実質的に強制力を認めることに他ならないように思われる（三井(1)・96頁）。

　第5に，強制捜査たる身柄「拘束」に至らぬ程度の自由の制限を認める立場もある（制約説［田宮・構造142等］）。しかしながら，逮捕・勾留のような現実的な身柄拘束に至らない程度であっても，幅の広い高度の身柄拘束を伴う実力行使をも許容する考え方は，職務質問が任意手段であることからして問題が大きいように思われる。

　いずれにしても，判例・実務の立場からすれば，〈CASE〉のAおよびBのとった腕をつかむ行為は職務質問に付随する必要かつ相当な有形力の行使と言うことになるであろう。特に，実力説，制約説からはこのことは容易に正当化される。

　しかしながら，職務質問が，本来，行政警察活動として任意手段を大原則とすることを踏まえると，翻意のために手をかける程度の有形力の行使は許され

るとしても（規範的任意説の限界），XおよびYの意思に反して腕をつかんでまで停止させることは許されないと考えるべきである。

3 所持品検査の許容性

　もっとも，〈CASE〉で仮に腕をつかむ行為が適法であったとしても，AおよびBが行った所持品検査が許されるのか否かが次に問われなければならない。

　注意しておかなければならないのは，そもそも警察官職務執行法において所持品検査を認める条文は存在しないということである。ましてや捜索令状の発付を受けて強制捜査を行っているわけでもないので，職務質問にともなう所持品検査は基本的に相手方の任意の協力のうえで成り立っていると解さざるを得ないのである。

　これについて最高裁は，「警職法2条1項は停止・質問ができると規定するのみで，所持品検査について明文の規定を設けていないが，所持品検査は，口頭による質問と密接に関連し，職務質問の効果をあげるうえで必要性・有効性の認められる行為であるから，職務質問に付随してこれを行うことができる場合があると解するのが相当である」（最判昭53・6・20刑集32巻4号670頁）という判断を示して，所持品検査は職務質問に付随する行為であることを認めている。そのうえで，原則として被検査者の承諾を得て行うべきだが，必要性，緊急性，相当性がある場合には，承諾がなくても例外的に許容されるとしたのである。

　果たして，判例がいうように，所持品検査は職務質問に付随する行為として明確な法的根拠なしに認められるべきものなのであろうか。

　これについては，少なくとも4つの問題点が指摘できる。

　第1に，所持品検査が職務質問に「付随する」として一体視することの根拠の薄弱さについてである。警察官が，挙動不審者に対して，犯罪の嫌疑の有無等を確認するため，停止させて「質問」する職務質問と，実際に，相手方の所持品を物理的に「検査」する所持品検査が，「密接に関連する」と言い切ることができるかは疑問である。所持品の検査は質問とは次元が異なるものといわなければならない。

　第2に，捜索，強制にわたらなければ承諾なしに実力で開披するものも任意だというのには疑問が残る。相手方の承諾なしに行う所持品の検査は，すでに

第2章 捜　　査

強制の契機を含んでいるといわなければならない。捜索，強制にわたらない任意な検査というカテゴリーを設けるのは，法が定めた捜索・強制の概念を不当に狭めることになり，権利の侵害範囲を拡大する危険性があるといわなければならない。〈CASE〉の場合，まさに法に基づかない強制的な所持品検査が行われたといえそうである。

　第3に，判例・実務は，所持品検査によって保護される公共の利益（＝犯罪の摘発，犯罪者の確保等）とそれによって侵害される個人（＝所持品検査の対象者）のプライバシーの権利を比較考量したうえで，所持品検査を許容しなければならない事態があると想定しているが，その比較考量自体，公共の利益に有利に解釈されるおそれが高いといわなければならない。しかも，その比較考量が現場警察官の即座の判断になじむ問題であるのかは甚だ疑問である。

　第4に，そもそも，警職法2条1項は停止・質問ができると規定するのみであって，所持品検査について明文の規定を設けていない。にもかかわらず，所持品検査も停止・質問に含まれるとするならば，それは不当な拡大解釈であり，実質的に判例による新立法であると批判されなければならないのである。

　もっとも，判例は，一方で，「所持品検査は，一般にプライバシー侵害の程度の高い行為であり，かつ，その態様において捜索に類するものであるから，（覚せい剤事犯で容疑に対し，承諾なしに上着ポケットに手を入れて所持品を取り出し検査した行為）においては，相当な行為とは認めがたいところであって，職務質問に付随する所持品検査の許容範囲を逸脱したものと解する」（最判昭53・9・7刑集32巻6号670頁）と判示して，所持品検査には慎重な態度をとってはいる。

　なお，実務においては，昭和53年の上記2判例を軸として，相手方の承諾がない場合でも，相手方が所持するバッグの口を開いて中身を一瞥する行為，相手方の所持品や着衣の外部から軽く手を触れる行為を許容する運用がなされている（古谷・前掲127頁）。

Practice

　下記の各問の正誤を答えなさい。

問1． いわゆる職務質問は，警察による任意捜査の一環として刑事訴訟法上これ行うことが認められている。　　　　　　　　　　　　　　　　　（　　　）

問 2. 職務質問の際の有形力の行使はいっさい許されないとするのが判例の立場である。　　　　　　　　　　　　　　　　　　　　　　　　　（　　）
問 3. 職務質問に付随する所持品検査は刑事訴訟法によって認められている。
　　　　　　　　　　　　　　　　　　　　　　　　　　　　　　（　　）
問 4. 判例は所持品検査を適法としているので，それによって被る個人のプライバシーの侵害は常に甘受しなければならないとしている。　　　　（　　）

CASE 6　自動車検問

　外勤係の巡査Aらは路上で飲酒運転取締り目的の交通検問を実施した。走行上の外観等の不審点の有無に関わりなくすべての車を停止させていたところ，たまたま停止させたXから酒臭がしたため，派出所に同行して飲酒検知検査を実施した。するとアルコールが検出されたので交通事件票を作成して，いわゆる赤切符を交付して帰宅させた。

〈POINT〉① 自動車検問の定義
　　　　　② 無差別一斉検問の許容範囲
　　　　　③ 無差別一斉検問の法的根拠
　　　　　④ 無差別一斉検問の違法性

1　自動車検問の定義

　警察が行う自動車検問には，①交通検問，②警戒検問，③緊急配備検問の3種類がある。①は，道路交通法違反の予防・検挙を目的とするもの，②は，不特定の犯罪の予防・検挙を目的とするもの，そして③は，特定の犯罪（例えば銀行強盗の発生）が発生した際に犯人の発見・情報収集を目的とするものである。

　このうち③については，刑訴法197条の任意捜査として，あるいは警察官職務執行法2条の職務質問として許されることになる（もっともこの場合でも，無差別に行われることに問題がないわけではない）。また，①②についても，不審車両という外見上の不審事由があれば道交法上の停止が可能である。例えば，道路交通法（道交法）61条（危険防止の措置），63条（車両の検査），67条（危険防止の措置）では停止権限が認められる。

　結局，自動車検問の問題点は，①②における無差別な一斉検問がいかなる場合に許されるのかということである。上記の〈CASE〉は，①の無差別一斉検問の事例である。

2 無差別一斉検問の許容範囲

では，上記のような意味での無差別一斉検問について判例はどのようにいっているであろうか。

交通検問に関する最高裁判例は，「走行の外観上特段の不審な事由がない場合の検問についても，公道利用に伴う『当然の負担』として交通取締協力の義務があることと，交通取締の現実的必要性に鑑み，警察法2条1項を根拠として『短時分の停止』を『相手方の任意の協力を求める形』でまた利用者の自由の不当な制約にならない限度で行うのは差し支えない」（最決昭55・9・22刑集34巻5号272頁）と判示して，警察による無差別一斉検問を許容している。ここでは，(a)相手方の任意の停止であること，(b)短時間であって不当な制約とはいえないこと，(c)公道利用上の当然の負担であること，(d)警察法2条1項に根拠規定があることが適法性を支える理由となっている。

しかしながら，この判例の立場に対しては，「検問という形で止められるのは任意の停止と言えない」「公道利用に伴う『当然の負担』を認めることは市民への過重な義務負担を課すことになり適切ではない」「根拠法とされる警察法は警察の組織規定であって警察活動の授権規定ではない」「無差別一斉検問には明確な法的根拠がない」といった批判が展開されている。

3 無差別一斉検問の法的根拠

特に無差別一斉検問の法的根拠がどこにあるのかは大きく議論が分かれるところである。

まず，警職法2条1項の職務質問の規定を根拠とする考え方がある（警職法説）。これは，職務質問の要件の存否を確かめるために，自動車の性質上，停止させなければならないとして，同条項にそもそも停止権限を与えているとするのである。下級審判例（大阪高判昭38・9・6高刑集16巻7号526頁）には，この考え方をとるものがある。ここでは，無差別一斉検問の法的根拠を警察法ではなくて警職法2条1項に求め，職務質問における停止権限の一環として自動車検問が許されるとしている。そして，検問が許されるのは，(a)自動車を利用する重要犯罪に限定，(b)自動車検問の必要性，(c)自動車検問が効果がある場合に限定，(d)自由制約を最小限度にすること（停止の短時間性）で総合的に考慮して，公共の利益のためにやむを得ない場合に許されるとしている。

しかしながら，検問を行う時点では職務質問の要件の存否は確認されていないわけであるから，この考え方は警職法2条1項の解釈の枠を超えてしまうことになるといわざるを得ない（三井(1)・105頁）。これでは職務質問の要件を確認するために職務質問を認めてしまうことになり，理論的に正当化することはかなり困難である（上田信太郎「自動車検問」百選（7版）13頁）。

次に，「交通の取締その他公共の安全と秩序の維持に当たること」が警察の責務であると規定する警察法2条1項を根拠とする考え方がある（警察法説）。これは先に触れた昭和55年最高裁決定がとる立場である。警察法自体が，組織体としての警察が扱う事務の範囲を定めるとともに，その責務をも規定したものであるから，当然に警察官は権限行使の一般的根拠をそこに求めることができるとするのである。警察実務も基本的にこの考え方で動いている（古谷『警職法（改訂版）』102頁）。

しかしながら，警察法が制定された趣旨からしても，警察法は組織法であって作用法ではない。そのことは同法1条が「警察の組織を定めることを目的とする」と規定していることからも明らかである。したがって，警察の一般的責務を定めたに過ぎない同法2条1項を具体的な権限行使の根拠とするのは行き過ぎであると言わなければならない（三井(1)・105頁）。

さらに，一斉検問の根拠を直接に憲法31条（または憲法33条，35条の趣旨）に求め，「適正性」を要求する憲法の趣旨に照らして，具体的必要性と相当性の要件が備わる場合にのみ許されるとする立場がある（憲法説，田宮・62頁）。

この考え方は，自動車検問の問題は基本的に立法による解決が望ましいとしながらも，解決までの次善策として判例を憲法的観点から肯定するものである。任意処分としての自動車検問の必要性に配慮する点で現実的解決案を提示しているとは評価できる。しかしながら，下位規範を離れて，直接的に憲法に実質的内容を盛り込み，裁判所に合理的な線引きを期待することは法的安定性を欠くとの批判があてはまることになるだろう（三井(1)・105頁）。

4　無差別一斉検問の違法性

以上の3つの考え方は，法律上，無差別一斉検問を認める明文規定がないにもかかわらず，それを一般的規定に根拠を求めようとしているところに，そもそも無理がある。現状では，無差別一斉検問が法的根拠が明確でないままに行

われており，違法であると言わざるを得ないのではないだろうか（違法説）。
　もっとも，現代自動車社会の交通状況を考えるときに，自動車検問がまったく必要ないとは誰も言わないであろう。一斉検問によって無用な交通事故あるいは凶悪犯罪の発生を未然に防いだりする場合も十分考えられるからである。しかし，それは無理な法解釈論を展開してまでも認められなければならないのかというと疑問が残る。自動車検問といっても，やはり相手方に心理的圧迫を加え，個人の自由を制約する警察活動である点で単なる行政指導のようなものとは同列に考えられないので，何らかの作用法上の根拠は必要不可欠なのである（上田・前掲同）。結局のところ，合理的な条件のもとで無差別一斉検問を可能とする立法的な措置をとることで問題を解決すべきである（白取・101頁）。

Practice

下記の各問の正誤を答えなさい。
問1. 自動車検問は法的根拠なく行われている捜査活動であるので，一切許されない。　　　　　　　　　　　　　　　　　　　　　　　　　　　　（　　）
問2. 最高裁判例は，いわゆる無差別一斉検問は，警察官職務執行法上の職務質問にあたるから，適法な捜査活動として許されるとしている。　　（　　）
問3. 最高裁判例は，公道利用に伴う「当然の負担」として，われわれ市民が無差別一斉検問を甘受しなければならないとしている。　　　　　　（　　）
問4. 下級審の判例は，無差別一斉検問には法的根拠がないとして，一貫して違法判断を下してきている。　　　　　　　　　　　　　　　　　　（　　）
問5. 現在行われている無差別一斉自動車検問は違法状態にあるので，立法によって法的根拠を持たせるべきであるとするのが有力説である。　　（　　）

第2章 捜　　査

| CASE 7 | 任意捜査と強制捜査の区別 |

　警察官Aは，酒気帯び運転の疑いのあるXを警察署まで任意同行し，取調べ室において，呼気検査を受けるよう説得した。しかし，Xは再三の検査の求めに応じず，突然立ち上がって，取調べ室から出て行こうとしたので，Aは，Xの前に立ちふさがり，右手首に手をかけて制止した。このAの行為は適法か。

〈POINT〉① 任意捜査の原則
　　　　② 任意捜査における有形力の行使
　　　　③ 任意同行の可否
　　　　④ 承諾留置の可否

1　任意捜査の原則とは何か

(1) 任意捜査の原則

　任意処分による捜査を任意捜査といい，強制処分による捜査を強制捜査という。捜査は，任意捜査（実況見分，内偵，尾行，被疑者の取調べ，鑑定・通訳等の嘱託など）と強制捜査（逮捕，勾留，捜索，差押えなど）とに分かれる。197条1項は，捜査の目的を達するため必要な取調（ここでいう取調は，供述聴取に限らず，捜査活動一般を指す）をすることができるとし，但書において，強制の処分については，刑訴法に特別の規定がなければ行うことができないとする。すなわち，捜査上の処分はその必要性に見合った相当なものでなければならず（「捜査比例の原則」），任意捜査で目的を達成できる限りは，任意捜査によらなければならない（犯罪捜査規範99条）。これを「任意捜査の原則」という。強制捜査は，市民の自由，財産その他私生活上の利益を侵害するものであるから，法律の規定を前提として例外的に許されるものであり，個々の捜査においても，できる限りこれを避けなければならないのである。

(2) 強制処分法定主義

　強制処分は法律に規定のない限り許されないとの原則を「強制処分法定主

義」という。市民の権利・自由の侵害を伴う捜査を行うには，あらかじめ，国会において国民の代表がその可否と限界を議論し，許容される要件，手続，効果を法律に定めなければならないのである（憲法31条）。また，強制捜査を行うには，原則として，事前にその適否について個別に裁判官の審査を受け，令状を得なければならない（憲法33条，35条）。これを「令状主義」という。強制処分法定主義は，捜査を民主的にコントロールするための原則であり，令状主義は，これを司法的にコントロールするための原則である。このように，強制捜査と任意捜査とでは，法律上の規定の要否，司法審査の要否の点で違いがある。

2 任意捜査において有形力を用いることができるか

〈CASE〉について問題となるのは，Xの手首を摑むというAの行為が，任意捜査か（任意とすれば，次に，その限界を超えていないかどうかが問題となる），あるいは強制捜査（逮捕）に当たるかである。後者の場合は，逮捕状によらない逮捕行為であって，令状主義に反し，違法である。この判断を行うためには，まず強制処分と任意処分との境界を明らかにしなければならない。

(1) 任意捜査と強制捜査の区別

かつては，直接に有形力（物理力）を加えること（直接強制），および従わない場合の制裁措置を予告して義務を課すこと（間接強制）が強制捜査であり，それ以外が任意捜査であると理解されていた。しかし，科学技術の発達に伴い，写真撮影や電話による会話の盗聴録音が可能となるに至り，有形力行使の有無という基準では，この状況に対応しきれなくなった。有形力行使を伴わなくてもたとえ被処分者が処分に気づかなくても，これらが，個人の権利を侵害する点において重大な処分であることに変わりない。それを，有形力の有無という外形的基準によって，直ちに任意捜査に振り分けることは適切でないと考えられたのである。

今日では，被処分者の権利ないし法益を侵害する行為かどうかが，両者を区別する基準とされている。もっとも，概ね，①有形力行使を伴う場合はもちろん，権利利益を侵害する場合が強制処分であるとする見解と，②およそ何らかの権利や利益の制約があればすべて強制処分だとすることが適切かは検討の余地があるとして，「法定の厳格な要件・手続によって保護する必要のあるほど

重要な権利・利益に対する実質的な侵害ないし制約を伴う場合にはじめて、強制処分ということになる」との見解（井上正仁「任意捜査と強制捜査の区別」争点（3版）48頁）に分かれている。

(2) 任意捜査における有形力の行使

最高裁は、〈CASE〉のような事案について、強制処分とは、「有形力の行使を伴う手段を意味するものではなく、個人の意思を制圧し、身体、住居、財産等に制約を加えて強制的に捜査目的を実現する行為など、特別の根拠規定がなければ許容することが相当でない手段を意味する」とし、「右の程度に至らない有形力の行使は、任意捜査においても許容される場合があるといわなければならない」と述べた（最決昭51・3・16刑集30巻2号187頁）。すなわち、判例は上記②と同様の考え方をとっている。同時に、強制手段にあたらない有形力の行使であっても、「必要性、緊急性なども考慮したうえ、具体的状況のもとで相当と認められる限度において許容される」として任意捜査の許容限界を示した（結論として、Ａの行為は適法であり、これに抵抗して暴行を行ったＸに対する公務執行妨害罪の成立を認めた）。

捜査比例の原則から、任意捜査であっても許容限度がある点について異論はない。問題は、かつての基準によれば強制捜査とされたはずの有形力行使を、任意捜査に位置づけ直す（事後的な利益衡量により規律される任意処分の範囲を広げる）ことの適否である。

最高裁決定に対しては、上記①の立場から、強制捜査と任意捜査の区別が裁判所の事後的なケース・バイ・ケースの判断に委ねられること、かつ令状主義の統制が及ばない処分の領域が広がることにより、強制処分法定主義と令状主義の保障が形骸化されてしまうとの指摘がある。また、警察官による有形力行使でありながら個人の意思を制圧しない場合が果たしてありうるかという疑問もある（福井・77頁。村井［川崎英明］・93頁以下等参照）。強制捜査と任意捜査の境界が明瞭でなければ、処分を受ける市民にとっても、現場で当該手続の適否を判断し難くなるという問題が生じる（光藤(上)・11頁参照）。

3 任意同行は許されるか

(1) 任意同行とは何か

捜査機関は、犯罪の捜査をするために必要があるときは、被疑者の出頭を求

めることができる（刑訴法198条1項）。この場合，被疑者に出頭義務はなく，出頭要求に応じるかどうか，出頭後退去するかどうかは自由である（刑訴法には，一部，任意捜査に関する規定も置かれている）。したがって，〈CASE〉におけるXにもいつでも退出する自由はあることになる。刑訴法上の「任意同行」とは，警察官等が被疑者の住居などに出向いて出頭を求め同行を促すことである。一定要件の下に許される警職法上の任意同行（警職法2条2項）とは区別される。刑訴法には，任意「出頭」の規定はあっても「同行」の規定はないため，後者は許されないとする見解もあるが，通常は，本人の同意があれば許容されると考えられている。刑訴法と警職法のいずれにおいても，当該同行の適否を判断する際，主として問題となるのは，同行者における「任意性」の有無，すなわち本人が真に同意していたかどうかである。

　なお，実務においては，逮捕状があっても，いったん被疑者を任意同行してから逮捕するというプロセスを経ることが少なくない。これは，逮捕を慎重に行い，被疑者の名誉を不当に侵害しないための措置であるとされ，その限りでは適切ともいえる。ただし，現実には，逮捕後の時間制限を免れるための逮捕着手の先送り，さらには，逮捕できるだけの資料がない場合に，任意同行して取調べを行い，そこで獲得した自白を元に逮捕手続を取るという捜査手法が問題となることもある。任意同行が実質的な逮捕行為であったと認められる場合，その身体拘束は違法である。また，逮捕以降の制限時間は，実質逮捕と認められる時点から起算される。

(2) 判例における「任意」の捉え方

　任意同行の適否が争いになる事案は少なくない。判例には，被告人が明示的に拒否し，抵抗しているにもかかわらず，警察官が数名で被告人を持ち上げるようにして警察車両に乗せ，警察署まで連行した事案について，「令状に基づかないで身柄を拘束した違法がある」（仙台高判平6・7・21判例タイムズ887号281頁）としたもの，2名の警察官が両側から腕を抱えて警察車両に乗せた事案について，警察官らの行為は，「社会通念上，被告人の身体の束縛があったと認められる客観的状況があった」というべきであり，任意同行の域を逸脱した違法を認めたもの（大阪高判昭61・9・17判時1222号144頁。ただし，同行自体には任意の承諾があったことなどから，違法の程度はいまだ重大ではないとした）もあり，警察署に連行する途中，4名の警察官が周りを取り囲み，そのうちの

1名が腕を摑んでいた事案について、任意同行の態様として行き過ぎがあるとはいえず適法とするものもある（福岡高判平12・10・5高等裁判所刑事裁判速報（平12年）200頁）。

被処分者の明示の拒絶にもかかわらず行われた連行は、もはや任意同行といえず、実質的な逮捕行為と評価される。問題は、被処分者の意思がそれほど明確でない場合であるが、判例において「任意」とは、被処分者が自発的に応じた場合に限られず、嫌々ながら承諾した場合も含まれると解されている。任意捜査における有形力行使が許されるのも、「任意」が、言葉の日常的な用法よりも広く解釈されているためである。同行の適否については、任意同行を拒否する意思が明らかでない場合は、社会通念からみて身体の束縛があったと言いうるような客観的状況がない限り、任意の承諾があったものと解される傾向にある（もっとも、裁判所による社会的相当性の評価は、個々の事案の詳細に違いはあるとしても、微妙である）。

4　承諾留置は許されるか

被処分者が放棄できる自由権や財産権に対する捜査は、本人がそれに承諾（同意）すれば、権利侵害という側面が解消され、任意捜査となる。しかし、保護する必要性の高い権利を侵害する処分であり、それに対する任意の承諾は一般にありえない場合、すなわち、女子を裸にして行う身体検査、人の住居等に対する捜索を、任意捜査として行うことはできないとされている（犯罪捜査規範107条、108条）。たとえ承諾があっても許されないとしておくことで、捜査機関が権利放棄をさせようと不当な圧力をかけることも防止できる。

「承諾留置」も、この範疇に入る捜査手法である。「留置」は強制的な身体拘束を意味し、「承諾」は強制ではないことを意味するため、「承諾留置」という用語は概念矛盾であるとの指摘もあるが、問題は、この処分を許せば、自白獲得を目的とする「任意を装った強制」が容易に起こりうる点にあり、その意味では言い得た表現であるといえなくもない。いずれにせよ、理論的には、真に有効な承諾があり、本人の意思で何時でも自由に帰れる状態にある場合まで許されないとする理由はないとの見解もある（井上・前掲同・48頁）。しかし、現実問題として、真の有効な承諾の有無を認定することは容易でない（井上・同）し、真の承諾も、自由に帰れる状態というのも、通常あり得ない。これに

対して，承諾留置を適法とする余地を一般的に認めた場合の弊害は大きい。そもそも市民が，国家機関による身体拘束に承諾する，という観念自体を認められるべきではないだろう。承諾留置は，任意捜査の限界を超えて許されないと解するのが通説である（仮に真の承諾があっても，人間の尊厳という放棄しえない権利にかかわるため，およそ許されないとの説明もある。田口・46頁）。

　ところで，最高裁は，殺人事件の被疑者を任意同行後，逮捕前の4夜にわたって捜査官の手配したホテル等に宿泊させ，連日取り調べた事案について，「任意捜査の方法として必ずしも妥当とはいい難い」としつつ，本人が取調べに任意に応じていることなどを挙げ，「任意捜査として許容される限界を超えた違法なものであったとまでは断じがたい」（最決昭59・2・29刑集38巻3号479頁）とし，また強盗殺人事件の被疑者を任意同行後，徹夜で取り調べた事案について，一般論としては「特段の事情がない限り，容易にこれを是認できるものではない」としながら，本人が取調べを拒否した形跡のないことなどを挙げ任意捜査の許容限度を逸脱したとまではいえないとした（最決平元・7・4刑集43巻7号581頁）。たとえ被疑者が任意に取調べに応じたとしても（その認定自体に強い批判がある），捜査機関の監視下に宿泊させることも，取調べによって徹夜させることも「承諾留置」にあたり，およそ許されない身体拘束であると解すべきである（白取・103頁）。

Practice

　下記の各問の正誤を答えなさい。

問1． 刑訴法に規定された処分が強制処分であり，規定されていないものが任意処分である。　　　　　　　　　　　　　　　　　　　　　　（　　　）

問2． 強制処分は，刑訴法197条1項但書を根拠に実施できる。　（　　　）

問3． 判例によれば，任意捜査の枠内で有形力を用いることは許されない。（　　　）

問4． 女子を裸にして行う身体検査や承諾留置が許されないのは，重大な権利，利益に関わり，通常，真の承諾はあり得ないからである。　　　（　　　）

第2章 捜　　査

| CASE 8 | おとり捜査 |

　麻薬取締官Aは，私人である捜査協力者Bから，Xが大麻樹脂の買手を探しているとの情報を得て捜査を開始した。ところが通常の捜査方法によっては，Xの住居や，大麻樹脂の隠匿場所等を把握することができなかった。そこで，Bを介して自ら買手を装い，Xに大麻樹脂を買う意思を示して取引を持ちかけ，この取引に応じたXが大麻樹脂を持参したところを現行犯逮捕した。この捜査手法は適法か。

　〈POINT〉① おとり捜査の定義
　　　　　② おとり捜査の適法性
　　　　　③ 違法なおとり捜査で起訴された者の救済

1　おとり捜査の定義

　おとり捜査とは，「捜査機関又はその依頼を受けた捜査協力者が，その身分や意図を相手方に秘して犯罪を実行するように働き掛け，相手方がこれに応じて犯罪の実行に出たところで現行犯逮捕等により検挙する」捜査方法をいう（最決平16・7・12刑集58巻5号333頁）。薬物や銃器の密売事件などは，組織的に反復して行われ，密行性が高く，証拠収集に困難をきたす。おとり捜査は，このような種類の犯罪に対して有用な捜査方法の1つとされている。

2　おとり捜査は適法か

(1)　おとり捜査の性質

　学説上は，おとり捜査を全面的に適法とする見解はないといってよい。なぜなら，おとり捜査は，本来犯罪の発生を防止すべき立場にある国家が，捜査対象者を騙して犯罪を行うよう仕向け，現に犯罪を引き起こす捜査手法であり，その性質上，次のような問題を伴うからである。ただし，その違法性の捉え方は，大きく2つに分けられる。

　1つは，騙されたとはいえ，対象者が自らの意思で犯罪行為に出た以上は，

その意思に対する制圧はなく，おとり捜査も任意捜査の範疇に含まれるが，国家が犯罪をそそのかしておきながら，処罰するのは自己矛盾であり憲法の精神にもとる，あるいは適正手続きに反し，許されないとする考え方である。もう1つは，個人に働きかけて犯意を誘発し犯罪を実行させるような捜査手法は，公権力から干渉を受けない権利（人格的自律権）など，人格的権利・利益（憲法13条）を実質的に侵害・危殆化するため（三井・(1)89頁），任意捜査の限界を超えるし，特別の規定を設けたとしても許されない（田口・47頁）とする見解である。ただし，この説によっても，犯意を誘発したとまではいえないおとり捜査は，任意捜査と位置づけられる。

なお，現行法には，一定条件下で捜査官に薬物，銃器等の譲受権限を認める規定（麻薬及び向精神薬取締法58条，あへん法45条，銃刀法27条の3）があり，これらは一般に，おとり捜査を許容し，かつ方法を限定する趣旨の規定と説明されている。もっとも，おとり捜査自体の明文規定はない。

(2) **おとり捜査の許容限界**

上述のような問題はあるものの，一定のおとり捜査は許容されると解されている。それでは，どのような場合であれば適法といえるだろうか。

おとり捜査の適否は，①もともと犯意のなかった者に働きかけ，その犯意を誘発させて犯罪を実行させる類型（犯意誘発型）と，②すでに犯意を有している者に犯行の機会を提供する類型（機会提供型）に分けて論じられることが多い。①の類型は違法であり，②は適法となりうるとされる。このように，事前の犯意の有無，すなわち対象者の主観を基準に分類する考え方は，主観説（二分説）と呼ばれ，アメリカにおける「わなの抗弁」の影響を受けたものである。この理論によれば，もともと犯意のなかった者（犯罪傾向のない者）を捜査機関がそそのかし，犯罪を実行させた場合は無罪，犯行の機会を提供したに過ぎない場合は有罪と処理される。日本では，犯罪不成立という実体法的解決方法は難しいと解されているが，この分類法にならい，訴訟法的観点から，おとり捜査の適否が論じられている。

主観説の基準は一見明確であるものの，捜査対象者の事前の犯意の有無を認定することは，必ずしも容易でない。前科・前歴のある者には事前の犯意も認められやすくなるというのでは，公正な認定とはいえない。また，主観のみを基準とした場合，事前の犯意さえ認められれば，どのような働きかけを行って

も適法となりうる点が疑問視されている。

これに対して，犯意誘発・機会提供の分類をとらず，客観的要素を総合考慮して違法性を判断しようという見解もある（佐藤隆之「おとり捜査」百選〔第7版〕27頁等，参照）。外形的事情を判断基準とする見解は，客観説と呼ばれる。ただし，対象者の主観を全く考慮しないわけにはいかないだろう。たとえ働きかけが穏当でも，もともとその意思のなかった者の犯意を誘発することはありうる。この場合は，国が犯罪を引き起こすなどの問題性はなお残ることになる。また，事件の重大性，捜査の困難性などの客観的要素が専ら一般的抽象的なレベルで考慮されるに止まるならば，大概これに該当する薬物密売事件などにおいては，常に適法なおとり捜査であったと評価されることになりかねない。そこで，主観説を修正し，機会提供型であっても捜査機関による「常軌を逸するような強い働きかけ」，あるいは過大な報酬の提示，威迫的な言葉の使用などがあった場合には，なお違法とする折衷説も有力である（松尾(上)・128頁，光藤(上)・33頁など参照）。

いずれにせよ，必要性，相当性を欠くおとり捜査は，任意捜査一般における許容限界を超えて違法となる。学説上は，これに補充性要件等を加え適法となる場面を限定的に捉えるのが一般的である。また，おとり捜査は，直接的には将来発生するだろう（そのように仕掛けた）犯罪の検挙を目的としたものであるため，禁制品の密売など反復性がある犯罪類型について，既に起きた犯罪に対する捜査の一環として行われる場合でない限り，許されないと解すべきである。

(3) 判　　例

最高裁は，「他人の誘惑により犯意を生じ又はこれを強化された者が犯罪を実行した場合」に，誘惑者が場合によっては教唆犯又は従犯としての責任を問われることはあっても，犯罪実行者が無罪となること，または公訴棄却や免訴になることはない旨判示した（最決昭28・3・5刑集7巻3号482頁）。おとり捜査の違法性が，対象者の罪責に影響しないとする最高裁の立場は明白であるといえよう（犯意誘発型の事案につき，最判昭29・11・5刑集8巻11号1715頁）。しかし，最高裁は，これらの決定後に，違法収集証拠排除法則を採用し，また公訴権濫用論の成立する余地を認めた。そこで，訴訟法上の影響の有無についても，なお昭和28年決定が維持されるかどうかは疑問とされていた。

近年，最高裁は，(〈CASE〉のような事案について) おとり捜査の適法性を論じ，「少なくとも，直接の被害者がいない薬物犯罪等の捜査において，通常の捜査方法のみでは当該犯罪の摘発が困難である場合に，機会があれば犯罪を行う意思があると疑われる者を対象におとり捜査を行うことは，刑訴法197条1項に基づく任意捜査として許容されるものと解すべきである」と述べた（最決平16・7・12刑集58巻5号333頁）。この判決は，一般的なおとり捜査の許容限界を示してはいないが，少なくとも，おとり捜査が違法となり，獲得された証拠の証拠能力に影響を与える余地は認めたものと解される。

3 違法なおとり捜査で起訴された者の救済

おとり捜査に，犯意を誘発させたあるいは執拗な働きかけを行ったなどの違法があったとしても，実体法上は，私人の教唆を受け犯行に至る場合と異ならず，犯罪不成立とすることは難しいと解されている（もちろん，捜査官等による脅迫や威迫があった場合には，行為者の有責性が問題となろう）。

しかし適正手続の観点から，訴訟法上も何ら影響がないというのは適切でない。国が犯罪を創造したといえる程度に働きかけを行った場合など，捜査の違法が起訴の公正さを害するといえる程度に至った場合は，起訴自体を無効とし，公訴棄却にすべきである。その程度に至らない場合も，違法なおとり捜査によって獲得された証拠は，違法収集証拠排除法則の適用により排除されるべきである。

Practice

下記の各問の正誤を答えなさい。
問1．おとり捜査は，国家が犯罪を作り出す側面を有する点に問題がある。（　）
問2．学説上，対象者の犯意を誘発させる態様のおとり捜査は違法と解されている。
　　　　　　　　　　　　　　　　　　　　　　　　　　　　　　（　）
問3．おとり捜査は有用な捜査手法であり，殺人罪や傷害罪にも適用できる。
　　　　　　　　　　　　　　　　　　　　　　　　　　　　　　（　）
問4．判例によれば，おとり捜査によって犯意を誘発されたことだけをもって，犯罪実行者が無罪となることはない。（　）

| CASE 9 | 緊急逮捕 |

　集団暴行事件が発生し，司法警察職員が犯人を確認・追尾しており，同司法警察職員において容貌等による識別は可能だったが，その住所・氏名はわからず，各犯人の人相・体格等の特徴を具体的に表示できなかった。また，犯人らが逮捕に備えるおそれがあり，緊急逮捕の決定までに数時間を要した。このような状況における緊急逮捕は適法か。

　〈POINT〉① 逮捕の意義と種類
　　　　　② 緊急逮捕の意義および要件
　　　　　③ 緊急逮捕の合憲性

1　逮捕の意義と種類

　逮捕とは，人に対する強制処分の一種であり，憲法33条に定める令状主義の制約の下で特に認められたもので，人の身体を短時間（勾留と比して相対的に，の意であるが）拘束して行動の自由を奪うものである。勾留と同様に，被疑者の逃亡等を防止して将来の公判への出頭を確保することを目的としている。なお，実務上は，取調べ受忍義務の存在を前提として，取調べ目的による身体拘束を是認するような取扱いがなされているが，後述する逮捕の要件や，勾留に関する刑訴法60条1項の解釈，被疑者の防御権（とりわけ黙秘権）保障の観点等からは疑問がある（〈CASE 12・19〉も参照のこと）。

　逮捕の種類としては，裁判官の発する令状を得て執行される通常逮捕と，憲法33条自体が例外として明示する，現行犯人に対して無令状で執行される現行犯逮捕の2種類があるほか，刑事訴訟法上，準現行犯逮捕（現行犯逮捕とともに〈CASE 10〉で扱う）と緊急逮捕という特殊な類型についての規定がある。

　通常逮捕は，検察官または司法警察員の請求を受け，地裁または簡裁の裁判官が審査のうえ発布した令状を執行するものである（199条以下）。通常逮捕の要件は2つあり，1つは，逮捕の「理由」，すなわち「被疑者が罪を犯したことを疑うに足りる相当の理由」（199条1項）であり，もう1つは，逮捕の「必

要性」(同条2項)である。前者については,人身の自由を侵害するだけのものであることを要し,したがって捜索・差押えが認められる要件としての犯罪の嫌疑よりも高いものでなければならない。後者については,199条1項但書が,犯罪軽微な場合の定めをおくほか,同条2項但書を受けて刑訴規143条の3が「被疑者の年齢及び境遇並びに犯罪の軽重及び態様その他諸般の事情に照らし,被疑者が逃亡する虞がなく,かつ,罪証を隠滅する虞がない等」の場合には「明らかに逮捕の必要がない」として,逮捕状の請求を却下しなければならないと規定している。なお,通常逮捕を行う場合には,逮捕状を被疑者に呈示しなければならない(201条1項)(以上につき,白取・145頁以下参照)。

2 緊急逮捕の意義および要件

　緊急逮捕とは,憲法が予定していない逮捕類型の1つであり,緊急の場合に,事後に逮捕状を得ることを条件として,先に被疑者の逮捕を行うものである。具体的には210条が,①死刑・無期・長期3年以上の懲役・禁錮にあたる罪を犯したことを疑うに足りる充分な理由があり,②急速を要し,裁判官の逮捕状を求めることができないときに,その理由を告げて逮捕を行い,③逮捕後直ちに裁判官に逮捕状を求める手続をとり,④逮捕状が発せられないときには直ちに被疑者を釈放する,という要件を規定している。

　このうち,③の「直ちに」の要件について,緊急逮捕後約6時間後に行われた逮捕状請求について,憲法33条に違反せず適法とする裁判例がある(広島高判昭58・2・1判時1093号151頁)一方,緊急逮捕後約6時間40分後になされた逮捕状請求は,その時間的関係において「直ちに」の要件を欠いた重大な違法があるとする裁判例もある(大阪高判昭50・11・19判時813号102頁)。

　〈CASE〉前半の事情につき,最判昭32・5・28(刑集11巻5号1548頁)は,①の要件を充足するから緊急逮捕を妨げないとする。しかしながらこの部分は,さらなる検討が必要ではないだろうか。氏名等不詳で,特徴の具体的表示が不能というのであれば,事後の逮捕状の請求および発布はどのようにすれば可能なのか(特に被逮捕者が黙秘する場合はどうか)。そもそも,そのような事情の下では通常逮捕のための逮捕状請求も難しいことになるが,その場合に緊急逮捕ならばできるのだろうか。緊急逮捕が潜脱的になされていないかどうかの検討が必要であろう。

また、〈CASE〉後半については、②要件の充足が問題となる。前掲・最判昭32年5月28日は、具体的事情の認定としてではなく、想定される虞を理由に緊急逮捕ができるとしている。「『犯人』が逮捕に備える」おそれは多くの場合「想定」できるとするならば、ほとんどの場合にこの要件は充足されるという結果となり、この要件を定立した意味がなくなるであろう。要件充足の判断は、個別事案の具体的・客観的な事情に基づいて行わなければならない。

3 緊急逮捕は合憲か
(1) 令状主義の趣旨と緊急逮捕

憲法33条が身体拘束に際して令状を得ることを原則としている趣旨は、捜査段階における捜査機関の権限濫用による人権侵害を防止するために、裁判官による事前の司法審査を定めた点にある。すなわち、人身の自由という基本的人権に直接重大な影響を与える逮捕という手続について、被疑者の人権保障と事案の真相解明のための身体拘束という2つの目的(刑訴法1条参照)を合理的に調整するために、令状という方式を採用することによって、捜査機関の恣意を防止し、もって被疑者の人権を保障するためのものである。そのために、令状による逮捕を本則とすることで裁判官の事前審査の必要性を定めたのである。また、通常逮捕の手続においては逮捕状を被疑者に呈示する、という刑訴法201条1項は、適正手続(憲法31条参照)の根幹をなすと解されている「告知」の趣旨が令状主義に結実し、それを逮捕手続において実践するために定められたものと解すべきであろう(なお、憲法33条自身が現行犯逮捕という例外を認める趣旨については、〈CASE 10〉を参照)。

この点、緊急逮捕は事前に令状を得ないものであることから、それが令状主義の趣旨に照らした場合にどのように考えるべきか、憲法が予定していない類型を刑訴法上に規定を置くことで新たに創設できるのか、といった点でその合憲性が問われることになる。

(2) 判例の立場

最高裁は、緊急逮捕の合憲性を認めている(最大判昭30・12・14刑集9巻13号2760頁)。もっとも、同判決は「[刑訴法210条が定める]かような厳格な制約の下に、罪状の重い一定の犯罪のみについて、緊急已むを得ない場合に限り、逮捕後直ちに裁判官の審査を受けて逮捕状の発行を求めることを条件とし、被

疑者の逮捕を認めることは，憲法33条の規定の趣旨に反するものではない」と述べるにとどまり，その実質的理由については言及していない。

(3) 合 憲 説

緊急逮捕を合憲とする説には大別して，現行犯逮捕に準じるというものと，通常逮捕と同視できるというものがある。前者については，緊急性という要件の点で現行犯逮捕と緊急逮捕とでは同質であるということを重視し，後者については，事後的ではあれ，司法審査がなされるという点を重視する。いずれも，捜査上の便宜ないし現実の必要性を前面に押し出す考え方である。

(4) 違 憲 説

緊急逮捕を違憲とする説は，憲法33条の文理解釈上，許容されるのは通常逮捕と現行犯逮捕のみであることを基礎におく。そこから，現行犯逮捕に準じるという説に対しては，現行犯の場合に存在する明白性の要件があってこそ緊急性が導かれるのであって，緊急逮捕の場合は捜査機関の判断に基づく手続上の緊急性があるに過ぎない点で，両者は異質なものと考えるべきだと批判する。通常逮捕と同視できるという説に対しては，令状主義の実質は，「事前の」司法審査と，司法審査の結果を「令状の呈示」という方式で被処分者に示すことにあることからすれば，緊急逮捕の手続は令状主義の要請を満たすものではないと批判する。また，210条自体が，事後に逮捕状が発布されない場合を規定しており，この場合を通常逮捕と見ることはできないという批判もなされる。

令状主義の実質にまで立ち返った議論をするならば，理論的には違憲説が説得的と言うべきであろう。

Practice

下記の各問の正誤を答えなさい。

問1. 「被疑者が罪を犯したことを疑うに足りる相当な理由」，すなわち嫌疑があれば，被疑者を逮捕することができる。　　　　　　　　　　　　　（　　　）

問2. 憲法は，緊急逮捕を令状主義の例外として規定している。　　（　　　）

問3. 緊急逮捕の場合，通常逮捕の手続によるならば逮捕状が発布されなかった事案についても逮捕されることがある。　　　　　　　　　　　　　　（　　　）

第 2 章 捜　　査

CASE 10　準現行犯逮捕

　あるグループの内ゲバ事件が発生。警戒中の警察官が，本件犯行から1時間40分後に，犯行現場から直線距離で約4キロメートル離れた路上で，犯人の1人とおぼしき者を発見したので，職務質問のため停止するよう求めたところ，同人が逃げ出したので追跡して追い付き，同人が腕に籠手を装着している等の事情から，同人を準現行犯人として逮捕した。この逮捕手続は適法か。

〈POINT〉① 現行犯逮捕の意義および要件
　　　　　② 準現行犯の要件
　　　　　③ 準現行犯逮捕の合憲性

1　現行犯逮捕の意義および要件

　現行犯逮捕は，令状主義に基づく逮捕を規定する憲法において，明記された例外である。

　憲法33条が現行犯逮捕に限って令状を不要とした趣旨は，現行犯人の場合は犯罪および犯人性が明白であることに加えて緊急状況にあるため，誤認逮捕といった人権侵害の可能性が少ないためとされる。令状主義の趣旨が，事前の司法審査を経た令状という方式をとり，その令状を被処分者に呈示することによって，人権保障を全うしようとするものであること（刑訴法1条）に鑑みれば，類型的に人権侵害の可能性が少ないものについて，憲法自身が例外を自ら規定することは是認できよう。

　その憲法上明記された例外である現行犯逮捕については，刑訴法212条以下に規定が置かれている。現に犯罪を行い，または現に犯罪を行い終わった者を現行犯人とする。（212条1項）。現に犯罪を行っている場合はともかくとして，どこまでを現に犯罪を行い終わった場合とするかが，無令状逮捕を許容する理由として犯罪・犯人性の明白性が求められることと相俟って，問題となる。判例上は，犯行現場から約20メートル離れた場所で，犯行後30～40分経過した場

合（最判昭31・10・25刑集10巻10号1439頁）や，現場から約30メートル離れているが時間的には，住居侵入の直後，急報に接した巡査が自転車で現場にかけつけ，右の地点において逮捕した（どの程度の時間経過があったかは明らかでない）場合（最判昭33・6・4刑集12巻9号1971頁）に，現に罪を行い終わった者であるとされている。もっとも，数字のみによって限界付けることは困難であり，犯罪の実行行為との時間的接着性や場所的近接性を総合して考慮することになろう（松尾・条解361-362頁参照）。共謀共同正犯の共謀者や狭義の共犯については，共謀行為ないし教唆・幇助行為と実行正犯の実行行為の双方について要件を満たす必要がある（東京高判昭57・3・8判時1047号157頁参照）。

現行犯人については，通常逮捕と違って「何人でも」逮捕状なしに逮捕することができる（213条）。そこからむしろ，逮捕の必要性判断は厳密に行われる必要があり，217条も，軽微な犯罪についての制限を設けている（白取・148-149頁）。逮捕の必要性判断は，犯罪・犯人性の明白性とは別個の判断であることに留意しなければならない。

通常逮捕ができる者（199条1項参照）以外の者による現行犯逮捕がなされた場合は，逮捕者は直ちに逮捕した現行犯人を地方検察庁・区検察庁の検察官または司法警察職員に引き渡されなければならない（214条）。司法巡査が現行犯人を受け取ったときには，速やかに司法警察員に引致するとともに，逮捕者の氏名・住所や逮捕事由を聴き取らなければならず，必要な場合には逮捕者に官公署への同行を求めることができる（215条）。また，現行犯逮捕がなされた場合には通常逮捕に関する規定が準用される（216条）。

2　準現行犯の要件

上記のとおり，憲法33条は，令状主義の例外として現行犯逮捕のみを明示しているのであるが，憲法の下位法である刑事訴訟法によって，講学上・実務上，準現行犯と呼ばれる類型が創設されている。

準現行犯とは，a．①犯人として追呼されている，②贓物または明らかな犯行供用物と思われる兇器その他の物を所持している，③身体・被服に犯罪の顕著な証跡がある，④誰何されて逃走しようとする，の要件のいずれかに該当し，かつ，b．罪を行い終わってから間がないと明らかに認められる者，をいい，これらの者は「現行犯人とみなす」とされている（212条2項）。なお，②の

「贓物」とは，刑法第39章にいう「盗品等」の，1995年の刑法口語化改正（平7法91）前における旧称である。

現行犯人と比較してさらに犯罪から遠い位置にある準現行犯人の逮捕に当たっては，現行犯逮捕の場合に求められる要件に加えて，時間的接着性・場所的近接性の明白性および212条2項各号の（少なくとも）いずれかを満たすことが求められるのである。

その中で，上記④の要件については，〈CASE〉の事案でみると，「職務質問のため停止するよう求めたところ，同人が逃げ出したので追跡して追い付」いたということで，これを形式的には満たしているように思われる。ただし，職務質問における任意性の問題（警職法2条3項参照）を考慮すると，④を満たすというだけでaの要件を満足すると判断することには問題がある。現行犯逮捕が「何人でも」できることと相俟って，犯罪の関連性が要求されていない点で，そもそも要件としての妥当性に疑問が残る（白取・149頁参照）ということに留意しなければならない。

さらに，〈CASE〉については，bの要件を満たすかという問題がある。現行犯逮捕の場合でも，犯罪・犯人の明白性に，犯罪の実行行為との時間的接着性や場所的近接性を総合して考慮しなければならないところ，上記のように，現行犯からさらに遠い準現行犯については，なおさら慎重な検討が求められる。その点，この場合，その時間的接着性や場所的近接性に欠けるのではないかということが問題となるのである。

この点，〈CASE〉の元となった事案について，最高裁は，「罪を行い終わってから間がないと明らかに認められるときにされたものということができる」として，犯行から1時間40分後に犯行場所から4キロメートル離れた場所で行われた準現行犯逮捕の適法性を肯定している（最決平8・1・29刑集50巻1号1頁）が，この事案については，④と②の要件が重畳的に備わっていたことや，逮捕者が無線情報を受けつつ犯人の捜索・追跡にあたっていたということが考慮されたという評価がある（福井厚「準現行犯逮捕の適法性／刑訴法220条1項2号にいう『逮捕の現場』」ジュリスト臨時増刊1113号・平成8年重要判例解説169, 170頁）ので留意されたい。

3 準現行犯逮捕の合憲性

そもそもの問題として，準現行犯逮捕という類型が憲法との関係で許容されるのか，という問題がある。

冒頭に述べたとおり，憲法33条は，逮捕という国家活動を行うに当たっては，大原則として令状という方式を備えることを要請している（〈CASE 9〉参照）。これを前提として，憲法は同条において，犯罪・犯人性の明白性および緊急性という状況に鑑みれば人権侵害の可能性が少ないということから，その大原則の唯一の例外として，現行犯逮捕という類型のみを明記しているのである。

このように，憲法という国法体系上の最高法規が，大原則としての令状という方式と，唯一の例外としての現行犯逮捕とを明記している場合，下位の法規である法律によって，憲法自身が規定するもの以外の例外として，現行犯に「準ずる」ものとして準現行犯のような類型を創設することができるとすることには大きな疑問がある。法律によって憲法上の保障内容を狭めることが可能となってしまうからである。この点，事後に令状を得ることになる緊急逮捕についてすら，違憲の疑いは色濃く存在する（〈CASE 9〉参照）。ましてや，無令状逮捕の範囲を広げることになる準現行犯という類型を旧刑訴法から連なるものとして存置したことには，問題が大きいといわなければならない。

準現行犯という類型を認める場合には，「罪を行い終って間がないと明らかに認められるとき」という時間的接着性・場所的近接性の要件を厳密に解釈することによって，その範囲を限定していくことによって，現行犯に準じるものとして辛うじてその合憲性が肯定されるという解釈は可能である。その場合でも，準現行犯の要件として上述したa④については，それ単独で無令状逮捕を認めることには問題があるというべきであろう（小田中聰樹・大出良知・川崎英明編著『刑事弁護コンメンタールⅠ刑事訴訟法』（日本評論社，1998）172頁参照）。

Practice

下記の各問の正誤を答えなさい。
問1．憲法は，明文で令状によらない逮捕について規定している。　　（　　）
問2．準現行犯逮捕は，憲法に明記された令状主義の例外である。　　（　　）
問3．準現行犯逮捕が認められる要件は，現行犯逮捕が認められる場合と同じである。　　（　　）

CASE 11　逮捕・勾留の一回性

　5個の被疑事実について逮捕され、20日間の勾留を経て釈放された被疑者が、そのうちの1個の事実について再逮捕されたうえ、再勾留された。このような逮捕・勾留は認められるか。

　　〈POINT〉① 勾留の意義，要件および手続
　　　　　　② 事件単位の原則
　　　　　　③ 逮捕・勾留一回性の原則
　　　　　　④ 再逮捕・再勾留の可否と限界

1　勾留の意義，要件および手続

(1)　勾留の意義・目的

　勾留とは、被疑者・被告人を刑事施設に拘禁する裁判とその執行である。被疑者に対する起訴前勾留（被疑者勾留）と被告人に対する起訴後勾留（被告人勾留）とがあり、被疑者勾留については、207条1項により、起訴後勾留に関する60条以下が準用される（以下では、原則として準用条文の引用は省略する）。

　60条1項各号によれば、勾留の目的として被疑者・被告人の逃亡防止および罪証隠滅防止があることは明らかである（もっとも、逃亡防止の点はともかく、罪証隠滅を勾留目的とすることについては厳しい批判がある。豊崎七絵「未決拘禁は何のためにあるか」刑事立法研究会編『代用監獄・拘置所改革のゆくえ』（現代人文社、2005）2頁以下参照）。法が明示するそれらのほかに勾留目的を設定できるかについては、争いがある。

　特に被疑者勾留について、取調べという目的が主張されることがある。取調べ受忍義務（〈CASE 19〉参照）を認める立場をとる場合、この目的は大きな要素となる。これに対しては、裁判官による司法的コントロールが及ばないことから令状主義に反し、あるいは当事者主義ないし弾劾的捜査観ひいては黙秘権に反するという問題がある（〈CASE 20〉も参照）。

(2) 勾留の要件・手続

　勾留が認められるためには，罪を犯したことを疑うに足りる相当な理由のほか，60条1項各号記載の勾留の理由があり，勾留の必要性があること（87条1項）が要件となる。被疑者勾留の場合はさらに，逮捕が先行している必要があり（207条1項），これを逮捕前置主義という。これにより，身体拘束の期間は長くなるが，逮捕と勾留という2つの段階を設けることによって，二重の司法的チェックを受けさせる趣旨に基づいた制度である。

　被疑者勾留は，検察官の請求に基づいて行われる（204条～206条）。被告人勾留の場合は，裁判所の職権により行われる。憲法34条の要請から，勾留をする場合には勾留質問を行わなければならない（61条）。

　被疑者勾留の期間は，勾留請求の日から10日間で，この期間内に検察官は公訴提起をしない場合には被疑者を釈放しなければならない（208条1項）。やむを得ない事由があると認められる場合には，最大10日間の延長をすることができる（同条2項）。内乱罪等の一定の罪の場合には，さらに最大5日の延長があり得る（208条の2）。被告人勾留の期間は，公訴提起の日から2カ月で，特に継続の必要がある場合は具体的に理由を附した決定により1カ月ごとの更新が可能である（60条2項）。

　被疑者勾留に関する裁判に対しては準抗告（429条1項2号），裁判所による被告人勾留に関しては抗告（419条・420条2項）による不服申立てができる。また，憲法34条の要請から，勾留理由開示の制度が設けられている（82条）（以上につき，白取・153-157頁，福井・講義102-109頁参照）。

2　事件単位の原則

　逮捕・勾留の及ぶ範囲については，何を単位とするかという理論的な争いがかつてあった。

　「人単位説」は，逮捕・勾留は犯罪の嫌疑を要件とするが，本質的には「人」に対する処分であると考えるものである。この立場では，逮捕・勾留されている者を別事件で重ねて逮捕・勾留することはできない点で，身体拘束期間の短期化につながるとされる。他方，A事実で逮捕した被疑者をB事実で勾留し，C事実で勾留延長することが可能であり，A事実で逮捕・勾留した被疑者についてもっぱらB事実の取調べを行うことも可能となる。

この点，令状に被疑事実の要旨の記載が要求され，被疑事実等の告知が必要なこと（200条，64条1項，203条〜205条，61条等）からすれば，逮捕・勾留（そして防御の対象）は特定の「被疑事実」を基礎とするものと考えられる。勾留の要件も，特定の被疑事実との関係で審査される。ここから，逮捕・勾留の効力範囲の基準は被疑事実の単位であるとする「事件単位説」が唱えられることになる。この場合，A事実で逮捕した被疑者をB事実でそのまま勾留することはできず，B事実による逮捕を先行させなければならない。これにより，拘束期間全体は長くなり得るが，各被疑事実についてそれぞれ司法審査を受けることが可能となり，令状主義の趣旨が全うされるとするのである。こういった趣旨から，現在では事件単位説が通説となっている（白取・159-160頁参照）。

3　逮捕・勾留一回性の原則

　同一の犯罪について，逮捕・勾留を1回しか許さない原則を，逮捕・勾留一回性の原則という。逮捕や勾留が，人身の自由を制約する重大なものであるという事態に鑑み，法は要件や手続・期間について厳しい定めを置いている。同一犯罪について複数の逮捕・勾留が許されると，その法の趣旨が没却されるため，逮捕・勾留の反復・重複を禁じるのは当然のこととされている。
　この原則からまず，同一の犯罪事実について，同時に2個以上の逮捕・勾留をすることはできない。これを，一罪一逮捕一勾留の原則という。刑事手続とは国家刑罰権の実現のための手続であって，実体法上，一罪については刑罰権が一個しか発生しないと考えられる以上（憲法39条第2文も参照），手続上も一個のものとして取り扱うべきであるとして，「一罪」の範囲については，実体法上の一罪を基準とするのが通説とされる。この基準によって「一罪」と判断された場合には，二重勾留はできないのである。ここには，事件単位の原則の考え方が影響している（以上につき，福井・講義114-116頁参照）。

4　再逮捕・再勾留の禁止

　ここにいう「再逮捕」「再勾留」とは，同一の犯罪事実について，異なる時期に繰り返して逮捕・勾留することをいう。マスコミ報道における「再逮捕」は通例，別事件（すなわち別罪）について改めて逮捕手続がとられているものをいっており，その手続自体は前述した事件単位原則から認め得るが，用語法

には注意が必要である。逮捕・勾留一回性の原則からすれば，このように，同一の犯罪事実について，異なる時期に逮捕・勾留を繰り返す（刑訴法上における本来の意味での）「再逮捕」「再勾留」はできないことになる。

　この点につき，例外が認められるか否かについて議論がある。捜査段階においては，事態が展開している最中であって，事情が流動的であることが多いため，再逮捕・再勾留の禁止を貫徹すると捜査がたちいかないというのである。

　逮捕については，再逮捕を前提としたと考えられる規定があり（199条3項，刑訴規142条1項8号），新証拠の発見や逃亡・罪証隠滅を疑うに足りる相当な理由の新たな発生などによって再捜査の必要があり，犯罪が重大といった理由で身体拘束の相当性が認められ，逮捕の不当な蒸し返しと言えない，というような事情のあるときは，再逮捕も許されるというのが通説である。もっとも，これら要件の判断は慎重になされる必要があろう。安易な運用に流れると一回性の原則そのものが無に帰することになる（小田中聰樹ほか『刑事弁護コンメンタールⅠ刑事訴訟法』163頁等）。他方，勾留の場合には逮捕についてあるような規定はない。そのことから，再勾留を禁じた規定はないとして厳格な要件で認める立場と，許容する規定はないとして許されないとする立場とがある。下級審には前者の判断をしたものがある（東京地決昭47・4・4刑裁月報4巻4号891頁等）。

　〈CASE〉では，例えば旧来の人単位説を貫徹した場合には，このような再逮捕・再勾留は認められないということになる。他方，現在の事件単位説に立つ場合には，再逮捕については，一定の要件が慎重な判断により満たされるならば認められる余地があろう。再勾留については，一回性の原則をどれだけ貫徹するかによって，認める立場と認めない立場とがあるということになる。

Practice

　下記の各問の正誤を答えなさい。

問1．刑事訴訟法上，取調べを勾留の目的とする明文規定がある。　　（　　）
問2．逮捕前置主義とは，逮捕の前に勾留を置く制度のことである。　（　　）
問3．人単位説と事件単位説とでは，事件単位説の方が令状主義の要請をより満たすことができる。　（　　）
問4．現行法上，再逮捕・再勾留は禁止されている。　　（　　）

CASE 12　別件逮捕・勾留

　殺人罪を捜査するために，それとは無関係な窃盗罪で被疑者Xを逮捕・勾留したうえで主として殺人罪についての取調べを行ったところ，Xが殺人罪について自白したため，その自白に基づいて，窃盗罪についての勾留期間満了後，あらためて殺人罪でXを逮捕・勾留した。この手続は適法か。

〈POINT〉① 　別件逮捕・勾留の意義
　　　　　② 　別件逮捕・勾留の違法性の判断基準
　　　　　③ 　別件逮捕・勾留に対する司法的抑制

1　別件逮捕・勾留の意義

　別件逮捕・勾留とは，本命の重大事件（＝本件）につき，逮捕または勾留するだけの資料がそろっていない場合に，別の被疑事件（＝別件）を理由に逮捕または勾留し，その身体拘束状態を利用して本件の取調べを行うという捜査手法のことである。〈CASE〉は，「本件」である殺人罪の捜査のために，「別件」である窃盗罪によって逮捕または勾留したうえで「本件」について取調べを行っており，典型的な別件逮捕・勾留にあたる事案といえる。

　別件逮捕・勾留が問題とされる理由は，後に述べるように，身体拘束についての司法審査をかいくぐる点，法の定める身体拘束期間を逸脱して取調べが行われる点，逮捕を自白獲得の手段と位置づけている点にある。

2　別件逮捕・勾留はいかなる場合に違法となるのか

　別件逮捕・勾留の違法性を判断する基準としては，「別件基準説」と「本件基準説」との対立がある。

(1)　別件基準説

　この説は，「別件」について，逮捕または勾留の理由も必要性（相当性。以下同じ）もない場合に，当該逮捕または勾留は違法であるとする。〈CASE〉についていえば，「別件」たる窃盗罪についてXを逮捕または勾留する理由や必

要性がないときに限り、そのような逮捕または勾留は違法なものであったとするのである。「別件」の窃盗罪での逮捕または勾留を利用した取調べ目的が「本件」の殺人罪に向けられていたとしても、「別件」による逮捕または勾留そのものが違法となるものではなく、「本件」についての取調べは余罪取調べ（逮捕または勾留の基礎となっている犯罪事実以外の事実を「余罪」という。〈CASE 20〉参照）の限界という問題の枠内で扱えば足りるとするのである。

この別件基準説を採用すると、別件について逮捕または勾留の理由ないし必要性がある限りは適法とせざるを得ないこととなり、「違法な」別件逮捕・勾留が成立する余地はほとんどなくなる。別件基準説の立場に立って違法評価を受ける場合とはすなわち、「別件」たる窃盗罪での逮捕または勾留の理由ないし必要性がないときにほかならないから、それは単に逮捕または勾留の適法性一般の問題に解消されることとなり、結局は、とりわけて「別件逮捕・勾留」を論じる余地そのものがなくなることになる。

(2) 本件基準説

これに対して「本件基準説」は、「本件」について令状主義違反といえる事情があるか否かを問題とする（通説）。つまり、以下に述べるように、裁判官の令状審査をかいくぐっているのではないか、「別件」による逮捕または勾留に引き続いて、あらためて「本件」について逮捕または勾留することで時間的制約を逸脱してはいないか、ということを検討して、それらの事情が認められる場合に「別件」による逮捕または勾留自体を違法とするのである。

前者については、Xは「別件」たる窃盗罪についての令状審査を受けてはいるものの、「本件」たる殺人罪についての令状審査を受けてはおらず（「事件単位の原則」、〈CASE 11〉参照）、この点では、令状によらずに身体を拘束されていると評価すべきなのであって、令状主義を保障する憲法33条、適正手続を保障する憲法31条に違反するということである。後者については、Xは、「別件」たる窃盗罪による逮捕または勾留を利用した「本件」たる殺人罪についての取調べを受けた後、あらためて「本件」について逮捕または勾留されることになるという点で、起訴前の身体拘束に厳格な時間的制約を課している刑訴法203条以下の潜脱に当たるということである。

(3) 別件逮捕・勾留が問題となるそもそもの理由

そもそも、ある逮捕または勾留が「別件逮捕・勾留」として問題となるのは、

「身体拘束状態を利用して取調べを行う」という考えに基づいた実務運用に原因がある。本来，取調べは，逮捕または勾留の目的ではないはずである（60条1項，刑訴規143条の3参照）。それにもかかわらず，逮捕または勾留という身体拘束下にある被疑者に対して取調べ受忍義務（《CASE 19》参照）を課したうえで取調べを行う実務が，この〈CASE〉のような問題を生んでいるということを看過してはならない。

(4) **裁判例の状況**

最高裁に別件逮捕・勾留について明示的に扱った判例はないが，「違法な別件逮捕」という言及はある（最判昭58・7・12刑集37巻6号791頁）。下級審には，上記3つの問題点を指摘したうえで，当該事件における身体拘束を別件逮捕・勾留として違法とするものが多数見られる（金沢地七尾支判昭44・6・3刑月1巻6号657頁，東京地判昭45・2・26刑裁月報2巻2号137頁，大阪高判昭59・4・19高刑集37巻1号98頁，浦和地判平2・10・12判時1376号24頁等）。

(5) **違法性の実質的な判断基準**

この点について，令状主義を潜脱する捜査機関の意図や，「本件」取調べのために別件逮捕・勾留をするという意図など，捜査機関の主観を重視する見解もあるが，そのような主観的なものを主たる要件とすると違法な別件逮捕・勾留の認定が著しく困難となり，妥当ではない。主観的要件をある程度材料とするにしても，「本件」と「別件」との罪質・態様の相違，法定刑の軽重や関連性の有無・程度，「別件」についての身体拘束の必要性の程度や捜査状況，「本件」についての取調状況や客観的証拠の収集程度など，客観的な事情による認定を行うべきである（福岡高判昭61・4・28刑裁月報18巻4号294頁，白取・163頁以下参照）。

3　別件逮捕・勾留についての司法的抑制

別件逮捕・勾留が違法であるとすれば，それに対する司法的な抑制が図られなければならない。

事前の抑制としては，「別件」による逮捕または勾留時の令状審査および「別件」による逮捕または勾留に引き続いての「本件」での逮捕または勾留時の令状審査がある。上述の判断基準に従って実質的な令状審査が行われなければならない。〈CASE〉においては，窃盗罪での逮捕または勾留時，殺人罪で

の逮捕または勾留時の令状審査が重要となってくる。また，そのそれぞれについて，勾留延長時にも審査があるほか，請求または職権による勾留取消，準抗告による勾留取消もありうる。

　事後の抑制としては，別件逮捕・勾留およびそれに引き続いて行われた「本件」での逮捕または勾留は違法な身体拘束であると評価することにより，その違法状態の下で得られた自白については，違法収集証拠としてその証拠能力を否定するということが挙げられる。前掲の下級審裁判例においては，別件逮捕・勾留中に得られた「本件」に関する自白についての違法収集証拠排除法則（〈CASE 47〉参照）が適用されており，定着した動向といっていい。〈CASE〉では，「別件」たる窃盗罪での逮捕または勾留時に得られた「本件」たる殺人罪に関するXの自白の証拠能力が否定されることになる。また，殺人罪での逮捕または勾留時にも重ねてXが自白していた場合，この自白の証拠能力も否定されることになる。

　なお，その他の救済方法としては，捜査官の違法行為に対する刑事責任の追及，国家賠償請求，懲戒請求などが考えられるが，捜査機関全体の方針を個々の捜査官の違法性に矮小化する点，救済としての実効性の点で疑問視せざるを得ないと思われる（前掲・金沢地七尾支判を参照）。

Practice

下記の各問の正誤を答えなさい。
問1． 別件基準説によれば，「本件」を取り調べる目的であればそれだけで「別件」による逮捕・勾留は違法となる。　　　　　　　　　　　　（　　）
問2． 本件基準説に立つ場合，令状主義や身体拘束の時間制限の潜脱が問題となる。
　　　　　　　　　　　　　　　　　　　　　　　　　　　　（　　）
問3． 別件逮捕・勾留を違法とすることに下級審裁判所は否定的である。（　　）
問4． 別件逮捕・勾留の違法性を判断するにあたっては，捜査機関の主観を重視するべきである。　　　　　　　　　　　　　　　　　　　　　（　　）
問5． 違法な別件逮捕・勾留であるかどうかが，その下で得られた自白の証拠能力の評価に影響する。　　　　　　　　　　　　　　　　　　　（　　）

第2章 捜　　査

CASE 13　捜索差押えと令状主義

　捜査官Ｐは，暴力団Ａの構成員Ｘが恐喝を行ったとの嫌疑を抱いた。そこで証拠物を収集するため，裁判所に捜索差押令状を請求し，「恐喝被疑事件」に関して，捜索場所「甲県乙市丙通り１丁目１番地，Ｂビル内，通称Ａ組事務所及び差押え物品が隠匿されていると思料される場所」，差押対象物「暴力団を標章するバッチ，メモその他本件に関係ありと思料される一切の文書及び物件」とする令状を得た。捜査官ＰがＡ組事務所内の恐喝にかかわると思われる文書を差し押えていたところ，Ａ組の組員Ｙは自身のボストンバッグを抱え込んでいた。捜査官ＰはＹにバッグの中を見せるように求めたがＹは応じなかった。そこで強制的に同バッグを取り上げてその中を捜索したところ，Ｘの恐喝事件にかかわると思われる録音テープを発見し，差し押さえた。

　〈POINT〉① 捜索・押収の意義と令状主義
　　　　　　② 捜索・差押えの要件
　　　　　　③ 令状への罰条および被疑事実の記載の要否
　　　　　　④ 捜索場所・差押目的物の特定
　　　　　　⑤ 捜索・差押えの範囲

1　捜索差押えの意義と令状主義

　〈CASE〉において，Ｘらに対して捜査機関は「捜索差押え」を執行している。まずは，「捜索差押え」とはどのような処分なのか，確認しておこう。

　捜索とは，人の身体，物または住居その他の場所について，物または人の発見を目的に行われる探索行為である。他方，差押えとは，捜索などで発見した証拠物や没収すべき物について，所有者から強制的に占有を取得する処分をいう。これら強制処分は，原則として，逮捕の場合と同様に捜査機関による令状請求が裁判官に対して行われ，それを受けて裁判官が「正当な理由」（憲法35条）があると判断した場合に令状を発付することで執行される。捜査機関はそ

の発付された令状に基づいて、原則として被処分者に令状を呈示し（222条，110条）、場合によっては破錠するなど「必要な処分」（111条）を施して捜索や差押えを執行する。

なぜこのような令状による手続を憲法上の要請として設けたのであろうか。捜索・差押えは強制的に執行される処分であり、捜査機関によって濫用されるとプライバシー権や財産権に対する大きな侵害となりうる。そこで、捜索差押えのような強制処分について、上記のように裁判官の令状を求めれば、裁判官が捜索差押えの範囲や要否をチェックすることで、コントロールを及ぼすことが可能になる。これにより、捜査機関による捜査権限の濫用を防止し、適正性を保障しようとしているのである（令状主義）。〈CASE〉において、捜査機関が裁判官に令状の発付を求めているのも、このような制度の趣旨に基づく。

2　捜索・差押えの要件

令状主義がこのように捜査権限の濫用を目的に採用されているとすれば、裁判官が実質的に令状の要否を審査することが望ましい。実際、最高裁の判決でも、差押えに対する不服申立ての際、裁判所が「犯罪の態様・軽重、証拠価値の重要性、隠滅のおそれ、被差押者の不利益程度」などを考慮して差押えの必要性を判断できる旨を判示している（最決昭44・3・18刑集23巻3号153頁）。これは令状主義の趣旨からすれば当然求められることであろう。したがって、〈CASE〉においても、捜索差押えの要件を具備しているか否かを、裁判所は実質的に判断すべきことになる。

では、捜索・差押えの令状は、どのような要件を満たした場合に発付されるのであろうか。この問いは、実質的には憲法35条にいう「正当な理由」が認められるのは、いかなる要件を満たした場合か、という問いでもある。

第1に、特定の犯罪が行われたという嫌疑が存在し、当該捜索差押えがその嫌疑と関連したものでなければならない。捜索差押えにおいては、「犯罪の嫌疑」の存在は刑訴法上の明文で示されてはいないが、強制処分として当然必要とされるものであり、218条1項「犯罪の捜査をするについて必要があるとき」という文言が実質的に意味するところである。第2に、「捜索すべき場所・身体・物」に「押収すべき物の存在を認めるに足りる情況」があること（99条1項、102条、218条1項、219条1項、222条1項）、つまり捜索する場所・押収する

物と被疑事実の間に関連性が存在しなければならない。以上の要件は，当該捜索差押えが「必要」であることを確認するために求められている（捜索差押えを行う必要性）。そして，第3に，捜索差押えによって制約されるプライバシー権や財産権の大きさと捜索差押えの必要性との間で均衡がとれていなければならない（前掲・最決昭44・3・18参照）。ここにいう「均衡」とは，プライバシー権などを制約してもなお，捜索差押えを行うだけの必要性がなければならないことを指す（捜索差押えを行う相当性）。これも，218条1項の「犯罪の捜査をするについて必要があるとき」という文言が意味する内容の1つである。〈CASE〉においてもこれらの要件が令状請求・発付に際してはチェックされるべきであり，捜査官Pは，裁判官が必要性・相当性を判断できるよう，疎明資料を提出する必要がある。

　では，裁判官が発付する令状には，どのような事項が記載されなければならないのか。そもそもなぜ捜索差押えの対象を令状に記載しなければならないのか。もともとイギリスやアメリカでは，一般令状と呼ばれる，捜索場所や差押え対象物を特定・限定していない令状があった。この令状は結果として捜索差押えの濫用をもたらしたため，アメリカでは合衆国憲法修正4条で捜索差押え対象を明示することが求められるにいたった。日本の憲法35条も同様の趣旨から，捜索差押え対象の「明示」を求めているのである。したがって，令状の記載事項は，捜索差押えの範囲を限定し，裁判官のチェック対象と捜査機関の執行範囲を明確にすることで捜査機関の権限濫用を防止する役割がある。それに加えて，被処分者は捜査機関から令状の呈示（222条，110条）を受けた際に，捜索差押えをされる理由や範囲を確認できる。

　そのため刑訴法も219条で捜索差押えの令状の形式として，被疑者の氏名，罪名，差し押さえるべき物，捜索すべき場所・身体・物，有効期間などを明示することと，裁判官の記名押印を求めている。これらの令状の形式を具備しているか否かが，〈CASE〉においては問題となりうる。

3　令状への罰条および被疑事実の記載の要否

　〈CASE〉では，捜査官Pの持つ令状には「恐喝被疑事件」と記載されるにとどまり，具体的な罰条や被疑事実は記載されていない。現在，実務で使用されている「捜索差押許可状」においても被疑事実の要旨を記載する欄は設けら

れていない。また，判例には，「被疑事件の罪名を，適用法条を示して記載することは憲法の要求するところではなく……刑訴法219条１項により……罪名を記載するに当っては，適用法条を示す必要はない」と判示したものもある（最大決昭33・7・29刑集12巻12号2776頁）。したがって，判例上は罰条および被疑事実の要旨の記載を欠くことを理由に直ちに違法となるわけではない。

　しかし，もともと罰条の記載は，当該令状が他の事件の捜査に流用されることを防止するために求められているものであるし（三井(1)・39頁），被処分者にとっても自らが具体的にどの条項に違反したのかを把握する重要な材料となる。そのため，罰条は明示すべきであろうし，被疑事実も，捜査の進展との関係で具体的に記載することが困難な場合もあるかも知れないが，できるだけ明示すべきである。さらに重要なことに，憲法35条が捜索差押令状は捜索差押対象の明示を要求している。捜索差押え対象の特定のために，罰条の記載および被疑事実の要旨の記載はむしろ必要不可欠なものとして解すべきであろう。その意味で，219条で求められている記載は，憲法35条の要求に合致する形で厳格に解釈されるべきである。

　実務上は，罪名について，特別法違反の場合には当該法律名のみを令状に記載することが多いが（例えば「地方公務員法違反」「覚せい剤取締法違反」など），これも同じ法律内に複数の異なる構成要件が設けられている以上，罰条等を明示して記載すべきであろう。

　以上の観点からすると，〈CASE〉においては「恐喝」という構成要件が明示されている限りでは特定性があるものの，後述するように差押え対象物の記載の曖昧であることから，被疑事実の要旨も記載されるべきである（なお特別法違反に関して，東京高判昭47・10・13刑裁月報4巻10号1651頁も参照）。

4　捜索場所と差押対象物の特定

　もう１つ，令状の記載事項について〈CASE〉で問題になるのは，捜索場所と差押対象物の特定である。

　(1) 捜索場所　〈CASE〉では，捜索場所は「甲県乙市丙通り１丁目１番地，Ｂビル内，通称Ａ組事務所及び差押え物品が隠匿されていると思料される場所」と記載されている。ここで問題となるのは，第１に「Ｂビル内，通称Ａ組事務所」という記載が捜索場所の特定方法として適切か，第２に「差押え物

品が隠匿されていると思料される場所」という抽象的な特定方法が許されるか，という点である。

　判例は「場所の表示は，合理的に解釈してその場所を特定し得る程度に記載することを必要とするとともに，その程度であれば足りる」と判示している（最決昭30・11・22刑集9巻12号2484頁）。ここにいう「合理的に解釈して」という意味については検討を要するところだが，実質的には管理権が同一である範囲か否か―すなわち制約されるプライバシー権ならびに財産権の同一性の範囲内かを基準として特定性の有無を判断すべきであろう。令状がプライバシー権並びに財産権の保障を解除するものであるとするならば，令状によって解除された当該権利の同一性の範囲においてのみ捜索差押えが認められるべきである。〈CASE〉の場合，第1の「Bビル内，通称A組事務所」という記載については，A組の管理権の範囲が現場できちんと同定できるのであれば，記載として許されよう（「Bビル内」という記載のみであれば，他の入居者など複数の権利主体が含まれ，どの権利主体の管理権を制約するのか不明確となるため違法と解すべきであろう）。しかし，〈CASE〉においては，同時に第2の「差押え物品が隠匿されていると思料される場所」という記載も含まれており問題である。この記載では，どの権利主体の管理権を制約するのか，判別が困難であり，差押対象物があると捜査機関が「思料」すればどの場所でも立ち入れることになりかねない。それでは先の一般令状と同じ問題が生じてしまう。「差押え物品が隠匿されていると思料される場所」という記載は抽象的に過ぎ，違法と解すべきである（佐賀地決昭41・11・19下刑集8巻11号1489頁）。

　(2) 差押対象物　さらに〈CASE〉で問題となるのは，差押対象物を列挙した上で，「その他本件に関係ありと思料される一切の文書及び物件」という一般的な記載をしている点である。この記載においては，「本件」とは何かが具体的になっていなければ，差押えの対象となる証拠の範囲も絞り込むことは困難である。〈CASE〉においては「恐喝被疑事件」との特定がなされており，少なくとも恐喝にかかわる証拠が差押え対象物になるということが理解できるが，より差押対象物を明確にするためには，被疑事実の要旨の記載もある方がよいだろう。なお，判例は罪名を「地方公務員法違反」，差押え対象物を「会議議事録……その他本件に関係ありと思料せられる一切の文書及び物件」と記載した令状について，「明示として欠くるところがない」と判示しているが，

罪名の曖昧さと相俟って問題である（前掲・最大決昭33・7・29）。

5 捜索の範囲

最後に，捜索の範囲について検討しておこう。〈CASE〉では，組員であるYが抱え込んでいたボストンバッグを捜査官Pが強制的に開披し捜索している。この捜索が許されるかが問題となる。

原則として，捜索の範囲は先述したように，令状が保障を解除している管理権の同一性の範囲内ということになる。そのため〈CASE〉ではA組事務所内の捜索が令状に基づき可能となる。また，A組事務所に付設されている物品を捜索することも認められよう。しかし，捜索範囲を管理権の同一性が認められる範囲内と理解した場合，〈CASE〉のYのバッグは，Yの私物でありA組の物品とは考えにくいため，これを捜索できるかが問題となるのである。

判例には，マンションの居室を捜索場所とする捜索差押令状で，被告人の同居人が携帯していたバッグを捜索した事案を適法と判示したものがある（最決平6・9・8刑集48巻6号263頁）。同決定は被告人宅の同居人の携帯物だった事案なので，プライバシーの共有を理由にマンション居室への捜索差押令状の効果として捜索を正当化しうるかも知れないが，〈CASE〉の場合，YはA組事務所の構成員とはいえ，バッグはYの私物でありプライバシーがA組とは独立に存する以上，同決定を直ちに援用するのは乱暴であろう。本来はYの物に対する捜索令状を別途要すべきである（なお，〈CASE 14〉参照）。

Practice

下記の各問の正誤を答えなさい。

問1． 捜索差押許可状に被疑事実の要旨を必ず記載しなければならない。　（　　）

問2． 捜索や差押えの対象を令状に明示することは，刑訴法のみならず憲法35条の要求でもある。　（　　）

問3． 被疑者・弁護人が捜索差押えに立ち会う権利がある旨，刑訴法に明定されている。　（　　）

第2章　捜　　査

| CASE 14 | 別件捜索・差押え |

　捜査官Pは，被疑者Xが強盗殺人事件に関与しているという疑いを抱いていたが確証を得ていなかったところ，XがCD数枚を窃盗したという嫌疑が浮上した。そこで捜査官PはX宅へのXの窃盗罪に関する捜索差押え令状を得て捜索差押えを執行した。その際，Pは令状記載の差押対象物であるCD発見後もなお捜索を継続したところ，Xは自室において何か物を自分のポケットに隠したように見えた。そこでPはXのポケットを上から触れたところ，手帳のような形だった。PがXの同意を得ずにその手帳を取り出し，内容を確認したところ，強盗殺人の計画が記載されていた。Pはその手帳の任意提出を求めたが，Xが拒絶したため差し押さえた。

　〈POINT〉① 　別件捜索・差押えの意義
　　　　　② 　別罪の証拠を差し押えることの可能性
　　　　　③ 　場所の捜索を対象とする令状による人の携帯物の捜索
　　　　　④ 　場所の捜索を対象とする令状による人の身体の捜索

1　別件捜索・差押えとは

　〈CASE〉では，捜査官Pは窃盗罪（＝別件）の捜索差押令状の発付を受けつつ，他方で窃盗罪についての捜索差押えを執行する際に，強盗殺人罪（＝本件）の証拠収集を強く意識して捜索を行い，実際に強盗殺人罪の証拠を獲得している。このように，本件についての証拠を発見・収集する目的で，捜索・差押えの必要性の乏しい別事件の捜索・差押えの手続をとることを，しばしば別件捜索・差押えと呼ぶ（三井(1)・47頁）。

　判例は，恐喝被疑事件で「暴力団を標章する状，バッチ，メモ」の差押令状が発付され，別件の賭博メモを押収した事案について，憲法35条や刑訴法218条1項，219条1項の令状主義の趣旨からすれば，「令状に明示されていない物の差押が禁止されるばかりでなく，捜査機関が専ら別罪の証拠に利用する目的で差押許可状に明示された物を差し押えることも禁止されるものというべき」

と判示している（最判昭51・11・18判時837号104頁）。もっとも同判決は結論として，賭博メモが暴力団の性格や組織的背景などを知らしめ，また恐喝被疑事件に関係ある証拠にもなりうるものとして差し押さえられたと推認できるとし，適法とした。このように背景事情に関する証拠も広く差押対象として許容し，結果的に別罪の証拠になりうる物の差押えを認めること自体，批判的に吟味する必要はあろう。

　別件捜索差押えは，上のように「専ら別罪（本件）の証拠に利用する目的で捜索差押許可状に明示された物を差し押える」場合に限られない。別件について捜索差押令状の発付後，その捜索差押えの執行中に本件の証拠物を発見し，被処分者から任意提出を受けたり（221条），法禁物所持の場合には現行犯逮捕に伴う無令状捜索差押えをしたりする事例もみられる。このような事例で，特に別件の捜索差押令状請求時に既に本件（別罪）の証拠収集を捜査機関が意図している場合，本件についての裁判官の令状審査を経ずに本件の証拠を収集しようとしているため，令状主義を潜脱し，違法と評価されるべきであろう。実際，下級審の判例では捜査官に本件（別罪）の証拠を発見・収集する意図を当初から有しつつ，別件の捜索差押令状を請求した疑いを認定できる場合には，当該差押えを違法と判断している（例えば，広島高判昭56・11・26判時1047号162頁，札幌高判平元・5・9判時1324号156頁）。判例では捜査官の令状主義潜脱の意図を，別件の罪の軽重や捜索の態様などから判断している。例えば，暴行罪の被疑事実で，居間，寝室，押入れ，ストーブの周囲を捜索し，ぬいぐるみを壊して中身を確認したりして覚せい剤を発見した場合，その他の認定事実と合わせて暴行罪の証拠収集が目的なのか疑われ，違法な捜索差押えだと判断されている（札幌高判昭58・12・26刑裁月報15巻11＝12号1219頁）。

　〈CASE〉の場合，軽微な窃盗の事案で，差押対象物を発見し差し押さえた後も捜索を続けている点から，別件捜索・差押えとして違法と解すべきである。

2　別罪の証拠の差押え——緊急差押えの可否

　さらに〈CASE〉では，捜査官Pは捜索差押令状の記載がない強盗殺人罪の証拠（手帳）を，Xの任意提出によらず差し押さえている。このように差押令状に記載がない別罪の証拠を，差し押さえること自体も別件差押えとは別に問題になりうる。

このように，裁判官の事前の令状審査を経ていない別罪の証拠を強制処分として押収することを正当化する論理として，しばしばアメリカのプレインヴュー法理が紹介されている。同法理は，適法に捜査官が立ち入った領域で，当該被疑事実以外の別罪の証拠を明認（捜索行為を講じることなく捜査官の視野に入る状態）によって発見した場合，無令状でその証拠を差し押さえられるとの考え方である。同法理の第1の説明は，捜査官が適法な捜索によって立ち入った領域は，捜索行為自体によって既にプライバシーが開披されたため，もはやプライバシー権を保護する必要性が失われているとする。その上で，既に保護すべきプライバシー権が喪失されている以上，そこでは本罪・別罪の区別なく押収行為が認められるという論理である。第2の説明としては，適法な捜索によって立ち入った領域で別罪の証拠物を発見した場合，直ちに差し押さえなければ証拠隠滅される可能性があるため，その緊急の必要性から別罪の証拠物の差押えが認められるという論理がある。

もっとも，わが国ではそのような差押えを刑訴法は明文では認めていない。また，判例も正面からこれを認めたものはないといえる（前掲の最判昭51・11・18参照）。仮に立法化するとしても，上記の説明のうち，第1の説明は差押えによる財産権の制約の側面を捨象しており，わが国で受容すべきかどうかは疑問である。第2の説明による緊急差押えの設置のばあいも，憲法35条の令状主義の例外を拡張して解釈できるかどうかにかかわる問題であり，裁判官の令状審査による捜索差押えへのコントロールの重要性を踏まえて慎重に検討する必要がある（なお，通信傍受法14条は別罪の通話を傍受することを一定の場合に認めている。その正当性についても検討してみよう）。

少なくとも，現行刑訴法の下では，〈CASE〉の手帳の差押えは強盗殺人罪に関する差押令状を得ていない点で違法である。現行法の下で別罪の証拠を押収できるパターンとしては，被処分者の任意提出を受けて領置するか（221条），別罪が法禁物所持の罪である場合には，法禁物所持の現行犯逮捕に伴う無令状差押えを行うか（220条），改めて強盗殺人罪の差押令状を請求するか，であろう。

3　場所の捜索を対象とする令状と人の身体・所持品の捜索

〈CASE〉の事案を少し変えて，仮に捜査官Ｐが別罪の捜索を意図せず，手帳の任意提出を受けたとしても，別の問題が生じうる。それは，捜査官Ｐが場

所に対する捜索差押令状を以って，Xの着衣への捜索をしている点である。

　一般に，人への捜索については，人身の自由の点で特に侵害される利益が大きく，場所とは別個のプライバシーの単位として保障すべきと理解される。そうである以上，人の身体は，場所への令状で捜索対象となっていない領域として構成されることになる。したがって場所に対する捜索令状の効力は人の身体には及ばず，原則として場所への捜索令状による身体への捜索は許容されないと解すべきである。

　他方で，判例上も学説上も，捜索対象物が着衣などに隠匿されたと疑うに足りる合理的な疑いが認められる場合，例外的に人の身体への捜索が許されるとしている（東京高判平6・5・11高刑集47巻2号237頁）。ただ，これを正当化する説明については議論がある。場所への捜索令状の効力が身体にも及ぶという説明は，少なくとも，身体が場所とは異なるプライバシーの単位であり場所への捜索令状の効果が及ばないという考えからすれば，成り立たない。場所への捜索を完遂するための「必要な処分」（222条1項，111条1項）だという説明もありうるが，付随的処分に過ぎない「必要な処分」で，なぜ身体まで捜索できてしまうのか疑問が示されている。裁判官から捜索権限を授権されている以上，それを完遂するために必要かつ相当な措置は明文になくとも当然に行えるという理解もある。しかし，その措置の範囲の解し方しだいでは却って身体捜索を容易に認めてしまう可能性もあるため，やむを得ず緊急に捜索する必要がある場合などに限定する必要があろう。

　なお，居合わせた第三者の所持品についても，身体同様に捜索対象たる場所とはプライバシーの単位が異なるため，捜索の着手について身体同様に慎重に判断すべきである。

Practice

下記の各問の正誤を答えなさい。

問1． 一般探索行為は，憲法35条の令状の捜索押収対象物の「明示」との関係で解釈上問題となりうる。　　　　　　　　　　　　　　　　　　　　　（　　　）

問2． 判例は，フロッピーディスクやパソコンのようにそのままでは可読性がなく，現場での選別が困難な状況にあると認定できる場合に，内容を確認することなく大量のフロッピーを押収することも許されると判断している。　（　　　）

CASE 15　逮捕に伴う無令状捜索差押え

　捜査官Pは被疑者Xが覚せい剤を所持・売買しているとの疑いを抱き，Xに対する逮捕令状を取得してX宅に逮捕に向った。しかし，Xは不在であり，代わりに10歳の息子Yが出てきて「父は30分後に帰宅する」と述べた。捜査官Pは「お父さんに用事があるから，家で待たせてくれないか。また，その間に少し捜索をさせてくれないか」と述べたところ，Yは「よくわからないが，いいと思う」と答えた。そこでPはXの住居全体の捜索を行ったところ，Xの部屋から覚せい剤と注射器を発見し，押収した。その30分後，Xが帰宅したところを逮捕した。

　〈POINT〉① 無令状での捜索・差押えの意義
　　　　　② 逮捕に伴う捜索・差押えの時間的限界
　　　　　③ 逮捕に伴う捜索・差押えの場所的限界
　　　　　④ 同意捜索としての法律構成

1　無令状での捜索・差押えの意義

　〈CASE〉では，Xは捜索差押え令状によることなく捜索・差押えを受けている。この点，憲法35条は原則として「司法官憲」たる裁判官の令状に基づいて捜索・差押えを行う旨を規定しているが，他方で「第33条の場合」には令状主義の適用がないように読める。この「第33条の場合」とは，一般に「逮捕」の場合を指すものと理解されており，220条もこれを受けて「逮捕の場合」には「逮捕の現場」で無令状捜索差押えを行うことを認めている。

　このような無令状捜索差押えを憲法および刑訴法が認めた理由次第で，逮捕に伴う無令状捜索差押えの時間的限界・場所的限界を画定する際に重要な帰結の相違が生じると理解され，長らく議論が展開されてきた。逮捕に伴う無令状捜索差押えが許容された理由として，①逮捕現場では当該事件の証拠が存在する蓋然性が高い，②逮捕時における証拠破壊・隠滅を防止する必要がある，③被逮捕者による抵抗から逮捕執行者の身体を守る必要と被疑者の逃亡を防止す

る必要がある、ということが考えられる。このうち①②に力点を置き、憲法および刑訴法は逮捕を機会に効率的・積極的に証拠収集を合理的な範囲で認めるべく、無令状捜索差押えを政策的に認めたと理解するのが合理説である。他方で②③に力点を置き、憲法・刑訴法は、現場での証拠隠滅や被疑者の逃亡のような緊急事態において、逮捕時に必要最小限の無令状捜索差押えを認めたものと理解するのが限定説である。

これらの見解の相違は、〈CASE〉における捜査官Pの捜索差押え行為の適法性について、どのような帰結の相違を導くのであろうか。また、判例はどのような判断を示しているのだろうか。

2　逮捕に伴う捜索・差押えの時間的限界

まず、220条1項は「逮捕する場合」の無令状捜索差押えを認めている。そうすると、ここにいう「逮捕する場合」とは、逮捕の前後いつまでを指すのかが問題となってくる。具体的には、〈CASE〉のようにXの逮捕の30分前に行われた無令状捜索差押えも「逮捕する場合」に含まれるか否かが問題となる。

(1)　判例の理解──昭和36年最高裁判決──

この問題に近い事例として、被疑者を緊急逮捕するために捜査機関が被疑者宅に向かったところ被疑者が不在であったために、帰宅次第緊急逮捕する態勢で無令状捜索差押えに着手し、その20分後に被疑者が帰宅したところを逮捕したものがあり、最高裁が判断している（最大判昭36・6・7刑集15巻6号915頁）。この判決によれば、「逮捕との時間的接着を必要とするけれども、逮捕着手時の前後関係は、これを問わないものと解すべき」として逮捕着手前の無令状捜索押収を適法だと判断している。しかしながら、これに対しては横田喜三郎裁判官の意見において「同じ捜索差押の行為でありながら、被疑者が間もなく帰宅したという偶然の事実が起これば、適法なものになり、そうした事実が起こらなければ、違法なものになるというのは、あきらかに不合理」という批判がなされており、適切な指摘だと思われる。なお、この判決は「あくあまでも事後の『救済判例』」という指摘もあり（田宮・111頁）、逮捕に伴う無令状捜索差押えの場合に一般化して援用することは危険である。

そうすると、上記最高裁判決を前提としても、〈CASE〉の事例においても同様に適法と判断されるかどうかは微妙な問題である。というのも、〈CASE〉は

緊急逮捕ではなく通常逮捕の事案であり，事案の性質が異なると理解できるからである。つまり，通常逮捕の〈CASE〉に比べて，最高裁判決の事案では捜索差押令状を取得する時間がなく緊急性が高かった事案だったために，逮捕前の捜査機関による無令状捜索差押えを緩く理解した可能性がある。この理解を前提にするなら，〈CASE〉は最高裁判決を前提としても違法となる可能性もある。

(2) 合理説における帰結

合理説の場合，主として逮捕時における証拠存在の蓋然性の高さを無令状捜索差押えの根拠とし，また逮捕という大きな法益侵害の下では，捜索押収による法益侵害は相対的に小さいために無令状捜索差押えは許容されるという説明もある。この理解においては，逮捕の執行が確実に予期される場合であれば，逮捕着手前においても，ある程度時間的な幅を持たせて，無令状捜索差押えを許容することが可能であろう。また，その方が証拠収集を効率的に行えるとさえいえる場合もあろう。したがって，〈CASE〉においても，時間の先後があるとはいえ，逮捕が執行されている以上，無令状捜索差押えは適法と判断されうる。判例もしばしば合理説の立場に分類されるが，これは判例が示す結論が合理説の示す結論に近いからであろう。

(3) 限定説における帰結

限定説の場合，その主たる根拠は逮捕執行者の安全確保と被疑者の逃亡防止にある。したがって，逮捕に着手する前であれば，直接には逮捕執行者の安全確保の要請は生じにくい。また，被疑者が逃亡する可能性も，逮捕に着手することによって高まると考えられる以上，逮捕着手前であれば無令状捜索差押えを認めることを正当化しにくい。そもそも逮捕着手前の捜索をルーズに認めると，逮捕に借口して令状審査なきまま証拠収集を徹底して行う運用を招きうる。したがって，逮捕着手後でなければ無令状捜索差押えは原則として違法と判断されることになる。〈CASE〉のような事例であれば，明らかに逮捕着手前に無令状捜索差押えを行っているため，220条違反となる。もっとも，最後で述べるように，〈CASE〉の事案については，別の法律構成により適法となる余地も全くないわけではない。

3 逮捕に伴う捜索・差押えの場所的限界

次に問題となりうるのは，逮捕に伴う無令状捜索差押えが認められる220条

1項2号にいう「逮捕の現場」とは，どこまでの範囲を指すのか，という問題である。〈CASE〉においては，被疑者Xの自宅全体を捜索の対象としているが，このようにXの自宅全体を「逮捕の現場」と評価することが適切か否かが問題となる。

(1) 判例の理解——平成8年最高裁決定など——

　この問題に関しては，判例は広めに認める場合が多い。例えばホテル5階の待合室で被疑者を逮捕後，約35分後に7階の被疑者の宿泊していた部屋を無令状で捜索し，大麻タバコを差し押えた事案を適法と判断している（東京高判昭44・6・20高刑集22巻3号352頁）。このような建築物内部の場合，判例は個別の事情を勘案した上でしばしば逮捕が行われた建築物の内部全般を「逮捕の現場」にあたるものと判断している。

　また，屋外においても，平成8年の最高裁決定が，逮捕が行われた場所から約500メートルないし3キロメートル離れた警察署に連行した上で逮捕された被疑者の装着品や所持品を無令状で差し押えた事案について，逮捕現場での抵抗や交通の混乱が生じるおそれを認定し，220条1項に違反しないものと判断している（最決平8・1・29刑集50巻1号1頁）。ただ，この決定では，無令状捜索差押えを適法と判断する際に，差押えが行われた警察署を「「逮捕の現場」における捜索，差押えと同視することができる」という表現を用いている。この点には注意を要する。というのも，「逮捕の現場」と「同視することができる」ということは，本件警察署は「逮捕の現場」ではないことが前提とされており，無令状で捜索差押えをなしうる場所が「逮捕の現場」以外にも存在すると判断しているように読めるからである。この論理に従えば，220条1項2号にいう「逮捕の現場」以外にも無令状捜索差押えをなしうる場所が別途認められることになり，条文が予定しない領域での無令状捜索差押えが認められていく可能性をはらむ。その意味で，問題がある判断であったと思われる。

　いずれにせよ，上記のような判例の状況を前提にすれば，〈CASE〉の無令状捜索差押えはXの自宅内で行われているため，「場所的同一性」が認められる可能性が高いものと思われる。そうすると，判例に従えば，X宅での無令状捜索差押えは，場所的限界の面では適法という判断がなされるであろう。

(2) 合理説における帰結

　合理説に従えば，逮捕現場においては証拠存在の蓋然性が高く，また証拠収

集を効率的に行うために220条が無令状捜索差押えを認めている以上，捜索差押え令状を請求すれば許容されるであろう相当な範囲，つまり同一管理権の及ぶ場所が「逮捕の現場」として理解されることになる。したがって，家屋の一室で逮捕が行われれば，その家屋全体が，また屋外で逮捕した場合も，同一敷地内にある家屋も捜索対象になる，とされる。

したがって，〈CASE〉における無令状捜索差押えは，判例同様に適法と判断されることになる。

(3) **限定説における帰結**

他方で，限定説の場合は，逮捕された被疑者による抵抗防止や逃亡防止，あるいは証拠の破壊隠滅を防止するために無令状捜索差押えが認められたと理解する以上，原則としてその目的を達成するに必要な範囲，つまり被疑者の手の届く範囲など，被疑者の直接の支配下にある領域を捜索できるにとどまることになる。そして，本来的に令状などによって正当性が担保されている逮捕行為を成功させるために，逮捕執行にかかわる無令状捜索差押えであれば捜索差押令状を得る期間的余裕の有無に関係なく一律に認められるのに対し，証拠収集にかかわる無令状捜索差押えであれば，個別具体的に捜索差押令状を得る時間的余裕がないかチェックした上で，証拠隠滅の可能性が認められない限り着手は認められないものと解すべきだろう。

しかしながら，逮捕された被疑者以外の第三者（〈CASE〉でいうならばY）が現場で証拠破壊を行う蓋然性が具体的に認められる場合などは，上記の原則を緩和して，無令状捜索差押えが可能となる場所的限界を広げることはありうる。というのも，限定説が採用する無令状捜索差押えの根拠が，証拠破壊・隠滅のような緊急事態に対処する点にも求められている以上，捜索差押え令状を取得する時間的余裕が認められない第三者による証拠隠滅の場合も，その論理は該当するはずだからである。

しかしながら，Yが10歳であることに加え，証拠隠滅の蓋然性を認める事情が特にない以上，限定説にしたがえば，〈CASE〉における無令状捜索差押えは場所的限界を超えたものとして違法の評価を受けるべきということになろう。

(4) **合理説と限定説の妥当性**

ここまで合理説と限定説の帰結を含めて紹介したが，これらの見解のうち，

いずれが妥当かといえば，それは限定説であろう。本来，憲法35条は令状によらなければプライバシー権や財産権が制約されない旨を定めている。これら実体的な権利の制約が，証拠収集という形で刑罰という人身の自由の制約につながりうる。また権利制限に対する補償なども存在しない。そのため，個別具体的に事案毎に権利侵害が必要最小限度になるような解釈を，無令状捜索差押えの場面において施すべきである。そうであるならば，無令状捜索差押えの正当性を個別具体的な事案毎に吟味しうる限定説の方が，「場所的同一性」という形で一般的に無令状捜索差押えを広く承認する合理説よりも妥当だといえるだろう。

4 同意捜索としての法律構成

なお，限定説を採用するとしても，〈CASE〉では捜査機関による無令状捜索差押えを正当化する余地がある。それは，Yが捜査機関に与えた同意に基づき，X宅が捜索され，領置（221条）がなされたものと理解するのである。つまり，同意捜索とYによる任意提出として構成する方法である。しかしその場合，10歳のYに同意権限があったと認められるか，またYの同意に任意性があったといえるのか，という点が問題になり，この点を認めることは，この〈CASE〉では難しいように思われる。なお，法律上は禁じられていないものの，犯罪捜査規範108条は同意による家宅捜索を禁じており，そのことも考慮する必要があるだろう。

Practice

下記の各問の正誤を答えなさい。

問1．刑訴法は，無令状による押収の類型として，220条の逮捕に伴う場合のみを設けている。　　　　　　　　　　　　　　　　　　　　　　　　　　（　　）
問2．逮捕に伴う無令状捜索差押えに関する220条は，判例上通常逮捕のみならず，現行犯逮捕，緊急逮捕においても適用される。　　　　　　　　　　（　　）
問3．220条1項2号「現場で差押，捜索又は検証をすること」は，勾引状または勾留状を執行する際にも準用される。　　　　　　　　　　　　　　　（　　）

CASE 16 | 通信傍受／盗聴

　捜査官Pは内偵の結果，暴力団A組が営利目的で，携帯電話を用いて組織的に覚せい剤を密取引しているとの疑いを抱いた。しかも当該携帯電話は，覚せい剤取引専用として用いられているようである。そこで捜査官Pは，暴力団A組の組員数名が営利目的で覚せい剤を40名余りに譲渡したという被疑事実をもとに，当該携帯電話の覚せい剤取引にかかわる通話の内容を傍受しようとしている。捜査官Pは，どのような令状を請求すべきか。

〈POINT〉① 　強制処分法定主義の意義
　　　　　② 　「通信傍受」の定義
　　　　　③ 　「通信傍受」と令状
　　　　　④ 　通信傍受法の問題点

1　強制処分法定主義の意義

　〈CASE〉では，捜査官Pは暴力団A組が用いている覚せい剤取引用の携帯電話の通話内容を傍受しようとしている。従前，刑事訴訟法においてはこのような「通信傍受」（盗聴）に関する規定が明示的に設けられていなかった。しかしながら，盗聴は通話者のプライバシー権を侵害するため，通説は強制処分として理解してきた。それゆえ，明文の規定がない状態のままで盗聴を行っていいかどうか問題とされたのである。このような問題意識の背景には，強制処分法定主義の考え方が存在する。

　強制処分法定主義とは，捜査のための強制処分の類型やその要件は，刑事訴訟法上に個別に規定されなければならないとの考え方である。刑事訴訟法上では，197条1項但書が「強制の処分は，この法律に特別の定のある場合でなければ，これをすることができない」と定めているところであり，また憲法31条にもその条文上の根拠を求めることができる。

　このような強制処分法定主義の意義としては，大きく分けて2つ挙げることができる。第1に，強制処分を法律で定めることによって，捜査機関の権限に

縛りをかけ，その濫用を防ぐという意味がある。これにより，市民の自由を保障する作用が期待できる。第2に，捜査機関が用いることができる強制処分について，国民の代表によって構成される国会での討議にさらし，そこでの決定を要することで，民主主義による捜査機関の権限へのコントロールを期待できる。換言すると，自由をどこまで制限できるかについての合意を調達することで，権利制限を正当化する側面があるといえよう。このような理解からすると，法律の定めがない権利制限を伴う強制処分を，裁判所が「新たな強制処分」として創造することは好ましい現象とはいえない。

なお，令状主義が，個々の一定の強制処分について，事前の令状審査を通じた裁判官による司法的コントロールを期待していることと，対比して検討してみるとよいであろう（〈CASE 13〉参照）。

以上のような強制処分法定主義の考え方からすれば，〈CASE〉のような形での盗聴が，プライバシー権を制約する点で強制処分に該当する以上，刑事訴訟法上の根拠が必要とされるべきである。

後述するように，〈CASE〉のような事例について，以前は刑事訴訟法上の「検証」の一種として位置づける運用が為されてきた。しかし「検証」として位置づけることが問題視され，盗聴を立法化する動きが生じた。そして，憲法21条や憲法35条に反するか否かをめぐっての激論を経た上で，222条の2において，「通信の当事者のいずれの同意も得ないで電気通信の傍受を行う強制の処分については，別に法律で定めるところによる」との規定を設けた上で，いわゆる「通信傍受法」（正式名は「犯罪捜査のための通信傍受に関する法律」）が1999年に国会で成立し，2000年から施行されるに至ったのである。

2　「通信傍受」の定義

「通信傍受法」の適用対象となる「通信傍受」とは，どのような行為を指すのであろうか。通信傍受法2条に定められた定義によれば，まず，対象となる「通信」は，「電話その他の電気通信」であり，「伝送路の全部若しくは一部が有線であるもの」または「その伝送路に交換設備があるもの」だとされる。この規定により，固定電話による通信はもちろん，携帯電話，衛星通信，ファクシミリ，電子メールなども傍受対象となる，とされている。他方で，口頭の会話や無線通信は，通信傍受法の傍受対象に含まれない。

第2章 捜　　査

　また，「傍受」とは，「現に行われている他人間の通信」を，内容把握のために「当事者のいずれの同意も得ないで」受けることを指す。したがって，通話の一方当事者のみが捜査機関に対して傍受を同意する場合などは，この法律にいう「傍受」には該当しないことになる。なお，このように一方当事者が同意して盗聴したり秘密に録音した場合については，一定の要件の下で無令状で行うことが，判例上認められた事案もある（最決昭53・11・20刑集35巻8号797頁，最決平12・7・12刑集54巻6号513頁，松江地判昭57・2・2判時1051号162頁など）。
　〈CASE 16〉における携帯電話での覚せい剤取引に関する通話を盗聴する事案については，通話当事者のいずれの同意を得ずに携帯電話を傍受しようとしている以上，通信傍受法にいう「通信傍受」に該当する。

3　「通信傍受」と令状

　通信傍受法にいう「通信傍受」に該当する以上，同法3条に定められる「傍受令状」が必要となる。同法の別表に規定された犯罪（主に薬物事犯，組織犯罪事犯）等を犯したと認める十分な理由，通信傍受以外の他の手段では証拠収集が困難であるという補充性，犯罪関連通話が行われる蓋然性が認められる場合に，裁判官が傍受令状を発付する。〈CASE〉でも，これらの要件を充たすと判断されれば，傍受令状が発付されることになる。傍受令状の執行の際は，通信傍受実施部分を管理する者（通信会社など）に対して傍受令状が呈示され（9条），また同人の立会いが求められる（12条）。
　これに対し通信傍受法制定以前は，盗聴について刑事訴訟法上の検証令状（218条，222条，128条）が「電話検証」として発付された事案が判例上存した（東京高判平4・10・15高刑集45巻3号85頁）。最高裁も，通信傍受法制定後の1999年に，同法制定前の事件について検証令状を発付したことを許容する判断をした（最決平11・12・16刑集53巻9号1327頁）。このように検証令状の利用を認める立場は，検証に「通信傍受」が該当するという理解を前提としている。検証は，五官の作用をもって物の性状などを把握する作用だと一般に定義付けられている。そして，「通信傍受」も，五官の1つである聴覚により情報を把握する作用である以上は検証に含まれる，と考えているわけである。
　しかしながら，この論理を徹底すると，例えば取調等も聴覚を用いて会話内容を把握する以上，取調べを検証令状で強制することができるという帰結を導

164

きかねない。また，傍受すべき犯罪関連通話を他の通話から選別するためには，傍受対象外の通話まで聴くことが不可避となるはずであるが，刑事訴訟法上の検証では，かようにプライバシーへの制約を伴う，傍受対象外の通話の聴取を正当化する規定が明文上存在しない。検証のための「必要な処分」（129条）として，このような傍受対象への該当性を判断するための聴取が許されるという理解を最高裁は示しているが，権利侵害性の大きな処分を129条で安易に許容してしまっていいのか，疑問がある（実際，通信傍受法では10条及び13条で傍受対象かどうかを判断するための手段を別途法定している）。このように重要な権利侵害を伴うにもかかわらず，犯罪関連通話の選別について法律の規定が存在しないのは，強制処分法定主義の考え方に反するものと評価できよう。さらに，検証令状による「電話検証」では，当該検証の実施や録音について告知されず，また当該処分への不服申立てをする手段が明文上存在しない（429条参照）。

　以上のような点から，検証令状による「電話検証」は，立法者が想定していなかったものと思われ，問題が数多く存在すると思われる。しかしながら，最高裁の決定は，通信傍受法制定直後のタイミングでなお，検証令状による電話検証を許容した。このことは，通信傍受法に定められた対象犯罪以外について電話検証をする場合，あるいは通信傍受法に定めがない類型の電話検証をする場合（例えば，被疑者の所在確認等をすべく携帯電話の発信地点を追跡する電話検証の実施）などは，今後も検証令状の利用を許容しうるということを意味する可能性がある。これはある種，裁判所による法の創造ともいうべきものであろう。このように権利制限を拡張する方向での裁判所による法の創造が行われることが強制処分法定主義に反しないのか，疑問があるところである。

　なお，応用問題として，〈CASE〉の事案が，仮に①犯罪内容を知るための通信傍受ではなく，被疑者の所在確認のためであった場合，②暴力団Ａ組の組事務所室内での会話を盗聴器で傍受する場合，それぞれ検証令状で行うことが，これまでの判例によって許されることになるのか，判例の射程を意識して検討してみるとよいであろう。

4　通信傍受法の問題点

　また，通信傍受法そのものについても，検討すべき問題は数多く存在する。まず，憲法上の問題が挙げられる。憲法21条2項の「通信の秘密」保障に反

しないか，という問題である。多数の見解は，通信の秘密の保障には「内在的制約」が存在すると主張するが，その妥当性は検討に値しよう。また，憲法35条は令状主義を定めているが，そこでは捜索押収対象を令状で明示することが期待されている。傍受令状において，傍受対象となる会話を明示することが可能なのか，という問題も指摘されるところである。また，憲法35条が被処分者に対して令状を呈示することを要請していると解する立場からすれば，この点も傍受令状が通話者に対して呈示されないために問題視されることになる。

さらに，通信傍受法は，直接には傍受令状で傍受対象となっていない，一定の他罪に関する通話を，本罪について傍受中に偶然に聴いた場合，その他罪通話を傍受することが許容される旨が定められている（14条）。このような他罪通話の傍受は，地引網的な傍受や，別件捜索押収に似た別件盗聴を招来する可能性もある。これに対して，かような他罪通話の傍受を正当化する主張としては，令状主義の例外として現行犯逮捕や緊急逮捕が許される点をとらえて，他罪通話の傍受も同様に許されるというものがある。このように現行犯逮捕や緊急逮捕と同視することが妥当かどうか，検討してみて欲しい（なお，通信傍受法をめぐっては，井上正仁『捜査手段としての通信・会話の傍受』（有斐閣，1997），奥平康弘ほか『盗聴法の総合的研究』（日本評論社，2001）で詳しく議論されている）。

Practice

下記の各問の正誤を答えなさい。

問1． 傍受令状を執行する際，通信手段管理者たる立会人は，当該通話が明らかに令状記載の傍受対象通話ではないと判断できる場合，プライバシー侵害を最小限にするために，その傍受を自己の判断で遮断することができる。　　（　　）

問2． 通信傍受法では，検察官・検察事務官・司法警察職員がした通信傍受の処分に不服がある場合，不服申立てが可能である旨が定められている。しかし，不服を申し立てても，一度通信を傍受されたら，捜査機関に保管されているそのときの傍受記録を消去することはできない。　　（　　）

問3． 最高裁は平成11年決定で，検証令状で電話検証する際には，裁判官が捜査機関以外の第三者を立ち会わせるなどの条件を付すことができる旨を判示している。　　（　　）

CASE 17	写真撮影・ビデオ録画

　警察官Aが，デモ行進中の集団が道路使用の許可条件に違反しないかどうかを見ていたところ，デモ隊が4列縦隊で道路端を進行するという条件に違反し，7，8名の縦隊で道路中央を行進し始めた。そこでAは，違法な行進状態および違反者の容貌を証拠保全するため，デモ隊先頭部分の写真を撮影した。このAの行為は適法か。

〈POINT〉① 写真撮影の法的性質
② 写真撮影の許容性
③ ビデオ録画の許容性

1　写真撮影は強制処分か任意処分か

　写真撮影は，被撮影者に対し，有形力（物理力）を加えたり，法的義務を課したりするものではない。従って，直接強制，間接強制の方法によるものを強制処分，それ以外を任意処分とする基準によれば，写真撮影は任意処分ということになる。しかしこの基準には，写真撮影が個人のプライバシー権や肖像権（憲法13条）という重要な権利・利益を侵害しうる点を把握しきれないところに難がある。今日では，強制処分と任意処分の区別は，被処分者に対する権利侵害性を軸に論じられている。科学技術の発展に伴い，直接的有形力（物理力）の行使を伴わなくても，法益侵害が起きるようになった。写真撮影も，このような新しい捜査手法の一つとして，その法的性質が問題となる。
　個人の権利・利益を侵害する処分を強制処分とする見解によれば，被撮影者の意思に反する写真撮影は，プライバシー権を侵害するものであり，強制処分である（「権利・利益を実質的に侵害・危殆化する処分」か否かを基準とする見解によっても，写真撮影は強制処分とされる。三井(1)・115頁）。これに対して，「重要な」権利・利益に対する実質的な侵害を伴う場合が強制処分であるとし，プライバシー侵害の程度を考慮する見解によれば，住居内の人物を望遠レンズ等によって撮影するのは強制処分であるが，街頭で自らの行動を他者に曝している

者については，プライバシー保護の期待権は減少しており，それを写真撮影してもなお任意処分とされる（井上正仁「任意捜査と強制捜査の区別」争点（3版）49頁，田口・96頁）。しかし，住居内での撮影と街頭における撮影とでプライバシー侵害の度合いが異なるにせよ，その差をもって直ちに後者が重要な権利侵害ではないといえるのか疑問である。また，街頭で容貌等が他者の目に触れることと，それが写真として記録されることも，権利侵害の程度に違いがあるだろう（福井・78頁参照）。

2 写真撮影は現行法上許されるか

刑訴法に明文規定のあるのは，身体拘束を受けている被疑者に対する写真撮影（218条2項）だけである。そのほか，検証（としての身体検査）に際し，検証結果を保全するために写真撮影が許されうる（218条1項，220条1項2号）。しかし，説例のような状況において人物に対する写真撮影を許す規定はない。したがって，これが任意捜査であるとすれば相当性の限度内で許されることになるが，強制処分であるとすれば，強制処分法定主義（197条1項但書）に照らし，その許容性が問題となる。

(1) 強制処分法定主義との関係

この点については，次のように解釈が分かれている。

① 218条2項を根拠とし，逮捕の実質的要件を具備する場合に，無令状の撮影が許されるとする見解。

② 220条2項を根拠に，これに準じる（すなわち実質的に逮捕可能な）状況がある場合に，逮捕の現場において許されるとする見解。①および②に対しては，いずれの条文も，現実の身柄拘束または逮捕行為の存在を前提としており，その前提に欠ける無令状撮影を認めることには無理があるとの批判がある。

③ 写真撮影は強制処分であるが，街頭におけるデモ行進などの場合には，その参加者は自らのプライバシー権を放棄しているとみることができ，任意処分であるとする見解。しかし，権利放棄は被処分者本人によって個別的に行われる必要があり，一般的概括的な権利放棄の擬制が許されるのか疑問である。

④ 写真撮影は，既成の古典的強制処分ではない，新しい種類の強制処分に属し，かつ，街頭におけるそれはゆるやかな規制で足りるから，令状主義の精神（判例の示す要件）を満たす限り，無令状で許されるとする見解（新しい強制

処分説。田宮・72頁，120頁)。この見解は，197条1項但書は，既成の強制処分につき，法定の令状主義に従うよう求める趣旨と解すべきで，新しい強制処分につき常に法規定を要求するものではないとの理解を前提とする。しかし，強制処分法定主義の軽視と判例による法創造を許す点にそもそも批判が強い（村井［川崎英明］83頁以下等）。

⑤　端的に，現行法には写真撮影を許容する規定がないため，許されないとする見解。これに対して，捜査の現実的要請に対処できないという批判がある。しかし，捜査にとって必要であれば，情報の管理，不服申立，資料の閲覧，破棄請求等の手続を含め，その要件，効果を議論し，法律に明記した上で実施するのが筋といえる。(上口・後藤他〔渡辺修〕51頁等。学説の状況については，松代剛枝「写真撮影」争点(3版)76頁等参照)。

(2)　判　　　例

最高裁は，個人の私生活上の自由の一つとして，みだりにその容貌等を撮影されない自由を有することを認めた。しかし，その自由も無制限に保護されるわけでなく，公共の福祉のため必要のある場合には相当の制限を受けるとして，①現に犯罪が行われもしくは行われた後間がないと認められる場合であって，②証拠保全の必要性および緊急性があり，かつその③撮影が一般的に許容される限度をこえない相当な方法をもって行われるときは，犯罪捜査のために写真撮影を行うことは許されるとし，説例に挙げた事案について，適法な職務行為であった（Aに抗議し暴行を行ったXには公務執行妨害罪が成立する）と判示した（最判昭44・12・24刑集23巻12号1625頁。自動速度取締機による，速度違反車両の運転者の写真撮影についても，同様の枠組みを用い，適法性を肯定している。最判昭61・2・14刑集40巻1号48頁)。

最高裁判決は，写真撮影が任意処分か強制処分かを明示しておらず，(1)で挙げた各説にも，任意処分とする説にも整合しうる。もっとも，判例の挙げた要素，特に①の現行犯性については，これが必要的な要件かどうかが問題となり，下級審判例においては消極に解されている（東京地判平元・3・15判時1310号158頁)。

3　ビデオ録画は許されるのか

ビデオ録画は，制止画を収集する写真撮影と比べ，個人の容貌や行動を連続

的に撮影記録できる点で、プライバシーに対する侵害度合いが一層高い。犯罪に無関係な第三者もかなりの程度で録画されることになり、市民の行動の自由に萎縮効果を及ぼしうる。また、犯罪の発生に備えて予めビデオを設置し、継続的に撮影録画する点で、犯罪発生以前の「捜査」という問題性を持つ。ビデオ録画の適法性は、写真撮影よりも厳格に審査されるべきであろう。しかし、判例はむしろ適法性要件を弛緩させる方向へ進んでいる。

東京高裁は、現行犯性を満たさなくても、当該現場において犯罪が発生する相当高度の蓋然性が認められ、あらかじめ証拠保全の手段、方法をとっておく必要性および緊急性があり、かつ、その撮影、録画が社会通念に照らして相当と認められる方法で行われるときは、犯罪発生前から継続的に撮影録画することも許されるとした（東京高判昭63・4・1判時1278号152頁。東京地判平17・6・2判時1930号174頁は、犯罪発生の相当高度の蓋然性が認められる場所の撮影に限定されず、被疑者が罪を犯したと考える合理的な理由があれば良いとして、公道に面した被疑者方玄関ドアを継続的に撮影する行為も適法とした）。しかし、犯罪発生の蓋然性が高いというだけで、なぜ「みだりに容貌等を撮影されない自由」の侵害が許されるのか、明確な論理づけが必要である（三井(1)・119頁）。

Practice

下記の各問の正誤を答えなさい。

問1. 街頭における写真撮影を任意処分とする見解によれば、住居内における写真撮影も任意処分である。（　　）

問2. 刑訴法上、写真撮影に関する明文規定は、218条2項しかない。（　　）

問3. 実務において、ビデオ録画の適法性を肯定するには、現に犯罪が行われもしくは行われた後、間がないと認められることが必要であると解されている。（　　）

問4. 捜査において法律の規定によらない写真撮影、ビデオ録画は違法であるとの見解によれば、コンビニの防犯カメラも違法である。（　　）

CASE 18	強 制 採 尿

　警察官Aは，被疑者Xに覚せい剤自己使用の嫌疑を抱き，尿の任意提出を再三求めたが，Xは拒絶し続けた。そこで，裁判官の令状を得て，数名の警察官でXを押さえつけゴム製導尿管（カテーテル）を尿道に挿入する方法で，採尿を行った。この強制採尿は適法か。

〈POINT〉① 強制採尿の意義
　　　　　② 強制採尿の可否
　　　　　③ 強制採尿に必要な令状強制連行の可否
　　　　　④ 強制採血の可否

1　強制採尿の意義

　被疑者の体内から覚せい剤成分が検出されたという事実は，覚せい剤自己使用事犯の立証において極めて有力な証拠となる。覚せい剤は，血液中の残留時間が短いのに対し，尿からは比較的長期間経過しても検出できるため，通常，覚せい剤使用の立件には，被疑者の尿の獲得が不可欠であると考えられている。被疑者が尿を任意提出する場合は，これを領置することができ（221条），既に排泄した尿の提出を拒否する場合は，差押許可状を得て差し押さえることができる（218条）。それに対して，被疑者が排尿自体を拒否した場合，強制的にその体内から尿を採取することができるかという問題が生じる。

2　強制採尿の可否

　強制採尿には，尿道にカテーテルを挿入し，直接膀胱から尿を採取するという方法が用いられる。すなわち強制採尿は，陰部を強制的に露出させて，器具を挿入するという身体への侵襲，排尿という生理現象に対する人為的操作，さらには，強い性的羞恥心，屈辱感等の精神的打撃を与える処分である。刑訴法に，強制採尿を許す明文規定はない。また，そもそも人間としての尊厳を著しく傷つけるような処分は，デュー・プロセス違反として許されない（田宮・115

頁)。そこで，この手法の許容性が問題となる。

　最高裁は，採尿が医師等の技能者によって行われる限り，身体ないし健康上の障害をもたらす危険性は比較的乏しいか軽微であること，精神的打撃は検証としての身体検査においても同程度の場合がありうることを挙げ，被疑事件の重大性，嫌疑の存在，当該証拠の重要性とその取得の必要性，適当な代替手段の不存在等の事情に照らし，犯罪捜査上真にやむをえないと認められる場合には許容されるとした（最決昭55・10・23刑集34巻5号300頁）。

　学説上，この最高裁決定には批判的な見解が多い。強制採尿が被処分者に与える精神的打撃は，身体外表部（せいぜい外界に露出している耳や口の中）の観察に止まる身体検査の場合に比べてはるかに大きく，人格の尊厳を害する処分であるし，本人の同意に基づき医療行為として行われるのと異なり，尿の提出を拒否し暴れる者にカテーテルを使用することの安全性には，なお疑問があるからである。このような重大な法益侵害を伴う処分を可能とするには，少なくとも，立法過程における議論を経るべきである。ただしその場合も，量刑の実情からすれば，覚せい剤自己使用事犯が重大な事件とは必ずしもいえないこと，強制採尿を認めることが，カテーテル法の代替手段の開発を遅らせうることなどの指摘があることに留意する必要がある。強制採尿の条文を設けさえすれば良いというわけではなく，そのような立法の許容性自体が問題となる。

3　強制採尿に必要な令状とは　強制連行は許されるか
(1)　強制採尿のための令状

　仮に，強制採尿が許されるとした場合，どの令状によるべきだろうか。従来，この問題は，①身体検査令状説（222条1項，139条），②鑑定処分許可状説（223条，225条1項，168条1項），③両者の併用説に分かれ議論されてきた。①については，身体内部への侵襲を伴う処分は，身体検査の概念を超えるという批判がある。②は，強制採尿には医学的知識と技術が必要であり，採取された尿もいずれ鑑定に付されることから，鑑定処分としての身体検査と位置づける考え方による。ただしこの説によれば，被処分者が拒否した場合に行いうるのは間接強制までであり，直接強制は行えないことになる（225条4項は172条を準用してない。また，168条6項は139条を準用していない）。この点を補うため，強制採尿が鑑定処分に属すると解しつつ，直接強制が必要となった場合は身体

検査令状により行いうるとするのが③である。しかし，もともと採尿に伴う身体への侵襲が身体検査の枠を超えるという理由で鑑定処分と位置づけておきながら，直接強制が必要な場面では，身体検査という位置づけに戻すというのは，便宜的であり，強制処分法定主義の原則からみて問題がある。

判例は，上記の諸説と異なり，強制採尿は捜索差押えの性質を有するとし，その実施は捜索差押令状によるべきであるとした。ただし，身体の安全と人格保護のための配慮が必要である点では，一般の捜索差押えと異なり，身体検査と共通の性質を有するため，218条5項を準用して，令状には，「強制採尿は医師により医学的に相当と認められる方法により行わせなければならない」旨の条件の記載が不可欠であるとした。このような条件を付記した強制採尿のための捜索差押令状は，実務においては「強制採尿令状」とよばれている。

しかし，いずれ体外に排出されるとしても，いまだ身体内にある尿を無価値物と同視し，かつ身体への侵襲と生理現象の人為的操作を捜索と捉えることには無理があるとの批判が強い。強制採尿令状は，現行法に規定のない特別な類型の捜索差押令状であり，このような判例による法創造は，強制処分法定主義に反し許されないと解すべきである。

(2) 採尿場所への強制連行

逮捕されていない被疑者に対して強制採尿令状が発付された場合に，当該被疑者を，その意に反して，採尿場所まで連行できるだろうか。

最高裁は，採尿場所への任意同行が事実上不可能である場合には，「強制採尿令状の効果として，採尿に適する最寄りの場所まで被疑者を連行する」ことができるとした（最決平6・9・16刑集48巻6号420頁）。しかし，強制採尿を適切な場所で実施しなければならないことが，直ちに，その実施場所への強制連行も許されることを意味するわけではない。尿という物質に対する令状をもって，人身の自由の制約というより重大な侵害も許されるとの考え方は，令状主義に反する。したがって，強制採尿令状が強制連行の効果を伴うとの理解にも，あるいは，執行に際しての「必要な処分」（111条，222条1項）として行えるという考え方（東京高判平3・3・3判時1385号129頁）にも問題がある。

4 強制採血の可否

血液型検査や飲酒運転事犯での血中アルコール濃度測定などのために，被疑

者の血液が必要となる場合がある。被疑者からの採血についても刑訴法上の規定がないため，強制採尿と同様の問題が生じる。もっとも，強制採尿の場合に比べて，被採取者に与える精神的打撃は少なく，人格の尊厳を侵害するとまではいえないから，本来的に許されないという議論はない。

強制採血についても，①身体検査令状説，②鑑定処分許可状説，③両者の併用説がある。強制採尿に関する判例の論理からすれば，強制採血も捜索差押令状によることになりうるが，実務では③が取られており，学説上もこれが通説である。ただし，身体検査令状により強制できるのは，耳たぶからの採血のように，身体検査の枠内で行いうる限度での軽微な侵害に限られると解すべきであろう（光藤（上）・165頁参照）。

なお，DNA鑑定技術の発展により，血液等の体液から個人の遺伝情報を把握することが可能となり，体液採取は，身体への侵襲という権利侵害を超えて，遺伝情報の把握という新たな権利侵害の危険性を有するに至った。従来は明確な規定がなく，いずれにせよ難点を持つ解釈によって解決が図られてきたところ，遺伝情報保護の観点を入れた新たな立法を行い，採取の目的，要件，利用権者等を規律することが必要である。

Practice

下記の各問の正誤を答えなさい。

問1．現行法には，強制採尿および強制採血の明文規定が設けられている。（　　　）

問2．判例によれば，強制採尿は，鑑定処分許可状によって行われ，直接強制が必要な場合は，身体検査令状が併用される。（　　　）

問3．判例によれば，強制採尿令状の効果として，採尿に適した最寄りの場所まで被疑者を強制的に連行することができる。（　　　）

問4．判例によれば，強制採血は，捜索差押令状により行われる。（　　　）

CASE 19　取調べ受忍義務

　殺人罪で勾留中の被疑者がいる。その取調べの最中に，被疑者が「取調べには黙秘するので，自分の房に戻る」といって取調室を退去しようとした。そのとき，取調官は，ドアの前に立ちふさがり，「取調室から出ることはできない。座って取調べを受けてください」と申し向けて，取調べを続けた。その結果，被疑者は，殺人罪について「自分がやった」と自白した。このような被疑者取調べは適法か。

〈POINT〉① 　被疑者取調べの意義
　　　　　② 　被疑者の取調べ受忍義務
　　　　　③ 　被告人に対する取調べの可否

1　被疑者取調べの意義

　刑訴法198条1項本文は，犯罪捜査に必要な場合，被疑者の出頭を求めて取り調べることができると規定している。この「取調べ」は，被疑者に対して直接質問をして供述を求め，その供述を証拠化するものである（それに対して，197条の「取調べ」はむしろ捜査方法一般をいうものである）。自白の証拠価値は今日なお高いとされており，被疑者取調べは，被疑者からその自白という供述証拠を獲得するための重要な捜査手段となっている（白取・164頁）。
　被疑者取調べに当たっては，あらかじめ自己の意思に反して供述をする必要がない旨を告げなければならない（198条2項）。被疑者の供述は，これを調書に録取することができる（同条3項）。作成された調書は，被疑者に閲覧させるか読み聞かせることによって内容を確認させたうえ，被疑者が増減変更の申立をしたときにはその供述を調書に記載しなければならない（同条4項）。調書に誤りがないことを被疑者が確認した場合には，被疑者の署名押印を求めることができるが，被疑者はそれを拒絶することができる（同条5項）。

2　被疑者の取調べ受忍義務

　逮捕・勾留されていない被疑者に対する取調べが任意処分であることに異論はない。そもそも取調べのための出頭を拒むことができるし，要請を受けて出頭した場合でも何時でも退去することができることが198条1項但書に明記されている。また，前述のとおり，198条2項が規定されているところから，逮捕・勾留されていると否とにかかわらず，被疑者には供述義務はない。

　他方，同条項但書に「逮捕・勾留されている場合を除いては」と規定されていることから，逮捕・勾留されている被疑者に対する取調べが純粋な意味で任意処分といえるか否かについて議論がある。これがいわゆる取調べ受忍義務の問題である。この問題をめぐって肯定説と否定説とが厳しく対立している。

　肯定説は，198条1項但書に「逮捕又は勾留されている場合を除いては」出頭・退去が可能とあることから，逮捕・勾留されている被疑者については，取調室への出頭・滞留義務を認める趣旨と解釈する。その実質的理由はおおよそ次の3点にまとめられる（厳密には，取調べ受忍義務と出頭・滞留義務とを区別する見解もあるが，ここでは同旨のものとして扱う）。

　第1に，取調べの必要性・有用性をいう。特に被告人の主観面，例えば，故意や過失の認定，犯行の動機や心情・態度などの認定については，自白なしに行うことが困難だというのである。

　第2に，逮捕・勾留は，犯罪に相当の嫌疑がある被疑者について，原則として令状審査を経たうえでなされるものであって，その被疑事実について取り調べるために出頭・滞留義務を課しても，供述を強要するための身体拘束を認める趣旨とはならず，供述義務と出頭・滞留義務とを峻別すべきという。

　第3に，出頭・滞留義務を被疑者に課したうえで，捜査機関に取調べ権限を与えるだけでは憲法38条の趣旨に反するものではないとする。同条2項をみればわかるとおり，問題は取調べの方法にあるのであって，取調べ自体の適正を保障しておくならば問題は発生しないというのである。

　最近の最高裁も，接見交通権に関する大法廷判決の中で「身体の拘束を受けている被疑者に取調べのために出頭し，滞留する義務があると解することが，直ちに被疑者からその意思に反して供述することを拒否する自由を奪うことを意味するものでないことは明らかである」としている（最大判平11・3・24民集53巻3号514頁参照）。

〈CASE〉については，被疑者が退去しようとしたときに取調室への滞留を求めること自体には問題はなく，その後の取調べについても適法ということになろう。もっとも，暴行をはたらくなど滞留を求める態様によっては，供述自体を強要するものともなり得るため，その後の取調べが違法となることはある。

他方，否定説は，「逮捕又は勾留されている場合を除いては」の解釈については例えば，出頭拒否や退去を認めることによって逮捕・勾留の効力自体を否定するものではないという趣旨を注意的に規定したものだ，とする。198条1項を，在宅被疑者に対して捜査機関への出頭を要求する規定であると理解したうえで，逮捕・勾留されている被疑者については捜査機関への出頭要求といった事態は生じないので，除外規定を設けたものだ，と解釈するのである。取調べ受忍義務があるとは解し得ない参考人取調べにおいて198条1項但書が準用されている（223条2項）ことも，その解釈を補強するものとされる。さらにその実質的理由は，次の3点にまとめられる。

第1に，出頭・滞留の強制は取調べの強制にほかならず，自由な供述を保障する憲法38条の趣旨に反するということである。同条が保障する黙秘権は包括的なものであり，黙秘権を保障するためには取調べ受忍義務自体を認めることはできないというのである。

第2に，逮捕・勾留の制度趣旨は逃亡や罪証隠滅の防止にあるというのが法の定めるところであって，取調べは逮捕・勾留の目的とはされていない（〈CASE 11〉参照）。ところが，逮捕・勾留されている被疑者に対して取調べのために出頭・滞留させたうえ取調べ受忍義務を認めると，その法の定めを潜脱して，取調べ目的の逮捕・勾留を認めることに等しい，というのである。

第3に，取調べ受忍義務を認めている実務こそが，代用監獄という密室に長期間拘束されることと相俟って，不当な取調べを生み出しており，ひいては冤罪の原因となっているとする（以上につき，福井・講義153-156頁，白取・167-169頁等参照）。

〈CASE〉については，被疑者が退去を申し出た場合には，それを押しとどめることはできず，ドアの前に立ちふさがって退去させなくしたり，退去できないと告げたりした後の取調べは違法と判断することになろう。

刑事手続において，真実発見は1つの目的であるが，それは基本的人権の保障を全うする限りで追求されるべきことは刑訴法1条が宣明するところであり，

国法体系上，両者の調整を指導するものが憲法上の規定と考えるべきであろう。そうだとするならば，まずもって黙秘権の保障が貫徹される方向性を追求するべきであり，その点から，取調べ受忍義務を認めることはできないものと思われる。その立場をとる場合でも，取調べ自体がそもそも認められないというのではなく，任意の取調べは可能である。ただし，取調べが黙秘権を保障した，真に「任意」のものというためには，（代用監獄制度や長期拘禁をも解消しつつ）取調べ過程の可視化を進めることが必要であろう。

3　被告人に対する取調べの可否

捜査機関が起訴事実について被告人を取り調べることについても，見解が分かれている。

一方では，勾留されていない場合には被疑者と同様に任意処分であることは当然として，勾留されている場合，被疑者取調べについての198条1項のような規定は被告人についてはないから，被告人に取調べ受忍義務を課すことはできないが，任意処分としての取調べは可能であるとする考え方がある。最高裁もこの立場をとる（最決昭36・11・21刑集15巻10号1764頁）。

他方で，被告人は検察官と対等の当事者なのであって，当事者主義，公判中心主義，弁護人の援助を受ける権利の観点からすれば，その被告人を公判廷を差し置いて捜査官が取り調べることには疑問がある，として，被告人の取調べについてはたとえ任意処分としても認められない，とする見解もある。前掲最決昭36・11・21も，「起訴後においては被告人の当事者たる地位にかんがみ，捜査官が当該公訴事実について被告人を取り調べることはなるべく避けなければならない」と述べていることに留意する必要があろう（以上につき，福井・講義156-158頁参照）。

Practice

下記の各問の正誤を答えなさい。
問1． 取調べ受忍義務否定説は，198条1項但書について反対解釈を行う。（　　　）
問2． 判例は，取調べ受忍義務肯定説の立場に親和的である。（　　　）
問3． 判例は，被告人の取調べをまったく認めていない。（　　　）

CASE 20　余罪取調べ

　甲事実について逮捕・勾留の理由と必要性が認められることから逮捕・勾留されている被疑者について，同事実についての取調べが行われていたところ，同被疑者に対して，甲事実と社会的事実として一連密接の関係にある乙事実の容疑が浮かんできた。この場合，甲事実の取調べに付随して，乙事実についての取調べをすることが認められるか。

〈POINT〉① 余罪の意義
　　　　② 余罪取調べの可否
　　　　③ 余罪取調べの限界

1　「余罪」とは何か

　「余罪」とは，被疑者（被告人）が逮捕・勾留されている場合に，その逮捕・勾留の基礎となっている被疑事実（＝「本罪」。〈CASE〉における甲事実）以外の事実をいう。したがって，逮捕または勾留されている被疑者（被告人）を，その身体拘束の基礎となってはいない被疑事実たる「余罪」（〈CASE〉における乙事実）について被疑者として取り調べるのが「余罪取調べ」であり，その可否ないし限界について議論があるとともに，別件逮捕・勾留（〈CASE 12〉）や取調べ受忍義務（〈CASE 19〉）と深く関連する論点でもある。

　真実発見と人権保障の調整を図るために憲法が用意したものが，令状主義である。その令状主義（およびそれを体現する刑事訴訟法）の要請に従うことによってのみ強制処分が許されているとするならば，仮にある強制処分がその要請に従わない形でなされている場合には，当該処分は許されないものと判断されることになる。余罪取調べは，上記のとおり，身体拘束の基礎となっている犯罪事実以外の事実に対して行われるものであることから，令状主義の要請を満たすものであるかどうかが問題となる。

　なお，余罪取調べを別件逮捕・勾留との関連で論じる場合，余罪取調べにおける「余罪」が別件逮捕・勾留における「本件」に相当し，同じく「本罪」が

「別件」に相当することになる。この対応関係について混乱をきたさないように注意する必要がある。

2　余罪取調べの可否

　別件逮捕・勾留の論点における本件基準説に立って，そもそも当該逮捕・勾留が別件逮捕・勾留として違法だとされた場合には，当該逮捕・勾留時に行われた余罪取調べは違法となる。逮捕・勾留の基礎となる被疑事実（本罪）の取調べを行わず，それとは無関係な被疑事実（余罪）を取り調べる，というのは，典型的な別件逮捕・勾留に当たるとして許容されないからである（〈CASE 19〉参照）。別件逮捕・勾留として違法と考えられる限りにおいては，それは身体拘束の適否の問題として先行して検討される問題であり，余罪取調べの可否という問題に立ち入る余地はないということになる。

　問題は，当該逮捕・勾留が別件逮捕・勾留として違法なものではない場合である。〈CASE〉の事案において，最高裁判所は，いわゆる狭山事件上告審判決でそのような取調べを許容している（最決昭52・8・9刑集31巻5号821頁）。

　この点，逮捕・勾留中の余罪取調べにはそもそも限界がないという考え方もあるが，逮捕・勾留中の被疑者に対して，逮捕・勾留の基礎となった被疑事実については取調べ受忍義務を認める一方，それ以外の余罪については，取調べ受忍義務の発生しない任意取調べとしてであれば認められる，という考え方がある。さらに，逮捕・勾留の基礎となった被疑事実と密接に関連する余罪である場合には，その余罪についても取調べ受忍義務が発生するという立場もある（国賠事件における東京高判昭62・12・24判時1270号57頁等参照）。

　この立場の出発点は，逮捕・勾留中の取調べについては取調べ受忍義務が認められるというところにある（取調べ受忍義務については〈CASE 19〉参照）。それを基礎として，その取調べ受忍義務の範囲を原則として身体拘束の基礎となった被疑事実に限定する。ここでは，逮捕・勾留に関する事件単位の原則（〈CASE 11〉参照）に立脚したうえで，身体拘束ができるだけの理由・必要性のない事実があるときに，その余罪についてまで取調べを受忍すべきいわれはないと判断しているのである。もっとも，上述したように，逮捕・勾留の基礎となる被疑事実に密接に関連する余罪がある場合には取調べ受忍義務の下での取調べを認め，あるいは任意取調べとしての余罪取調べを認めることになる

(後者の場合に，事件ごとに取調べ方法を変える等といったことが現実的か疑問とする見解があることには留意すべきであろう。以上につき，小田中聰樹『ゼミナール刑事訴訟法(下)——演習編』72頁以下参照（有斐閣，1988））。〈CASE〉では，甲事実に一連密接の関係にある乙事実に対する余罪取調べであることから，受忍義務を課したものとしても許されるということになろう。

　それでは，取調べ受忍義務を否定する立場をとる場合にはどうか。この場合に，事件単位の原則を貫徹するという趣旨から，たとえ任意捜査であったとしても，逮捕・勾留中の取調べは原則としてその身体拘束の基礎となっている被疑事実に限られるべきとする考え方がある。しかし，逮捕・勾留の制度趣旨は，逃亡の防止または罪証隠滅の防止を図ることで後の公判に備えるためのものであるというのが法の立場であろう（60条1項参照）。そのように考えるならば，逮捕・勾留は取調べのためになされるものではないのであって，上記の考え方は，取調べを逮捕・勾留による本来的な効果としてしまう点で，法の立場に沿わないものと言えるのではないだろうか。

　そうだとすると，取調受忍義務否定説からは，逮捕・勾留の基礎となった被疑事実（本罪）であれ，余罪であれ，受忍義務のない，任意取調べとして黙秘権が保障される限りにおいて，取り調べることが許される，と考えるのが，理論的に貫徹した立場ということになろう（以上につき，福井・講義158-159頁参照）。したがって，〈CASE〉の場合も，任意取調べとしての実質が確保されている場合には許されるということになろう。

3　余罪取調べの限界
(1)　被告人の余罪取調べ

　これについては，被告人の取調べの可否という問題が先行する（《CASE 19》参照）。勾留中の被告人の取調べを否定する場合には，もちろん同人に対する余罪取調べも否定される（被告人の場合，本罪に当たるものとして起訴された訴因にかかる事実，余罪を起訴されていない事実とする場合もある）。

　勾留中の被告人の取調べを肯定する場合には，余罪の取調べも任意取調べとしてならば許されるということになろう（最決昭53・7・3判時897号114頁参照）。もっとも，起訴後においては，勾留期間は当初2カ月で，さらに1カ月ごとの更新がなされ得るという長いものである（60条2項）ために，そのよう

な長期間にわたって余罪取調べがなされることにもなり，問題は大きい。この点，起訴後勾留を余罪取調べの被告人取調べのためにのみなされていると評価し得るような場合には許されないとした下級審の判断がある（いわゆる仁保事件差戻控訴審判決。広島高判昭47・12・14高刑集25巻7号993号参照）。

(2) 余罪取調べと保釈

余罪取調べがなされているときに，被告人の保釈請求があった場合，保釈の許否についてどのような考慮がなされるべきか（久岡康成「余罪」別冊法学セミナー136号井戸田侃・光藤景皎編『刑事訴訟法（第3版）』(1995) 124頁以下参照）。

保釈の請求がある場合，89条各号所定の場合を除いてはこれを許さなければならない（権利保釈）。それ以外の場合でも，裁判所が適当と認める場合には職権で保釈を許すことができるし（90条），勾留が不当に長くなった場合には，請求または職権で勾留を取り消すか，保釈を許さなければならない（91条）。

89条各号が規定する権利保釈の除外事由に当たるか否かの判断をするにあたっては，勾留の理由となっている被告事件について判断がなされるべきであって余罪を考慮すべきではなく，したがって，多数の事件が起訴されているうちの1つの事件について勾留されているときに保釈許可決定があった場合，他の事件に関する理由をもって当該保釈決定を論難すべきではないとする下級審の判断がある（名古屋高決昭30・1・13高刑特報2巻1～3号3頁）。

それを前提とすれば，同様に，裁量保釈の審査に当たっても，余罪の存在を考慮することは基本的には許されないと解すべきであろう。もっとも最高裁はこの場合，被勾留事実の事案の内容・性質や被告人の経歴・行状・性格等の事情をも考察することが必要である場合に，そのための一資料として勾留状の発せられていない他の起訴事実をも考慮することを禁ずべき理由はないとしている（最決昭44・7・14刑集23巻8号1057頁）。

Practice

下記の各問の正誤を答えなさい。
問1．「余罪」とは，逮捕・勾留の基礎となっている被疑事実のことを言う。（　　　）
問2．判例は，被疑者の余罪取調べを許容している。（　　　）
問3．判例は，被告人の余罪取調べについては一般的に許容していない。（　　　）

CASE 21　黙　秘　権

　捜査官Ｐは，被疑者Ｘが反抗的な態度で取調室にあらわれたため，黙秘権の告知を行わなかった。これに対してＸは，取調べにおいて捜査官から氏名の確認を受けた際に黙秘し，氏名を明らかにしなかった。Ｘはさらに私選弁護人選任届を提出する際，Ｘ自らの氏名を記載する欄に，監房番号だけ記した上で拇印を押し，自分の名前を記入せずに提出した。裁判所はこの弁護人選任届を受理せず，代わりに国選弁護人を選任した。

〈POINT〉　①　黙秘権の意義
　　　　　②　黙秘権の範囲と不利益事実および氏名の黙秘
　　　　　③　黙秘権告知義務と憲法

1　黙秘権の意義と存在根拠

　〈CASE〉では被疑者Ｘが，取調べおよび弁護人選任届において氏名を黙秘している。Ｘにこのようなことをなす権利があるか否かは，憲法38条1項が「何人も自己に不利益な供述は強要されない」と定め，刑訴法が被疑者について198条2項で「自己の意思に反して供述する必要がない」旨の告知を捜査機関に求め，被告人について311条で「終始沈黙し，又は個々の質問に対し供述を拒むことができる」と定めていることとかかわってくる（291条2項も参照）。
　広い意味で「黙秘権」とよぶとき，これら憲法および刑訴法の諸条項により定められた権利を区別なく指すが，厳密にいえば文言上，憲法と刑訴法ではその定める内容は異なる。憲法38条1項は，自らの罪にかかわりうる不利益な事実への供述強要を禁止しているのに対し，刑訴法の諸条項は，被疑者被告人の有利不利を問わず一切の事柄について「終始沈黙」できる旨を明定している。ここから，両者を区別して，前者を自己負罪拒否特権（狭い意味での黙秘権），後者を供述拒否権（広い意味での黙秘権）とよぶことも多い。両者の定め方の違いから，しばしば刑訴法は憲法38条1項で保障されている権利を拡張した，と説明される。この理解は，後に氏名黙秘の可否を検討する際にもかかわりう

る。

　さて，このような広い意味での黙秘権を，なぜ憲法および刑訴法は権利として保障することにしたのであろうか。それにはいくつかの理由が考えられる。

　まず，被疑者被告人に黙秘権を保障せずに，供述義務を課すことは「個人の人格の尊厳」を損なうという理解である（例，大阪高判昭40・8・26下刑集7巻8号1563頁）。もともと近代以降，法は個人の自由を保障することで，個人が自らの生き方や意思を決定する，自律を尊重するよう求めてきた。その反映として法は，自律的な個人に不可能を強いるようなことしないこととしたのである。翻って刑事手続について考えると，自分にとって不利益な刑罰に進んで服するよう個人に対して供述を法的に強制することは，率先して刑罰という苦痛を求めることは一般には考えにくいところであり，個人がなしうる自律的な意思決定の限界を超えたものといえよう。そのため，供述を法的に強制せずに個人の自律を保障するために黙秘権を保障したのである。そこには，個人の自律を尊重する以上，供述するかしないかは本人の道徳的判断に委ねるべきという価値判断がある。歴史的にも，供述義務を課した結果，それが残虐な供述強制の一因になったという反省がある。

　また，黙秘権が保障されるべき理由として，「疑わしきは被告人の利益に」というテーゼで示される，立証責任に関する無罪推定原則とのかかわりも指摘できよう。つまり，無罪推定原則の下では犯罪事実の存在を証明する責任が訴追者に存在し，被告人には存在しない。そうであるとすれば，被告人に供述義務を課してしまうと，それは被告人に立証責任を課すことに等しく，無罪推定原則と抵触する事態をひきおこす。そこで被告人に供述義務を課さないことの反映として，黙秘権を保障したという理解である。被疑者についても，捜査段階で供述義務を課すと，それは後の公判を先取りして被疑者に立証責任を負わせることに等しいため，黙秘権を保障したと説明できよう。さらに，黙秘権を被疑者被告人の自己情報をコントロールするプライバシー権として，特に刑事手続上保障したとの理解もある（鴨良弼『刑事訴訟法の基本理念』（九州大学出版会，1985）79頁以下参照）。これも，黙秘権を支える理論構成の1つとして考えられるところだろう。

　以上のような理由で黙秘権を保障することで，黙秘権を侵害して得た供述の証拠能力（証拠として裁判で用いる資格）は否定されることになり，また黙秘し

た事実自体を被告人に不利益な証拠とすることが許されないことになる。また，刑罰などの制裁を用いて供述を強制することも許されないということになろう。

2 黙秘権の範囲と氏名黙秘

では，被疑者被告人は，黙秘権をどのような範囲で行使できるのであろうか。〈CASE〉のように氏名を黙秘する権利を被疑者被告人は行使しうるのであろうか。

判例には，〈CASE〉のような事案で，裁判所が氏名の記載を欠く弁護人選任届を却下したことにつき，被告人が黙秘権侵害を主張して争った事案がある（最判昭31・2・20刑集11巻2号802頁）。当該事案で，最高裁は黙秘権の沿革に若干触れた上で，「氏名のごときは，原則としてここ（憲法38条1項—筆者）にいわゆる不利益な事項に該当するものではない」とし，少なくとも氏名黙秘を憲法38条1項で保障された自己負罪拒否特権の保障対象に原則として含まれない旨を判示している。なお，ここで判例が「原則として」をわざわざ言及していることから，氏名黙秘も場合によっては権利として保障されうることが読み取れる。例えば，「氏名を開示すると被疑者被告人と犯人の同一性が露見する」「住所や知人が明らかになって捜査の手がかりを与えることになる」，あるいは「前科が判明して常習犯や累犯加重の根拠になってしまう」などの場合は，判例の枠組みにおいても氏名黙秘は権利行使として保障されよう（平野龍一『捜査と人権』（有斐閣，1981）102頁以下）。これらの場合は，まさに被告人に不利益が生じうるからである。

しかし，判例のような理解が妥当なのか，検討する余地はありそうである。先に確認したとおり，訴訟法は憲法をさらに拡張し，有利不利を問わず自己の意思に反した供述をしなくてもよいという供述拒否権を保障している。なぜこのように訴訟法が保障範囲を拡張したのか。仮に，「自己に不利益」な事項のみについて黙秘する権利が保障され，それ以外には黙秘する権利が保障されないとすると，次のような不都合が生じうる。被疑者被告人が，捜査機関や裁判所に黙秘しようとするたびに，捜査機関等が「自己に不利益」な事項に対する黙秘権行使を認めるべきかどうか確認するために，黙秘する理由を被疑者被告人に確認することになろう。この場合，被疑者被告人は，「今回は○○の理由で自分に不利だから黙秘する」という形で供述拒否の理由を述べる必要が生じ

うる。そうすると被疑者被告人は、自己負罪拒否特権をいう憲法上の権利が保障されながら、その行使の理由を説明するために自己に不利益な事項が存在することを一々語るという不合理な帰結が生じる。そこで訴訟法では有利不利を問わず供述拒否権を保障したのであろう。

このように考えると、氏名の開示が自己に不利益をもたらすケースも存在する以上、氏名黙秘も原則として許されるべきである。氏名黙秘が原則として保障されないとすれば、被疑者被告人は氏名を黙秘するとき、氏名の開示が自分にいかに不利益か説明せざるをえなくなる。それは自己負罪拒否特権を保障した憲法38条1項の趣旨に反するのではないかという疑問が生じよう。

以上のように氏名黙秘が権利として保障されるべきだとすれば、〈CASE〉のような氏名黙秘も被疑者の権利行使の一環であり、権利を行使したにもかかわらずそれによって不利益な処分が課されるのは原則として許されまい。もっとも、〈CASE〉の場合、裁判所は氏名黙秘を理由に私選弁護人選任届を却下しているが、被疑者が氏名を黙秘しているとはいえ、拇印や監房番号で選任者たる被疑者を特定することは可能であろう。それにもかかわらず、弁護人選任届を却下しなければならないような実質的な手続上の不都合がそもそも存在していたのか、それ自体検討の余地がある。

3　黙秘権の告知義務

〈CASE〉では、捜査官が被疑者に黙秘権を告知していない点も問題になる。すなわち、刑訴法上、被疑者の取調べの際には、被疑者に予め「自己の意思に反して供述をする必要がない旨を告げなければならない」と定められており（198条2項）、これが憲法38条1項の保障対象なのか、争点となりうる（黙秘権告知が憲法38条1項の保障対象か否かは、刑訴法405条の上告理由との関係で意味を持つ）。

この問題を考えるためには、なぜ黙秘権の告知が必要なのか考えておく必要がある。198条1項や291条2項が捜査機関や裁判所に黙秘権の告知を要求しているのは、被疑者被告人が黙秘権の行使を実効的に行えるよう、手続の面から制度的に保障するためである。憲法および刑訴法上、黙秘権が被疑者被告人に保障されているとしても、黙秘権の性質上、その行使が被疑者被告人の意思決定次第である以上、権利行使者自身が黙秘権の存在を自覚していなければ、黙

秘権は行使されず，保障する実益が失われるかも知れない。そこで刑訴法で黙秘権の告知が要求されているのである。

この点について，最高裁は，黙秘権が告知されることなく作成された被疑者の弁解録取書の証拠能力が争われた事案で，憲法38条1項が「被告人又は被疑者をあらかじめ，いわゆる黙秘の権利あることを告知理解させねばならない訴訟手続上の義務を規定したものではない」と判断している（最判昭27・3・27刑集6巻3号520頁）。この理解に立てば，黙秘権告知は憲法上の保障ではなく，立法政策上，刑訴法に規定されたに過ぎないということになりそうである（その後，国税犯則取締法の事案で最高裁は，黙秘権告知の規定を同法が欠いていることを理由に挙げつつ，黙秘権告知をしないことが憲法38条1項違反にならない旨を判示している。最判昭59・3・27刑集38巻5号2037頁）。確かに憲法38条1項は直接に黙秘権告知を明示してはいない。しかし，これは，同じく憲法上告知について明文がないアメリカで，自己負罪拒否特権の告知が憲法上の要求とされ，被疑者の身体拘束時には捜査機関に同権利の告知が義務付けられているのと好対照である（いわゆるミランダ告知）。

学説では，黙秘権告知は憲法上の要請ではないという判例と同様の理解を示すもの，また告知自体は憲法上の要請とはならないものの，被疑者被告人が黙秘権を有していることを知らずに供述義務があると誤信した場合など具体的な事情によっては，黙秘権告知が黙秘権の内容をなし憲法上の要請になるとするものなどがある。しかし，黙秘権告知が憲法上の要請だとする見解も有力に主張されている。

この点，例えば民事法領域において，非対等な当事者間において締結される契約は，消費者保護の特別法の発想の下で，弱者たる消費者側に情報提供義務を課すなど様々な手続的手当を担保している（製造物責任法や消費者契約法を想起せよ）。法は権利の行使に際して，当事者間の能力が非対等の場合には，弱者たる当事者側に権利行使が適切になされるよう配慮するのである。もし刑事手続における憲法33条および35条の令状主義や憲法38条1項の黙秘権が，このような法の配慮に基づいて特に憲法の中に組み込まれたのだとすれば，その趣旨を貫徹するために国家に対して非対等な一方当事者である被疑者被告人に対して行う黙秘権告知も，憲法において保障されていると理解すべきであろう。その意味で少なくとも198条2項や291条2項は，憲法上の黙秘権の内容を構成

していると理解するのが妥当であるように思われる。

　もっとも，〈CASE〉の場合，捜査官Ｐが黙秘権を告知しなかったものの，被疑者Ｘは自ら黙秘権を行使している。このような場合に，直ちに捜査官の不告知が憲法違反の行為になるかどうかは，判断基準の設定に左右される。すなわち，アメリカのミランダ告知でも議論のあるところであるが，告知がない場合に一律に違法とするか，不告知の情況を総合的に考慮して違法性を判断するのか，という選択を迫られる。この点は，ルールの明白さと告知自体の権利保障機能を重視するなら，前者の選択がより黙秘権の趣旨に適うであろう。

　また，仮にこの後，被疑者Ｘが自白をし，調書が作成された場合，捜査官Ｐが黙秘権を告知しなかったことを以って直ちに自白の任意性が否定されることになるのかどうかは，別問題である。証拠法における自白法則（319条）を踏まえて別途検討する必要がある（例えば，最判昭25・11・21刑集4巻11号2359頁など参照）。

Practice

下記の各問の正誤を答えなさい。

問1． 最高裁は，道路交通法上，交通事故の際に事故を起こした者に「事故の内容」の報告義務を課した点について，黙秘権侵害だと判示した。　　（　　）

問2． 現在の刑事訴訟法の規定上，被告人は自らの供述の信用性を高めるために，黙秘権を放棄して証人となることができる。　　（　　）

CASE 22　接見交通権

　横領罪の疑いで勾留されている被疑者Aに対して，弁護人Xは2回目の接見をすべく拘置所に赴いた。そこで係官に促され検察官Pに電話したところ，検察官Pは「今，取調べを始める準備中なので接見はできない」と接見を拒絶し，翌日夕方に来るよう指定した（第1指定）。その後，Aは横領罪で起訴されたが，捜査機関はAの余罪について捜査を行い，Aが殺人罪の教唆も行っていたとの嫌疑を抱いた。そこで検察官Pは殺人教唆についてもAを逮捕・勾留した。横領罪事件の第1回公判期日の前日，弁護人Xが横領事件に関する公判の打合せのために拘置所に赴いたが，検察官Pは「現在殺人事件について取調中なので接見はできない」と拒絶し，第1回公判期日の翌日に接見期日を指定した（第2指定）。

〈POINT〉① 接見交通権の意義
　　　　② 接見指定の要件
　　　　③ 接見指定の方法
　　　　④ 余罪の接見指定
　　　　⑤ 任意同行後取調べ中の被疑者と接見交通権

1　接見交通権の意義

　〈CASE〉のように身体を拘束されている被疑者に対し，憲法は弁護人依頼権を保障し（憲法34条，37条3項），これを受けて刑訴法も30条で被告人・被疑者の弁護人選任権を保障する。しかし，弁護人を選任するだけでは，被疑者にとってそれほど意味はない。弁護人と面会し，訴訟上の防御を行うために相談をし，また書類や物の授受を行うことなどができてこそ，弁護人を選任・依頼する実益が出てくる。また被疑者にとって，弁護人を通じて刑事手続の流れを知る必要もあるし，外界と接触を持つ機会がない身体拘束中には，弁護人との面会は精神的な援助にもなる。また，取調べの適正性を担保し，強いプレッシャーがかかりうる取調べにおいて黙秘権を行使する環境を保障することも，

弁護人との接見を通じて期待しうる。以上の理由ゆえに，弁護人もしくは弁護人となろうとする者が立会人なくして接見し，書類や物の授受をすることを権利として保障しているのが，いわゆる接見交通権である（39条1項）（弁護人以外の者との接見についても一定の制限の下で認められている（80条，81条））。実際，最高裁は，接見交通権を「身体を拘束された被疑者が弁護人の援助を受けることができるための刑事手続上最も重要な基本的権利に属するものであるとともに，弁護人からいえばその固有権の最も重要なものの一つ」であるとし（最判昭53・7・10民集32巻5号820頁［杉山事件］），また「憲法の保障に由来するもの」として接見交通の価値を認めている（最大判平11・3・24民集53巻3号514頁）。

2 接見指定の要件

このように接見交通権を刑訴法は保障する反面で，39条3項で「捜査のため必要があるとき」には，検察官は接見の「日時，場所及び時間を指定することができる」旨を規定している。〈CASE〉において検察官Pが弁護人Xに対して接見を指定したのも，この条項に基づく。しかし，検察官Pによる2回の接見指定は適法なのだろうか。この問題について結論を出すためには，まずは39条3項にいう「捜査のため必要があるとき」がどのような場合を指すのか，解釈により明らかにする必要がある（なお，39条3項の接見指定について，自由権規約14条3項の観点から被疑者の弁護人依頼権を侵害し憲法34条に反するとの主張もあるが，最高裁は合憲と判示した。前掲・最大判平11・3・24）。まずは〈CASE〉の第一指定を軸に検討する。

(1) 非限定説と限定説

39条3項の「捜査のため必要があるとき」という文言について，罪証の隠滅や共犯者との通謀の防止，被疑者の取調べの必要性（接見により被疑者から供述をとりにくくなる場合も含む）など，捜査全般の必要性を指すものとの理解がある（非限定説）。この見解によれば，〈CASE〉の第一指定は適法ということになる。しかし，接見が認められないと黙秘権の行使が困難になる上，接見を通じた弁護人の証拠隠滅を想定した立論に対しては，弁護士会の自治により対処すべきである，など批判が強い。

そのため，学説上は限定説が有力に主張される。この見解は，「捜査のため必要があるとき」の意味を，検証や実況見分，あるいは現実に被疑者を取り調

べている場合など，現に被疑者の身体を捜査機関が利用しているときに限られるものと理解し，接見指定をなしうる場面を限定しようとする（田宮・147頁以下）。しかし，取調べ受忍義務を否定する場合は，取調べ中であることを理由に接見指定を行うことが認められるのか疑問の余地があるため，さらに接見指定をなしうる理由は限定されるように思われる（後藤昭「取調べ受忍義務否定論の展開」『平野龍一古稀祝賀論文集下巻』300頁（有斐閣，1991）参照）。

(2) 判例のアプローチ

では，判例はこの問題にどのようにアプローチしているのであろうか。杉山事件最高裁判決は，「捜査のため必要があるとき」という文言は「現に被疑者を取調中であるとか，実況見分，検証等に立ち会わせる必要がある等捜査の中断による支障が顕著な場合」を意味すると判示し，さらに浅井事件最高裁判決は，「捜査の中断による支障が顕著な場合」には接見を求めたときから「間近い時」に「取調べ等をする確実な予定があって，弁護人の必要とする接見等を認めたのでは，右取調べが予定どおり開始できなくなるおそれがある場合を含む」と述べている（最判平3・5・10民集45巻5号919頁）。この判示内容からすると，判例は非限定説が主張するほど接見指定を広く認めているとは理解しにくい。少なくとも，罪証隠滅の予防など抽象的な理由を掲げて接見指定を行うことは判例の下でも許されないであろう。

しかし他方で，徹底した限定説に立っているとも考えにくい。先に見たように，現に被疑者の身体を捜査機関が利用していなくとも，「取調べ等をする確実な予定」があれば接見指定をなしうる旨と判示していることが，理由として挙げられる。むしろ判例は，捜査の必要性と被疑者の防御権を，個別事案毎に具体的に利益衡量するアプローチを採用しているように思われる。

例えば，最高裁は，被疑者の逮捕直後の弁護人との初回接見を指定した事案について次のような判断を示している。すなわち，初回接見は弁護人から助言を受ける「最初の機会」であり，憲法34条の保障の「出発点を成すもの」であるため，接見を「速やかに行うことが被疑者の防御のために特に重要」と判断した上で，捜査機関は「即時又は近接した時点での接見を認めても……捜査に顕著な支障が生じるのを避けることが可能かどうかを検討し，これが可能なときは，留置施設の管理運営上支障があるなど特段の事情のない限り」，被疑者の引致直後の所要の手続を終えた後，「たとい比較的短時間であっても，時間

第2章 捜　　査

を指定した上で即時又は近接した時点での接見を認めるようにすべき」と判断している（最判平12・6・13民集54巻5号1635頁）。この判決は，逮捕直後1回目には短時間でも接見できるよう調整する義務が捜査機関にあると判示したように読める。逮捕直後の場合は防御権を特に保障する必要性が高いと理解している反面，具体的な判断に際しては夕食時間という調整可能な時間帯があったことをかなり重視している点が，利益衡量的な判断枠組みを採用していることをうかがわせる（なお，最判平17・4・19刑集59巻3号563頁も検討してみよう）。

　〈CASE〉の場合，第1指定は，勾留中かつ2回目の接見であり，取調べの開始が間近く確実に行われそうであるため，判例によれば接見指定は適法とされる可能性が高い。また非限定説でも適法とされよう。他方，限定説の場合，被疑者の身体が捜査機関によって現に利用されているわけではないことから指定は違法とされよう。

3　接見指定の方法

　さて，39条3項の解釈は以上のような議論があるが，実際に接見を「指定する」場合，どのような手順で指定されるのであろうか。

　かつては，被疑者の身体が拘束されている施設に対し，予め検察官が，「接見については具体的に日時場所等を記載した指定書によって別途指定する」という趣旨の通知を行い（一般的指定），弁護人と被疑者の接見を封鎖していた。そして，弁護人は接見をする際に，検察官に接見を申し出，その都度検察官から接見できる具体的日時を記載した「具体的指定書」の交付を受ける。そして，これを弁護人が持参したときのみ，この封鎖が解除され，接見できるという手順を踏んでいたのである。いわば，原則接見禁止，例外接見可能，ともいえる運用状況が存在した。

　しかし，〈CASE〉では弁護人Xは検察官Pから電話で接見指定を受けている。〈CASE〉のような状況は，下級審の判決で一般的指定書を39条，81条違反と判示するものが現れ（鳥取地決昭42・3・7下刑集9巻3号375頁など），1988（昭和63）年の法務大臣事件事務規程28条の改廃により生じたものである。この事件事務規程の改廃後，一般的指定書は廃止され，代わりに「日時，場所及び時間を指定することがあるので通知する」旨の「通知書」が施設に送付される。そして，施設の係官は弁護人が接見に来るとそのつど検察官に連絡し，

検察官は個別に「捜査の必要」があるか否かを判断し，必要があれば弁護人と協議のうえ，口頭・電話・ファックスにより個別の日時場所を指定するという方式になった。つまり，形式としては原則接見禁止という方式から脱却したといえる。弁護人が具体的指定書を受領・持参が求められるという運用についても，判決が分かれるなど深刻に争われていたが，電話・ファックスを活用する近時の運用により一応の決着をみつつあるとされる（三井(1)・159頁以下参照）。

4 余罪の接見指定

〈CASE〉では，第2指定－横領罪で起訴され勾留されている被告人Aについて，余罪である殺人罪の勾留が競合して執行され，検察官Pが殺人罪の取調べを理由に接見を指定している。本来，39条3項の条文では，「公訴の提起前に限り」接見指定をなしうる旨が規定されている。したがって，〈CASE〉に当てはめれば，少なくとも横領罪については起訴されている以上，横領罪の「捜査の必要」性を理由に接見指定をすることは条文上も明らかに認められない。しかしながら，余罪たる殺人罪の捜査が並行して進められ，まだ「公訴の提起前」である殺人罪を理由に検察官Pは接見を指定しているのである。すなわち，Aが被告人（横領）であると同時に被疑者（殺人）でもあるという二重の法的地位を有するため，どちらの地位が優位するのかが問題になっているともいえよう。

この点について最高裁は，起訴後勾留されている被告人が余罪については逮捕勾留されていなかったにもかかわらず，余罪の捜査を理由に接見を指定された事案について（〈CASE〉と異なり余罪について勾留されていない），「およそ，公訴の提起後は，余罪について捜査の必要がある場合であっても」39条3項の接見指定権は「行使しえない」と判示している（最決昭41・7・26刑集20巻6号728頁）。他方で，起訴後勾留されている被告人に対して余罪である被疑事件の逮捕・勾留が競合している事案について（〈CASE〉に類似した事案），最高裁は「被告事件について防御権の不当な制限にわたらない限り」接見指定をなしうる旨を判示している（最決昭55・4・28刑集34巻3号178頁）。余罪についても逮捕・勾留が執行されている場合は，判例は被告人としての防御権と余罪についての捜査の必要性を利益衡量するというアプローチを採っているようにみえる。

第2章 捜　　査

しかし，本来防御活動の必要性が高まるがゆえに接見指定が禁止されている被告人に対し，余罪による身体拘束を行えば接見指定が可能になるというのは問題が大きい。余罪に基づく接見指定は本罪被告事件の防御に対して制約をもたらしうる以上，余罪について身体拘束がなされているとしても，接見指定は原則として否定されるべきであろう。もっとも〈CASE〉の場合，判例を前提としても，検察官Pは第1回公判期日の直前の接見を同期日終了後に指定しており，防御権の「不当な制限」に該当し違法な接見指定とされるべきである。

5　任意同行・取調中の被疑者の接見交通権

最後に〈CASE〉とは異なるが，弁護人が任意同行後取調べを受けている被疑者に接見すべくやって来た場合，接見交通をする権利（弁護人と面会し相談する権利）は被疑者らに認められるであろうか。39条は身体拘束中の被疑者のみを想定した規定であるため，身体拘束をされていない被疑者の場合に「接見交通権」が存在するのかが問題となる。

一見，この問題は，「任意」の取調べである以上，わざわざ「接見交通権」を認めなくとも，被疑者が自ら取調べを拒絶すれば足りるようにも思える。しかし，接見交通権を認める実益は，被疑者に弁護人の面会の申出を取り次ぎ，面会希望時には弁護人に面会するための措置をとる義務を捜査機関に負わせる点にある。身体拘束がない場合は当然，身体拘束されている場合も弁護人依頼権があるというのが憲法34条の趣旨であろうし，身体拘束がなされなくとも取調べから退去することがなかなか困難である実情からすれば，接見交通権を任意同行後取調中の被疑者に認めるべきであろう（なお，福岡高判平5・11・16判時1480号82頁参照）。

Practice

下記の各問の正誤を答えなさい。

問1. 勾留されている被疑者に対し，検察官は弁護人との接見を制限できる。
　　　　　　　　　　　　　　　　　　　　　　　　　　　　　　　（　　）

問2. 勾留されている被告人に対して，検察官は被疑者に対するのと同様に接見指定をできる。
　　　　　　　　　　　　　　　　　　　　　　　　　　　　　　　（　　）

ケイスメソッド
第3章

公訴の提起

CASE 23〜 CASE 30

第3章 公訴の提起

CASE 23　起訴状一本主義

　恐喝事件の起訴において，起訴状に，被告人のかつての道路交通法違反の前科等の詳細な記載があり，また，唯一の恐喝の手段として郵送された脅迫文書の全文が，この起訴状に記載されていた。この起訴状は有効か。

　〈POINT〉① 起訴状一本主義の意義
　　　　　　② 予断排除の原則の意義
　　　　　　③ 起訴状一本主義と訴因の特定
　　　　　　④ 起訴状における添付・引用の禁止

1　起訴状一本主義

　公訴提起の際に，裁判所に提出されるのは起訴状だけである（256条1項，起訴状一本主義）。また，裁判所は公訴の提起があったときには，遅滞なく起訴状の謄本を被告人に送達しなければならない（271条）。この制度は現行法によって成立した。すなわち旧刑事訴訟法における起訴と同時に捜査記録が提出されるということが，現行法によって改められたのである。現行法は，捜査機関の嫌疑を裁判所が引き継ぐという職権主義の訴訟構造ではなくて，当事者主義の訴訟構造を取り入れたことにより，起訴状一本主義は，裁判官は裁判が始まるまで，予断・偏見を持つことなく白紙の状態で審理に臨むことを実現しようとしたのである。

　起訴状に記載する事項は，①被告人の氏名その他被疑者を特定するに足りる事項，②公訴事実，③罪名である（256条2項）。公訴事実は，訴因を明示して記載しなければならず，訴因を明示するにはできる限り日時，場所および方法をもって罪となるべき事実を特定しなければならない（同3項）。また，罪名は適用すべき罰条を示してこれを記載しなければならない（同4項）。特に，検察官が訴因を特定・明示することは法の重要な要請である。これは，訴因が曖昧であると裁判官にとっては何が審判対象なのか明らかではなくなるし，また被告人・弁護人にとっては何を防御したらよいのか判然としなくなりうるか

196

らである。

2 予断排除の原則

このような起訴状一本主義は、当事者主義の表れであり、事前に有罪か無罪かなどの心証を形成するのではなくて、公判廷における両当事者の主張・立証を直接目にしながら心証を形成するという公判中心主義を担保するものである。そして、裁判官などの事実認定者が証拠によって判断し、公正な判決に到達するという手続を保障するものである。その根本においては、事実認定者の予断を排除するということに眼目があり、これは公正な裁判を実現する上で重要となる。この予断排除の原則は、公平な裁判所（憲法37条1項）を保障するために必要であり、起訴状一本主義は、その重要な原則からの1つの帰結でもある。

刑事訴訟法は、公正な裁判を実現するために、裁判官についての除斥（20条）・忌避（21条）・回避（刑訴規13条）の制度を設けるとともに、予断排除のためのいくつかの規定をすでに掲げている。例えば、その1つとして、証拠調べを始める前に、検察官は、証拠により証明すべき事実を明らかにしなければならないが、証拠とすることができず、または証拠としてその取調べを請求する意思のない資料に基づいて、裁判所に事件について偏見または予断を生ぜしめるおそれのある事項を述べることはできない（296条）。また、具体的な証拠調べにおいても、被告人の自白は、犯罪事実に関する他の証拠が取り調べられた後でなければ、その取調べを請求することはできないし（301条）、証拠とすることができる書面が捜査記録の一部であるときには、検察官はできる限り他の部分と分離して取調べを請求しなければならない（302条）。このように、予断排除のための規定が置かれている。

また、これまで、第1回公判期日前の「事前準備」として、「裁判所は、適当と認めるときは、第1回の公判期日前に、検察官及び弁護人を出頭させた上、公判期日の指定その他訴訟の進行に関し必要な事項について打合せを行うことができる」としていた（刑訴規178条の10第1項）。しかし、事件につき予断を生じさせるおそれのある事項にわたることはできないとされ、予断排除の原則への配慮が表れていた。ただし、2004年の刑事訴訟法改正によって、裁判員制度の導入に伴い、充実した公判の審理を継続的かつ迅速に行うために、必要があるときには、裁判所は決定で公判前整理手続を事件に付すことができるよう

になった（316条の2）。事件の争点および証拠を整理するために創設された新しい公判前整理手続では、証拠調べを請求された証拠の立証趣旨、尋問事項等が明らかにされることになる（316条の5第5号）。

3　起訴状における添付・引用の禁止

このような原則のもとに、起訴状が最初に提出されるのである。したがって、予断排除のために、起訴状には、裁判官に事件につき予断を生ぜしめるおそれのある書類その他の物を添付したり、その内容を引用したりしてはならないことになっている（256条6項）。現在では「添付」はほとんど考えられないとされているが（福井・講義197頁）、過去には問題となった事例もある。冒頭のケースも、この添付・引用に当たるのではないかが問われることとなる。ケースの場合は引用であるから、256条6項に違反することになる。具体的な内容を詳しく述べるのは、冒頭陳述においてすべきことになる。

ただし判例では、このような場合に、比較的緩やかにその適法性を判断している。例えば、起訴状に、加害の通告の主要な方法としていた脅迫文書を、被害者宛に郵送した内容証明郵便の内容としてそのまま引用し、差出の年月日、差出人の住所氏名、受取人の住所氏名を原本の体裁のとおり記載していたという事例がある。判例は「その趣旨は婉曲暗示的であって、被告人の右書状郵送が財産的利得の意図からの加害の通告に当るか或は単に平穏な社交的質問書に過ぎないかは主としてその書翰の記載内容の解釈によって判定されるという微妙な関係のある」とし「起訴状に脅迫文書の内容を具体的に真実に適合するように要約摘示しても相当詳細にわたるのでなければその文書の趣旨が判明し難いような場合には……被告人の防御に実質的な不利益を生ずる虞もな」いとして、違法ではないとした（最判昭33・5・20刑集12巻7号1398頁）。冒頭のケースでは、この判例によれば、文書の内容を要約しても詳細にわたるものでなければ文書の趣旨が判明し難いような場合には、違法ではないという結論になる（ただし、この判例には反対意見がある）。

その他に、起訴状に「外遊はもうかりまっせ、大阪府会滑稽譚」と題する文章原文を引用した事例がある。判例は、「検察官が同文章のうち犯罪構成要件に該当すると思料する部分を抽出して記載し、もって罪となるべき事実のうち犯罪の方法に関する部分をできるかぎり具体的に特定しようとしたもの」であ

るから、訴因明示の方法として不当ではないとして、256条6項違反には当たらないとしている（最決昭44・10・2刑集23巻10号1199頁）。

4　起訴状と余事記載

ただし、訴因の特定・明示の要請から、256条2項による起訴状の必要的記載事項以外の記載が認められるのか、すなわち余事記載の可否も問われることがある。なお、余事記載については、256条6項に反するような違反となれば起訴状は無効であり、削除しても無効とはならないが、この程度には至らない256条2項によって禁止される程度の余事記載は、削除を裁判所が命ずれば足りると主張されたりしている（平野・130頁）。いずれにせよ余事記載の内容が、裁判官に予断を生じさせることになりうるとすれば、予断排除の原則の精神を尊重し、禁止される必要がある。具体的に問題となるのは、前科、経歴、性格などである。

前科については、判例も、詐欺罪の公訴事実について、起訴状に「被告人は詐欺罪により既に二度処罰を受けたものであるが」と記載していた事例で、「このように詐欺の公訴について、詐欺の前科を記載することは、両者の関係からいって、公訴犯罪事実につき、裁判官に予断を生ぜしめるおそれのある事項にあたると解しなければならない」としたものがある（最大判昭27・3・5刑集6巻3号351頁）。一方、経歴・性格については、傷害罪の起訴において、起訴状の冒頭に被告人が暴力団組員であると記載されたことが、論点となった事例がある。判例は、訴因の特定・明示の要請を掲げながら、共犯者の関係を明らかにすることによって共謀の態様を明示し、特定するためのものであるとして、256条6項違反ではないとした（大阪高判昭57・9・27判タ481号146頁）。

冒頭のケースでは、起訴状に被告人の前科等が、詳細に記載されていたということである。判例によれば、訴因の特定・明示との関係も考慮することになろうが、冒頭のケースでは、いずれにせよ前科につき公訴事実とはまったく関係のない事柄に触れているわけであるから、起訴状の違法性は免れないことになる（256条6項違反）。

第3章　公訴の提起

Practice

下記の各問の正誤を答えなさい。

問1． 公訴提起の際に，検察官から起訴状と証拠が裁判所に提出される。（　　）

問2． 起訴状に記載する事項は，被告人の氏名その他被疑者を特定するに足りる事項と公訴事実だけである。（　　）

問3． 被告人が自白した場合に，その自白調書が証拠として証拠調べ請求をした場合に，まずは，その取調べを優先しなければならない。（　　）

問4． 公判前整理手続では，事件の争点および証拠を整理するために，証拠調べを請求された証拠の立証趣旨，尋問事項が，裁判官の前で公判前に明らかにされる。（　　）

問5． 起訴状には，裁判官に事件につき予断を生ぜしめるおそれのある書類その他の物を添付したり，その内容を引用したりしてはならない。（　　）

CASE 24	一罪の一部起訴

....
検察官は，自動車事故による業務上過失傷害罪により被告人を起訴した。しかし，被害者は傷害を負っていたが，その後死亡していた。裁判所は，公訴事実にある傷害を負わせたとの事実は認められないとして無罪を言い渡すべきか，それとも証拠上訴因の範囲を超える事実が認定されると判断したとしても，裁判所は訴因の範囲内において審判すべきであるとして，訴因事実を認定して有罪を言い渡すべきか。

〈POINT〉① 起訴便宜主義と訴因制度
② 一罪の一部起訴
③ 一罪の一部起訴の限界
....

1　起訴便宜主義

　公訴提起は，現行法では検察官が行う（247条）。これを国家訴追主義という。そして，検察官は「犯人の性格，年齢及び境遇，犯罪の軽重及び情状並びに犯罪後の情況により訴追を必要としないときは，公訴を提起しないことができ」る（248条）。これを起訴便宜主義という。したがって，仮に犯罪の嫌疑があるとしても，検察官は起訴を猶予することがある（起訴猶予）。そして検察官が訴因を設定して起訴するとともに，変更する権限を有するというのが現行法の枠組みである（256条3項，312条1項，2項）。ただし冒頭の〈CASE〉のように，検察官が実体法上ないし処罰上一罪である犯罪事実の一部を訴因として起訴することができるのか，その検察官の権限について，刑事訴訟法上に明確に規定されているわけではない。

　通説的な考え方によると，検察官の主張たる訴因が審判の対象であり（訴因対象説），訴因を設定するのは検察官の権限である。訴因制度は当事者主義を前提とした制度であり，当事者である検察官にその権限があるというのである。このように考えると，一罪の一部起訴が仮に行われた場合，審判の対象が訴因であるとすれば，裁判所は訴因以外に介入して判断を下すことができないこと

になる。逆に，旧来のように，審判の対象は公訴事実であり，裁判所は犯罪について職権的な立場から審理できるという考え方にあっては，裁判所が訴追側の主張を超えて真実を追求することもできると考えることになる。そうすると，そもそも一罪の一部起訴といったことを問題とする意味があまりない。それゆえ，一罪の一部起訴は，現行法が新しく採用した訴因を審判の対象とし，当事者主義に基づく訴訟構造において生じる論点であったのである。

2　一罪の一部起訴

　一般的に言えば，一罪の一部起訴は学説上も肯定されてきたといってよい。ただし，その理由付けはいろいろである。当事者主義を根拠にしつつ，一罪の一部を不起訴にすること自体は立証の難易度などから否定する理由はない，あるいは，現行の訴追制度によれば起訴便宜主義を採用しているから，一罪の一部起訴の場合が望ましいこともありうる，または，訴因の構成は検察官の権限であってその処分権が検察官にはある，といった具合である。具体的には，①単純一罪の行為または結果の一部を除外する場合，②法条競合のうち軽い犯罪で起訴する場合（例えば強盗と恐喝），③既遂を未遂として起訴する場合，④結合犯の一部を起訴する場合（強盗傷人と強盗），⑤科刑上一罪の一部の行為を除外する場合（住居侵入窃盗の住居侵入部分）が，一罪の一部起訴としてあるとされている（田宮・170頁）。

　判例も，一罪の一部起訴を認めている。例えば，公職選挙法221条1項1号に基づき，選挙運動者乙に対し甲が所定の目的をもって金銭等を交付したとする交付罪と，甲乙間で右金銭等を第三者に供与することの共謀があり，乙がこの共謀の趣旨に従いこれを第三者に供与したとする供与罪との関係について，「検察官は，立証の難易等諸般の事情を考慮して，甲を交付罪のみで起訴することが許される」としている（最決昭59・1・27刑集38巻1号136頁）。

　そこで，冒頭の〈CASE〉にあるように，例えば検察官が，自動車事故による業務上過失致傷罪について起訴したが，被害者が傷害を負った上死亡したとの事実が認められたという事例を考えてみよう。実際にこのような事例が問題となった事案では，第一審が，公訴事実にある傷害を負わせたとの事実は認められないとして無罪を言い渡した。しかし控訴審において，裁判所は，証拠上訴因の範囲を超える事実が認定されると判断しても，裁判所は訴因の範囲内に

おいて審判すべきであるとして，原判決を破棄し，訴因事実を認定して有罪を言い渡した（名古屋高判昭62・9・7判タ653号228頁）。冒頭の〈CASE〉の場合には，裁判所は過失致傷罪の範囲内でしか審判できないという結論を，この判例は採用したことになる。また同時に，「立証の難易や訴訟経済等の諸般の事情を総合的に考慮して，合理的裁量に基づき」，検察官の一部起訴を肯定したのである。

一方，強姦罪において告訴が取り消されたという事例を考えてみよう。そこでは，検察官が暴力行為等処罰に関する法律1条違反の行為について起訴したとしよう。このような事例で，判例は，「裁判所は，その公訴事実の範囲を逸脱して，職権で親告罪である強姦罪の被害者が姦淫された点にまで審理を為し，その暴力行為は，起訴されていない該強姦罪の一構成要素であると認定し」，「強姦罪については告訴がないか又は告訴が取消されたとの理由をも明示して，公訴を棄却する旨の判決を為し，これを公表するがごときこと」は許されないとした（最大判昭28・12・16刑集7巻12号2550頁）。ここでも，一罪の一部起訴が許されるということが前提とされている。

3　一罪の一部起訴の限界

ところで，上記の2つの事例の違いはどこにあるのかも考えてみよう。後者の強姦罪の事例については，そもそも親告罪である強姦罪において，訴訟条件である告訴がないため，強姦罪の一部を構成する強姦の手段について暴力行為等処罰に関する法律1条で起訴したとするものである。しかし，このように一罪の一部起訴を無制限に検察官の専権事項とすれば，わざわざ強姦罪には告訴を必要とする意味を失わせることになりはしないであろうか。後者の強姦罪の一部起訴については，このように批判されることになるであろう（なお，東京地判昭38・12・21下刑集5巻11・12号1184頁は，親告罪である強姦につき告訴がない場合にその構成部分である単純暴行の事実を訴因として起訴することはできないとする）。実際に，この事例では3名の実行行為者がいたが，その後刑法180条2項が加えられ（1958年），強姦罪の訴因につき，それが2人以上の者が現場において共同して行った場合には，告訴がなくても公訴提起ができるとされた。このように立法によって，一罪の一部起訴につき，実行行為者が複数の場合には，告訴がなくても起訴できることになった。しかし，1人の場合には，なお，

同様の問題が起こりうる。

　このように通説・判例は一罪の一部起訴を認めるものの，それが全くの検察官の専権として当然に認められるということにはならないことがわかる。現に，強姦罪の事例で被疑者の告訴がない場合に，その一部を別の犯罪で起訴するといった事柄については，一罪の一部起訴否定説が通説的な地位を占めているといえる。検察官は単なる当事者であるから，その主張も自由に設定してよいと単純に割り切ることはできない。検察官は重要な権限を独占的に担っている存在であり，検察官の権限が濫用されてはならないわけであるから，その権限は常にチェックされなければならないものである。一罪の一部起訴も，無制限に認められるものではなくて，自ずと，限界を考慮する必要がある。

　そこで，強姦罪で告訴が欠けている場合のほかに，例えば，明らかに重大な犯罪が認められるのに正当な理由もなくそのごく一部しか起訴しないよう訴追裁量権の濫用が認められる場合（田口・201頁），政治犯罪，公務員の職務犯罪など市民にとって優越的利益が考えられる場合（新屋達之「犯罪事実の一部起訴」争点（3版）109頁），当罰性および可罰性が高く立証も比較的容易であると思料される不起訴の場合（白取・194頁），裁量権の濫用として，他の制度の趣旨や憲法・刑訴法の原則に抵触する場合や，不当な利益・不利益を被告人にもたらすような場合（三井(1)・158頁）などが，一罪の一部起訴が許されない場合として取り上げられている。冒頭の〈CASE〉でも，これら限界的な指摘に該当するかは詳述されていないが，裁量権の濫用と認められる場合には，一罪の一部起訴は認められないという結論もありうるであろう。

Practice

下記の各問の正誤を答えなさい。

問1． 検察官は公訴提起の際に訴因を設定しなければならないが，その後訴因を変更することは許されない。　　　　　　　　　　　　　　　　　　　（　　　）

問2． 検察官には起訴することができるかどうか，判断する専権が認められており，さらにそれを第一審の判決があるまで取り消すことができる。　　（　　　）

問3． 検察官は犯罪の嫌疑がある場合には，必ず起訴しなければならない。
　　　　　　　　　　　　　　　　　　　　　　　　　　　　　　　　（　　　）

問4． 検察官は告訴がないため親告罪の一部のみを公訴提起してはならないという

明文の規定が，刑事訴訟法で定められている。   (   )
問5．検察官が住居侵入・窃盗の事例を窃盗罪のみで起訴した場合，残りの部分を被害者は独自に起訴することができる。   (   )

第3章　公訴の提起

CASE 25　訴因変更の要否

　被告人は業務上過失致傷の訴因で起訴された。本件起訴状の公訴事実欄には次のように記載されていた。「被告人は，……前車の前の車両が発進したのを見て自車を発進させるべくアクセルとクラッチペダルを踏んだ際当時雨天で濡れた靴をよく拭かずに履いていたため足を滑らせてクラッチペダルから左足を踏みはずした過失により自車を暴進させ，未だ停止中の前車後部に自車を追突させ，因ってXに全治約2週間を要する鞭打ち症の傷害を負わせた」。

　これに対し，裁判所は，「被告人は，……ブレーキをかけるのを遅れた過失により自車をその直前に一時停止中のX運転の普通乗用自動車に追突させ，よつて，右Xに対し全治2週間を要する鞭打ち症の傷害を負わせた」との心証を抱いている。裁判所は，訴因変更手続を経ずに心証どおりの事実認定をして被告人を有罪とすることができるか。

　〈POINT〉① 訴因変更の意義
　　　　　② 訴因の同一性の判断基準
　　　　　③ 訴因の同一性判断における防御の利益の考慮方法

1　訴因変更の意義
(1)　訴因変更制度の趣旨
　現在では，検察官が起訴状において呈示した訴因（256条3項），すなわち検察官が主張する具体的犯罪事実が審判の対象であることに争いはほとんどない。当事者はこの訴因をめぐって攻防を繰り広げることになる。訴因につき，合理的疑いを超えた証明があると判断されれば有罪，ないと判断されれば無罪となるのが普通である。

　ところが，訴因どおりの事実は認定できないが，異なる犯罪事実については合理的疑いを超えた証明があると裁判所が判断する場合がある。そのような場合，裁判所がいきなり有罪判決を出してしまうという制度が考えられる。しか

し，被告人にとっては，防御の対象と考えていなかった事実が突如認定される
わけだから，たいへんな不意打ちとなる。そこで，裁判所は無罪判決を出し，
被告人を有罪にしたいのであれば検察官が別の訴因でもう一度起訴するのを待
つという制度も考えられる。しかし，これでは訴訟経済に反する（要するに，
効率が悪い）し，再度応訴を強制されるのは被告人にとっても酷だと考える人
が多い。そこで現行法は，検察官が審判対象の設定をし直すこと，つまり訴因
を変更することを認めるという制度を設けた（312条）。この制度により，同一
手続において有罪判決を確保することができ，かつ，審判の対象が変更された
ことを手続的に明示することによって，被告人の防御権も害されずにすむとい
うわけである。

　訴因変更は，公訴提起し直すのに等しいため，公訴提起に準じた厳格な手続
がとられる（次の順序で法令を見てほしい。①刑訴312条1項，②刑訴規209条1項
－4項，③刑訴312条3項－4項）。弾劾主義・当事者主義構造のもとにおいて，
審判対象を設定するのは裁判所ではなく検察官であるから，審判対象を変更す
る訴因変更も当然検察官が行う。裁判所ができるのは，検察官の訴因変更請求
を許可することだけである。許可といっても，裁判所に裁量権が与えられてい
るわけではない。「公訴事実の同一性を害しない」といえるか否か（この点に
ついては〈CASE 26〉で扱う）その他をチェックするだけである。また，裁判
所が自らの心証に基づき，自らの手で訴因変更をすることは許されない。裁判
所自ら起訴することができないのと同じことである（ただし，〈CASE 28〉参照）。

(2)　**問題の所在**

　前述のように，訴因とは検察官が主張する具体的犯罪事実のことであるから，
当該事実と異なる事実を認定してもらいたいと検察官が考えるならば訴因変更
が必要となる。素朴に考えるならば，どのような事実であれ，変更したいので
あれば訴因変更請求をしなければならない（したがって訴因変更請求がない限り，
裁判所は訴因と異なる事実では有罪にできない）ことになるだろう。しかし，あ
らゆる事実の変更について訴因変更が必要とは考えられていない。前述のよう
に訴因変更制度は不意打ち認定を防止し，被告人の防御権を侵害しないために
あるのだから，防御権を侵害するとまではいえないような事実の変更について
は訴因変更手続をとる必要がないだろうと考えるのである（もとの訴因とは異
なっているが，「法的・規範的には訴因の同一性は維持されている」という言い方を

する)。裁判所の側からみるならば，法的・規範的に訴因の同一性が認められる範囲内であれば，検察官の訴因変更請求がなくとも，訴因とは異なる事実を認定してもかまわないことになる。

結局，訴因と異なる事実を裁判所が認定したい場合に，訴因変更手続を経ている必要があるか否かは，訴因の同一性が認められるか否か，すなわち防御上重要な事実の変化があるか否かで決まる。それでは，防御上重要な事実の変化があるか否かについて，どのような基準で判断されるべきなのだろうか。

ここで〈CASE〉に戻ってみよう。本件は，実際に起きたものである。訴因と認定事実とでは，被告人の過失の態様が全く異なるが，このような場合に訴因変更は必要なのかが争われた。

実際の事件における一審は，訴因変更の手続を経ないで心証どおりの事実認定をし，被告人を有罪とした。これを不当として，弁護人が控訴している。控訴審は，このような場合に訴因変更は不要であるとして，弁護人の主張を退けた。「同一の社会的事実につき同一の業務上注意義務のある場合における被告人の過失の具体的行為の差異に過ぎず，本件においてはこのような事実関係の変更により被告人の防御に何ら実質的不利益を生じたものとは認められない」というのがその理由である。

これに対し，最高裁は次のように述べて，訴因変更が必要であったと判断した。「本件起訴状に訴因として明示された被告人の過失は，濡れた靴をよく拭かずに履いていたため，一時停止の状態から発進するにあたりアクセルとクラッチペダルを踏んだ際足を滑らせてクラッチペダルから左足を踏みはずした過失であるとされているのに対し，第一審判決に判示された被告人の過失は，交差点前で一時停止中の他車の後に進行接近する際ブレーキをかけるのを遅れた過失であるとされているのであつて，両者は明らかに過失の態様を異にしており，このように，起訴状に訴因として明示された態様の過失を認めず，それとは別の態様の過失を認定するには，被告人に防御の機会を与えるため訴因の変更手続を要するものといわなければならない」(最判昭46・6・22刑集25巻4号588頁)。

控訴審と上告審とでは，「防御上重要な事実の変化」があったか否かに関する判断基準が異なることがわかるだろう。

2 訴因の同一性の判断基準
(1) 法律構成説と事実記載説
　控訴審の判断基準は，法律構成説とカテゴライズされる古い学説によったものと考えられる。法律構成説は，刑法的評価の変化の有無を重視する。ピストルによる殺人がナイフによる殺人に変化したとしても，単独犯で作為犯という刑法的評価には変わりがない。したがって重要な変化とはいえないと考えるのである。〈CASE〉においても，業務上過失致傷という法的評価そのものが変わったわけではないので，訴因の同一性は維持されており，訴因変更手続を経なくともよいという結論に至る。重要な事実の変化が生じたといえるのは，単独犯として起訴されたが実は共同正犯であったとか，ピストルで殺した作為犯として起訴されたが，実は食事を与えないで餓死させたという不真正不作為犯であったというように刑法的評価が変化した場合だということになる。

　しかし，被告人にとってみれば，刑法的評価が変化していなくとも，防御上深刻なダメージが与えられうることはいうまでもない。ピストルによる殺人という訴因だったので，被告人はピストルを入手したことがない旨全力を尽くして争ったところ，判決で突如「実はナイフによる殺人だ」と言われた場合を想像してみてほしい。あなたが被告人であったら，間違いなく茫然自失状態に陥るだろう。現在では，法律構成説を支持する者はほとんどおらず，法的評価に限るべきでないと考える（事実記載説）者がほとんどである。〈CASE〉における最高裁の判断も，事実記載説によったものと考えられる。

(2) 具体的防御説と抽象的防御説
　事実記載説に立ったとしても，問題はまだ十分に解決されていない。法的評価の変化に限らないと言っているだけだからである。それでは，法的評価に限らないで事実の変化をみるとして，防御上重要な事実の変化があったか否かをどのように判断すべきか。

　ケース・バイ・ケースにみるしかないだろうというのが具体的防御説である。ピストルによる殺人がナイフによる殺人に変わった場合でも，当該訴訟の一こま一こまを見てみないと，不意打ちといえるかわからないというのである。例えば，検察官はナイフによる殺人を主張していなかったとしても，取り調べられた証拠の中には，被告人がナイフにより人を殺したことを証明するものが含まれていた場合には，被告人はそれについて防御しようと思えばできたのであ

るから，訴因変更手続を経ていなくとも不意打ちにはならないと考えるのである。

しかし，「防御しようと思えばできた」というのは後からつけた理屈にすぎない場合が多いだろう。人的・物的資源に乏しく，限られた時間の中で防御を強いられる現実の訴訟の中で，有罪となるあらゆる可能性を考慮せよ，検察官が訴因に掲げていない事実についてもすみずみまで検討せよ，検察官が具体的な争点にしていなくとも，被告人のほうから争点として掘り起こしなさい，などと被告人に要求することは妥当でない。そこで通説は，あくまでも一般的に被告人の防御の利益を考慮すべきだと考えている（抽象的防御説）。〈CASE〉における最高裁の判断も，具体的な訴訟の経過について言及していないところをみると，抽象的防御説に立って判断したものと推測される。

3 訴因逸脱認定の効果

訴因変更手続を経ていないのに訴因の同一性の範囲外で事実が認定された場合，その誤りは判決が出てはじめて明らかになるので，それを救済するのは控訴審ということになる。素直に条文を読む限り，訴因を逸脱して事実を認定することは，「審判の請求を受けない事件について判決をした」（378条3号後段）というべきだろう。もっとも，この点に関する判例理論は必ずしもはっきりしていない。

Practice

通説の立場から，下記の各問の正誤を答えなさい。

問1．検察官から訴因変更の請求があった場合，裁判所は裁量により不許可とすることができる。　　　　　　　　　　　　　　　　　　　　　　　　　（　　）

問2．現場付近で見張りをしたという窃盗幇助の訴因に対し，訴因変更手続を経ずに，現場で金庫を開けたとの事実で窃盗共同正犯を認定しても違法ではない。
　　　　　　　　　　　　　　　　　　　　　　　　　　　　　　　　　（　　）

問3．強盗の訴因に対し，訴因変更手続を経ずに恐喝の事実を認定しても違法ではない。　　　　　　　　　　　　　　　　　　　　　　　　　　　（　　）

問4．窃盗の訴因が強盗の訴因に変更された。その後訴因変更手続を経ずに窃盗の事実を認定しても違法でない。　　　　　　　　　　　　　　　　　（　　）

| CASE 26 | 訴因変更の可否 |

　被告人甲は，「公務員乙と共謀のうえ，乙の職務上の不正行為に対する謝礼の趣旨で，丙から賄賂を収受した」という加重収賄（刑法197条の3第2項）の訴因で起訴された。公判が進む中，検察官は「丙と共謀のうえ，乙の職務上の不正行為に対する謝礼の趣旨で，公務員乙に対して賄賂を供与した」という贈賄（刑法198条）の訴因に変更する旨請求してきた。裁判所は訴因変更を許可すべきか。

〈POINT〉① 公訴事実の同一性の意義
　　　　　② 公訴事実の同一性の判断基準

1　訴因変更に限界を設ける趣旨
(1)　訴因変更の可否という問題
　〈CASE25〉では，重要な事実の変化があった場合に訴因変更が必要となることを学んだ。もっとも，このような手当てだけでは十分でない。例えば，「2004年3月12日京都でAの財布を盗んだ」という訴因で起訴されたにもかかわらず，「2000年12月10日埼玉でBを殺した」という訴因に変更したいと検察官が請求してきた場合を想定してみよう。日時，場所，客体，罪種，あらゆる要素が全く異なる。重要な事実が変化していることは間違いない。しかし，多くの人は訴因変更を許可することに躊躇をおぼえるのではないだろうか。全く別の事件になってしまっているからである。
(2)　訴因変更が許される範囲とその趣旨
　訴因変更制度が，訴訟経済を考慮し，同一手続内における有罪確保を目的とするものであることは確かだが，全く別の事件だろうが何だろうがとにかく有罪にすればよいと考えるのはいきすぎである。被告人は検察官に翻弄されてしまい，防御の負担は限りないものとなってしまう。また，このようなシステムは，必罰主義的立場からみてもかえって不利になるかもしれない。裁判が確定すると一事不再理効が発生し（憲法39条），同一の犯罪について再起訴はでき

なくなるが，どんなに事実が変わっても同一の犯罪とみなして同一手続内で処理してよいことにすると，当該裁判の確定後，当該被告人について起訴が認められる範囲は著しく狭くなってしまうからである。国家の権限濫用防止を重視する立場からも看過しがたい問題が指摘される。事実が変化しさえすればいかようにも訴因変更できるとすると，例えば本命の事件の証拠が揃わず，このままだと公訴時効が完成してしまう場合に，「とりあえず適当に架空の事件を作って起訴してしまおう。それで時間をかせいでいる間に本命の事件の証拠を揃え，後で訴因変更すればいいや」と検察官は考えるかもしれない。権限濫用の可能性が高まるのである。

　以上のように，訴訟経済，被告人の防御権，一事不再理効，検察官の権限濫用防止といったさまざまな要素を総合衡量した結果，現行法は，訴因変更が許される範囲を限定した。312条1項は，「公訴事実の同一性を害さない限度において」訴因変更を認めると規定している。この限度を超える場合は，訴因変更という制度によらず，追起訴といった形で処理すべきということになる。

2　公訴事実の同一性（広義）

　それでは，「公訴事実の同一性」とは何か。要は「全く別の事件ではないこと」なのだが，その判断方法として通説は，①公訴事実の単一性と②公訴事実の同一性（狭義）を挙げる。順にみていこう。

(1)　公訴事実の単一性

　1個の犯罪といえるか，すなわち罪数上一罪といえるかどうかの問題である。旧訴因と新訴因が罪数上一罪といえないならば，両者は「全く別の事件」であり，「公訴事実の単一性がない」ことになる。例えば窃盗と殺人の間には通常単一性は認められない。窃盗と住居侵入はどうか。住居侵入は窃盗という犯罪の手段となっているから，牽連犯とされ（刑法54条1項），通常単一性が認められる。

　罪数論は刑法で扱われる。一般的な説明は刑法総論で，各犯罪類型における具体的罪数関係については刑法各論で学ぶ。公訴事実の単一性の意味がよくわからないという人は，いったん刑訴法から離れ，刑法を勉強してから戻ってくるとよい。公訴事実の単一性という概念は，刑訴法のさまざまな領域で使用される（告訴の客観的範囲，分割逮捕・勾留禁止原則，公訴時効の起算点，公訴時効

停止効の及ぶ範囲，二重起訴禁止の範囲，一事不再理効の及ぶ範囲等）ことになるので，しっかりマスターしてほしい。

(2) 公訴事実の同一性（狭義）

同じ犯罪を問題にしているといえるか，すなわち旧訴因と新訴因の基本的事実関係は同一のものといえるかという問題である。両事実が密接に関連していると評価できれば，両者は同じ犯罪を問題にしているといえよう。

第1に，日時，場所，客体，侵害法益等が共通している場合には，両事実が密接に関連していることが容易に認められる。例えば，「2005年9月21日午前1時，京都市下京区大宮通り丹波口下る3丁目Ａ方前路上においてＡ所有のリヤカー1台を窃盗」という訴因と「同年同月同日同時刻，京都市下京区七条大宮南入路上で，知人Ｙが窃取したＡ所有のリヤカー1台を盗品保管」という訴因との間には，日時，場所，客体，侵害法益に共通性が認められるから，同じ犯罪を問題にしているといえ，狭義の同一性が認められよう（最判昭29・9・7刑集8巻9号1447頁参照）。

第2に，必ずしも日時，場所，客体，侵害法益等の共通性が十分でない場合にも，一方の事実が認められるときは他方の事実が認められない（非両立関係）と認められるならば，なお両事実は密接に関連していると判断できる。例えば，「10月14日静岡県内のＡホテルで甲所有の背広を窃盗」という訴因と「10月19日盗品であることを知りながら甲から頼まれて東京都内のＢ質店で入質したとの盗品有償処分あっせん」という訴因（両訴因における背広は同一物）をみてみよう。客体である背広は共通しているが，日時も異なり，場所も異なる。事実関係の共通性は十分ではない。しかし，10月14日に静岡で背広を窃取した者が，10月19日に東京で，同じ背広を他人から預かって入質することは通常不可能と考えられる（異論もある）。その意味で，両事実は密接に関連し，全く別の事件ではなく，同じ犯罪を問題にしているのだろうと認めることができるのである（最判昭29・5・14刑集8巻5号676頁）。

判例になるケースには微妙なものが多いので，わかりにくいかもしれない。その場合，典型的なわかりやすい事例を自分で作って考えてみることからはじめよう。例えば，前述の「2004年3月12日京都でＡの財布を盗んだ」という訴因と「2000年12月10日埼玉でＢを殺した」という訴因はどうか。日時も場所も客体も侵害法益も全く異なる。事実関係におよそ共通性が認められない。それ

に，2004年3月に窃盗し，かつ，2000年12月に殺人をすることは十分に可能である。両事実は両立する。したがって，両者は同じ事件を問題にしているとはいえない。このような場合に訴因変更を認めてしまうと，同一手続内において全く別の事件にステージが移ってしまうことになるのである。こういったわかりやすい事例で処理に慣れてから，実際に争われた微妙な事件を検討するのがよい。なお，通常の教科書類は，事例を詳しく紹介していないので，たいへんわかりにくい。面倒でもオリジナルの判決書にあたってみよう。「急がば回れ」である。

3　〈CASE〉への当てはめ

それでは〈CASE〉に当たってみよう。事実関係につき旧訴因と新訴因がどのように異なるのか，一読しただけではわかりにくいかもしれない。要するに，被告人は丙から金を受け取り，その一部を公務員乙に渡したのである。この事実関係につき，旧訴因と新訴因の間に違いはないと考えてほしい。問題は，この一連の事象をどう法的に評価するか（丙との共犯とみるか，乙との共犯とみるか）である。

最高裁は，このような場合，「収受したとされる賄賂と供与したとされる賄賂との間に事実上の共通性がある場合には，（筆者注——両訴因は）両立しない関係にあり，かつ，一連の同一事象に対する法的評価を異にするに過ぎないものであつて，基本的事実関係においては同一であるということができる」と判断した（最判昭53・3・6刑集32巻2号218頁）。

事実関係は同一であるのに，なお両立しうるかを問題にしている点でわかりにくく，誤解されることも多いのだが，冷静に考えてみよう。事実関係は同一なのだから，狭義の同一性を問題にする余地はない。判示の「かつ」以下は，このことを確認している。それでは，判示の前半の意味は何か。事実上の共通性があることを前提に「両立しない関係にある」と述べている。つまり，ここでは単一性がある（収賄が成立すれば贈賄は不可罰的事後行為，贈賄が成立すれば，収賄は犯罪とされていない予備行為）ということを述べているにすぎない。両立性という言葉を使用しているが，狭義の同一性の判断基準として使用しているわけではないことに注意しよう。

4 単一性と同一性（狭義）の関係

　公訴事実の単一性と同一性の関係につき混乱する学生が多いので，最後に簡単に触れておこう。

　ある事例につき，「単一性と狭義の同一性のどちらが問題になるのか」と考える学生がいる。「単一性と狭義の同一性のどちらを先に検討したらよいのですか」と質問する学生も多い。しかし，単一性と狭義の同一性は位相の異なる問題であり，ある事例で問題となるのは両者いずれか1つというわけでは必ずしもなく，両者の検討順序が論理的に定まっているわけでもない。

　例えば，2000年5月10日A宅で財布強盗という訴因と，2004年3月24日B宅で絵画強盗という訴因の間には，単一性がない（併合罪）ともいえるし，狭義の同一性がない（両立の関係）ともいえる。訴因変更の可否に関するさまざまな裁判例をみても，単一性と狭義の同一性，いずれを問題にしているか明示せず，単に「公訴事実の同一性がある／ない」と述べているだけのものが多いが，それは結局どちらも問題になるからであろう。

　それでは困るという人は，さしあたり次のような順序で検討してみるとよい。①まずは罪名をチェックする。事実がどうであれ，罪数上一罪になりえないことが明らかな場合は，それ以上検討する必要がない。例えば，窃盗幇助と盗品有償譲受けは併合罪の関係にあるので，事実関係がどうであろうと，公訴事実の同一性が認められる余地はない。②罪名だけをみる限り，一罪の関係にありそうな場合には，狭義の同一性の有無をチェックする。狭義の同一性が認められる場合には結果的に単一性も認められるのが普通で，狭義の同一性が認められない場合には，結果的に単一性も認められないのが通常だろう。例えば，住居侵入と窃盗は一見すると牽連犯で一罪のようにみえるが，住居侵入はA宅に対して，窃盗はB宅においてであったとすると，事実に共通性がないから狭義の同一性はなく，かつ，両者は手段と結果の関係に立たないから実は併合罪で単一性もないということになる。旧訴因が窃盗で新訴因が横領という場合も，罪名だけみれば法条競合（択一関係）となりそうだが，旧訴因が大阪にあるA宅からの指輪窃盗で，新訴因が山形在住のBさん所有にかかるゲーム機の横領であったとすると，狭義の同一性はなく，かつ，実は単一性もなかったということになる。これがわかれば，前述の判例がいう「事実の共通性がある場合には，両立しない関係にあ」るという判示の意味もしっかり理解できるだろう。

Practice

下記の各問の正誤を答えなさい。

問1． 公訴事実の同一性（広義）の有無を判断する基準は，①公訴事実の単一性と②公訴事実の同一性（狭義）に分けられる。　　　　　　　　　（　　）

問2． 窃盗と盗品保管は一罪の関係にある。　　　　　　　　　　　　（　　）

問3． 窃盗の共同正犯と盗品運搬は一罪の関係にある。　　　　　　　（　　）

問4． 窃盗幇助と盗品有償譲受けは一罪の関係にある。　　　　　　　（　　）

CASE 27　訴因変更の時期的限界

以下の事例につき，裁判所は訴因変更を許すべきか。

(1) 起訴状には，「被告人は，氏名不詳の者数名と共謀の上，2001年11月10日午後5時50分頃，○市×番地道路上において警察官甲を殺害せんと企て，同人を捕捉し角材で殴打し，火炎瓶を投げつけ（氏名不詳の者数名による），顔面を踏みつける（被告人による）等の暴行を加え，よって右警察官を前記日時頃，前記場所に於いて，脳挫傷，蜘蛛膜下出血等により死亡させて殺害したものである。」と記載されていた。

被告人および弁護人は全面的に争った。主たる争点は，被告人が炎の中から右警察官をひきずり出したこと，およびその直後の被告人の足踏みの行為が，検察官主張の本件殺人の実行行為なのか，それとも被告人主張の右警察官に対する救助行為としての消火行為なのかであった。

第1回公判から約3年を経た第36回公判期日（検察官の論告が予定されていた）において，突如検察官は，当該訴因中の「顔面を踏みつける（被告人による）」の前に「右警察官の腰部附近を足げにし路上に転倒させたうえ」を追加すると申し立てた。

(2) 窃盗幇助の訴因で起訴された事件につき，証拠調べを経るにつれ，公判担当検事は，「このままでは訴因を維持することが難しい。盗品有償譲受に変更したい」と考えるに至った。しかし，窃盗幇助と盗品有償譲受は併合罪の関係にあり，公訴事実の同一性（単一性）が認められない。そこで，いったん窃盗の共同正犯に訴因変更し，その後，あらためて盗品有償譲受に訴因変更しようと考えた。裁判所は検察官の意図に気づかず，まず窃盗の共同正犯に訴因が変更された。その後，検察官は，盗品有償譲受の訴因変更申立てをしてきた。

〈POINT〉① 時機に遅れた訴因変更
　　　　② 中間訴因を経た訴因変更

1 共同正犯の訴因

〈CASE〉設問(1)では，被告人が具体的にどのような行為を分担したのかが訴因に記載されている。しかし実務では，共同正犯の訴因が掲げられる場合，共謀共同正犯なのか実行共同正犯なのか，共謀の日時・場所・方法，各自の担当した実行行為の態様等，一切記載されないのが通常である。設問の素材となった福岡高那覇支判昭51・4・5判タ345号321頁の原審においても同様であった。このような場合，弁護人は，検察官の主張をより具体的に把握するために釈明を求めなければならない。検察官が釈明を行い，あるいは冒頭陳述においてより詳細な事実を主張したときに初めて，被告人が具体的にどのような点につき防御すればよいのかが明らかになる。

実務で行われているような概括的訴因では防御の範囲が画定できないし，最初から訴因に記載することも可能なわけだから，訴因が特定されているとはいえないと私などは思うが，一般的には，実務における概括的な記載でも訴因は特定されていると考えられている。もっとも，被告人の実行行為がいずれであったかが記載される場合もたまにはある。検察官が具体的に実行行為者を訴因に記載した場合には，それと異なる認定をするには訴因変更が必要になる場合があるとするのが判例である（最決平13・4・11判時1748号175頁参照）。本件でも，被告人が実行行為のどの部分を分担したのかについて訴因に記載した以上，それと異なる認定をするためには，当該認定が防御上重要な事実の変更といえるならば訴因変更が必要になるだろう。

2 訴因変更の許否①〜時期に遅れた訴因変更
(1) 訴因変更の許否

〈CASE25〉で学んだように，防御上重要な事実につき変化がある場合には訴因変更が必要である。〈CASE〉設問(1)の事例においても，防御の対象となっていなかった新たな実行行為を付加して認定してもらおうというのだから，防御上重要な事実につき変化があるといえることにつき，異論はあまりないだろう。

また，〈CASE26〉で学んだように，訴因変更が許されるためには，訴因と変更したい訴因を比較し，公訴事実の同一性の範囲内にあるといえなければならない。設問(1)の事例がこの要件をクリアーしていることについて，異論はないと思われる。

このように，訴因変更が必要で，かつ公訴事実の同一性の範囲内にあるならば，訴因変更はすべて認められるのか。312条1項には手がかりとなる文言がなく，公訴事実の同一性の範囲内にある限り，訴因変更を許さなければならないようにみえる。しかし，9年以上にわたり53回におよぶ公判があり，激しい攻防がくりひろげられた後，第54回公判において突如訴因の追加がなされ，そのまま結審し，第55回公判において追加された訴因につき有罪判決がなされた場合（最判昭47・7・25刑集26巻6号366頁の事案）を考えてみよう。追加された訴因について実質的な防御の機会が与えられたといえるだろうか。また，盗品有償譲受の訴因につき，借金の担保として預かったにすぎないと弁解して争い続け，結審したところ，弁論が突如再開され，盗品保管の訴因に変更された場合（最判昭58・2・24判時1070号5頁の事案）を考えてみよう。弁護側による防御活動を逆手にとるような訴因変更といえないだろうか。

以上の2事例はいずれも最高裁まで上がったものだが，法廷意見がこれらの問題に触れることはなかった。しかし，前者につき，「不意討ちの打撃を与えたものとして，とうてい，是認することができない」，後者につき，「公正な攻撃防御を主眼とする当事者主義の理念にもとる」との反対意見や補足意見が付されたことに注意しなければならない。このように，たとえ公訴事実の同一性の範囲内であったとしても，当該訴因変更が防御権侵害，あるいは当事者主義の理念に反するような結果をもたらすような場合はあるといわねばならない。そのような場合には，当該訴因変更の申立てが検察官の権限濫用（刑訴規1条2項）にあたる等と構成し，訴因変更を認めてはならないという結論がもたらされることになる。

(2) 〈CASE〉設問(1)へのあてはめ

以上のような視点から，〈CASE〉設問(1)を検討してみよう。新たな訴因を追加することにより，防御範囲の拡大を強いられることは間違いない。しかも約3年間にわたり行ってきた防御，すなわち被告人の行為は消火行為にすぎないという主張が成功しそうな（このままではまずいと思ったから検察官が訴因変更を申し立ててきたのである）中，証拠調べがいったん終了した段階で訴因変更を認めることは，検察官の権限濫用といわざるをえないように思われるが，いかがだろうか。そこまではいえず，訴因変更を認め，防御の機会を与えるために公判手続を停止（312条4項）すればよいと考える人もいるだろう。友人と

議論してみよう。2005年より施行されている公判前整理手続を経た手続（裁判員による裁判はすべてこの手続を経ることになる）においてはどうかについても考えてみてほしい。

3　訴因変更の許否②〜中間訴因を経た訴因変更

〈CASE〉設問(2)のような問題につき，312条1項にいう「公訴事実の同一性」の解釈によって解決しようとするアプローチが一般的である。すなわち，a訴因→b訴因→c訴因と変更される場合，その妥当性につき，起訴時の訴因（a訴因）を基準に判断すると解釈する。このアプローチによると，b訴因とc訴因には同一性があるようにみえても，a訴因とc訴因の間には同一性がない場合には，公訴事実の同一性が認められないことになる。

しかし，このようなアプローチは，審判の対象を訴因（検察官の主張そのもの→裁判所は訴因に拘束される）ではなく公訴事実（検察官の主張に限られない→裁判所は訴因には必ずしも拘束されない）とする職権主義的発想（だからb訴因を無視できる）と親近性があり，これはこれで問題である。そこで，あまりこの解釈問題にはこだわることなく，設問(1)と同様，「窃盗の共同正犯という『わら』をかませた訴因変更の申立が検察官の権限濫用にあたるか」という観点から考えてみよう。結論は明らかだろう。

Practice

通説の立場に立ったうえで，下記の各問の正誤を答えなさい。

問1． 訴因変更により被告人の防御に実質的な不利益が生じるおそれがある場合には，被告人または弁護人の請求がなくても，職権で公判手続を停止することができる。　　　　　　　　　　　　　　　　　　　　　　　　　（　　）

問2． 10年にわたり攻防がなされ，証拠調べがいったん終了した段階で，検察官が訴因変更請求してきた場合，訴因変更が許可されない可能性はない。　（　　）

CASE 28 | 訴因変更命令

　殺人の訴因で起訴された事件において，裁判所は，当該訴因につき故意があることについて合理的疑いを超えた証明がないが重過失致死の訴因に変更するならば証拠上有罪とすることができる，との心証を抱いている。検察官がそのような訴因変更請求をしてこない場合，裁判所はどうすべきか。

〈POINT〉① 訴因変更命令の義務性
② 訴因変更命令の形成力

1　問題の所在

(1)　このような場合，実務ではどうしているか

　〈CASE〉において，あなたが裁判官だった場合，何をしようと考えるだろうか。「訴因変更なんかしなくてもやな，重過失致死で有罪判決を出したったらええんや！」と考えたあなたは，これまで学んできたことを復習する必要がある。故意と過失では防御の対象や方法が全く異なってくるため，訴因変更なしに有罪判決を出すことはできない。それにもかかわらず独断で有罪判決を出しても，控訴され，378条3号または379条を理由に判決が破棄されるだけに終わるだろう。あなたの失態は，控訴審裁判例が公刊されることにより，未来永劫人々の記憶に残ることになる。

　それでは，殺人の訴因につき無罪判決を出すべきか。重過失致死なら有罪にできると考えているあなたは，訴因変更許可請求を検察官がしてこないというだけで無罪にしてしまう(a)ことに躊躇するかもしれない。そんなあなたは，まず検察官に対し，釈明を求めるかもしれない(b)。「重過失致死に訴因変更するつもりはありますか。」などという形で。ところが強気の検察官は「ありません。」と答える。そこであなたは，語気を強めて「重過失致死に訴因変更をしたほうがよいと思いますが。」などと訴因変更の勧告をするかもしれない(c)。それでも検察官が訴因変更許可請求をしない場合には，「重過失致死に訴因変

更しなさい！」と訴因変更の命令（312条2項参照）を発するかもしれない(d)。それでも検察官は訴因変更許可請求をしない場合には，何かナメられたような気持ちになったあなたは，「訴因変更を私が命令した以上，訴因変更がなされたことにします！」などと宣託し，さきほどの命令を発したことをもって，訴因変更がなされたと擬制し，有罪判決を出してしまうかもしれない(e)。

上記のうち，訴因変更命令を発するところ(d)までは，一般に実務で行われている。もっとも，求釈明をしたり，訴因変更命令を発することなく，無罪判決を出す(a)裁判所もたまにあるので，求釈明をしたり訴因変更命令を発する義務があるかという形で問題にされている。また，求釈明をしたり訴因変更命令を発したりしたが，それでも検察官が訴因変更許可請求をしない場合，(e)までの措置をとることができるか否かが議論されている。

(2) 訴因変更命令の性質

まず，基本的な視点をおさえておこう。以前に学習したように，訴因とは検察官による具体的犯罪事実の主張である。そして，当事者主義構造のもとにおいては，この訴因の設定および変更は検察官の専権事項である。裁判所による求釈明や，312条2項が規定する訴因変更命令は，この命題に矛盾する危険を持ったものであることを理解してほしい。

この規定が設けられた趣旨は，真実追及の観点から不当な無罪言渡しのような不正義を回避するために，裁判所が後見的役割を果たすことを期待したものであるといわれている。有罪獲得のための規定であり，被告人に利益を与える制度ではない。強大な権限を有する検察官の利益のみを導くような役割を裁判所が果たす制度が設けられていること自体問題とされるべきだと思うが，仮にこのような立法趣旨を受け入れるとしても，素朴にこの条文を解釈し，裁量により裁判所が好きなように職権で訴因変更できるとするならば，審判対象を裁判所自らが設定することになり，当事者主義の構造と相入れないことになってしまう。その裏返しとして，強気の検察官が，訴因が維持できない事案であるにもかかわらず訴因変更許可の請求をせず，その結果無罪判決が出た場合に，自分の失敗を棚に上げ，裁判所のせいにして，「裁判所が訴因変更命令を発しなかった」という理由で簡単に控訴することができるようにもなってしまう。このような事態を防ぐためには，訴因変更命令等の性質につき当事者主義の観点から検討を加え，312条2項を縮小解釈する必要がある。

2 訴因変更命令を発すべきときとは

(1) 原　則

　まず，求釈明をしたり訴因変更命令を発すべき義務が裁判所には原則としてないことを確認しよう。前述のように，当事者主義構造をとる現行法のもとでは，訴因の設定は検察官の専権事項だからである。

　最高裁も，「裁判所が自らすすんで検察官に対し右のような措置（執筆者注──検察官に訴因変更の手続を促したり命じたりする措置）をとるべき責務があると解するのは相当でない」（最判昭33・5・20刑集12巻7号1416頁）と判示し，「起訴状記載の訴因について有罪の判決が得られる場合であつても，第一審において検察官から，訴因，罰条の追加，撤回または変更の請求があれば，公訴事実の同一性を害しない限り，これを許可しなければならない」（最判昭42・8・31刑集21巻7号879頁）と判示することによって，訴因変更が検察官の専権事項であることを確認した。

(2) 例　外

　もっとも，これら2判決で対象とされた事件は，以上のような判断がなされた結果無罪判決が出るに至ったものではないことに注意しなければならない。設問のように，訴因変更がなされないと，あるいは訴因変更許可請求を許すと，無罪になってしまう場合はどうか。

　〈CASE〉の素材となった事例（最判昭43・11・26刑集22巻12号1352頁）において，最高裁は，次のように判示した。「本件のように，起訴状に記載された殺人の訴因についてはその犯意に関する証明が充分でないため無罪とするほかなくても，審理の経過にかんがみ，これを重過失致死の訴因に変更すれば有罪であることが証拠上明らかであり，しかも，その罪が重過失によつて人命を奪うという相当重大なものであるような場合には，例外的に，検察官に対し，訴因変更手続を促しまたはこれを命ずべき義務があるものと解するのが相当である」。すなわち，結果の重大性および証拠の明白性という基準を設け，当該要件を満たした場合に，例外的に，検察官に対し求釈明などにより訴因変更手続を促したり，訴因変更命令を発する訴訟法上の義務が裁判所にあることを認めたのである。立法趣旨に従った合理的縮小解釈として，この判決は一般に支持されている。

　この判決が出された以後は，同種の事案につき，①事件の重大性があるとい

えるか，②訴因変更すれば有罪となることが明らかといえるだけの証拠があるかといった，あてはめの如何が争われることが多い。さらに，③求釈明などにより事実上訴因変更を促すのみで十分で，訴因変更命令を発するまでの義務はない場合はあるかといった争いがなされる場合もある。③につき，検察官が変更の意思はない旨断定的に釈明していた等の事情がある場合に，訴因変更命令を発するまでの義務はないと判断した事例がある（最判昭58・9・6刑集37巻7号930頁参照）。

3　訴因変更命令に形成力はあるか

訴因変更命令を発してもなお検察官が訴因変更許可請求をしてこない場合，裁判所はどうすればよいか。真実追及を強調する者は，訴因変更命令に形成力，すなわち，民法における取消し（民5条2項等参照）のような，当該命令により一方的に法律関係の変動を生じさせる力（検察官の請求をまたずに訴因変更されたことにしてしまう力）を認めるべきだと主張する。

しかし，そのような力を認めることは，当事者主義構造に正面から反することになるし，立法趣旨に鑑みても行き過ぎだといえよう。最高裁もそのような効力を認めることは「到底できない」と判示した（最判昭40・4・28刑集19巻3号270頁）。訴因変更命令を発しても検察官が訴因変更許可請求を出さないならば，現訴因につき無罪判決を出す以外にない。無罪判決が出たことを不当と思う者は，裁判所にではなく，検察官に批判の矢を向ければよい。

Practice

判例の立場に立ったうえで，下記の各問の正誤を答えなさい。
問1．起訴状の訴因について有罪判決が得られる場合でも，訴因変更許可請求がなされたときには，原則として当該請求を許可しなければならない。　（　　）
問2．変更請求を許すと無罪判決を出さざるをえない場合も同様である。　（　　）

| CASE 29 | 公 訴 時 効 |

　被告人Ｘは，2009年12月１日，詐欺罪の訴因で起訴された。起訴状によれば，Ｘは，2005年１月１日，Ａを欺いて金銭を交付させたものとされる。しかし，審理が進むにつれ，ＸはＡから金銭を詐取したのではなく，Ａから支払を委託された金銭を横領したということが明らかとなった。そこで，2010年２月１日，検察官は横領罪への訴因変更を請求し，裁判所は時効未完成と判断しこれを許可した。この裁判所の判断に対し，弁護人としてはどのような主張が可能か。

〈POINT〉① 公訴時効の意義
　　　　　② 時効の停止
　　　　　③ 公訴提起の効力と時効停止の範囲

1　公訴時効の意義

　〈CASE〉で問題となっている時効とは，「公訴時効」(250条以下）である。同じ時効でも，言い渡された「刑の時効」（刑法31条以下）とは区別して理解しなければならない。
　さて，250条は，法定刑の重さに従って７種類の時効期間を定めている。すなわち，①死刑に当たる罪については25年，②無期の懲役・禁錮に当たる罪については15年，③長期15年以上の懲役・禁錮に当たる罪については10年，④長期15年未満の懲役・禁錮に当たる罪については７年，⑤長期10年未満の懲役・禁錮に当たる罪については５年，⑥長期５年未満の懲役・禁錮または罰金に当たる罪については３年，⑦拘留または科料に当たる罪については１年である。この250条は，2004年12月の法改正によって大幅に改正されたので，改正前との違いに注意が必要である。ただし，この改正法の施行（2005年１月１日）前に犯した罪の公訴時効の期間については，なお従前の規定によるものとされている。そこで，本問でも，改正法施行後の事例を想定することとした。留意されたい。

第3章　公訴の提起

　このように，時効期間の基準となるのは法定刑であるが，法定刑が2つ以上ある場合には，その最も重い刑に従って時効期間を算定する（251条）。例えば，殺人罪（刑法199条）は，「死刑又は無期若しくは5年以上の懲役」（2004年12月改正）を規定しているので，①の死刑にあたる罪として算定する。なお，刑の加重・減軽が行われる場合でも，時効期間を定める基準は，処断刑ではなく，法定刑である（252条）。

　時効の起算点は，「犯罪行為が終わった時」である（253条1項）。結果犯の場合には，この「犯罪行為」という文言に「結果の発生」も含めて考えるのが通説・判例である（中谷雄二郎「公訴時効の起算点」百選（8版）・96頁）。共犯の場合には，最終の行為が終わった時から，すべての共犯に対して時効の期間が計算される（253条2項）。なお，期間の計算にあたっては，時効期間の初日は，時間を論じないで1日としてこれを計算し（55条1項但書），その期間の末日が，土・日・祝日・年末年始にあたっても，時効期間に算入される（55条3項但書）。

　時効が完成した場合，もはや公訴提起することは許されない。したがって，時効が完成している事件については，検察官は「時効完成」を理由に不起訴処分にすることが必要であり，起訴後に時効の完成が判明した場合には，免訴判決により訴訟手続が打ち切られることになる（337条4号）。そして，このように免訴判決によって手続が打ち切られることとも関係して，公訴時効の趣旨については，①時の経過により犯罪の社会的影響が微弱化し可罰性が消滅するという実体法説，②時の経過により証拠が散逸し，公正な裁判が不可能になるという訴訟法説，そして③両者の理由の競合を認める競合説の三説が対立するとされてきた。しかし，これらの説は，いずれも処罰する国家の側から公訴時効を説明してきたのに対し，近年では，処罰される個人の側に立って，公訴時効とは，一定期間国家が公訴権を行使しなかったという事実状態を前提にして，時効成立によって個人の地位の安定をはかる制度であるという新訴訟法説が有力に主張されている状況にある（鯰越溢弘「公訴時効」争点（3版）・106頁）。

　ところで，本問では詐欺罪（246条）と横領罪（252条）が問題となっている。それぞれの法定刑は詐欺が10年以下，横領が5年以下であるから，時効期間は，詐欺が7年（冒頭④類型），横領が5年（冒頭⑤類型）である。両罪とも，起訴時にはまだ時効は完成していないが，しかし，時効の完成の判断時点を訴因変更時である（訴因変更時基準説）と考えれば，その時点で横領については時効

が完成しており，裁判所は免訴判決をすべきだということになる。本問の弁護人もその点を主張していくことになろう。これに対し，起訴時を基準として時効完成の有無を判断すると考えれば（起訴時基準説），起訴により横領についても時効の進行は停止し，したがって時効は完成しないと考えることになる。通説・判例は後者の立場に立つ。そこで，通説・判例の立場を理解する前提として，次に，時効の停止についてみていくことにする。

2 時効の停止

　旧刑訴法までは時効の「中断」制度が採用され（旧法285条1項），現在でも国税犯則取締法（15条）などでは中断制度が採用されているが，現行刑訴法が採用しているのは，時効の「停止」制度である。時効の「中断」が，中断事由の発生によってその時までに進行した時効の効力をすべてなくし，中断後，改めて時効期間をカウントし直す制度であるのに対し，時効の「停止」とは，停止事由の発生によって時効の進行が一時その事実の継続する期間中停止し，その事由が消滅するとともに残りの時効期間が進行する制度である（三井(Ⅱ)・119頁）。

　現行法が認めている時効の停止事由は，2つある。まず，①「時効は，当該事件についてした公訴の提起によってその進行を停止」する（254条1項）。その場合，再び残りの時効期間が進行を始めるのは，その事件について「管轄違又は公訴棄却の裁判が確定した時」である（同条項。なお，271条2項および339条1項1号も参照）。また，共犯事件の場合には，「共犯の一人に対してした公訴の提起による時効の停止は，他の共犯に対してその効力を有する。この場合において，停止した時効は，当該事件についてした裁判が確定した時からその進行を始める」（254条2項）。

　次に，②「犯人が国外にいる場合又は犯人が逃げ隠れているため有効に起訴状の謄本の送達若しくは略式命令の告知ができなかった場合には，時効は，その国外にいる期間又は逃げ隠れている期間その進行を停止する」（255条1項）。この場合に検察官は，公訴の提起後，証明資料を提出する必要がある（255条2項，刑訴規166条）。

　このうち，よくテレビドラマなどで話題になる停止事由は②であるが，本問で問題となるのは，上述のように，①の方である。

3 公訴提起の効力と時効停止の範囲

　通説は，当該事件について公訴提起されれば，公訴事実を同一にする範囲で公訴時効はその進行を停止するという。通説がそのように時効停止の範囲を広く解するのは，254条1項の「事件」を「公訴事実の同一性」（312条参照）と広く捉えているからである（白取・230頁および256頁）。本問に即して言えば，詐欺の訴因での公訴提起により，それと公訴事実の同一性の範囲内にある横領の訴因についても時効停止の効力が及ぶことになる。

　このような理解は，公訴提起によって公訴事実の同一性のある範囲で訴訟係属すると考える公訴事実対象説と親和性があるといえる（福井・講義233頁，光藤（上）・353頁）。しかし，通説は，審判の対象は訴因であり，公訴提起による訴訟係属も訴因についてのみ生ずるという訴因対象説に立っている。その立場を理論的に一貫させれば，公訴提起による時効停止の効果も訴因の範囲に限られ，したがって時効の完成も訴因変更時を基準に考えることになるはずである（白取・230頁）。また，378条3号の「事件」を「訴因事実」と解釈する立場と，254条1項の「事件」を「公訴事実の同一性」と解釈する立場とが整合性を有するかも疑問である（福井・講義233頁）。それにもかかわらず，通説が時効停止についてこのような解釈をする理論的根拠はなにか。

　この点については，まず，訴訟係属は訴因についてのみ生ずるが，公訴提起の「付随的な効果」として，他の訴因にも時効停止の効果が及ぶと説明する見解（平野・145頁）がある。その論旨を敷衍すれば，法が，上述のように公訴時効につき共犯の合一的処理をしていること，また，公訴提起によって検察官の訴追意思が明確に表明され，公訴事実の同一性の範囲で審判対象が変更可能な状態となった以上，公訴提起と同時にその「付帯的効果」として公訴事実の同一性の範囲で時効の進行は停止される（三井(Ⅱ)・129頁）ということになろう。その背景には，訴因変更時を基準としたのでは，「時効完成の有無の判断時が浮動的にすぎる」（三井・同頁，同旨；田口・326頁）との考慮がある。また，公訴事実の同一性の範囲内で一事不再理効が認められることとの整合性を重視して，公訴提起時を基準に判断すべきことを唱える見解もある（光藤（上）・353頁）。

　他方，判例もまた，とくに理由は付していないが，「訴因罰条の変更によって起訴状記載の公訴事実の同一性に何等消長を来たすことのない本件において

は，本件起訴の時を基準として公訴時効完成の有無を判断すべきであって，所論の如く訴因罰条の変更の時を基準とすべきでないと解するのが相当である」として，起訴時基準説に立つことを明言している（最判昭29・7・14刑集8巻7号1100頁）。

しかしながら，このような通説・判例の立場が訴因対象説と一貫しうるかには，なお疑問の余地がある。特に，公訴提起によって検察官の訴追意思が明確に表明されるとするが，検察官が訴追意思を明示するのは（特定された）訴因についてのみのはずである（白取・230頁）。その限りで，明示されていない訴因（縮小認定可能な場合を除く）については，訴追されていないという事実状態はなお継続しており，当該個人を時効制度によって保護すべき事実状態がなお存在するというべきである。また，検察官にとっては，起訴後いつでも訴因変更が可能なのだから，訴因変更基準時説によっても必ずしも一事不再理の効力の制度と矛盾するとまではいえないであろう（福井・講義234頁）。

かくして，本問の弁護人も，このように訴因変更時基準説の正当性を主張したうえで，裁判所に対し免訴判決を求めていくことになる。

Practice

下記の各問の正誤を答えなさい。

問1． 殺人罪の公訴時効は，2006年に犯したものについてもなお15年である。
（　　）

問2． 起訴後に時効の完成が判明した場合には，公訴棄却の判決（338条）により手続が打ち切られる。
（　　）

問3． 公訴が提起されれば，時効は中断する。
（　　）

問4． 審判対象論で訴因対象説に立つことと，時効完成について起訴時判断説に立つこととは矛盾しない。
（　　）

CASE 30　公訴権濫用論

　Xはかねてより甲社工場による公害に苦しんでおり，同じ公害被害者であるYらと共に甲社にて補償交渉を重ねていた。しかし，双方の主張が平行線をたどるにつれ，Xらは甲社への立入りを阻止されるようになった。そのため，公害被害の深刻さを必死に訴えようとするXらと，あくまで立入りを阻止しようとする甲社社員Aらとの間でこぜりあいが生じ，双方に負傷者が出る事態となった。ところが検察官は，双方の負傷が同程度であるにもかかわらず，AによるYへの傷害については起訴猶予処分とし，XによるAへの傷害についてのみ起訴した。本件起訴には，刑訴法上のどのような問題点が含まれているか。

〈POINT〉① 国家訴追主義・起訴独占主義と起訴便宜主義
　　　　　② 公訴権濫用論の意義
　　　　　③ 公訴権濫用論と訴訟条件論
　　　　　④ 判例の立場

1　国家訴追主義・起訴独占主義と起訴便宜主義

　説例の起訴を検討するには，まず起訴ないしは公訴権の行使に関する刑訴法上の原則を理解しておく必要がある。

　247条は，「公訴は，検察官がこれを行う」と規定する。この条文には，2つの意味がある。まず，検察官という国家機関が，公訴の提起と遂行の権限を有しているということである。これは，私人訴追主義などとの対比で，国家訴追主義と呼ばれる。その意義は，公益の代表者たる検察官（検察庁法4条）が，被害者訴追制度のように個人的復讐観念のみに支配されることなく，犯罪の軽重や社会的影響，その他の諸事情を総合的に考慮して公訴権を運用するという点にある（松尾・条解・446頁）。つまり，これによって「国家機関による理性的処理」（田宮・165頁）が可能となるのである。現行法上，このような国家訴追主義には例外がない。

次に，そのような公訴権が検察官のみに属していることを意味している。これは，起訴独占主義とよばれる。検察組織が中央集権的な国家機構であるだけに，これによって，地域差とか個人差の少ない，公平で斉一的な起訴基準の定律が可能となる（三井(Ⅱ)・10頁）。なお，この起訴独占主義には，公務員の職権濫用罪等に関する準起訴手続（付審判手続ともいう，262条以下）や，検察審査会（検察審査会法）といった例外がある。後者については，2004年の同法改正（41条の2以下）により，2度目の起訴議決については法的拘束力が認められることとなった（2009年5月までに施行）。

さらに，248条は，「犯人の性格，年齢及び境遇，犯罪の軽重及び情状並びに犯罪後の情況により訴追を必要としないときは，公訴を提起しないことができる」と規定する。つまり，検察官は，犯罪の嫌疑があって，それを証明する証拠が整っており，かつ法に類型化された訴訟条件（329条，337条－339条参照）が備わっている場合でも，換言すれば，公判において有罪を獲得する見込みがある場合であっても，同条所定の事情を考慮してその必要がないと判断した場合には，起訴しないこと（起訴猶予）ができるのである。このように検察官に訴追裁量（起訴猶予）権を認める制度は，起訴法定主義との対比において，起訴便宜主義とよばれる。その趣旨は，検察官が一般予防ないし特別予防という刑事政策的観点から訴追の必要性を判断し，早期かつ非公式の事件処理を可能とすることで，起訴に伴う社会的スティグマを回避するなど，一種のダイヴァージョン機能を果たさせようとする点に求められるだろう（白取・192頁）。また，それによって，起訴・裁判・刑の執行に伴う国家経費の節約とともに，事件量の増大による訴訟経済（裁判の負担軽減）にも資するというメリットもある（三井(Ⅱ)・32頁）。

起訴便宜主義には少年法上の例外もあるが（45条5号），いずれにしても，このように公訴権が検察官の手に独占されることによって検察官の官僚的独善を招く恐れがあり，しかも，公訴権の行使に大きな裁量を伴うことにより，その行使が一方に偏る危険性がある（松尾・条解446頁）。例えば，本問でも，両者の被害が同程度であるにもかかわらず，社員Aによる傷害は起訴猶予で，公害被害者Xによる傷害のみ起訴されている。これが，Xにとってみれば，不平等な取扱いであることは明らかである。しかも，もしそのような差別的な取扱いに国家の公害への姿勢が反映されているとすれば，なおさらである。そこで，

本件では，Ｘも起訴猶予すべきであるにもかかわらず起訴した点に訴追裁量を逸脱した違法・不当があるのではないか，敷衍していえば，本件公訴権の行使には濫用があったのではないかが問題となるのである。

2　公訴権濫用論の意義

　公訴権濫用論とは，検察官による公訴権の行使が濫用といえる場合には，裁判所は形式裁判で訴訟手続を打ち切るべきである旨の被告人・弁護人の主張である（三井(Ⅱ)・80頁）。このような主張がなされるようになったのは，現行刑訴法が，不当な「起訴」を抑制し，それから被告人を救済する明文規定を持っていないからである。そのことは，不当な「不起訴」に対しては，上述の準起訴手続や検察審査会などの制度が設けられているのとは対照的である。もちろん，事後的には国家賠償請求訴訟や，行政法上の懲戒処分（国家公務員法82条）も考えられるが，これらも十分に機能しているとは言えない（福井・講義183頁）。さらに，当該訴訟手続内で被告人の早期解放を図るためには，公訴の取消し（257条）の活用も考えられるが，これも検察官の自己抑制に期待する制度にとどまるため，被告人の救済を過度に期待することはできない。そこで，実体裁判に進む前に公訴提起自体を無効（338条４号）として，形式裁判で訴訟手続を打ち切るべきではないかとの考慮から，公訴権濫用論が主張されるようになったのである（三井(Ⅱ)・82頁。ただし，根拠規定については争いがある）。

　これまで公訴権濫用論は，①嫌疑なき起訴，②訴追裁量を逸脱した起訴，③違法捜査に基づく起訴の三類型に分類されて議論されてきた（例えば，川崎英明「公訴権濫用論の意義」争点（３版）・104頁）。公訴権濫用論の中心を占めるのは②であり，この類型はさらに，軽微事案の起訴，不平等起訴，悪意に基づく起訴に分類することが可能である（光藤（上）・214頁）。本件起訴は，これまで述べてきたところからも明らかなように，②の類型，その中でも不平等起訴の類型にあたる。

3　公訴権濫用論と訴訟条件論

　ここで注意しなければならないのは，公訴権濫用論とは，単に起訴を違法とするかどうかに関するものではなく，その違法を理由に裁判所が手続の進行を打ち切ることができるかどうかの問題だということである（田宮・226頁）。起

訴を違法・無効として手続が打ち切られるのは，非類型的（法に類型化されていない）訴訟条件が欠けることを根拠とするから，公訴権濫用論は訴訟条件論と表裏の関係にある。

ここで訴訟条件について詳論する余裕はないが，公訴権濫用論を積極的に承認するかどうかは，訴訟条件をいかに当事者主義的に構成するかとも関わってくる。すなわち，当事者主義的訴訟条件観によれば，検察官に公訴権があることは，公訴の適法要件としての訴訟条件が備わっていることと表裏の関係にある。そしてこの訴訟条件の具備が当事者である検察官の職責である反面として，裁判所による訴訟条件の審査は検察官の訴追行為の抑制たる本質を有することになるのである（白取・208頁，田宮・218頁）。さらに，このような観点を被告人の応訴の負担ないしその人権保障という点からつきつめれば，「訴訟条件とは検察官の違法・不当な応訴強制から被告人の権利や利益を守るバリア，すなわち応訴拒否権の化体」として捉えられることになる（川崎・前掲争点〔3版〕・105頁さらに，川崎「公訴権の濫用」百選〔8版〕・89頁も参照）。このように理解される訴訟条件は，法に類型化された訴訟条件に限られることなく，弾力的・開放的に解釈運用されることになろう（白取・209頁）。したがって，公訴権濫用論のように，被告人の正当な妨訴利益があれば，被告人の人権保障を固有の任務とする裁判所は，形式裁判によって手続を打ち切るために新たな訴訟条件を認めてもよいことになるのである（福井・講義223頁）。

4　判例の立場

このような公訴権濫用論，特に本件のような②の訴追裁量逸脱の事例については，最高裁の判例がある。それが，いわゆるチッソ水俣病川本事件に関する最決昭55・12・17刑集34巻7号672頁である。そこでは，現行法の下で検察官は公訴の提起について広範な裁量権を与えられている以上，「公訴の提起が検察官の裁量権の逸脱によるものであったからといって直ちに無効となるものでないことは明らかである」としたうえで，たしかに検察官の訴追裁量権（248条），検察官の公益代表者性（検察庁法4条），そして刑訴法の目的に関する1条と訴訟上の権利行使の濫用を禁ずる刑訴規1条2項などを総合して考えると，「検察官の裁量権の逸脱が公訴の提起を無効ならしめる場合のありうることは否定できないが，それはたとえば公訴の提起自体が職務犯罪を構成するような場

に限られるものというべきである」とした。

このように，最高裁は公訴権濫用論が成立する理論的余地は肯定したが，その適用範囲をきわめて限定的に捉えている。特に「公訴の提起自体が職務犯罪を構成するような場合」が，「職権を濫用してまたは賄賂を収受して軽微事件を起訴したような場合」を指すのだとすれば，「それはあまりに狭小であり，公訴権濫用による無効は現実にはほとんど生じないとみてよいであろう」（三井(Ⅱ)・91頁）。この最高裁の判示によって，公訴権濫用論は「事実上閉塞された観もある」（渡辺修「公訴権の濫用」百選（7版）・84頁）とされるゆえんである。実際にこの事案でも，最高裁は公訴権濫用論の成立を否定している（ただし，結論的には，検察官の上告を棄却している点にも留意すべきである。川崎・前掲百選（8版）・89頁参照）。

しかし，このような状況にもかかわらず，その後も「公訴権濫用の主張は，弁護人の公判活動の一部として，ある程度活発に用いられている。その理由は，これによって検察側の訴追活動にしばしば効果的な反撃を加えることができ，弁護側が公判展開の主導権を握る可能性が見込まれるためである」（松尾（上）・162頁，そのような裁判例として渡辺・前掲百選（7版）・85頁参照）。上述の人権論としての訴訟条件論も，今後の公訴権濫用論の展開にとって重要な視座を提供するものとなろう。

Practice

下記の各問の正誤を答えなさい。
問1．起訴独占主義には例外がない。　　　　　　　　　　　　　（　　　）
問2．犯罪の嫌疑があり，訴訟条件も具備されていれば，検察官は公訴提起の義務を負う。　　　　　　　　　　　　　　　　　　　　　　　　（　　　）
問3．刑訴法には，不当な「起訴」を抑制する明文の規定がない。　（　　　）
問4．最高裁は，公訴権濫用論が成立する場合があることを認めている。（　　　）

ケイスメソッド
第4章

公　判

CASE 31〜 CASE 33

CASE 31　裁判の公開と法定秩序の維持

　米国弁護士の資格を有するAが，日本の証券市場に関する法的規制の研究の一環として，税法違反事件の公判を傍聴した。Aは裁判官に，各公判期日に先立ち，メモを取ることを裁判官に求めた。この要求は認められるだろうか。

　〈POINT〉① 　裁判の公開
　　　　　② 　訴訟指揮
　　　　　③ 　法廷警察権

1　裁判の公開とメモ

　憲法においては，裁判の対審および判決は公開法廷で行い（82条），刑事事件については，すべての刑事事件において，被告人は公開裁判を受ける権利を有している（37条1項）。裁判の公開原則は，刑事裁判における基本的な原則の1つである。一方，「裁判官の全員一致で，公の秩序又は善良の風俗を害する虞があると決した場合には，対審は，公開しない」ことができる（憲82条2項）。非公開の場合には，公衆を退廷させる前に，その旨を理由とともに言い渡さなければならず，判決を言い渡すときは，再び公衆を入廷させなければならない（裁判所法70条）。ただし，政治犯罪，出版に関する犯罪または憲法第3章で保障する国民の権利が問題となっている事件の対審は，常に公開しなければならない（憲法82条2項）。

　なぜ，裁判の公開が要請されているのであろうか。それは，前近代的な密室の裁判を打開するものであって，裁判の公平さを衆人の監視に委ねようとするところに，その根本的な要請がある。刑事事件については，それを被告人の権利として位置づけている。したがって，裁判の適正さを図ると同時に，被告人の権利保護を図り，また，裁判に対する信頼・理解を得るために必要とされているわけである。決して，被告人を晒し者にして，衆人監視のもとに被告人を非難するためにあるのではない。

裁判の公開により，私たちは法廷の裁判を自由に傍聴することができる。そのため法廷には傍聴席があり，傍聴したことによって，傍聴人は不利益を受けることもない。裁判の公開は，法廷傍聴が保障されることにより，実質的に成り立っている。この際に冒頭の〈CASE〉にあるように，私たちが傍聴したときにメモを自由に取ることができるのだろうか。

実はかつては，一般的には，許可なくメモを取ることができないことが普通の状態だった。なぜ，傍聴人のメモの自由が認められなかったかというと，これまでは証人や被告人に微妙な心理的影響を与え，法廷にふさわしくない厳粛な雰囲気が乱され，真実探求の支障になるといった理由に基づいていた。しかし，最大判平元・3・8民集43巻2号89頁は「裁判所としては，今日においては，傍聴人のメモに関し配慮を欠くに至っていることを率直に認め，今後は，傍聴人のメモを取る行為に対し配慮をすることが要請されることを認めなければならない」と判示して，その後傍聴人がメモを取ることは原則として自由に行うことができるようになった。

最高裁の論理は，概ね次の通りである。すなわち，「筆記行為は，一般的には人の生活活動の1つであり，生活のさまざまな場面において行われ，極めて広い範囲に及んでいるから，そのすべてが憲法の保障する自由に関係するものということはできない」。しかし「さまざまな意見，知識，情報に接し，これを摂取することを補助するものとしてなされる限り，筆記行為の自由は，憲法21条1項の規定の精神に照らして尊重されるべき」ものである。そして，「裁判の公開が制度として保障されていることに伴い，傍聴人は法廷における裁判を見聞することができるのであるから，傍聴人が法廷においてメモを取ることは，その見聞する裁判を認識，記憶するためになされるものである限り，尊重に値し，故なく妨げられてはならない」という。

冒頭の〈CASE〉は，まさしく上記最大判平元・3・8の事例である。この事例では，学術目的によるメモであり，「法廷内の秩序や静穏を乱したり，審理，裁判の場にふさわしくない雰囲気を醸し出したり，あるいは証人，被告人に不当な影響を与えたりするなど公正かつ円滑な訴訟の運営の妨げとなるおそれがあったとはいえない」と考えられるため，21条1項の趣旨に基づき，特段の事情がない限り許されることになる。これに対して，裁判公開に基づく傍聴人の権利である（憲法82条1項），あるいは知る権利から保障されるべきである

(憲法21条1項)とすれば，権利としてほぼ例外なくメモの自由が認められることになるであろう。実際上，メモが公正かつ円滑な訴訟運営を妨げることなど，通常はほとんど考えられないことでもあり，この趣旨に沿って一般に傍聴人のメモの自由は今日では認められるようになっている。

2　裁判と写真撮影・録音

一方，法廷の写真撮影・録音等は，現在では原則として禁止され，裁判所の許可がなければこれをすることはできない（刑訴規215条）。この規定について，最大決昭33・2・17刑集12巻2号253頁は，「新聞が真実を報道することは，憲法21条の認める表現の自由に属し，またそのための取材活動も認められなければならない」が，公共の福祉から無制限ではなく，取材活動が公判廷における審判の秩序を乱し被告人その他訴訟関係人の正当な利益を不当に害することは許されないとして，「公判廷における写真の撮影等は，その行われる時，場所等のいかんによっては……好ましくない結果を生ずる恐れがあるので」，刑訴規215条を合憲としている。もっとも，報道機関の報道の自由は，憲法21条の趣旨に照らして，十分に尊重されるべきものであると判示され（最大決昭44・11・26刑集23巻11号1490頁），現在に至っている。現在では，開廷前の数分間，法廷内のカメラ取材による撮影が認められているのが通常である。その他，アメリカで行われているような法廷のテレビ放送が認められるかという論点もある。

3　法廷警察権と訴訟指揮権

ところで，前記最大判平元・3・8の判例は，「裁判長は，傍聴人のメモを取る行為といえども，公正かつ円滑な訴訟の運営の妨げとなるおそれがある場合は，この権限に基づいて，当然これを禁止又は規制する措置を執ることができるものと解するのが相当である」として，円滑かつ公正な訴訟運営の妨げとなるおそれがある場合には法廷警察権に基づき制限することができるという。そこで，次に法廷警察権について，述べておこう。

裁判所の権限としては，概念に統一した見解はないが，訴訟指揮権と法廷警察権が考えられている。訴訟指揮権は「円滑・迅速な運営のため手続きの進行を適切にコントロールする裁判所の活動」，法廷警察権は「手続きに対する妨

害等を排除し法廷の秩序を維持する裁判所の作用」と定義づけられている（田宮・244-245頁）。

　一般的には，訴訟指揮権は当事者主義を調和させるための補完的な権限であると考えられるようになっている。その具体的な権限としては，公判期日における訴訟指揮につき裁判長に包括的に委ねられている（294条）ほか，重複陳述の制限をすること（295条），証拠調べの範囲，順序，方法を定めること（297条），公判期日外でも公判期日を指定すること（273条1項）など，個々に定められている。なお，以上の形式的な定義づけに基づく性格のもののほかに，一般的には，職権によって証拠調べをすること（298条2項），補充尋問を行うこと（304条1項参照）といった実体形成的側面に関する裁判所の権限も，訴訟指揮権の範疇に含める理解もある。

　法廷警察権をさらなる訴訟指揮権の1つと理解するものもあるが，一般的には独立したものとして理解されている。法廷警察権の根拠規定は裁判所法71条，刑訴法288条2項に基づき，傍聴人のメモの制限や，公判廷における写真撮影，録音，放送の許可も，法廷警察権の行使に関わることとなる。権限は本来裁判所に属するが，具体的には裁判長（および開廷をした1人の裁判官）が行使する。退廷命令，その他法廷における秩序を維持するのに必要な事項を命じ，あるいは処置を執ることができる（裁判所法71条2項）。訴訟指揮権は当事者に及ぶが，法廷警察権は在廷者すべてに及ぶ。場所も開廷中だけではなくその前後の時間に及び，場所も法廷内に留まらないとするのが判例である（最判昭31・7・17刑集10巻7号1127頁）。

　法廷警察権には制裁措置が用意されている。1つには，「法廷等の秩序維持に関する法律」により，秩序維持のための裁判所の命じた事項に従わず，または暴言，暴行，けん騒その他不穏当な言動で裁判所の職務の執行を妨害し，もしくは裁判の威信を著しく害した者に，20日以下の監置または過料に処す（又は併科する）ことが可能である（2条）。もう1つとして，審判妨害罪（裁判所法73条）により，1年以下の懲役もしくは禁錮または2万円以下の罰金を科すことが可能となっている。

第 4 章　公　　判

Practice

下記の各問の正誤を答えなさい。

問 1．被告人の「公開裁判を受ける権利」は憲法上保障されている。　（　　）

問 2．憲法の規定によれば，「公の秩序又は善良の風俗を害する虞がある」ときには，判決を言い渡すときに，非公開にすることができる。　（　　）

問 3．法廷の写真撮影については，原則として禁止され，裁判所の許可がなければこれをすることはできない。　（　　）

問 4．メモの自由は，最高裁判所の判例によれば，憲法82条に基づいて認められている。　（　　）

問 5．裁判所は法廷警察権に基づき，写真撮影を許可することができるが，これに対する制裁措置は設けられていない。　（　　）

CASE 32 必要的弁護事件

必要的弁護事件で，被告人は刑事裁判の結果について悲観的な観測を抱いたため，弁護人に審理に立ち会わないように指示した。これを受けて，弁護人が出廷を拒否することとなった。裁判所はこのような場合に審理を続けて判決を下すことができるか。

〈POINT〉 ① 国選弁護制度の意義
② 必要的弁護と憲法
③ 弁護人の不出廷と必要的弁護制度

1 弁護人の援助を受ける権利の意義

刑事手続で被疑者・被告人に対しては，弁護人の援助を受ける権利が保障されている（憲法34条，37条3項）。刑事手続では，弁護人の存在は極めて重要である。刑事手続に直面している被疑者・被告人は，具体的な法律知識に乏しいだけでなく，精神的にも打撃を受けているであろう。まさに，被疑者・被告人には「導きの手」として弁護人が必要とされてきたわけであって，手続の適正さ，裁判の公正さを確保する基本的な事柄である。そのため，弁護人の援助を受ける権利の発展の歴史は，刑事訴訟法の歴史であると言われることがある。

しかし，弁護人を付けるには費用がかかることから，形式的に権利だけを保障しても何ら意味がない。そのため，「自らこれを依頼することができないときは，国でこれを附する」（憲法37条3項）として，被告人に対しては，国選弁護制度が保障され，弁護人を依頼できない被告人にも権利を実際に保障する制度が用意されている。これまでも，例年，国選弁護人を利用する被告人は7割程度もあり，国選弁護制度が刑事手続を実際に進めて行く上で重要な地位を占めていることがわかる。国選弁護人は，被告人の請求に基づき，貧困その他の事由によって自分で選任できない被告人に対して裁判所が付すことになるが（36条），①被告人が未成年であるとき，②被告人の年齢が70歳以上の者であるとき，③被告人が耳の聞こえない者または口のきけない者であるとき，④被告

人が心身喪失者または心身耗弱者である疑いがあるとき，⑤その他必要と認めるとき，裁判所は職権で弁護人を付けることができる（37条）。

前述の憲法37条3項では，国選弁護制度につき「刑事被告人」と規定していることから，これを形式的に解釈して，従前では公訴提起前の段階の「被疑者」に対しては，国選弁護制度が用意されていなかった。しかし，刑事訴訟法では被告人または被疑者は，何時でも弁護人を選任することができると規定されていて（30条1項），権利は被疑者にもあるのに制度がないという齟齬が生じていた。そこで弁護士会が自前の費用でまかなうことによる「当番弁護士制度」が運用されていたが，2004年の刑訴法改正により，勾留段階から被疑者のための国選弁護制度が用意されることとなった。

すなわち，死刑または無期もしくは短期1年以上の懲役もしくは禁錮に当たる事件については，勾留段階において，貧困その他の事由で弁護人を選任することができないとき，裁判所が被疑者の請求に基づいて弁護人を付すという，新しい被疑者国選弁護制度が設けられることとなった（37条の2）。また，精神上の障害その他の事由により弁護人を必要とするかどうか判断することが困難である疑いがある被疑者について，必要であると認めるときは，裁判官が職権で弁護人を付けることができると制定された（37条の3）。

このような被疑者段階からの一貫した国選弁護制度は，弁護人の援助を受ける権利という憲法上保障された重要な権利を実現させる上で，大変に重要な制度であるといえるであろう。

2　必要的弁護制度

必要的弁護事件とは，被告人の請求如何にかかわらず，弁護人を付けなければならないことが，必要的に定められている事件のことをいう。刑事訴訟法によれば，①死刑または無期もしくは長期3年を超える懲役もしくは禁錮のあたる事件を審理する場合には，弁護人がなければ開廷することはできない（289条1項）。②弁護人がなければ開廷することができない場合において，弁護人が出頭しないときは，裁判所は，職権で弁護人を付すことができる（同2項）。必要的弁護制度が憲法上の要請であるかについては，これを積極的に解する学説が多数である。なぜなら，基本的に刑事手続に直面している被告人には，弁護人が付いているということは必要なことであり，それが当たり前の状況であ

ると考えられるからである。そのように考えれば，重大事件については，法律がこれを特に「必要的」としていることも，むしろ憲法上の権利保障という観点に適うものである。

　しかし，冒頭の〈CASE〉のように，被告人が弁護人に出頭しないことを求め，裁判の進行ができないような事態を引き起こすような場合には，どのように対処したらよいのであろうか。必要的弁護事件では，必ず弁護人が付く必要があるから，弁護人抜きで裁判を行うことはできないことになる。冒頭の〈CASE〉では，まずは弁護人がいないといけないので，裁判所は弁護人に出廷を求めるということになるであろう。しかし，判例では「裁判所が弁護人出頭確保のための方策を尽くしたにもかかわらず，被告人が，弁護人が在廷しての公判審理ができない事態を生じさせ，かつ，その事態を解消することが極めて困難な場合」には，289条の適用がないとした（最決平7・3・27刑集49巻3号525頁）。すなわち，弁護人が在廷していなくとも，以上のような場合には，裁判を進めることができると判示している。しかし，学説においては，「よほどの極限的な事例の場合」に限るとして，いずれにせよ例外を認めることには消極的であるし，弁護人不在の法廷を否定的に解する考え方が有力である。冒頭の〈CASE〉で問われる論点は，弁護人の援助を受ける権利と必要的弁護事件のあり方を問うものであるが，少なくとも前述の判例の要件に当てはめてみても，例外的な事態に達しているという状況にはまだ至っていない。あるいは，裁判所は職権で別に弁護人を付すこともできる（289条2項）。いずれにせよ，冒頭の〈CASE〉では，弁護人がいないところで，およそ審理を進めることはできないということになろう。

3　弁護人の不出廷

　ところで，基本的に被告人は公判期日に出頭することを要するが（286条），勾留されている被告人が公判期日に召喚を受け，正当な理由がなく出頭を拒否し，監獄官吏による引致を著しく困難にしたときは，裁判所は，被告人不在でその期日の公判手続を行うことができる（286条の2）。ところがその他にも，被告人が陳述せず，許可を受けないで退廷し，または秩序維持のため裁判長から退廷を命ぜられたときは，その陳述を聴かないで判決をすることができる（341条）。この規定を類推適用して，冒頭の〈CASE〉のような場合に，弁護人

不在の法廷で審理を進めることができるだろうか。

しかし，これらの規定は被告人に関する規定であって弁護人に関する規定ではない。ましてや，341条は被告人と明確に規定している。したがって，法の趣旨が異なるとみなすことができる。このように考えると，弁護人不在の必要的弁護事件において，341条をおよそ類推適用することはできないと考えるのが自然であろう。

必要的弁護事件において，弁護人は裁判に出廷する必要があることは，間違いないであろう。被告人が出廷しなくてよいといっても，そうすることになれば，被告人自身について不利益になりかねないということを，弁護人は被告人に説得する必要があるし，また，そのための信頼関係を保持する必要性がある。かつて「荒れる法廷」が大問題となり，弁護人の不出廷への対処が協議されたことがある。その結果，最終的には，1979年に，①弁護士会が通常の推薦手続に拠ることが困難・不相当な事件では，責任を持って国選弁護人を推薦すること，②弁護人が不当な訴訟活動を行ったときには懲戒を公正迅速に行うこと，③裁判所・検察庁は，このための弁護士会が措置の円滑な実施のために協力すること，④裁判所は国選弁護人の相当額の報酬を支給するために努力すること，などが確認された。弁護士会は国選弁護人の確保体制を整え，その後，基本的に異常な事態は解消されるに至っている。

Practice

下記の各問の正誤を答えなさい。

問1． 死刑または無期もしくは短期1年以上の懲役もしくは禁錮に当たる事件が，必要的弁護事件である。（　　）

問2． 被疑者は，逮捕されるとすぐに国選弁護人を請求することができる。（　　）

問3． 被疑者の請求に基づいて，被疑者に公的な弁護人を付けることができる事件は，必要的弁護事件の範囲と同じである。（　　）

問4． 必要的弁護事件で，弁護人が出頭しない場合でも，裁判所は別に弁護人を選任するができない。（　　）

問5． 被告人が法廷に出頭しない場合，裁判所には，公判手続を行うことができる場合がある。（　　）

CASE 33　証拠開示

検察官から3名の証人申請があったところ、弁護人は、3名の証人に対する反対尋問ならびに真実発見のため必要であるので、検察官に対し、各証人の警察官および検察官に対する各供述調書を、弁護人が閲覧できるようにしてもらいたいと裁判官に申し出た。この申し出は認められるだろうか。

〈POINT〉　① 証拠開示の意義
　　　　　② 証拠開示の範囲
　　　　　③ 証拠開示の時期

1　証拠開示の意義

　現行刑事訴訟においては当事者主義を採用している。当事者主義においては、両当事者が証拠を収集して、証拠として取り調べて欲しい旨、裁判所に申請し、裁判所が法廷においてこれを取り調べることとなる。もちろん、事実についての判断は証拠に基づけなければならないから（318条）、裁判官が中立な判断者となり、このような当事者のイニシアチブに委ねるからには、訴訟は両当事者の具体的な行動如何によるところが大きいことになる。もっとも、刑事訴訟においては、訴追は検察官に委ねられており、その証拠収集能力は、国家機関である検察・警察によるため弁護人と比べても大変大きな力である。一方で、個々の弁護人が、捜査機関の行うような捜索・差押えなどの強制処分を行うことは予定されていない。

　このような手続上のアンバランスがある中で、捜査機関が、もしかしたら被告人に有利な証拠も収集する可能性もあるだろう。例えば、被告人を犯行現場で目撃したという目撃者Aが現れたとしよう。この目撃者の供述は訴追側の主張を基礎づける証拠になる。しかし、犯行現場で目撃した人は、被告人とは違う容貌の人であったと供述している者Bがいるかもしれない。これは、訴追側の主張を基礎づけるものではなく、むしろ被告人に有利な証拠となりうる。ま

してや，被告人を犯行時刻に別のところにいたのを見たと供述している別の供述者Cがいたとすれば，そのCの供述は被告人のアリバイ証拠として，被告人の無罪を基礎づける証拠になりうるであろう。しかし，訴追側が証拠収集の段階でこのようなB，Cの供述を得たとしても，そもそも訴追側は証拠調べを請求しないであろう。なぜなら，訴追側の主張を基礎づけるものではないからである。

このことは，当事者主義を前提とする限りでは，致し方ないと主張することができるのかもしれない。またそのための理由付けとして，刑事訴訟の挙証責任は基本的には検察官にあり，検察官が証拠を収集して合理的な疑いを超える程度まで立証する責任があるから，弁護人はこれに対して反論するだけであるという構造を持ち出すこともありうるであろう。しかし，当事者主義に反する，被告人は検察官と対等な地位が保証されていて，ましてや検察官は挙証責任を負っているという理由だけで，このような状態を是認することで，果たしてよいのであろうか。

むしろ，刑事責任という重大な判断を行う上で，実際上，訴追側と弁護側の間にはその証拠収集能力に大きな格差がある中で，当事者の一方的な役割だけを論じることで済まされるのであろうか。検察官はそのような役割だけを担っているものではないし，本来罰せられるべきでない人が罰せられてしまうとすれば，これ以上の不正義はないであろう。また，証拠というのは，一方当事者だけのものではなくて，誤りなく判断するための共有財としての性格を持つものではないだろうか。有効な防御手段を持たない被告人にとっては，より実質的な当事者対等・武器対等の実現を考えるべきことも，明らかである。これらの理由から，証拠開示の必要性が求められることになる。

2　従来の証拠開示に関する判例

ところが，従来の刑事訴訟法には，証人等の尋問を請求する場合には，相手方に氏名・住所を知らせる機会を提供するとともに，証拠書類・証拠物の取調を請求するときには，あらかじめ相手方にこれを閲覧する機会を与えるという規定はあるものの（299条1項，その他に刑訴規178条の6，178条の7，178条の11参照のこと），これは検察官の証拠請求の意思のない手持ち証拠を開示する規定ではなかった。また，被疑者・被告人，弁護人も証拠の保全を裁判官に請求

することができる規定はあるものの（179条），これも検察官手持ちの証拠を開示するために，そもそも設けられた規定ではなかった。

そこで判例は，かつては起訴状朗読前の証拠開示に否定的であったが（最決昭34・12・26刑集13巻13号3372頁），最決昭44・4・25刑集23巻4号248頁において，一定程度の証拠開示を認めるに至った。最高裁は，「証拠調の段階に入った後，弁護人から，具体的必要性を示して，一定の証拠を弁護人に閲覧させるよう検察官に命ぜられたい旨の申出がなされた場合」に「事案の性質，審理の状況，閲覧を求める証拠の種類および内容，閲覧の時期，程度および方法，その他諸般の事情を勘案し，その閲覧が被告人の防御のため特に重要であり，かつこれにより罪証隠滅，証人威迫等の弊害を招来するおそれがなく，相当と認めるとき」と述べて，証拠調の段階に入った後には，訴訟指揮権に基づき検察官に対し証拠開示命令を出すことができるとした。判例法上，証拠開示についてはこれらの要件が明らかになり，実務上，証拠開示が行われるようにはなったものの，それは訴訟指揮権（294条）に基づく個別的な対応による性格のものであった。そのため，公判前の事前全面開示を求める主張も強かった。また，その後の判例としては，冒頭陳述終了段階の証拠開示命令を違法としたものがあるものの（最判昭48・4・12判時703号12頁），主尋問終了前の開示については，なお，判例上も明確に判断されないままであった。

3 新しい証拠開示制度

裁判員制度の導入に伴う2004年刑事訴訟法の改正により，全面的な証拠開示というわけではないものの，刑事訴訟法に初めて証拠開示規定が盛り込まれた。改正法の概要は以下のとおりである。

① 検察官は，「検察官請求証拠」については，速やかに，被告人または弁護人に対し開示をしなければならない（316条の14）。証拠書類・証拠物についてはそれらを閲覧する機会（弁護人に対しては，閲覧し，かつ謄写する機会）を与え，証人，鑑定人，通訳人・翻訳人については，その氏名・住居を知る機会を与え，かつ，その者の供述録取書等のうち，その者が公判期日において供述すると思料する内容が明らかになるものを閲覧する機会を与える。

② また，検察官は，これら以外の証拠であって，下記に掲げる〈類型証拠〉のいずれかに該当し，かつ，特定の検察官請求証拠の証明力を判断するた

めに重要であると認められるものについて，被告人または弁護人から開示の請求があった場合において，その重要性の程度その他の被告人の防御の準備のために当該開示をすることの必要性の程度ならびに当該開示によって生じるおそれのある弊害の内容・程度を考慮し，相当と認めるときは，速やかに開示をしなければならない。このとき，被告人または弁護人は，検察官からの開示の請求をするときは，「証拠の類型及び開示の請求に係る証拠を識別するに足りる事項」「事案の内容，特定の検察官請求証拠に対応する証明予定事実，開示の請求に係る証拠と当該検察官請求証拠との関係その他の事情に照らし，当該開示の請求に係る証拠が当該検察官請求証拠の証明力を判断するために重要であることその他の被告人の防御の準備のために当該開示が必要である理由」を明らかにしなければならない（316条の15）。

③　以上の段階を経た後，被告人・弁護人は，検察官の証明予定事実の書面の送付を受け，かつ，前述①および②の開示をすべき証拠の開示を受けた場合において，その証明予定事実その他の公判期日においてすることを予定している事実上・法律上の主張があるときは，裁判所・検察官に対し，これを明らかにしなければならない（316条の17第1項）。被告人または弁護人は，この証明予定事実があるときは，これを証明するために用いる証拠の取調べを請求しなければならない（316条の17第2項）。そして取調べを請求した証拠については，速やかに，検察官に対し開示をしなければならない（316条の18）。その後，検察官は，①および②で開示をした証拠以外の証拠であって，316条の17第1項の主張に関連すると認められるものについて，被告人または弁護人から開示の請求があった場合において，その関連性の程度その他の被告人の防御の準備のために当該開示をすることの必要性の程度・当該開示によって生じるおそれのある弊害の内容・程度を考慮し，相当と認めるときは，速やかに開示をしなければならない。被告人または弁護人は，「開示の請求に係る証拠を識別するに足りる事項」「316条の17第1項の主張と開示の請求に係る証拠との関連性その他の被告人の防御の準備のために当該開示が必要である理由」を明らかにしなければならない（316条の20）。

また，証拠開示のトラブル解消のために，裁判所による証拠開示の裁定が定められた。特に裁判所は開示をすべき証拠を開示していないと認めるときは，相手方の請求により，決定で当該証拠の開示を命じなければならない（316条

の26)。

　冒頭の〈CASE〉は，そもそも証拠開示を認めないという論拠を問う問題である。すでに述べてきたとおり，証拠開示を認めないという否定的な結論は，現行法においても，判例においても採用されないであろう。したがって裁判官は証拠開示を認める方向で検討すべきことになろう。細かいところでは，昭和44年決定に従えば，その時間的問題と具体的な要件に該当するかどうかが判断されることになるが，現行法では公判前において，公判期日において供述すると思料する内容の供述調書録取書などを速やかに検察官は開示しなければならない。また，それ以外の供述録取書等についても316条の15における類型証拠（類型証拠⑤イ）として開示が認められるかどうか，判断されることになる。

〈類型証拠〉
　① 証拠物
　② 321条2項に規定する裁判所または裁判官の検証の結果を記載した書面
　③ 321条3項に規定する書面またはこれに準ずる書面
　④ 321条4項に規定する書面またはこれに準ずる書面
　⑤ 次に掲げる者の供述録取書等
　　イ 検察官が証人として尋問を請求した者
　　ロ 検察官が取調べを請求した供述録取書等の供述者であって，当該供述録取書等が326条の同意がされない場合には，検察官が証人として尋問を請求することを予定しているもの
　⑥ 前号に掲げるもののほか，被告人以外の者の供述録取書等であって，検察官が特定の検察官請求証拠により直接証明しようとする事実の有無に関する供述を内容とするもの
　⑦ 被告人の供述録取書等
　⑧ 取調べ状況の記録に関する準則に基づき，検察官，検察事務官または司法警察職員が職務上作成することを義務付けられている書面であって，身体の拘束を受けている者の取調べに関し，その年月日，時間，場所その他の取調べの状況を記録したもの（被告人に係るものに限る。）

第4章 公　判

〈証拠開示の順序〉

(I)　316条の14に基づく検察側開示（検察官請求証拠）
　　　　↓
(II)　316条の15に基づく検察側開示（類型証拠）
　　　　↓
(III)　316条の17に基づく弁護側開示（取調請求証拠）
　　　316条の17の主張に関連する証拠の検察側開示

Practice

下記の各問の正誤を答えなさい。

問1．現行法は職権主義的訴訟構造を採用し，一件記録が裁判所に提出されるから，証拠開示は問題になりえない。　　　　　　　　　　　　　　　　（　　　）

問2．刑事訴訟法299条1項によれば，証拠書類・証拠物の取調を請求するときには，相手方にこれを閲覧する機会を与える規定は定められていない。　（　　　）

問3．弁護人は，予め証拠を保全しておかなければその証拠を使用することが困難であるときは，第一回公判期日前に限り，裁判所に押収・捜索・検証・証人の尋問・鑑定の処分を請求することができる。　　　　　　　　　　　（　　　）

問4．最高裁判所の判例によって証拠開示が認められているが，この証拠開示命令は裁判所の訴訟指揮権に基づくものとして認められている。　　　（　　　）

問5．現行刑事訴訟法によれば，公判前整理手続において，まずは弁護側が証拠を開示し，次に検察側が証拠開示する手続となっている。　　　　　（　　　）

ケイスメソッド
第5章

証　　　拠

CASE 34〜CASE 48

CASE 34 厳格な証明と自由な証明

　裁判所は，被告人を窃盗の訴因につき有罪と認定した。刑の言渡しにあたり，裁判所は，被告人の前科を認定し，本件犯行が累犯（刑法56条1項）にあたると判断し，累犯加重をなした刑期の枠内（刑法57条，59条）で有期懲役刑を言い渡した。前科を認定する際に用いた資料は被告人の前科調書であるが，裁判所はこれを職権で取り寄せ，取り調べていた。当該前科調書は公判廷に顕出されず，当事者の目にも触れていない。
　本件のような方法で，被告人の前科を認定することは許されるか。

〈POINT〉① 証拠裁判主義の意義
② 厳格な証明という概念が必要となる理由
③ 厳格な証明を要する事実と自由な証明で足りる事実を区別する基準

1　証拠裁判主義
(1)　刑訴法317条
「事実の認定は，証拠による」（317条）。被告人の手足を縛って水中に放り込み，浮いてきたら無罪とか，熱湯に手を入れさせ，火傷を負わなかったら無罪などといった裁判をしていた時代ならいざ知らず，現代においては，この条文は当たり前のことを規定しているにすぎないようにみえる。しかし，この条文の解釈・適用につき争いがないというわけではない。

(2)　「証拠」の解釈
　まず，本条の規定する「証拠」とは何か。証拠という言葉はさまざまな意味で用いられているが，317条の「証拠」は，次のように解釈されている。
　第1に，証拠能力を備えた資料でなければならない。証明すべき事実を推認させる力を全く持たないような資料は，取り調べても無駄である（自然的関連性）。予断・偏見を与えるような資料は用いるべきでない（法律的関連性）。人権を侵害して得られたような資料も使用禁止にすべきである（証拠禁止）。こ

れらの条件をクリアーした資料が，証拠として用いられる資格，すなわち証拠能力を備えたことになる。

第2に，適式な証拠調べを経た資料でなければならない。証人等の人証は，公開法廷において証人尋問（304条）という形で取り調べられねばならない。捜査記録等の書証であれば朗読（305条），覚せい剤粉末等の物証であれば展示（306条）という形で証拠調べをしなければならない（307条も参照）。このような証拠調べの方式は，公開裁判（憲法37条1項，82条1項）の趣旨を全うするのに資する

以上のように，317条の「証拠」とは，「証拠能力を有する，適式な証拠調べを経た証拠」のことだと解されている。違法捜査の結果得られた資料など，証拠能力のない資料によって事実を認定することは許されない。証拠能力を備えた資料であっても，所定の方式で証拠調べをせず，裁判所が当事者や国民のあずかり知らぬところで資料を取り寄せ，取り調べることによって事実を認定することも許されないのである。

2 厳格な証明という概念

(1) 厳格な証明と自由な証明

「証拠能力を有する，適式な証拠調べを経た証拠」による証明のことを「厳格な証明」と呼んでいる。このようなカテゴリーを設けるということは，「証拠能力を有していない資料でも，あるいは，適式な証拠調べを経ていなくてもよい」場合があることを認めることに他ならない。そのようなものは「自由な証明」とカテゴライズされている。

(2) 区別の意義

厳格な証明により事実を認定するのは当たり前のようにも思える。実際，自由な証明なる概念は不要と考える人もいる。しかし，多くの人は，自由な証明という概念を認めている。すべての事実を厳格な証明により認定しなければならないとすると，訴訟経済に反する（要するに，効率が悪い）ので，一定の場合はより緩やかな証明にしたいと考える人が多いのだ。

このように考える人は，317条の「事実」についても解釈を加える。317条の規定する「証拠による認定」とは厳格な証明を意味するのであるから，「事実」に縮小解釈を施すことによって，厳格な証明を要する事実の範囲に限定を加え

ることができるからだ。

3　ほぼ争いなく厳格な証明を要するとされている事実
(1)　主要事実

それでは，厳格な証明を要する事実とは何か。現代の通説は，刑事裁判において証明を要する事実を「主要事実」と「それ以外の事実」に分け，前者が317条の「事実」と解している。

主要事実とは，刑罰権の存否および範囲を基礎付ける事実のことである。①構成要件該当事実（例えば「人を殺した」という事実），②違法・責任に関する事実（「正当防衛だった」，「故意があった」といった事実），③客観的処罰条件に関する事実（事前収賄罪における「公務員・仲裁人への就任」等），④法律上刑を加重減免する事実（「過剰防衛だった」，「過剰避難だった」，「心神耗弱だった」，「中止犯だった」，「再犯だった」といった事実），⑤没収・追徴の要件に関する事実をいう。これらの事実は，罪を断ずるために必要不可欠な重要事実なので，「厳格な証明」が必要と考えられているのである。

(2)　〈CASE〉への当てはめ

〈CASE〉で問題になっている事実は，累犯加重の要否に関わる前科の存在である。累犯と判断されると刑が重くなる（刑法59条，57条）ので，「刑罰の範囲を基礎付ける事実」である。したがって，317条の「事実」にあたる。そこで，その認定のためには厳格な証明によらねばならない。ゆえに，適式な証拠調べを経ないで前科を認定することは317条に違反するといわねばならない。同種事案で最高裁は，「累犯加重の理由となる前科は，刑訴335条にいわゆる『罪となるべき事実』ではないが，かかる前科の事実は，刑の法定加重の理由となる事実であつて，実質において犯罪構成事実に準ずるものであるから，これを認定するには，証拠によらなければならないことは勿論，これが証拠書類は刑訴305条による取調をなすことを要するものと解すべきである」（最決昭33・2・26刑集12巻2号316頁）と述べている。

4　厳格な証明を要するか否か争われている事実
(1)　情状事実・訴訟法上の事実

通説によると，被害者との示談交渉の経過を示す事実など，具体的な刑の量

定に影響を及ぼす「情状事実」や，自白が任意になされたか否かに関する事実のような「訴訟法上の事実」は，主要事実ではないので，自由な証明でよいということになる。これらの事実に関する証明の方法に関する最高裁の一般的な判示はないが，刑の執行を猶予すべきか否かに関する情状事実については法定の証拠調べを不要とし（最決昭24・2・22刑集3巻2号221頁），自白の任意性の有無の調査につき，裁判所が適当と認める方法によってこれを行うことができる（最判昭28・10・9刑集7巻10号1904頁）とするなど，厳格な証明を要しないと判断する傾向にある（その他，最決昭27・12・27刑集6巻12号1481頁，最決昭32・9・18刑集11巻9号2324頁，最決昭54・10・16刑集33巻6号633頁，最決昭58・12・19刑集37巻10号1753頁参照）。実務では，情状事実等に関しても法律の規定にのっとって証拠調べが行われることが多いが，それはあくまでも裁判所の裁量によっているのであり，317条を適用した結果ではない。

(2) 判例の傾向や通説に対する異論

以上のような判例の傾向や通説の結論に異を唱える者は多い。一定の条件のもとに厳格な証明を要するとの見解や，厳格な証明とまではいかないが適式な証拠調べは要求する見解，さらには，前述のように自由な証明という概念は不要であらゆる事実につき厳格な証明が必要とする見解がある。

通説に対する批判のポイントとして，大ざっぱにいって以下の2点が挙げられる。第1に，刑罰権の存否・範囲を基礎付ける事実に密接に関連するものも含むべきだとするもの，第2に，被告人の防御権や裁判の公正を害するようなものも含むべきだとするものである。重要なのは，「主要事実か否か」という通説の思考枠組み自体に批判を加え，実体法的（刑法的）思考方法から手続法的思考方法への転換を迫る後者であろう。

確かに，当該裁判で問題になるすべての事実は，当該裁判において証明の必要がある事実ばかりなわけだから，被告人の防御権や裁判の公正といった観点からみる限り，自由な証明でよいと解することのできる事実はそもそもないといわざるを得ない。また，通説の挙げる「訴訟経済」という根拠に説得力があるとはいい難い（公判を若干延長すればよいだけの話である）。厳格な証明なしで済ませられるか否かは，訴訟経済といった「国の都合」でなく，憲法上の権利が衝突する場合の利益衡量（例えば，逆送された少年の刑事公判において，情状証人として家裁調査官を尋問すべきか否かというケースを考えてみてほしい）に

よって画すべき問題ではないだろうか。

Practice

下記の各問の正誤を答えなさい。

問1．刑訴法317条が規定する「証拠」とは，訴訟上確認すべき事実を推認する根拠となる資料全般をいう。（　　）

問2．厳格な証明とは，裁判官が慎重な心構えをもって事実認定すべきことをいう。（　　）

問3．併合罪となるか否かについては厳格な証明を要する。（　　）

問4．証拠能力に関する事実については厳格な証明を要する。（　　）

問5．法律上の減軽に関する事実については厳格な証明を要するが，酌量減軽に関する事実については厳格な証明を要しない。（　　）

| CASE 35 | 科学的証拠の証拠能力 |

 被告人と犯人の同一性を証明するものとして，検察官は，被告人に対する（被疑者段階で行われた）ポリグラフ検査の結果を示したポリグラフ検査回答書の証拠調べ請求をしてきた。この資料に証拠能力は認められるか。以下の点について留意しながら論じなさい。
 (1) 自然的関連性
 (2) 法律的関連性
 (3) 証拠禁止

〈POINT〉① 証拠能力の意義
      ② 科学的証拠の証拠能力

1 証拠能力とは

 〈CASE34〉では，厳格な証明，すなわち，証拠能力のある適式な証拠調べを経た証拠による証明という概念について学んだ。ここにいう証拠能力とは，公判廷で証拠調べをなしうる資格を意味すること，そして，ある資料について証拠能力があるといえるためには，①自然的関連性を有すること，②法律的関連性を有すること，③証拠禁止にあたらないことという3つの条件をすべてクリアーしなければならないことについても触れた。設問に登場したポリグラフ検査回答書は，これらの条件をクリアーしているだろうか。まずは，これらの3条件につき，もう少し詳しくみてみよう。

2 自然的関連性

 自然的関連性とは証明を要する事実，すなわち要証事実の存在を推認させる最小限の力をいう。自然的関連性と聞いて，そのような意味だと即座に直感することは難しいと思うが，外国語だと思って憶えてしまおう。
 殺人事件の公判で，被告人が犯人か否かを争っているときに，突如検察官が，「ところで，私は長年富士山の高さについて独自の調査を行ってきたのですが，

その結果，富士山は3776mではなく，3777mであることが判明しました。ラッキーセブンであります」と言い出して，いくつかの資料を出してきたとしよう。富士山の高さが本当にそうなのか，興味引かれることは確かだ。しかし，それを証明する資料は，当該殺人事件における要証事実を証明する力を全く持っていないことは明らかだ。このような場合，裁判所は，「自然的関連性が認められないので証拠能力がありません」と冷たく言い放つことになる。

3 法律的関連性

　法律的関連性とは，当該資料に評価を誤らせるような事情が認められないことをいう。後に学習する伝聞法則も（一般的な考え方によれば）この法律的関連性の問題だが，ここでは別の問題を紹介しよう。

　あなたのゼミで財布の盗難事件が発生し，犯人はゼミ生A君と判明したとしよう。数カ月後，またゼミで財布の盗難事件が発生したとき，おそらくあなたをはじめとするゼミ生諸君は，「またAがやったのかな」と思ってしまうだろう。このように，現在審理されている事件と同種の事件を過去に被告人が犯していたという事実は，現在審理されている事件の犯人が被告人であるということを推認させる力を持っていそうである。その意味で自然的関連性がないとは言い切れないかもしれない。しかし，その推認力は，冷静に考えてみると，微弱なものにすぎない。それにもかかわらず，同種前科の事実は，事実認定者に予断と偏見を植え付け，「きっと今回も被告人が犯人に違いない」と思わせたり，他の証拠の見方を偏ったものにさせたりしてしまう危険を有している。このように評価を誤らせるような危険が高い場合，裁判官に証拠をみせるのは危険なので，「法律的関連性がない」として証拠能力が否定されるのである。

　なお，法律的関連性の有無の判断には，裁判官の証拠評価を誤らせる危険があるか否かについて裁判官自らが判断するというジレンマが含まれている。法律的関連性を認めないということは，「こんな証拠をみると，自分に予断と偏見が生じてしまう」ことを認めるということだ。自分が中立公正だという自負がある裁判官がそう判断することは，プライドが許さないかもしれない。そのせいか，法律的関連性が否定された事例はほとんどない（例えば，詐欺の故意を認定するにあたり，類似前科を有するという事実を証拠として使用することに問題はないとされた事件につき，最決昭41・11・22刑集20巻9号1035頁参照）。では，

裁判員制度が始まり，職業裁判官ではない一般市民である裁判員に当該証拠を見せてよいかが問題になった場合はどうか。考えてみよう。

4 証拠禁止にあたらないこと

自然的関連性および法律的関連性が認められても，違法に収集された資料等を証拠として用いることは禁じられる。違法収集証拠排除法則（憲法35条）や（趣旨をどう捉えるかにもよるが）自白法則（319条1項）などがある。そのような資料ではないことが明らかでなければならない。これらの法則については後述される。

5 ポリグラフ検査結果の証拠能力

さて，以上の基本的知識をもとに，〈CASE〉で挙げたポリグラフ検査結果の証拠能力について検討してみよう。以下，みなさんが調査・分析するためのヒントを述べさせていただこう。

(1) 自然的関連性はあるか

ポリグラフ検査とは，対象者に被疑事実に関する事項を含む質問を行い，返答する対象者の反応（呼吸，脈拍，発汗状況等の変化）を記録し，返答の真偽あるいは被疑事実に関する認識の有無を判断する検査をいう。

この検査結果に自然的関連性を認めるためには，科学的原理が確立していなければならないはずである。しかし，どのような生理的変化があれば，返答が嘘であるとか被疑事実に関する認識を有しているといえるのか等，両者の結びつきに関し科学的原理が十分に解明されていないという疑問が提起されている。原理がよくわからないのであれば，当該検査で出てきた結果もまた確かでないということになる。確かでないのであれば，自然的関連性は認められないはずである。

しかし，最高裁は，当該事件におけるポリグラフ検査結果回答書等の証拠能力を認めた。この判例のほか，筆跡鑑定（最決昭41・2・21判時450号60頁），犬の臭気選別結果（最決昭62・3・3刑集41巻2号60頁），DNA型鑑定（最決平12・7・17刑集54巻6号550頁）などの最高裁判例をみてみよう。これらのいわゆる科学的証拠につき，最高裁は，科学的原理が確立しているか否かという問題を重視せず，一定程度の経験に裏付けられ，それなりの方法がとられていれば証

拠能力を認めていることがわかる。科学的証拠が提出された場合，下級審裁判所は証拠能力がないと一刀両断することができず，信用性が認められるか否か等についてその都度判断しなければならない。そのために当事者は多大な労力と時間とお金を費やすことを余儀なくされているというのが現状である。

(2) 法律的関連性はあるか

このように自然的関連性の有無および程度が微妙なポリグラフ検査結果だが，実際は，これにつき過大な証明力評価を意識的あるいは無意識的にしてしまうという危険を有していないだろうか。裁判員制度のもとにおいてはどうか。

なお，伝聞法則について学ぶ際に，この問題を思い出し，同意（326条）がない場合に，何条に基づいて伝聞例外が認められるべきかを考えてみよう。緩い条件が規定されている321条4項によってよいかという問題である。

(3) 証拠禁止にあたらないといえるか

ポリグラフ検査は捜査の時点で被疑者に行われることが多い。被疑者は黙秘権を有する。黙秘権とは，「終始沈黙し，又は個々の質問に対し，供述を拒む」（被告人に関する規定ではあるが，311条参照）権利のはずである。しかし，ポリグラフ検査では，あらゆる返答につき，それにまつわる生理的変化の情報が検出されることになる。つまり，供述に基づく自身の情報提供を個別に拒否することができない。そして，事前の包括的黙秘権放棄は許されない（現に，日本においては，黙秘権を包括的に放棄させ証言義務を負わせることは許されないと一般に解されている）。となると，実施にあたり被疑者の同意があったとしても，ポリグラフ検査は黙秘権侵害を必然的に伴うものと解さざるをえないのではないか。考えてみよう。

Practice

判例・通説の立場に立ったうえで，下記の各問の正誤を答えなさい。

問1． 犯罪事実を証明するため被告人の悪性格を証拠とすることは一般に許される。
（　　）

問2． いわゆる声紋鑑定には証拠能力が認められる。（　　）

CASE 36　自由心証主義

　捜査段階で作成された，被告人（調書作成時には被疑者であった）の自白調書（検面調書）の信用性が争われている。

　この検面調書作成以前に作成された員面調書全20通をみると，犯行の日時，場所，犯行動機等についてほぼ一貫した供述がなされ，犯行に至るまでの心情がリアルに示され，実際の犯行の様子について迫真に富む描写がなされている。他方，本件全体の捜査経過と照らし合わせると，捜査官が知りえなかった事実について供述している箇所はなく，犯行の具体的経過等については，捜索・差押え・検証や目撃者に対する取調べにより新たな事実が判明するのに対応するかのように変遷がみられる（例えば，「家にある木の下に凶器を埋めました」と当初は供述していたが，その場所には凶器が存在しないことが判明した直後の取調べでは，「実は家の横に流れている川に捨てました」と供述を変更している。なお，その後川ざらいをして凶器の捜索がなされたが，発見に至らなかった）。

　裁判所は，自白調書（検面調書）の信用性を肯定すべきか。

〈POINT〉① 自由心証主義の意義
　　　　② 心証形成の適正さを担保する制度
　　　　③ 論理則・経験則・注意則

1　自由心証主義とは

　自白がないと有罪にできないとか，自白があったら有罪にしなければならないとか，2人以上の証人による一致した証言がないと有罪にできないといったルールが法定されていた国もあった。日本においても明治の初期までは，自白がないと有罪にできないというルールをしいていた。このような，証拠の証明力を法令により定めるシステムのことを「法定証拠主義」と呼んでいる。客観的証拠を収集するのが困難であった大昔の時代であれば，このようなシステムにも一定の合理性があったかもしれない。しかし，自白を得るために拷問を正

面から認めるなどの人権侵害制度がそれに付随していた。また，自白や証言が果たして本当に信用できるのかは，ちゃんと調べてみないとわからないことである。かくして，法定証拠主義は廃れ，証拠の証明力を法令で定めず，証拠の評価は裁判官の心証にゆだねるという自由心証主義が採用されていった。日本では，1876年（明治9年）に採用されたのが最初である。現行法では318条に規定されている（ただし，例外として自白につき補強法則があることに注意。補強法則については後に学習する）。

以上の説明からわかるように，「自由」とは，「証明力の評価につき法定されることからの自由」を意味する。裁判官のフリーハンドを意味するわけではない。そこで，裁判官が適正に証拠を評価するための制度が必要となる。

2　心証形成の適正さを担保する制度
(1) 制度の概要

そのような制度として以下のようなものがある。第1に，適正な事実認定ができなさそうな裁判官に退いてもらう制度である。20条に列挙してある事由や，その他不公平な裁判をするおそれがある（21条1項参照）場合，当事者や弁護人の申立て（忌避という。21条）により，当該事件の職務から離れることになる（除斥という。20条，12条参照。裁判官自ら退く，回避という手段もある。13条参照）。

第2に，裁判官が予断や偏見を抱いたりしないようにする制度である。既に学習した起訴状一本主義（256条6項。もっとも，公判前整理手続が創設され，証拠調べが開始される前に当事者提出の資料を裁判官がみることができるようになり，起訴状一本主義の意義は後退してしまった）などがそれである。証拠に証拠能力を要求する制度，とりわけ法律的関連性という要件もその一環として捉えてよいだろう（ピンとこない人は〈CASE35〉を復習するように）。

第3に，事実認定自体の可視化を要求する制度がある。判決に理由をつけるという制度である（44条，335条参照）。事実認定の理由を記されねばならないのであれば，うまく書けないような，すなわち不合理な事実認定はできなくなるし，また，不合理な叙述がある場合にはそれをきっかけとして上訴し，誤判をただすことができる。

第4に，上訴，すなわち控訴や上告という不服申立制度，そして判決確定後

に裁判をやり直す再審という制度により，誤判が生じた場合の事後救済がなされる。そのような制度があるという事実が，第1審の裁判官たちに良い意味でのプレッシャーを与えることになるかもしれない。

(2) 制度の運用

しかし，これらの制度は活用されているだろうか。忌避の申立てに応じて裁判官が除斥された例はほとんどなく，伝聞法則を含む法律的関連性の判断は甘いと批判されており，有罪判決には証拠の内容や証拠評価の内容について書かなくてもよいと解釈され（激しく争われた事件では書かれることが多いが，いずれにせよ，書くか書かないか，そしてどの程度書くかは裁判官によってまちまちである），上訴制度によってプレッシャーが与えられているのはもっぱら無罪判決を出す裁判所であり（その理由を知りたい人は，中川孝博『合理的疑いを超えた証明』（現代人文社・2003年）参照），再審請求が認められることはあまりない。どうもこれらの制度は十分に機能していないようだ。

どうしたら十分に機能させることができるか，検討しなければならない。が，同時に，裁判官の証拠評価方法そのものにもメスを入れる必要があるだろう。それでは，裁判官はどのように証拠を評価しているのだろうか。

3　適正な事実認定

(1) 論理則・経験則

自由心証主義を内在的に制約するものとして，論理則および経験則がある。論理則という言葉の意味はあいまいだが，一般的には，矛盾したものであってはならない（矛盾律）とか，答えがAかBしかないというときにCという答えを出してはならない（排中律）といった形式論理学上の大基本原則が想定されているようだ（これだけでは十分でなく，いわゆる誤謬論なども含めて考える必要があるだろう）。経験則という言葉もあいまいだが，本来は，「論理的・科学的には確証がなされていないが，生活経験上誰もが認める確固たる法則」を意味する。

このような論理則および経験則に裁判官は従わねばならないわけだか，実際はどうだろうか。広い意味における論理則に従っているようにみえない判決理由の叙述は多い。裁判官はもっと論理則を意識する必要がある。わたしたちもまた然り（おかしいと思う判決理由に対しては，つい「こういう見方もできるはず

だ」といったタイプの外在的批判に終始してしまいがちだが、それでは論理則違反を発見できない)。

経験則についてはどうか。残念ながら、確固たる法則なるものはあまりこの世に存在していないため、経験則違反が問題となる場面はほとんどない。

(2) 注意則

このように論理則に対する意識が十分でなく、また、経験則が内在的制約としてあまり意味のないものになっているなか、最近は、一定の証拠方法につき、証拠評価の際に注意しなければいけないポイント、すなわち注意則の研究が進展してきている。設問と関連して、自白調書の信用性判断についてみてみよう。

全体的な印象で判断する直感的・主観的証拠評価方法によるのではなく、客観的・分析的な証拠評価方法をとらねばならないことを前提としたうえで、この客観的・分析的証拠評価をするために考慮しなければならないポイントが過去の誤判事例から抽出されてきている。例えば、捜査官には知りえなかった事実に関する供述、すなわち秘密の暴露を含んでいるか、不自然な供述変遷がないか、現場の状況等の客観的事実と供述内容が符合しているか、などなど。みなさんも、このような注意則を頭にしこみ、設問を検討してみよう。

論理則をより意識することに加え、これら注意則の詳細化が適正な事実認定を実現させるための鍵の1つとなることは疑いない。さらなる研究の進展が待たれるところである。

Practice

下記の各問の正誤を答えなさい。

問1． 法定証拠主義のもとでも、拷問によって得られた自白は証拠能力がないとされていた。（　　）

問2． 当事者が取調べ請求してきた資料を実際に取り調べるか否かについては、裁判官の自由な心証に委ねられている。（　　）

問3． 最高裁判例によると、証拠を取捨選択した理由について有罪判決の中で記す必要はない。（　　）

CASE 37　証明の程度

(1)　被害者Aを殺したとの訴因で被告人が起訴されている。証拠調べの結果，以下のような事実が認められた。裁判所は，これらの事実を総合評価し，被告人が犯人であるとの証明があったとして有罪判決を出してよいか。

① 事件の1週間前，Aと被告人は女性関係をめぐり言い争っていた。
② 事件の3日前，被告人は出刃包丁を購入した。
③ 事件当日，犯行時刻の10分前に被告人は現場付近にいた。
④ Aは，犯人に腹部を鋭利な刃物と思われるもので刺され，出血多量により死亡した。
⑤ 事件発生後，本件に関する報道に被告人は高い関心を示し，本件に関する新聞記事をもれなく集めるなどしていた。

(2)　ある傷害事件において，正当防衛が成立するという主張を弁護人がしたところ，検察官は「ではそちらが証明してください」と述べるだけで，正当防衛が成立しないことを証明しようとする気が全くない様子である。裁判所はどうすればよいか。

〈POINT〉① 合理的疑いを超えた証明
② 挙証責任の意義
③ 証明の必要

1　合理的疑いを超えた証明

(1)　高度の証明であることを示すフレーズ群

被告人を有罪とするためには，訴因につきどの程度の証明が必要なのだろうか。最高裁は，「通常人ならば誰もが疑いを差し挟まない程度に真実らしいとの確信」（最判昭23・8・5刑集2巻9号1123頁）とか，「反対事実の存在の可能性を残さないほどの確実性を志向したうえでの『犯罪の証明は十分』であるとの確信的な判断」（最判昭48・12・13判時725号104頁）などと述べている。いずれ

も,「疑わしきは被告人の利益に」という原則が支配する刑事裁判の世界では高度な証明が必要であることを示そうとしているのである(実は,前者の判決はそうではない。判決理由全体をよく読み,前述の表現がどのような文脈で使われているか吟味してほしい)。

　もっとも後者の判決は,最終的な結論を出す際には,「被告人を本件放火の犯人と断定することについては合理的な疑いが残る」から無罪との結論を出している。合理的疑いを超えた証明——これは,同じく刑事裁判における証明が高度なものであることを示すために,主として英米で用いられてきたフレーズだ。現在,このフレーズは日本の実務でも一般に使用されている。

　ちなみに,「疑わしきは被告人の利益に」原則がいう「疑わしき」も,「合理的疑いを超えた証明」というフレーズにおける「疑い」も,すべて,「要証事実が証明されたとはいえないのではないか」「被告人が犯人ではないのではないか」といった消極方向の可能性を意味する。「被告人が犯人なのではないか」といった積極方向の可能性については「嫌疑」という言葉が使われている。意味を取り違えないように注意しよう。

(2)　定義のあいまい性

　それでは,「合理的疑いを超えた証明」とは何か。さまざまな定義がこれまでなされてきている。「通常人なら誰でも疑問を抱かない程度の確実さ」,「裁判官が自らの良心に照らして確実と考え,かつ合理的判断力をもつ一般人を納得させうるような資料と論理法則に支えられた心証」等々。

　このような定義は,いずれにせよ,抽象性,あいまい性を免れない。「合理的疑いが残っているか否かで判断すればいいんだよ」と言われて,「なるほどそうか,エウレカ！」などと叫び,〈CASE〉設問(1)がすっきり解けたという人はあまりいないのではないだろうか。「合理的疑いを超えた証明」と言われても裁判員は理解できないだろうとの声もあるが,実は,法律家もよくわかっているわけではない。

　そこで,定義づけの実践的意義を疑問視する向きもある。「合理的疑いを超えた証明」とは,結局,刑事裁判における証明が高度なものであることを象徴する言葉にすぎず,その具体的意味を論ずる必要はないのだろうか。いや,必ずしもそうではない。

2 証明基準の機能

　前述の定義を再度みてほしい。「通常人」や「一般人」など，当該裁判官以外の第三者の評価が織り込まれていることがわかる。第三者の承認が得られるものであることが定義の中で要請されているのである。これには，判断に迷う裁判官への指標という面と，恣意的判断防止という面がある。しかし，現実の裁判をみると，これが望ましくない効果をもたらしているのではないかとの疑いが生じる。

　刑事では，原判決に「事実誤認」がある場合，上訴審は原判決を破棄しなければならない（382条，397条1項，411条3号参照）。実務では，事実誤認の有無を判定する基準としても「合理的疑いを超えた証明」が用いられている

　このような上訴システムを前提にすると，前述の「第三者の承認」とはすなわち「上訴審裁判官の承認」ということに事実上なってしまう。つまり，「合理的疑いを超えた証明」の従来の定義は，上訴審裁判官の判断を無条件に正当化する機能を持ってしまっているのである。しかし，上訴審裁判官が常に正しい判断をする保障はない。実際，上訴審が原判決を破棄した個々の事例につき批判は絶えない。ただ，批判の方法にも問題がある。証明基準の定義にそもそも欠陥があるために，この定義から演繹して論理的に批判するのは難しい。裁判官に対する人格非難と紙一重になるのを避けられないのである。そこで，証明基準が現実に果たしている機能，果たすべき機能をにらみながら定義づけを改めて検討する必要がある。裁判員制度のもとでも，これまでの定義に含まれている要素をそのままにしておいて，ただわかりやすそうな言葉に移し替えるだけでは，意味がない。

　このようにみてくると，証明基準の意味内容をめぐる議論は極めて実践的意義を持つといえよう。さて，どう再定義するか（詳しくは，中川孝博『合理的疑いを超えた証明』（現代人文社・2003年）参照）。

3 挙証責任の配分

　実際の証明が合理的疑いを超えた証明に達していないと判断される場合，裁判所はどのような判決を出したらよいのだろうか。

　被告人が当該犯罪を行ったとの証明なしに処罰することは，刑罰という重大な不利益を無実の者に科す危険を容認することになる。それは何よりも避けね

ばならないというのが近代以降の刑事裁判における基本的態度である。この基本的態度を示すフレーズが，前述の「疑わしきは被告人の利益に」であり，「刑事裁判の鉄則」と認められている。この鉄則に従い，刑罰権の存否および範囲を基礎づける事実に関する挙証責任は全て検察官が負担する。これら事実の存在につき，「合理的疑いを超えた証明」に達していない場合，被告人は無罪とされる。

4 挙証責任と訴訟追行責任の分離
(1) 証拠提出責任という概念
　しかし，例えば犯罪阻却事由がおよそ存在しないことを証明するのは極めて困難であるともいわれる。そこで，「疑わしきは被告人の利益に」原則に反することなく検察官の負担を軽減させる方策が考えられてきた。挙証責任と訴訟追行責任を分離させるというアプローチをとるのが現在の主流である。
　民訴法では次のような説明がなされると思う。すなわち，一定の事実につき挙証責任を配分される当事者は，勝訴したいならば，その事実を主張し，かつ立証しなければならない。当事者が何を主張し，何を立証しなければならないか，つまり訴訟追行につきいかなる負担を要するかは，通常，挙証責任の配分に基づいて決定される，と。
　この仕組みは刑訴法でも同様である。挙証責任を負担するのが検察官だということは，当該事実に関する主張，立証も検察官が負担することを通常意味する。先のアプローチは，一定の場合にこれを分離しようとするものである。挙証責任は検察官が負担するが，被告人にも何らかの訴訟追行の負担をしてもらったらどうか，と考えるのである。
　代表的なのが，証拠提出責任説である。犯罪阻却事由等につき争いたいならば，まず被告人にその旨主張してもらい，場合によってはその主張を裏付ける一応の証拠を提出してもらおう。そのような活動がないかぎり，犯罪阻却事由等についてはそもそも「証明の必要がない」と構成するのである。民事と異なり，刑事では当事者に争いがなくても主要事実はすべて証明を要する（実体的真実主義）が，その例外を設けるわけである。被告人から一応の証拠が提出されたならば，当該犯罪阻却事由の不存在につき「証明の必要」が生じ，挙証責任は検察官が負担することになる（当該事実につき争点を形成することがポイン

トで，証拠提出はその手段にすぎないのだから，争点形成責任という名称のほうがよいとの提案もある)。

このような考え方によれば，〈CASE〉設問(2)の場合，正当防衛の主張に根拠があることを弁護人が証拠によって示さない限り，正当防衛が存在しないことを検察官が証明する必要はないし，挙証責任も負担しないということになろう。このままでは被告人が負けてしまう。

これに対し，被告人側に証拠の提出を負担させるのは相当でないとして，阻却事由の存在を示す上である程度実質的で具体性を帯びた主張であれば十分であるとの見解もある。この考え方によれば，〈CASE〉設問(2)の場合，正当防衛が成立しないことを証明する必要が既に検察官に生じ，挙証責任も負担する事態に至っているということになろう。検察官が何もしなければ，検察官の負けである。

(2) 被告人の過剰負担を防止する方策の必要性

さて，以上のような，挙証責任と訴訟追行責任を分離するアプローチを承認するためには，証拠提出や主張の負担だけで済むための条件を整備する必要がある。被告人はどの程度具体的な主張をしなければならないのか，どの程度の証拠を提出しなければならないのか，非常にあいまいである。検察官，裁判所の対応によっては，事実上被告人に挙証責任を負担させることと同じになってしまうだろう。自白の任意性をめぐる審理の現状がまさにその例である。取調べ状況を被告人側が正確に再現することは著しく困難であるにもかかわらず，それを成し遂げないかぎり，裁判官は検察官に任意性立証を促さないという実務の現状は望ましいものではない。

5 挙証責任の転換

以下，若干の補足をする。前述のように，挙証責任は検察官が負担するというのが刑訴法における一般原則である。しかし，この一般原則を変更して挙証責任を被告人に負担させているとも読める法規が若干ある (207条，230条の2，児童福祉法60条3項等)。そこで，「疑わしきは被告人の利益に」原則を破って挙証責任の転換が許されるかが問題となる。

第1に，原則違反を回避するために，「挙証責任と訴訟追行責任の分離アプローチ」が活用される。例えば，児童福祉法60条3項但書は，過失の不存在に

つき挙証責任を被告人に転換したものと読むべきではなく，証拠提出責任を被告人に負わせたものと解すべきだとの主張がある。

　第2に，挙証責任の転換を肯定し，それが認められるための利益衡量基準を定立する試みがある。①検察官が証明する部分から被告人が負担する部分への推認が合理性を持っていること，②被告人が挙証責任を負担する部分を除去しても，なお犯罪として可罰性が認められることなどである。これらの基準に従い，当該規定の限定解釈が試みられている。

　後者のアプローチは，現在のところ，一部の法規を解釈する際にのみ用いられている。しかし，いったんこのアプローチが承認されるならば，一部法規の解釈に止まる必然性はなくなる。民訴法学においても，通説である法律要件分類説に対し，利益衡量説が有力に唱えられているが，その背景には，公害訴訟や医療過誤訴訟など，弱者救済の必要という事情がある。これに対し，刑訴法の場合，背景にあるのは，国家刑罰権行使の効率化という事情であることに注意しなければならない。

Practice

通説の立場から，下記の各問の正誤を答えなさい。

問1．「疑わしきは被告人の利益に」とは，「被告人が犯人だとの疑いがあるが，単に疑いにすぎないのであれば，被告人に不利な措置がとられてはならないこと」を意味する。　　　　　　　　　　　　　　　　　　　　　　　（　　）

問2．法律上の推定とは，一定の事実が証明された場合に他の事実の存在が推定される旨法律上規定されていることを意味するが，前提となる事実が証明されたからといって，必ず推定事実を認定しなければならないわけではない。（　　）

CASE 38　自白法則

　共犯者XおよびYがいずれも犯行を否認している場合，捜査官がまずYに対し，実際にはXは自白していないにもかかわらず，「Xはお前と共謀してやったと言っている」と述べてYを自白させ，今度は逆にXに対し，「Yはお前と一緒にやったと言っている」と述べて，Xにも自白させた。この場合のX，Yの自白に証拠能力はあるだろうか。

〈POINT〉① 自白の意義
　　　　② 自白法則の根拠
　　　　③ 自白採取の諸形態と任意性

1　自白の意義

　〈CASE〉によれば，最初は犯行を否認していたX，Yそれぞれから自白を引き出そうと，捜査官が被疑者を錯誤に陥れ，まずYを自白させ，今度はそれをもとにXからも自白を引き出し，結局，二人から自白を得るにいたったというものである。捜査官からすれば，それまで口を割らなかった頑固な被疑者二人を効果的に「歌わせる」ことができたのだから，これほど旨味のある取調べ方法はない。被疑者との巧妙なやり取りも，さしずめ捜査官の腕の見せ所ということだろう。こうした尋問の仕方を「切違え尋問」といい，「偽計による自白」の典型である。しかし，自白のとり方（自白採取）として，このようなやり方は，適正さを欠いているのではないか，憲法や刑事訴訟法の基本的精神に反しているのではないか問題となる。

　ところで，自白とは，「自己の犯罪事実の全部またはその一部を認める被告人の供述」のことである。かつて自白は，「証拠の女王」と呼ばれ，有罪認定に大きな影響力をもっていた。中世のカロリーナ法典では，自白があること，または信頼できる2名以上の目撃証人がいることが有罪認定の条件だった。無実の者がまさか自己に不利益な供述をするはずがない，自白をした者は真犯人に違いない，そうした予断や偏見が裁判官にあったためであろう。結局，そう

した予断や偏見が自白の過大評価を招き，ひいては自白を得るため，様々な拷問の容認につながっていたのである。しかし，現在では，こうした考え方は，少なくとも法的には払拭されている。

　自白とよく似た概念に「不利益な事実の承認」，「自認」，「有罪である旨の自認」がある。このうち，「不利益な事実の承認」の意味内容が最も広く，たとえば，アリバイがないことを認める供述などがこれに入る。他方で，「有罪である旨の自認」が最も狭い意味内容を持ち，自己の有罪を認諾すること，すなわち，実体刑法上の犯罪成立要件のすべてを認めることを指す。「アリバイがない」，「動機がある」ことを認める供述は，自白とはいえない。しかし，「確かに殺しはしたが（構成要件該当性），正当防衛だった（違法性阻却事由）」という供述は自白にあたる。犯罪成立要件の全部はもとより，その一部を認めただけでも自白である。

　日本の刑訴法では，アレインメントは認められていないから，冒頭手続で被告人が有罪であることを認めても（有罪の答弁），直ちに量刑手続に移行するということはない。しかし，一定の場合，証拠調べを簡略化することはできる（291条の2）。また，不利益な事実の承認を内容とする被告人の書面は（したがって，自白も入る），それが作成された状況を問わず，そして，それが誰に対して書かれたものかも問わず，証拠とできる。これは後述する伝聞法則に関係するが，いずれにせよ，自白の持つ意味は，現代の刑事裁判でも，やはり大きいのである。ちなみに，こうした傾向は，何も日本に限ったことではなく，たとえば，ドイツには，「彼は立っていたから座っている（Er sitzt, weil er gestanden hat.）」などという，まるで人を喰ったような言い回しがある。これは，実は，彼は自白をしたから（gestanden hat），刑務所に入っている（sitzen），という意味を引っ掛けた言葉遊び，誇張表現である。「自白をした奴は即刑務所行き」，というわけだ。

2　自白法則の根拠

　このように，自白は証拠上，重要な意味を持つがゆえに，捜査官は何としてもそれを獲得しようとする。捜査官にとって，自白はまさに，「満天の夜空に輝く金星のごとく証拠の王」なのである。しかし，上述したように，このような考え方は，実は，憲法や刑訴法の基本的な立場とは矛盾する。そもそも自白

をした者が真犯人だという前提に立つことが「無罪の推定」法理と相容れないし，何より重要なことは，憲法も刑訴法も，まず自白の内容（真偽）よりも，その自白をどうやって得たのか，という採取の過程を問題にするからだ。強制や拷問によって得られた自白は，もしそれが本当のことだったとしても，刑事裁判では使えないのである。そして，このことは明文で規定され法則として確立している。つまり，強制や拷問，不当に長く抑留された結果得られた自白などの証拠能力を否定して，刑事裁判の場に持ち込ませないようにしているのである。これを自白法則と呼んでいる（憲38条2項，刑訴法319条1項）。しかし，なぜ自白の採取過程に問題があれば，その自白は公判廷で排除されるのだろうか。自白法則の根拠を考察しておこう。

　この点については，①虚偽排除説，②人権擁護説，③違法排除説の3つの考え方が従来から主張されてきた。このうち，①虚偽排除説は，強制等によって採取された自白は，虚偽のおそれがあるから誤判防止のために排除するという。②人権擁護説は，黙秘権を中心とする被告人の人権を保障するために強制等による自白を排除するという。③違法排除説は，①②とは異なり，自白の任意性の観点を離れ，自白採取過程に着目し，適正手続を担保するために強制，脅迫など尋問方法に違法があれば自白を排除するという。もっとも，これらの説に対しては，以下のような問題点もある。まず①説に対しては，当該自白が虚偽か否かではなく，虚偽を誘発するおそれがあったか否か（いわば類型的，外形的判断）を問題視するにしても，その判断は難しく，微妙な事案ではやはり自白の内容（証明力）にまで立ち入って吟味せざるを得ない。結局，証明力の判断が証拠能力の判断に先行することになる。②説に対しては，供述の自由を侵害するような取調べによって獲得された自白を排除するとはいっても，その判断は難しく，取り調べられる側の心理状態を問題とせざるを得ない。そのため，自白の任意性が安易に認められる危険がある。③説に対しては，自白の採取過程に着目した点で斬新さはあるが，取調べの「違法」の判断は難しく，また自白排除の根拠から自白の「任意性」を切り離すことにも文理上問題がある（刑訴法319条1項は「任意にされたものでない疑いのある自白」を排除している），といったものである。

　自白法則は，自白内容の真偽に関わりなく，まず採取過程に着目し，そこに問題ありとすれば，その自白を刑事裁判の場に持ち込ませない，という点に眼

目があるのだから，基本的に③説が妥当である。ただし，その場合も，取調べを受ける者の心理的状況（任意性）をことさら切り離して考える必要性はないであろう。

3　自白採取の諸形態と任意性

ところで，これまで判例で問題視された代表的な取調べ（自白採取）の諸形態をみると次のようなものがある。①約束による自白（最判昭41・7・1刑集20巻6号537頁），②偽計による取調べ（最判昭45・11・25刑集24巻12号1670頁，東京地判昭62・12・16判時1275号），③手錠をかけたままの取調べ（最判昭38・9・13刑集17巻8号1703頁），④黙秘権を告知しないで行った取調べ（浦和地判平3・3・25判夕760号261頁），⑤接見を制限しての取調べ（最決平元・1・23判時1301号155頁）などである。

従来，判例は，上述した3つの自白法則に関する学説のうち，虚偽排除説を採っているとされていたが，特に下級審では③説に親近性を示す判例も見られるようになっている（浦和地判平3・3・25判夕760号261頁）。なお，本設問は，偽計による自白の類型に属し，上記最高裁45年判決を素材としているが，この判例が画期的だったのは，自白の内容を吟味することなく，捜査方法それ自体に焦点を当て，「偽計を用いて被疑者を錯誤に陥れ自白を獲得するような尋問方法を厳に避けるべきであることはいうまでもない」と相当強い調子でそのような取調べ方法を批判したことである（ちなみに本判決は大法廷判決であり全員一致で原審に差し戻された）。

ところで，最近の事例として，次のようなものがある。国立病院に勤務する被告人甲（医師）が，医局談話室にあった電気ポット内の湯に毒劇物（アジ化ナトリウム）を混入し，これを飲んだ同僚の医師らが嘔吐などの症状を訴えたため，傷害罪と浄水毒物等混入罪に問われたというものである。第1審は，警察官による取調べは，「取調べの手段方法として許容される程度を大きく逸脱した違法・不当なもの」で，「任意性に疑いがある」と判示し，甲の自白調書の証拠能力を否定し，無罪としたが，控訴審はこの証拠能力を認め，最高裁もこれを踏襲し，審理を第一審に差し戻した（最決平17・1・19決定）。取調室という密室で得られた自白（調書）の証拠能力の有無をどのように判断するか，その難しさを露呈した事例といえよう。

Practice

下記の各問の正誤を答えなさい。

問1．自白とは，有罪であることを認める被疑者，被告人の供述をいう。（　　）

問2．自白の任意性と信用性は，刑事裁判において信用性がまず吟味され，その次に任意性が判断される。（　　）

問3．捜査官が偽計を用いても，被疑者がそのことに気づいていれば，常に自白は排除されない。（　　）

問4．捜査官が被疑者と約束をして自白を引き出し，本当にその約束を守ったとしても自白は排除されうる。（　　）

第5章 証　　拠

CASE 39 ｜ 補 強 法 則

　被告人Xは，Y_1，Y_2と共謀し，Zに対し傷害を与え，死亡するに至らしめた。公判でY_1，Y_2はXとの共謀を認め，Zに対して傷害を与えたことを自白したが，Xは，捜査段階から一貫して本件犯行を否認している。Y_1およびY_2の自白に基づいてXの有罪を認定してよいか。

〈POINT〉① 　補強法則の意義と根拠
　　　　　② 　補強を要する範囲と程度
　　　　　③ 　共犯者の自白と補強証拠

1　補強法則の意義と根拠

　〈CASE〉の検討に入る前に，補強法則に関する議論をまとめておこう。補強法則は，自白法則とならんで重要な自白に関する証拠法則である。これは，自白だけでは被告人を有罪にすることはできないとする原則で（憲法38条3項，刑訴319条2項），一般に自由心証主義の例外と捉えられている。仮に裁判官が審理の結果，当該自白には誤りがない，虚偽の自白ではないと確信できても（本来ならそれで有罪にしてもよいはずだが），わざわざ自白以外の証拠（補強証拠）の獲得を捜査機関に要求したのである。その眼目は，自白偏重に基づく誤判の防止にある。かつて，「自白は証拠の女王」と言われていたが，その考え方を改めようというわけである。自白法則は自白の証拠能力に関する原則，補強法則は自白の証明力に関する原則であることを押さえておく必要がある。

　ところで，補強法則の根拠を自白の価値（証明力）との関係でみると2つの考え方がある。第1は，自白は，それだけで一般に過大に評価される傾向にあるから，自白の証明力の判断を誤らないようにするために補強証拠を要求したと考える。つまり，自白の価値を最初からある程度，割り引いて考えるのである。第2は，自白の証拠価値を一律に低く見積もるのではなく，万一の間違いを避けるため，自白内容を確認できる他の証拠を引き合いに出すため補強証拠を要求したと考える。自白の価値が十分でも，さらにそれに補強証拠を積み上

げて判断するのである。田宮博士は，前者の考え方は，実態に反し合理的でなく，また，100％の「完全証拠」であっても補強を要求するのが「自由心証主義の例外」としての補強法則のゆえんだから，後者の考え方を採るべきだと主張した（田宮・355頁）。

なるほど，実際の裁判でみられる自白の大部分は「完全証拠」だし，自白をした者が真犯人だといってよい。だからこそ，刑事裁判の審理期間も多くが短期に終結している。しかし，今，まさに審理されている事件でなされたその自白が100％の証明力を備えた完全な自白だという保障はどこにもない。自白をした被告人はやはり真犯人だった，ということは裁判の結果，回顧的に明らかにされるのであって，今，眼の前にいる被疑者や被告人が自白したからといって，真犯人だとは限らない（このことは，身代り事件を思えば明らかであろう）。他の事件を引き合いに出してきて，「大部分の自白は信用できる，だからこの事件のこの自白も信用できる」，とはいえないのである。誤判防止を眼目にあげる以上，一見，完全に信用できそうに思われる自白であっても，やはりここは慎重に判断するために，その価値を最初から割り引いて考えていく視点が必要なのではなかろうか。このように考えると補強法則は自由心証主義の例外というよりも，自由心証主義の合理性を担保するための例示規定とみることができる（光藤（中）・135頁）。

2 補強を要する範囲および程度

自白を補強する証拠が必要だといっても，では自白のどの部分に証拠を要するのか，その範囲については，罪体説と実質説に分かれる。

罪体は，①特定の被害の発生，②何人かの犯罪行為であること，③犯人と被告人との同一性から構成されるが，罪体説は，①と②に補強証拠を要するとする説と①から③のすべてにこれを要求する説とに分かれる。被告人が行為者であることや故意，過失などの犯罪の主観的条件についてまで，常に補強証拠を要求することは無理だろうが，ただ，被告人と犯人との結びつきにまで補強証拠を要求しないと，補強法則の意味それ自体が減殺され，ひいては，誤判防止という目的が果たせなくなるという危険がある。したがって，やはり③の結びつきにまで補強証拠を必要とすべきである。

ただ，この考え方にたつと，放火事件で見事に燃え尽きて証拠がきれいさっ

ぱりなくなってしまった場合とか，贈収賄事件など密室で行われる犯罪で証拠が乏しい場合には，立証が難しくなる。そのため，田宮博士は，犯罪事実と被告人との結びつきに補強を要するのは，有罪判決のための全要件と同義で，自白で訴追を証明せよというに等しい，と批判する（田宮・構造322頁）。しかし，証拠がきれいさっぱり燃え尽きたとか，証拠がまったくないということは，頭の中で観念できても，現実の裁判ではあまり想定できないし，また仮にそうした事件があったとすれば，被告人と犯人とを結びつける証拠がない以上，無罪とするほかない。

実質説は，補強の範囲を自白にかかる事実の真実性を担保するようなものであれば足りると考える。被告人と犯人との結びつき，あるいは犯意などの主観的要素にまで補強証拠を要求するのは，「あまりに有罪判決を困難にし，有罪・無罪が偶然によって左右される弊害を生じる」という（平野・233頁）。しかし，この考え方は，自白の核心部分に関わる証拠でなくても，補強証拠となりうるというのだから，問題があるといわざるをえない。

しかし，判例は実質説によっている。すなわち，「自白を補強すべき証拠は，必ずしも自白にかかる犯罪組成事実の全部にわたって，もれなくこれを裏付けるものでなければならぬことはなく，自白にかかる事実の真実性を保障し得るものであれば足る」（最判昭23・10・30刑集2巻11号1427頁など），「自白した犯罪が架空のものではなく，現実に行われたものであることを証するものであれば足りるのであって，その犯罪が被告人によって行われたという犯罪と被告人との結びつきまでをも証するものであることを要するものではない」（最判昭24・7・19刑集3巻8号1348頁）とする。

ただ，判例の立場を考察すると，補強の範囲の決定は，自白の証明力と相関関係にあるということに気づく（相対説）。例えば，いわゆる「豊橋一家3人殺し事件」では，「自白調書を証拠として被告人を有罪とするには，その自白に任意性及び信用性のあることと，自白以外の証拠，すなわち補強証拠のあることを要し，自白と補強証拠と相俟って犯罪事実を認定することができればよいのであるが，この場合自白の証明力と補強証拠の証明力とは相関関係に立ち，一方の証明力が大であれば，他方の証明力は小で足りるものと言うべきである」（名古屋地豊橋支判昭49・6・12判時776号103頁以下）とする。すなわち，自白の証明力が弱い場合には，被告人と犯人との結び付きに補強が必要だともいえ

る。

しかし，上述したように，当該自白の証明力を最初から「高い」とか「低い」とか前提にすることは危険である。審理の対象となっている自白が，「変遷している」，「一貫性がない」，「あいまいである」，といった要素を前提にして自白の証明力を慎重に判断する姿勢は正しい。しかし，これとは逆に，「一貫している」，「詳細である」，「迫真性がある」と評価して，自白それ自体から当該自白の証明力の高さを判断するのは，トートロジーでしかない。自白とは切り離して，補強証拠の証明力を判断すべきであろう（絶対説）。

3 共犯者の自白と補強証拠

〈CASE〉で問題となるのは，いわゆる共犯者の自白である。共犯者の審理形態として考えられるのは，①同一手続で共同被告人として同時に審理される場合（本問でいうと，X，Y_1，Y_2とも同時審理），②否認している被告人の審理は分離して，共犯者を証人として出廷させ証言させる場合（Xの公判にY_1，Y_2を証人として出廷させ証言させる）が考えられる。①の場合，Y_1，Y_2は，被告人として供述でき（311条2項），Xはこれに対し被告人質問によって尋問（反対質問）することができる（311条3項）。しかし，Y_1，Y_2には被告人としての黙秘権が保障されているので，X側からの質問が功を奏するかどうかは疑わしい。②の方法によれば，なるほどXの証人尋問権は保障され，Y_1，Y_2には証言拒絶権はあるものの，①の場合に比べ十分に反対尋問ができそうである。ただ，Xの尋問権を考慮するあまり，いささか技巧に走りすぎている感を否めない。「立てば証人，座れば被告人」（東京高判昭29・9・7高刑集7巻8号1286頁）というわけでもなかろう。①を前提としつつ，XがY_1，Y_2に対し，十分に反対質問ができた場合にのみ，Y_1，Y_2の供述の証拠能力を認めることで妥協する他ない。

ところで，しばしば問題となる「共犯者の自白と補強法則」という問題設定だが，〈CASE〉に即して言うと，Y_1，Y_2の「Xと一緒になってZに傷害を負わせた」との供述をXに対し不利益に利用してよいか，ということになる。共犯者（Y_1，Y_2）は，自己の刑事責任を軽減するために他人（X）を引っ張り込むという共犯者特有の問題がある。見解は消極説，積極説に分かれる。

まず，消極説は，①自白偏重による誤判防止の観点から，本人と共犯者との

間に差はないから憲法38条3項の「本人の自白」には共犯者の自白も含むとする。②また，そう解しないと，補強証拠がないとき，自白したY₁，Y₂は（補強法則が適用され）無罪となり，否認したXは（Y₁，Y₂の供述を証拠として）有罪となるという非常識な結果になる，と主張される（団藤・285頁以下）。

これに対して，積極説は，①共犯者の自白は反対尋問を行うことができるのであるから本人の自白と同一視できない。②本人の自白は安易に信用されるが，共犯者の自白は，引っ張り込みの危険を前提に慎重に判断されるから，証拠の評価にも差がある。③自白した方が無罪となり，否認した方が有罪となるのも，自白が反対尋問を経た供述よりも証明力が弱い以上，当然であり，不合理ではない，（平野・133頁）と反論する。

著名判例は，いわゆる「練馬事件」（最大判昭33・5・28刑集12巻8号1718頁）である。これによれば，共犯者は，結局，被告人との関係では第三者であり，共犯者または共同被告人の犯罪事実に関する供述は独立，完全な証明力を有するものであって，補強証拠を必要としないとしている（ただし，6名の裁判官が反対意見を付している）。どのように考えるべきであろうか。

共犯者の自白を独立，完全な証明力を有するものとして想定できるのかそもそも疑問であるし，共犯者の自白だけを証拠として，否認している被告人の有罪を判断することはやはり危険であるといわなければならない。問題なのは，〈CASE〉の場合，Y₁，Y₂の犯行自体は事実であろうから，その自白は客観的事実と符合し，それだけ信用されやすく，ひいては「Xも一緒にやった」との供述部分もまた信用されやすいという点にある（逆にいえば，この供述部分の虚偽性は見破られにくい）。

Y₁，Y₂が自白している場合，補強法則が適用され，Y₁，Y₂との結びつきにまで証拠を要求すると考えられると，否認しているXについては，より一層，犯罪とXとをつなぐ証拠が必要なのではなかろうか。これは，共犯者が1名か2名に関係なくいえることである。判例も，自白の証明力が弱い場合には被告人と犯罪との結びつきに補強証拠を要求している。このことを前提にすれば，そもそも犯人性を否認している被告人の有罪を認定するのに，他の共犯者（正確に言えば，共犯とされる者）の供述だけで足りるはずがない。したがって，〈CASE〉では，Y₁，Y₂の自白で否認しているXの有罪を認定することは当然，できないことになる（共犯者が2名以上の場合の扱いについては，最判昭51・10・

28刑集30巻9号1859頁)。

Practice

下記の各問の正誤を答えなさい。

問1. 補強法則は，補強証拠がなければ自白だけでは有罪にできないとする原則であり，自白の証拠能力に関する法則である。　　　　　　　　　　（　　）

問2. 補強証拠は，あくまで自白の補強に過ぎないから，補強証拠それ自体の証拠能力は問題とならない。　　　　　　　　　　　　　　　　　　　　（　　）

問3. 共犯者の自白（供述）は，引っ張り込みの危険がある他，その供述には真実である部分が含まれているから，その虚偽性を見抜くことが難しいという側面がある。　　　　　　　　　　　　　　　　　　　　　　　　　　　　（　　）

問4. 判例によれば，共犯者が2名の一致供述がある場合は補強証拠は不要だが，1名の場合は，慎重を期すためにそれを要するとしている。　　　　（　　）

第5章 証　　拠

CASE 40　伝聞法則とその不適用

　強姦致死事件の公判で被告人の強姦の動機を立証したい．その際，生前，被害女性がその情夫に「『あの人は好かんわ．いやらしいことばかりするんだ』と言っていた」という情夫の証言を強姦の動機の立証に用いることはできるか．

〈POINT〉① 伝聞法則の意義
　　　　　② 直接主義，憲法と伝聞法則
　　　　　③ 伝聞と非伝聞の区別
　　　　　④ 設例の検討

1　伝聞法則の意義

　伝聞法則とは伝聞証拠を排除する法則である。そして，伝聞証拠とは刑訴法320条にいう「公判期日における供述に代わる書面」（伝聞書面）や「公判期日外における他の者の供述を内容とする供述」（伝聞供述）をさす。なぜ，このような書面や供述は排除されるのであろうか。端的に言えば，そうした書面や供述の内容が「本当かどうか」確認できないからである。たとえば，犯行現場を「見た」Ａはれっきとした目撃証人である。Ａが友人Ｂに「自分はその犯行現場を見た」と話したとしよう。ところが，公判廷に出てきたのは，犯行現場を見たＡではなくて，その話を聞いたＢだとする（この場合，Ａを原供述者，Ｂを伝聞証人，Ｂの証言が伝聞証言［供述］である）。Ｂは犯行の情況をつぶさに語ることができるだろうか。Ｂが話せるのはせいぜい，「友人であるＡは，私にその犯行現場を見たと言いました」というだけである。したがって，自分で犯行現場を見たわけでない者の証言を証拠として用い，犯罪事実の存否を判断することはできない。

　また，そもそも目撃証人たるＡの体験供述を鵜呑みにするわけにもいかないだろう。なぜならば，Ａ証言が裁判官に到達するまでの過程，すなわち，知覚－記憶－表現－叙述（表現と叙述を合わせて，単に叙述とする場合もある）のそ

れぞれの段階に誤りが入る危険性があるからである。そこで，目撃者Aは，正しくその現場を見たか，きちんと記憶しているか，記憶したとおり述べているか，言わんとしている供述を正しく言い表しているか，について確認しなければならないのである。

2　直接主義，憲法と伝聞法則

　ところで，刑訴法のどこをみても「伝聞」という文言は出てこない（条文の見出しは公的なものではない）。現在では320条が伝聞法則の条文であることは広く承認されているが，本条が想定しているのは，書面ではなく供述，公判期日外の他の者の供述ではなく公判期日におけるその者（原供述者）の供述のそれぞれを証拠とするということだから，本条は直接主義に関わる条文とも読める。ただ，直接主義の意味内容が口頭主義の言い換えに過ぎず，したがって，書面は排斥できても，「また聞き」証人を排斥できないとすれば，320条の法意を狭小化する。何より直接主義は裁判所と証拠との関係を規律する原則だから，これをもって320条を解釈することは，当事者主義をとる現行法の立場と相容れない。書面でなく口頭で提出すればよいというものではないし，オリジナルでありさえすればいいというものでもない。重要なのは，提出された証拠の性格を当事者主義の視点で考察することである。

　公判廷において，裁判官は，証言の内容それ自体から，あるいは証人の供述態度証言や客観的事実の符合などから心証をとる。しかし，それだけでは供述証拠の価値判断は不十分である。やはり利害の対立する相手方当事者による厳しい反対尋問に耐えて初めて，その証言内容の真実性が確認される。逆にいえば，何より伝聞証拠はオリジナルな証拠でないから排斥されるのであり，さらに相手方の反対尋問にさらされていないから排斥されるのである。憲法37条2項の特に前段部分「刑事被告人は，すべての証人に対して審問する機会を十分に与へられ」なければならないというのは，被告人に不利益な証言を行うすべての供述提供者に対する被告人の反対尋問権を保障する意味であり，ひいては，反対尋問権を行使しえない場合は，オリジナルであっても，原則としてその供述は使えないことを示しているのである。オリジナルでありさえすればよいというのなら，わざわざ反対尋問権を憲法で保障した意味に乏しい（もっとも，判例は憲法37条2項を単に「公判廷に出てきた証人」に対する反対尋問権の十分な

第5章 証　　拠

保障と位置づけるから，提出された証拠の性格，伝聞証拠かどうかという問題を切り離しているといえる。最判昭24・5・18刑集3巻6号734頁）。

ただ，反対尋問実施の有無を強調し，反対尋問を経ていない証拠を伝聞証拠だと考えると，例えば，主尋問終了後，後日予定された公判期日の前に証人が死亡してしまったような場合，主尋問における証言をどう扱うべきか問題となろう。結論を先取りしていえば，このような場合は伝聞法則の例外として扱えばよいと思われるが，これについては項目を改めて説明しよう（《CASE 41》）。

3　伝聞と非伝聞の区別

厄介なのは，当該供述が伝聞なのか，非伝聞なのかという区別のつけ方である。とりわけ，われわれが日常会話で用いる表現には，供述者の真意がどこにあるのか，当の本人に質さなければわからないものも多い（「あいつは大した奴だ」，「ないものはない」，「結構です」などといった表現は，その言葉の使われた情況ひとつで両極端の意味に解される）。実は伝聞と非伝聞の区別は要証事実との関係で決められるのだが，これを説明するためによく引き合いに出される例を挙げて説明しよう（田宮・370頁以下，光藤(中)・206頁以下）。

(1)　ことばが要証事実である場合

「甲は『Aは殺人犯だ。俺はAが殺すのを見た』と公衆の面前で言った」という乙の供述は，Aの殺人被告事件では伝聞だが（その供述内容の真実性そのものに関わる），甲のAに対する名誉毀損事件では非伝聞である。名誉毀損罪との関係では，重要なのは，「甲の公衆での発言を聞いた」という事実それ自体であり，その事実を体験したのは，まさに乙その人だからである。

また，同一人の不一致供述を弾劾証拠として使用するときも同じである。たとえば，Aが公判廷で「犯人はXだ」といったが，公判廷外では「Aは『犯人はXじゃない』といっているのを聞いた」とBが公判廷で供述したとしよう。ここで問題となるのは，「犯人はXかどうか」なのではなく，「Aは公判廷で嘘をつくような人物だ」ということをBの供述でできるかということである。結論は，B供述でAの公判廷供述を弾劾することができる。Aの公判廷外の言葉は非伝聞だからその証人尋問は不要である。

(2)　行為の一部をなす言葉の場合

行為と一体の関係にあり，その行為に意味づけを与える場合である。たとえ

ば，AがBに金を渡す際，「長い間ありがとう」といったAの言葉は，返済行為の意味を与えるに過ぎないから非伝聞である。国会議員Aが「いつもすまないねぇ」と言いながら，業者Bから渡された金を受け取った場合も，（微妙だが）非伝聞である。これを見ていた第3者は，贈収賄の目撃証人であり，伝聞証人として扱う必要はない。

逆の場合はどうか。すなわち，「犯人は3番目に立っている男だ」という言葉の代わりに，その者を指し示すような場合，叙述の部分が欠けるから非伝聞とする考えもある（田宮・371頁）。しかし，主眼は，知覚，記憶に基く目撃情報を言葉の代わりに指し示したに過ぎないから，その真意はやはり反対尋問で質していかなければならない。伝聞証拠として扱うべきである（大澤裕「伝聞証拠の意義」争点【第3版】185頁）。

(3) **言葉が情況証拠となる場合**

供述の存在自体を他の事実を推認すべき前提事実として立証する場合，たとえば，「自動車修理工Aが，ドライバーBに『あなたの車のブレーキはよくないですよ』と言っているのを聞きました」というCの供述は，Bのブレーキの調子がよくないことを知っていたという点を立証するのに用いる場合は非伝聞であり，本当にブレーキの調子が悪かったかどうかを立証するのに用いる場合は伝聞となる。また，運転前にドライバーAがBに「この車のブレーキは故障しているんだ」といった言葉も，Aがブレーキの調子が悪かったことを知っていたことを立証する場合は非伝聞である。

(4) **精神状態の供述**

内心の状態を吐露した言葉をその言葉で表された事実の立証に用いる場合に問題となる。これは，さらに

 (a) 言葉を精神状態自体の証明に用いる場合
 (b) その後の行為を推論するための精神状態の供述
 (c) 過去の出来事の立証に用いるための精神状態の供述

の3つに区分される。

(a)は，たとえば，「あの人は怖い」という被害者の言葉から畏怖の感情を推認したり，「自分は宇宙人だ」と口走った言葉をもって，その者の精神異常を推認したりする場合をいう。これらは，その時点の精神状態から直ちに発せられた言葉なので，先に述べた知覚，記憶の段階が欠如しており，非伝聞と捉え

られるのである。ただし，それが仮装の危険もあるため，伝聞として扱い，真摯性と叙述の正確性を要件として伝聞例外とする考え方もある（光藤(中)・208頁。この点につき，田宮・372頁参照）。

(b)は，「いつかYを殺してやるんだ」といったXの言葉をY殺害の動機立証の証拠とできるかという問題である。判例はこれを非伝聞として扱っている。供述証拠と異なり，知覚，記憶を欠落するから真摯性が証明されれば原供述者を証人として尋問し，反対尋問する必要はない，という（東京高判昭58・1・27判時1097号146頁）。しかし，(a)の場合にもまして，原供述者の真摯性と叙述の正確性の吟味が必要であるとし，非伝聞ではなく伝聞証拠とした上で，その例外として扱うべきだとする見解に留意すべきである（光藤(中)・209頁）。

(c)は，殺人の被害者Aが，事件の数日前に「Xは怖い」といっていたというB供述を，Xの殺意立証に用いる場合である。「Xは怖い」との言葉は，Aの知覚，記憶の過程が欠けるが，そこから推論できるのは畏怖の念を持っているという状態であって，この言葉からXの殺意を立証するのは無理である。それ以前に，「脅迫を受けていた」という事実に関わるAの言葉があれば，関連性は備わる。ただ，脅迫の事実は，Aの知覚，記憶に依存し，本当に脅迫を受けていたのか確認する必要があるから，その際のA供述は伝聞証拠として扱う必要がある（光藤(中)・209頁）。

伝聞か非伝聞かが問題となる類型では，特に③精神状態の供述に関して，かなりはっきりとした見解の相違がある。内心に関わることだけに，心にもないことを口走ったような場合，供述者の真意がどこにあるか分からないことが多いからである。

伝聞（例外）説は，真摯性などを関連性一般の問題として検討するにしても，その手続的な保障が必ずしも明確でないことや，やはり，供述の真摯性，叙述の正確性について伝聞一般の危険が残ることを理由としている（光藤(中)・211頁）。他方，非伝聞説は，①内心の状態についての供述は，知覚，記憶の過程が欠け伝聞特有の危険が入り込む余地が小さい，②真摯性は原供述者を反対尋問しなくても，供述時の態度や周囲の状況についての第三者の供述によっても検討しうる，③非伝聞としても真摯性は関連性一般の問題として要求すれば，無条件に証拠能力をもつことにはならない，④当人の発言が決定的な証拠の一つである，⑤伝聞の例外としての扱いを許す規定がないことを理由とする（田

宮・372頁，田口・401頁）。

　これに関する著名判例として，被告人の「白鳥はもう殺していいやつだ」，「堂々と襲撃しよう」といった供述につき，これを聞いた第三者の供述は，発言したこと自体を要証事実としているので伝聞ではないとした判例がある（最判昭38・10・17刑集17巻10号1795頁）。精神状態を推認させる情況証拠なのか，共謀の事実そのものの立証と捉えるべきか判断は分かれるが，前者だとすれば，伝聞（例外）とするか非伝聞に過ぎないか見解は分かれ，後者だとすれば，まったくの非伝聞として扱われることになる。

4　〈CASE〉の検討

　ここで挙げた〈CASE〉は上述した精神状態に関する供述(4)に関係する。この〈CASE〉では，被告人が被害女性と情交を持ちたいとの野心を持っていたことを，彼女がその情夫に語った言葉から立証できるか問題となる。〈CASE〉の素材である，いわゆる米子強姦殺人事件（最判昭30・12・9刑集9巻13号2699頁）では，第1審，控訴審とも，被害女性の言葉は伝聞証拠に当たらないとした。被害女性が，「同女に対する被告人の野心に基く異常なる言動に対し嫌悪の感情を有する旨告白した事実に関するもの」（控訴審判決）だから，というのがその理由である。なるほど，要証事実が被害女性の被告人に対する嫌悪感の有無にあるなら，この言葉は非伝聞である（上記(4)(a)）。しかし，立証の主眼はそれではなく，被告人が被害女性と情交を持ちたいという「野心をもっていた」かどうか（動機）にある。そうだとすれば，情夫を介した被害女性の「あの人はすかんわ」という言葉から犯行の間接事実である動機を証明しようとしても，そもそも関連性（自然的関連性）がないというべきである。そして，「いやらしいことばかりする」という言葉とあいまって動機を立証する場合，今度は本当に「いやらしいこと」をしたのかどうか，過去の出来事を確認する必要が生じる。したがって，情夫の言葉は伝聞証拠にあたる（上記(4)(c)。最高裁も，この証言が犯行自体の間接事実たる動機の認定との関係において伝聞証拠であることは明らかであると指摘している）。

第5章 証　　拠

Practice

下記の各問の正誤を答えなさい。

問1．伝聞法則は憲法上の権利である。　　　　　　　　　　　　　（　　）

問2．伝聞証拠は反対尋問を経ない供述証拠だとすると証人が主尋問終了後に死亡した場合，主尋問時にされた証言は伝聞証拠である。　　　　　　（　　）

問3．伝聞証拠が排除されるのは，自然的関連性がないからである。　（　　）

問4．精神状態の供述が非伝聞とされるのは，知覚，記憶の2過程を欠くことが一つの理由である。　　　　　　　　　　　　　　　　　　　　（　　）

CASE 41　検面調書と供述不能

　被告人Ｘは，外国人数名を雇い入れ，管理売春をさせていた嫌疑（売春防止法12条）で逮捕，起訴されたが，その証拠として，雇われていた外国人を取り調べ，その供述を録取した書面（検察官面前調書）が証拠請求された。取調べを受けた外国人は取調べ後，直ちに本国に強制送還されている。この検察官面前調書は刑訴法321条１項２号前段で証拠能力を付与されるだろうか。

　〈POINT〉① 　伝聞法則の例外の根拠
　　　　　② 　伝聞法則の例外の体系
　　　　　③ 　供述不能の意義
　　　　　④ 　信用性の情況的保障
　　　　　⑤ 　設例の検討

1　伝聞法則の例外の根拠

　〈CASE〉の検討に入る前に，伝聞法則の例外が許される根拠などについてまとめておくことにしよう。
　伝聞証拠は，原則として，事実認定の証拠とすることはできない（320条）。伝聞証拠が排除されるのは，原供述者の宣誓がない，供述態度を観察できないということもあるが，主たる理由は，反対尋問によっても供述内容の真実性が確認できないことにある。あくまで「例外」なのだが，現行法をみると日本の伝聞法則はかなり広く認められていて（321条から328条），証拠として許容される場合が多い。それゆえ，日本の伝聞法則は，「伝聞例外の法則」といわれるほどである（田宮・364頁）。
　例外が認められる要件は，第１に原供述者の供述が信用できるような外部的情況がある（信用性の外部的情況という），第２に伝聞であっても証拠として用いる必要が高い（必要性），という２点に求められる。英米では，これら２つの要件の兼ね合いによって，証拠として許容されるかどうかが決まる。すなわ

ち，信用できるものなら，必要性が高くなくても例外的に用いられることがあるし，逆に信用性に多少問題があっても，必要性が高ければ証拠として用いてかまわないとされる（田宮・374頁）。しかし，しばしば，日本の刑事裁判は形骸化しているとか，調書裁判だと酷評されている。その主たる原因は，この伝聞法則の例外が広く許容されているからに他ならない。裁判員制度が導入されれば，そうした事態も是正されていくものと期待されるが，いずれにせよ単に伝え聞いた事実を「あったもの」として扱う怖さを安易に考えるべきではない。

2　伝聞法則の例外の体系

ところで，刑訴法が認めた伝聞法則の例外には以下のようなものがある。

(1)　供述録取書

供述録取書とは，原供述者が他人に話したことをその他人が書き取った書面である。これは，原供述者の供述を録取者が書面で報告するから，本来なら二重の伝聞なのだが，原供述者の署名または押印があれば，その書面の内容が真実であることが確認されたことになり，書面の伝聞性の問題だけが残るものである。

```
A（原供述者）⇒B（録取者）⇒書面（Aの署名か押印）
      伝聞          伝聞
```

供述録取書は，Aが被告人以外の場合は321条，被告人である場合は322条でそれぞれ証拠能力が付与され，さらに法は，被告人以外の者の供述を誰が録取したによっても区別をつけた。すなわち，Bが裁判官である場合は，321条1項1号（1号書面，裁判官面前調書，裁面調書ともいう），検察官の場合は2号（2号書面，検察官面前調書，検面調書ともいう），それ以外の場合は3号（3号書面。代表的なのは司法警察職員面前調書［員面調書］である）による。このうち，3号は要件が最も厳しく，供述不能，（絶対的）特信性，証拠の重要性（不可欠性）の3つを備えなければならない（ちなみに実務家は，検面調書をPS，員面調書をKSなどという）。

被告人が原供述者である場合は，供述が被告人にとって利益なものか，不利益なものかで要件に差がある（322条1項）。被告人の公判準備，公判期日における供述であれば，供述が裁判所の面前でなされるために無条件で許容される

原供述者（甲）⇒録取者（乙）＝書面⇒裁判所		
原供述者（甲）	録取者（乙）＝書面	関連条文
① 被告人以外	裁判官	321条1項1号
	検察官	321条1項2号
	第三者	321条1項3号
	裁判所	321条2項
② 被告人	第三者	322条1項
	裁判所	322条2項

ことになる（322条2項）。

(2) 供 述 書

供述書とは，日記など自分で作った書面である。被告人以外の場合は321条1項3号によって，被告人の場合は322条1項によって，それぞれ証拠能力が付与される。被告人以外の者が作成した供述書には，①裁判所もしくは裁判官の作成した検証調書（321条2項），②捜査機関の検証調書（321条3項），③鑑定人の鑑定書（321条4項）がある。①は当事者の立会いが保障されており（113条），公平中立な裁判所（官）の証拠調べであるために無条件で証拠として許容され，②③は作成者が真正に作成したものであることを公判期日において供述した場合に許容される。

原供述者（甲）＝書面⇒裁判所		
原供述者（甲）＝書面		関連条文
① 被告人以外	第三者	321条1項3号
	裁判所・裁判官（検証調書）	321条2項
	捜査官（検証調書）	321条3項
	鑑定人（鑑定書）	321条4項
② 被告人		322条1項

(3) 伝 聞 供 述

被告人，被告人以外の者が第三者に話したことをその第三者が法廷で供述す

る，いわば典型的な伝聞証拠の場合である（324条）。原供述者が被告人である場合は，同条1項により322条が準用され，また原供述者が被告人以外の者である場合は，同条2項により321条1項3号が準用され，それぞれ証拠能力が付与される。

原供述者（甲）⇒供述者（乙）⇒裁判所		
原供述者（甲）	録取者（乙）＝証言	関連条文
① 被告人以外	第三者	324条2項（321条1項3号）
② 被告人	第三者	324条1項（322条）

(4) 特信文書

323条1号・2号・3号は，上述した供述録取書，供述書以外の書面で，特にその性質から信用性が高いものを例示列挙してある。これらは無条件で証拠能力が付与されている。ただ，特に3号については，たとえば服役者とその妻と一連の手紙の証拠能力が本号で認められており，疑問も提示されている（光藤（中）・236頁）。

(5) そ の 他

その他の書面として，同意書面（326条），合意書面（327条）があり，また伝聞証拠であっても弾劾証拠として用いることを許容する規定がある（328条）。特に同意書面は，原供述者に対する反対尋問を放棄した結果，書面の証拠能力が付与されるものであって，実務上，頻繁に用いられる書面である。換言すれば，伝聞法則は当事者の同意がない時にはじめて問題となる。

3 供述不能の問題

伝聞法則の例外についての議論は，公判廷外の供述を前提にしている321条1項各号の書面を中心に展開される。この3種類の書面に共通する要件として，供述不能がある。「その供述者が死亡，精神若しくは身体の故障，所在不明若しくは国外にいるため公判準備若しくは公判期日において供述することができない」場合は，伝聞であっても証拠能力を認めるのである。そして，供述不能の事由は制限列挙か例示列挙かという問題があるが，判例は，証人の証言拒否（2号書面につき最判昭27・4・9刑集6巻4号584頁）や記憶喪失（3号書面につき最決昭29・7・29刑集8巻7号1217頁）の場合を含めるので，明らかに例示列

挙と捉えていることになる。

　供述不能事由に関して問題となるのは、ある証人が「被告人が犯行を行った」旨を証言したが、弁護人による反対尋問時には死亡していたような場合の取り扱いである。すなわち、伝聞証拠は反対尋問を経ていない証拠だと捉えると、主尋問時の証言は伝聞証拠となるため、排斥されるのか、それとも例外として許容されるのかが問われるのである。この場合、証人の死亡ゆえ供述不能の要件は満たしているから、321条1項各号いずれかの準用が考えられる（321条1項は、本来、公判廷外の供述に関する規定であるが、これを公判廷供述に準用するのである）。ただ、裁判官面前ではあっても、裁判官による積極的な尋問（職権尋問）がないから1号書面とはいえない。検察官の主尋問に対する証言であることを踏まえ、2号書面として扱うか、その供述が不可欠であることを考慮すれば3号書面として扱うか、いずれかになるであろう。

　さて、証人喚問不能として挙げられる「国外にいるため……供述できない」という事由に関し、「国外にいる」事情とは無関係にこれを判断するのか、当該供述調書を提出しようとする側に何らかの作為があったことを考慮して判断するのか問題となる。

　この点につき、かつて、その供述者が「国外にいる」ようになった事情を問わないとする判例はあったが（東京高判昭35・7・21高刑集13巻6号499頁）、その後、判例は変容した。すなわち、強制退去させられた外国人の検察官面前調書について、退去にいたる過程に着目する最高裁判例が出たのが注目される。すなわち、最高裁は、「退去強制によって出国した者の検察官に対する供述調書については、検察官において供述者がいずれ国外に退去させられ公判準備又は公判期日に供述することができなくなることを認識しながら殊更そのような事態を利用しようとした場合はもちろん、裁判官又は裁判所が当該外国人について証人尋問の決定をしているにもかかわらず強制送還が行われた場合など、当該外国人の検察官面前調書を証拠請求することが手続的正義の観点から公正さを欠くと認められるときは、これを事実認定の証拠とすることが許容されないこともあり得る」（最判平7・6・20刑集49巻6号741頁。なお補足意見がある）とし、入管法による国外退去は、「国外にいる」という事由にあたるけれども、退去させた事情に問題がある場合には、当該供述調書の証拠能力が否定されることもありうると判示した。

ただ，この最高裁の論理をみると，違法収集証拠排除法則について，捜査官の主観的意図（令状主義潜脱の意図）を斟酌しながら，当該証拠の排除を決定すべしとしたあの論理と似ているように思う（《CASE47》参照）。最高裁として違法収集証拠排除法則を「適用」した事例が，今のところ1例しかないことを考えると，伝聞排除に関しても，検察官が供述不能の状況を「ことさら利用しようとした場合」にあたると認定されるのは極めて限られた場合ではないかと思われる。

4　信用性の情況的保障

ところで，321条1項2号の前段によると，供述不能事由だけで検察官面前調書の証拠能力が認められることになる。上述したように，判例はこの事由を例示列挙と捉えるからその範囲も広い。なぜ，検察官面前調書が広く証拠として認められるかといえば，検察官は単なる捜査機関ではなく，公益の代表者（検察庁法4条）であるからだとされる。しかし，検察官は被告人と対立する当事者である。捜査段階での尋問には宣誓もなく，被疑者や弁護人の立会いもできない。そうした場で得られた供述調書の証拠能力を認めることについては，違憲だとする見解もあるほどである（高田・228頁）。信用性の情況的保障の要件を解釈上補って許容すべきだとする見解（平野・209頁，田宮・380頁，光藤（中）・217頁）を支持したい（しかし最高裁は合憲とする。上記最高裁昭27・4・9判決。但し，下級審には，信用性の情況的保障を付加して考えるものもある。大阪高判昭42・9・28高刑集20巻5号611頁，東京高判昭49・7・8判時766号124頁）。

5　〈CASE〉の検討

これまでの記述から〈CASE〉の設例を考察すると，本設例の検面調書の証拠能力が付与されるかどうかは，供述者である外国人女性がいずれ国外に退去させられ，公判準備，公判期日に供述できなくなることを検察官が認識しつつ，ことさらそうした事態を利用しようとして証拠請求したかどうかで決まることになる。しかし，この認定を裁判所がどこまで積極的に行うかはいささか疑問の残る点である。また，合わせて，調書が取られた際の情況を検討する必要もある。国外退去を前にして，供述者が録取者に迎合しなかったか，被告人に利益となる事項も十分に聴取したか，などを審査すべきであろう。

Practice

下記の各問の正誤を答えなさい。

問1． 供述録取書は，本来，二重の伝聞であるが，署名・押印があることによって，供述内容と記載内容の一致が確認される。　　　　　　　　　　（　　）

問2． 判例によれば，321条1項の供述不能とは，条文に挙げられた4要件である。
　　　　　　　　　　　　　　　　　　　　　　　　　　　　　　　　（　　）

問3． 判例によれば，「国外にいるため」供述できなくなった事情は問わない。
　　　　　　　　　　　　　　　　　　　　　　　　　　　　　　　　（　　）

問4． 321条1項2号前段により，検面調書に証拠能力が付与されるのは，信用性の情況的保障があるからである。　　　　　　　　　　　　　　　（　　）

第5章 証　　拠

CASE 42　検面調書の特信性判断

　ある傷害事件の参考人として暴力団組員Aを取り調べた検察官Pは，同じ暴力団の組員であり，Aの兄分であるBが被害者に傷害を負わせた現場を目撃したとの供述を得て，その旨の供述調書を作成した。その後，Pは，Bをその傷害事件につき起訴した。Bは公判で無罪であることを主張したため，PはAを証人として喚問し，証人尋問を行った。ところが，公判廷で，Aは，「Bを犯行現場では見ていない」旨の証言を行った。
　①　Pは，Aが「Bが犯人である」旨供述した内容を録取した書面を証拠として採用するように，裁判所に請求した。裁判所はこの書面を証拠として採用できるか。
　②　Pは，Aが兄分であるBによる報復をおそれて偽証をしたのではないかと考え，公判後にAの取調べを再び行って再度「Bが犯人である」旨の調書を作成した。この調書には証拠能力があるか。
　③　②の調書作成の後，さらにAの証人尋問が行われてAが再度「犯人はBではない」と証言した場合，②の調書には証拠能力があるか。

　〈POINT〉　①　321条1項2号後段書面の要件（「実質的に異なった」の意義）
　　　　　　②　特信情況の判断方法
　　　　　　③　証人尋問後に作成された検面調書の証拠能力

1　刑訴法321条1項2号後段

　〈CASE〉の証人Aは，捜査段階と公判とで全く異なる供述を行っている。法廷での供述と矛盾する供述を記したこのような被告人以外の者の検察官面前調書（以下，検面調書と記す）は，328条に基づいて法廷供述の「証明力を争う証拠」（弾劾証拠）として用いることもできる。これに加えて，一定の要件を満たした場合に伝聞法則の例外を認め，検面調書を実質証拠として使用することを許可しているのが，321条1項2号後段である。すなわち，①公判準備もしくは公判期日において，供述者が以前に検察官の面前で行った供述と相反す

るか実質的に異なった供述を行ったときで（相反性要件），かつ②相対的に見て，公判準備もしくは公判期日における供述よりも，検察官の面前での供述の方を信用すべき特別の事情（特信情況）がある場合（特信性要件）である。

検察官は被告人と対立する当事者の一方であって，裁判官のような公平性は期待できないこと，取調べが密室で行われており，被告人や弁護人が立ち会うこともできないこと，事後的な書面への反対尋問には実際には実効性が欠けることなどから，本規定については学説上違憲論が存在する。判例は本規定を合憲とするものの，「これらの書面はその供述者を公判期日において尋問する機会を被告人に与えれば，これを証拠とすることができる」（最判昭30・11・29刑集9巻12号2524頁）として，反対尋問の機会の重要性を認めるし，判例は，合憲とするものの，通説も，少なくとも書面への反対尋問が十分に行われることが検面調書の証拠能力を認める大前提であるとする。

書証を重視する日本の実務においては，この規定による検面調書の採否が裁判の結果を左右する場合もある。したがって，本規定の解釈・運用のあり方は実務上も極めて重要である。

2 相反・実質的不一致供述

「前の供述と相反するか若しくは実質的に異なった供述をしたとき」とは，ある証人の公判準備若しくは公判期日の供述と検面調書に記載されている供述とが，要証事実との関係で，それ自体明らかに矛盾しているか，供述の前後関係を見ると違う結論を導き出す場合を指す。「相反する供述」と「実質的に異なった供述」との差は明確ではなく，まとめて「相反性要件」と呼んで差し支えない。〈CASE〉において，Aは，捜査段階と公判段階とでBの犯人性に関して明らかに矛盾する供述を行っているから，この場合は相反性の要件が満たされる。

さらに，判例は，検察官に対する供述が公判廷における供述に比べて大綱において一致している場合であっても，より詳細であるときには，「実質的に異なった供述」に当たらないとはいえないとする（最決昭32・9・30刑集11巻9号2403頁）。これに対しては，学説から，単に前の供述の方が詳細であるというだけで相反性があるとは言えないのではないか，との批判がある。検察官は，微に入り細に入る取調べを行い，その結果を細かく理路整然と録取するのが普

通であるから，供述の詳細さのみを比較して判断することは妥当ではないだろう。

このように，判例は相反性の要件を緩やかに考える傾向にある。他にも，実務では，公判廷で供述を拒否した場合（東京高判昭30・10・28高刑裁特2巻21号1114頁，東京高判昭31・7・30高刑裁特3巻17号824頁）のほか，公判廷での供述が変遷しており，その一部が以前の供述と一致する場合（東京高判昭30・6・8高刑集8巻4号623頁）であっても，両供述は不一致と言えるとされる。さらに，検察官の主尋問に対して検面調書と同じ供述を行い，その後弁護人の反対尋問がうまくいって検面調書を覆す供述が行われ，それに対して検察官が検面調書の証拠調べを請求するという場合にも，裁判所は相反性を肯定して，検面調書の証拠能力を認めている（前掲東京高判昭30・6・8，広島高岡山支判昭28・10・29判特31号82頁）。しかし，検察官の主尋問で検面調書の内容が再現されており，弁護側の反対尋問でそれと相反する証言が行われている場合に相反性を肯定して検面調書の証拠能力を認めてしまえば，反対尋問の意義はなくなってしまうし，直接主義・公判中心主義に反するとして，一部の学説からは強い批判がある。

3　特信情況の判断
(1)　特信情況の判断はどのように行われるか

相反性要件が広く認められる実務の状況の下では，特信性要件の判断が重要である。

321条1項2号のもとでは，検察官の面前での供述が行われた情況と，公判期日等の供述が行われた情況とを比べて，前者の供述がなされた客観的，外見的な事情（供述の時期やその際の状況，被告人と供述者の関係等，供述内容と切り離された事情）が，より高い信用性を持つものであると検察官が立証することが必要である（なお，現在の通説は，特信性の要件を供述の証明力ではなく，証拠能力の問題であると考えている）。

判例・通説は，さらに，特信情況の判断の際には，このような外部的な事情のみによらなくても，その事情を推認する資料として，供述の内容自体をも考慮することもできるとしている（最判昭30・1・11刑集9巻1号14頁）。下級審の裁判例は，供述が論理的に語られていて首尾一貫しているかどうかや，詳細で

あるかどうかなどの内容も，特信情況の判断において加味することができる，とする。

(2) 3号書面との相違

　特信性要件は3号にも規定されているが，その文言は異なる。捜査機関である警察官や，その他弁護人等の面前での供述を録取したいわゆる3号書面については，2号のように以前の供述と公判廷での供述とがなされた情況を比較してどちらの信用性がより高いかを判断するのではなく，当該供述自体が信用すべき情況の下になされたものであることが必要である（2号の相対的特信情況に対して，絶対的特信情況という）。このように，3号調書に比べ，検面調書が証拠として認められる要件が緩やかであるのは，検察官が法律家としての職務をおっており，公益の代表者として適正な質問を行う義務があるとされているためである。

(3) 「相対的」の意味

　2号の要件を満たす場合には，検面供述が公判供述よりも信用できる場合も，公判供述が通常より信用できないために，結果として相対的に検面供述の方が信用性の高い場合も含まれる。実務では，後者の場合に当たる事例の方が一般的であり，例えば，供述者と被告人が親子，暴力団の親分・子分等，特殊な関係にある場合や直接被告人からの働きかけを受けた場合や，事件から長時間が経過してしまったために記憶の減退があるような場合などがある。〈CASE〉では，BはAの兄分であり，AはBをおそれて公判廷で検面調書と同じ内容の供述を行うのをためらったと考えられる。従ってこのようなとき，公判廷供述の信用性は通常より低いと考えられ，特信情況の存在は認められるであろう。

4 「前の供述」の意義

　公判期日での証人尋問後，検察官の思い通りの証言が公判で得られなかったため，検察官がその証人を再度取り調べて検面調書を作るとき，この検面調書には証拠能力があるか。時間的に検面調書の作成が公判での供述に先行していないため，公判後に作られた検面調書は，「前の」供述調書とする明文規定に反する。下級審判例も，このような供述調書を，公判供述との関係で，「前の」供述であるとして本号後段で証拠とすることはできないとしている（東京高判昭40・3・15高刑集18巻2号89頁）。〈CASE〉の②の調書は，Aの公判での証言

の後，再度取調べを行って作成された検面調書である。したがって，このような検面調書は，公判証言の「前の」供述証拠とは言えず，証拠能力がない。

その後，再度同じ供述者を証人として法廷に喚問し，証人尋問を行った場合にはどうか。判例は，この後でもう一度証人として公判廷で証人尋問を行い，調書の内容と異なる証言を得た場合には，その調書は法律上の「前の供述」にあたり，本号によって証拠能力を付与されるとしている（最決昭58・6・30刑集37巻5号592頁）。したがって，判例・通説の立場からすれば，〈CASE〉の③の場合については，Aが公判廷で②の調書と相反する証言を行っていることから，特信性要件を満たせば②の調書が321条1項2号によって証拠能力を付与されることとなる。

これに対して，学説からは，証人の供述がおかしいというのであれば，公判廷において再主尋問・再々主尋問を行い，公判の場においてその供述の誤りを問いただせばよいのであり，公判の終了後に再度取調べを行うことは，証人に供述の変更を強制することにもなりかねないし，公判で同様の供述を二度行っているときには検面調書の特信性は否定されるべきであるとの批判がある。これらの学説からは，このような判例・通説の考え方は公判中心主義に反する，と批判されている。

Practice

下記の各問の正誤を答えよ。

問1． 判例は，検面調書の供述が公判廷での供述に比べてより詳細であるときでも，「実質的に異なった供述」に当たらないとはいえないとする。　　　　　（　　）

問2． 通説は，本号にいう特信情況の存在を，証明力の問題であって証拠能力の要件ではないとしている。　　　　　（　　）

問3． 通説は，特信性判断の基準は，専ら供述内容の信用性の比較に求めるべきであるとする。

（　　）

問4． 公判期日等において証人として供述した後に作成された検面調書は，いかなる場合にも「前の」供述とは言えない。　　　　　（　　）

CASE 43　実況見分調書の証拠能力

　Aは，乗用車運転中に中央線をはみ出し，対向車線を二輪自動車で運転中の被害者と衝突して死亡させたとして，業務上過失致死罪で起訴された。
　公判において，検察官は，現場の状況を立証するために実況見分調書の取調べを請求したが，弁護人は不同意とした。
　この事故の現場において，捜査官が作成した実況見分調書には，現場の見取り図が添付されており，そこに実況見分に立ち会ったAの「私の車がスリップして中央線から反対車線側に出てしまったのは，ここ（X地点）です」との説明の記載がある。
　裁判所は，この実況見分調書を，証拠として採用することができるか。実況見分調書中のAの指示説明部分はどうか。

〈POINT〉① 321条3項書面の意義
　　　　 ② 「真正に作成された」の意義
　　　　 ③ 実況見分調書と321条3項書面
　　　　 ④ 検証現場における指示説明の内容

1　検証調書の証拠能力
(1)　321条3項書面の意義

　検察官，検察事務官または司法警察職員の検証の結果を記載した書面は，供述者が公判期日において証人として尋問を受け，その書面が真正に作成されたものであることを供述したときには，証拠能力を認められる（321条3項）。
　「供述者」とは，検証を行って検証調書を作成した捜査官のことである。作成者が死亡・所在不明等の理由で，公判期日での供述ができないときは，321条1項3号の要件を満たさなければ証拠能力を認められない。
　裁判所（裁判官）の作成した検証調書（321条2項後段）に比べ，証拠能力を認められる要件が厳しいのは，捜査官は裁判所（裁判官）に比べて公正性が低いとされていること，さらに222条1項が113条を準用していないために，被告

人側に検証への立会権が保障されていないことによる。したがって，作成者である捜査官が公判廷で宣誓した上で尋問を受け，その内容の真正を供述したときにのみ証拠能力が認められる。

　それでも，検証調書は他の「被告人以外の者の作成した供述書」に比べて証拠能力を認められる要件がゆるやかである（321条1項3号と比べよ）。その理由は，「検証」の性質による。すなわち，検証は，①専門的な訓練を受けた捜査員が五官の作用により，場所や物の状態を観察して客観的認識を行い，機械的に書面上に記録する作業であり，検証者の主観的な意図によって内容がゆがめられるおそれが低い，②検証の対象が可変的・複雑であり，記憶によって保存することが困難であって，調書として永久に保存する必要がある，③複雑な事象を説明するのには，法廷で口頭での報告をするよりも，図式，写真等を用いて文書の形にした方が正確性を保ちうる，という性質を有しているからである。

　なお，いわゆる「メモの理論」を根拠として実況見分調書の証拠能力を認める根拠を説明する論者も存在する。アメリカにおける伝聞例外として一般化している「メモの理論」は，証人が事件当時に作成したメモの内容を記憶していないがその正確性は認定できる場合に，そのメモの証拠能力を認める理論である。しかし，321条3項はこの理論を採用しているとは言い難いため，支持者は少ない。

(2) 「真正に作成された」とは

　「真正に作成されたものであること」の意味については学説が分かれている。これはすなわち，調書の作成に関して，どのような点をめぐって法廷での証言がなされ，反対尋問の機会を十分に与えれば，検証調書の証拠能力を認めてよいか，ということに関する争いである。①その者が間違いなく自分で調書を作成したという点（作成名義の真正）だけで足りるという説，②作成名義の真正だけではなく，検証した結果の内容が正確に記載されているという点（記載内容の真正）を意味するという説（通説），③作成名義の真正・記載内容の真正に加え，さらに検証自体が正確であったという点をも意味するとの説がある。

2　実況見分調書

(1) 321条3項と実況見分調書

　321条3項が適用される書面は，直接には検察官，検察事務官または司法警

察職員の218条または220条による強制処分として行った検証の結果を記載した書面であるが，実務においては，検証調書と同様の性格を有する書面に広く適用されるといわれている。例えば，警察犬による臭気選別の結果報告書（最判昭62・3・3刑集41巻2号60頁），酒酔い鑑識カードの中の化学判定欄および被疑者の言語，動作，酒臭，外貌，態度等の外部的状態に対する記載欄（最判昭47・6・2刑集26巻5号317頁）や，検視調書などである。これらに対して，特に重要な論点となっているのが，〈CASE〉で問題となっている実況見分調書である。「実況見分」に関する規定は刑訴法上には存在しないが，犯罪捜査規範104条1項は，「犯罪の現場その他の場所，身体または物について事実発見のため必要があるときは，実況見分を行わなければならない」と規定しており，この規定に基づいて捜査機関が任意処分として行った検証の結果を記載したいわゆる「実況見分調書」に，強制処分としての検証の結果を記した検証調書と同様の要件の下で証拠能力を認めることが許されるかということが問題となる。通説および判例は，これを認める（最判昭35・9・8刑集14巻11号1437頁）。判例の理由付けは明確でないが，通説は，検証と実況見分とは，強制処分であるか任意処分であるかという違いはあるにせよ，捜査機関による事物に対する五官の作用を用いた直接の体験作用の証拠化を内容としているという点で，書面の実質的な性質としては違いがないこと，公判廷で調書の内容について反対尋問が可能であることを理由とする。したがって，〈CASE〉の実況見分調書は，作成者である捜査官の証人尋問を実施し，「真正である」旨の供述が得られれば，証拠能力を認められることとなる。

　他方，実況見分調書に321条3項によって証拠能力を認めることに対しては，有力な反対説がある。反対説は，原則として裁判官の令状によって行われる強制処分としての検証は人権に対する強い接触を生ずるものであるため，観察・記録の過程も正確を期することになるのに対して，任意処分として行われる実況見分の場合には，そのような保証がないことから，同様の緩い要件で証拠能力を認めてしまうことは危険ではないかと主張する。実況見分調書が客観的・正確に作成されていると一般には考えられているにもかかわらず，測定が不正確であるなど，正確性を欠く内容のものが多いという理由にもよる。

　これらの学説によれば，実況見分調書については，捜査官の面前調書と同様，321条1項2号・3号により証拠能力の判断を行うべきこととなる。また刑訴

規199条の11を活用して，実況見分調書を提示しながらの尋問を行うことを提案する論者も存在する。

(2) **立会人の指示説明**

　検証や実況見分の際に，捜査機関は必要と認めるときは被疑者，被害者その他の立会人に検証・実況見分において必要な事項を任意に指示，説明させることができる。この指示説明を記した部分は証拠能力を有するか。〈CASE〉では，実況見分に立ち会ったAの現場での指示説明「私の車がスリップして中央線から反対車線側に出てしまったのは，ここ（X地点）です」を調書に記した部分の証拠能力が問題となる。

　判例は，このような場合，立会人は実況見分の1つの手段として「指示説明」を求められているだけであって，「供述」を求められているのではなく，立会人の指示説明を実況見分調書に記載するのは，実況見分の結果を記載するにとどまるのであって，立会人の供述としてこれを録取するのとは異なる，とする（最判昭36・5・26刑集15巻5号893頁）。判例の説明によれば，単なる指示説明である限りは，当該指示説明は本項によって証拠能力を与えられる。他方，単なる指示説明を超える，現場での「供述」であれば，その部分は供述録取書としての性格を有することとなるから，本項によっては証拠能力を与えられないし，そもそも，このような場合にはその供述を検証調書や実況見分調書に記載するのは相当ではない。供述証拠として用いるような場合には，321条1項1号ないし3号，または322条の要件に照らして証拠能力が認められなければならない。なお，判例は，捜査官が被害者や被疑者に被害状況や犯行状況を再現させた結果を記録した実況見分調書等について，立証趣旨が「被害再現状況」，「犯行再現状況」とされていても，実質的には再現されたとおりの犯罪事実の存在が要証事実となるのであるから，「供述」として扱われるとする（最決平17・9・27裁時1396号9頁）。

　「現場での指示説明」と「現場供述」とは，現場での説明を「どのような証拠として用いるか」によって差が生じる。

　〈CASE〉に即して説明しよう。「私の車がスリップして中央線から反対車線側に出たのはこの地点です」という説明から直接に「この地点で実際に被疑者運転車両が中央線側から反対側に出た」という事実を認定する場合には，この指示説明は現場での「供述」として使われたこととなる。したがって，このよ

うな意味での指示説明を321条3項によって証拠とすることは許されない（〈CASE〉の場合には被告人の供述であるから，322条1項の要件を満たして初めて証拠能力が認められる）。

これに対して，「立会人が指示説明の通りに言って，道路上のX地点を指した」という事実を立証する場合には，指示説明の内容そのものが直接に証拠となるわけではなく，なぜX地点の実況見分を行ったかという動機が問題となるのであり，〈CASE〉に即していえば，この説明はスリップした位置を示すために行われた現場指示にとどまる。このような場合の指示説明は，非供述証拠といえるから，検証の結果の記載と一体のものとして，321条3項の要件を満たせば証拠能力を認められる。

(3) 私人が作成した実況見分調書

通説は，弁護士が作成した実況見分調書にあたるものや，土地家屋調査士作成の調査報告書のように，私人が作成したものであっても，作成者の観察が客観的で正確であることが期待できる調書には本項の類推適用ができるとする。しかし，一方当事者である弁護士作成の実況見分調書には定型的に信頼性を認めるわけにはいかないとして，本項で証拠能力を与えることには消極的な学説も存在する。

Practice

通説の立場に立ったうえで，下記の各問の正誤を答えよ。

問1．捜査官が作成した検証調書の証拠能力は，作成者が法廷において間違いなく自分で調書を作成したと供述（作成名義の真正）しただけでは認められない。
（　　）

問2．321条3項の適用が認められるのは，捜査機関が強制処分として行った検証の結果を記した書面に限られる。
（　　）

問3．実況見分調書中の立会人の指示説明部分には，当該立会人の署名押印が必要ない。
（　　）

問4．実況見分調書中の立会人の指示説明から，直接その説明されている事実の内容を認定することは，現在の刑訴法上認められない。
（　　）

第5章 証　　拠

CASE 44　同意書面

　被告人Aは，窃盗の事実につき窃盗の意思はなかったと一貫して否認している。しかし，弁護人は被告人の窃盗の犯意の立証のための調書にすべて同意していた。その中には違法に収集されていた証拠も含まれていた。この手続は適法か。また，被告人は341条に基づき，秩序維持のため退廷を命ぜられた。裁判官は，その後，証拠申請された書証につき，被告人の同意があったものとして，これを取り調べることが許されるか。

〈POINT〉　①　326条の「同意」の意義
　　　　　②　同意を与える権限を有する者
　　　　　③　同意の効果（違法収集証拠に対する同意）
　　　　　④　同意の擬制

1　326条の同意

　現行法は伝聞法則（320条）を定めているとともに，伝聞例外として証拠能力が認められる場合が定められている（321条以下参照）。しかし，326条において検察官・被告人が証拠とすることに同意した書面または供述は，その書面が作成され，または供述のされたときの状況を考慮し「相当と認めるとき」に限り，321条から325条の規定にかかわらず，証拠とすることができる。この326条の趣旨は，すでに制定過程の段階から，行き過ぎた公判中心主義を懸念したものとして，訴訟経済の側面を考慮した規定であると説明づけられている。なお，同意は，同意をした者とその相手方にのみ及ぶものであり，共同被告人には及ばない。また，一部同意も認められ，同意の撤回は，証拠調べ施行前までは自由にできるとされている。証拠調べが終了すると心証形成が裁判官によってなされているため，撤回できないとするのが通説である。証拠調べ中は同意の撤回が認められる。

　しかし，現行法では公判中心主義は重要な地位を占める。そして，証人尋問による活性化された第一審による裁判像を予定している。そうすると，326条

1項は例外規定であるという基本的性格を持つことが理解できる。むしろ弁護人などが安易に同意するとすれば，それは重要な法原理である伝聞法則，さらには公判中心主義の形骸化に繋がる。したがって同意の可否は，本来，十分に慎重を期す必要がある。同意に対応する場合には，あくまでも同意は例外であり不同意こそが原則であることは，法の要求である。

この場合，法により明文化された同意の主体は被告人と検察官である。弁護人は，被告人に対して包括的代理権があるとされ，被告人の意思に反しない限り同意することができるとされている（田宮・393頁）。しかし，実際上は，被告人は基本的には裁判の専門家ではないから，どのようにしたらよいのか戸惑うことも考えられる。したがって，弁護人の意見が重要な地位を占める。

ただし，弁護人が被告人と十分に接見，協議し，被告人の弁解や主張を確認し，それに沿って同意・不同意の意見を述べることがあくまでも前提である。被告人と弁護人との間に十分な意思疎通がなされている必要がある。同意権者に被告人が予定されていることに加え，弁護人の援助を受ける権利を保障するために，まずは弁護人が存在し，弁護人は被告人の利益を代弁，擁護する立場にあるからである。

2　同意の法的性格

ところで，被告人が同意をする場合には，どのようにして伝聞法則の例外として説明づけられるのか。通説は同意を反対尋問権の放棄と考える（例えば，平野・219頁）。その結果，その後，書証の証明力を争うために証人を喚問することができないという帰結が生じることになる。それゆえ同意は重大な判断となる。しかし，実際上，反対尋問権を留保して書証に同意するという実務があり，これを説明できない。また，証拠能力を付与するには，法は裁判所が「相当と認めるとき」を条件としている。したがってこのことも説明できないのではないかと指摘されることになる。また，実際上，不同意にして原供述者を証人喚問し，反対尋問したとしても，自己矛盾供述として検察官面前調書が公判に提出される可能性があるとすれば，むしろ調書に同意して証拠調べを先行させ，その後で原供述者を証人尋問して有利な供述を引き出すことが，弁護技術としてすぐれているという要請もある（松尾(下)・74頁）。

それゆえ，同意後の証人喚問を実現させる実務を説明づけるものとして，書

面または伝聞供述に証拠能力を付与しようとする内容の意思表示であると説明する考え方が登場する。一方で，同意は証拠能力の欠如への責問権の放棄として証拠に証拠能力を付与する訴訟行為と解し，同意後に証人喚問を請求することが可能であるとする説明がある。すなわち否認事件の場合の同意には，訴追側証拠に対する反対尋問権を行使するために，当該証拠を法廷に顕出する必要性から同意し，書面の証拠能力は承認するが反対尋問権を放棄しない訴訟行為と構成する説（田口守一「同意の意義」下村康正先生古稀祝賀『刑事法学の新動向（下）』（成文堂，1995）136頁）なども登場している。

いずれにせよ，実務やこれらの理論からすれば，被告人が黙秘，否認していたとしても，弁護人が被告人の主張，弁解を確認し，同意する場合がありうることになる。したがって，弁護人による同意が被告人の意思に反する場合には，同意は無効であるが，被告人が黙秘，否認していたとしても，被告人の意思を確認して弁護人が証拠に同意する場合もありうると，一般に考えられている。しかし，冒頭の〈CASE〉のように被告人が一貫して否認しているのに，その趣旨に反する調書を安易に同意してしまうとすれば，本来の趣旨とは異なるであろう。最近の判例の中には，「裁判所は，弁護人とは別に被告人に対し，被告人の否認の陳述の趣旨を無意味にするような内容の書証を証拠とすることについて同意の有無を確かめなければならないと解する」として「被告人の明示又は黙示の意思に反する代理行為は無効であると解される」（広島高判平15・9・2判時1851号155頁）とするものもある。

3 違法収集証拠の同意

冒頭の〈CASE〉においては，違法収集証拠を同意によって証拠能力を認めることは可能かという問題もある。いずれにせよ同意が無効であれば論ずる必要性もないことになるが，ひとまず検討してみよう。

326条に基づく同意は伝聞例外に関する規定であるから，同規定が直接的に違法収集証拠に適用されるわけではない。しかし，先述したように証拠能力を付与することを同意の性質と見る考え方によれば，違法収集証拠に326条を準用することもできそうではある。ただし，違法収集証拠は，適正手続の保障，違法捜査の抑止，司法の廉潔性といった根拠に基づき排除されるわけであるから，単なる同意によって違法性が治癒されるというわけにはいかないとするの

が通説である。

4 同意の擬制

また，被告人が法人である場合（283条），50万円以下（刑法，暴力行為等処罰に関する法律および経済関係罰則の整備に関する法律の罪以外の罪については，当分の間，5万円）以下の罰金または科料に当たる事件の場合（284条），拘留にあたる事件で，判決の宣告をする場合以外のときに裁判所が被告人の出頭をその権利の保護のため重要でないと認めるとき（285条），被告人は法廷に出頭しなくてもよい。このように被告人が出頭しないで証拠調を行うことができる場合に，同意があったものとみなされる（同意の擬制，326条2項）。

そこで，冒頭の〈CASE〉のように，被告人が341条により退廷を命ぜられた場合にも，326条2項による同意の擬制を適用してよいのかが，問われることとなる。判例は，「刑訴法326条2項は，必ずしも被告人の同条一項の同意の意思が推定されることを根拠にこれを擬制しようというのではなく，被告人が出頭しないでも証拠調を行うことができる場合において被告人及び弁護人又は代理人も出頭しないときは，裁判所は，その同意の有無を確かめるに由なく，訴訟の進行が著しく阻害されるので，これを防止するため，被告人の真意のいかんにかかわらず，特にその同意があったものとみなす趣旨に出た規定と解すべき」として，「同法341条が，被告人において秩序維持のため退廷させられたときには，被告人自らの責において反対尋問権を喪失し……，この場合，被告人不在のまま当然判決の前提となるべき証拠調を含む審理を追行することができるとして，公判手続の円滑な進行を図ろうとしている法意を勘案すると，同法326条2項は，被告人が秩序維持のため退廷を命ぜられ同法341条により審理を進める場合においても適用されると解すべきである」としている（最決昭53・6・28刑集32巻4号724頁）。一方，この判例に対しては，訴訟の進行を重視するとすれば，擬制同意の本質から判断しているものではない，といった批判が可能である。擬制同意は公判で争う権利を包括的に放棄する意思が認められる場合だからこそあるわけであって，反対尋問権の放棄の場合にも，これを認めてもよいということにはならないとして，341条の場合には326条2項は適用されないとする考え方が有力である。

第 5 章 証　　拠

Practice

下記の各問の正誤を答えなさい。

問 1． 被告人は，検察官の請求した書証について同意したとしても，その証拠が自動的に証拠能力を有するとされることはない。　　　　　　　　　　　（　　）

問 2． 被告人が証拠に同意した場合，その共同被告人についても，同意の効力が及ぶことになる。　　　　　　　　　　　　　　　　　　　　　　　　（　　）

問 3． 被告人が否認していたり，黙秘している場合に，弁護人が検察官請求の書証をすべて同意してしまうような場合には，判例によれば，その同意は無効となることもある。　　　　　　　　　　　　　　　　　　　　　　　　　（　　）

問 4． 被告人が出頭していない場合には，証拠調べを行うときに，検察官請求証拠について同意があったものとみなされる。　　　　　　　　　　　　（　　）

| CASE 45 | 弾 劾 証 拠 |

　刑事裁判において，弁護側の証拠申請による目撃証言者Aが「甲が犯行現場で乙を殺害したところを見ていない」と法廷で供述している。これに対して，法廷で証言する前に，Aが「甲は犯行現場で乙を殺害したところを見た」と検察官の前で供述していた。法廷証言の証明力を争うために，この内容に基づき作成された調書を，証拠として許容してよいか。

〈POINT〉① 弾劾証拠の意義
　　　　② 許容される証拠の範囲（自己矛盾供述に限定されるか）
　　　　③ 「証明力を争う」の意義
　　　　④ 増強証拠，回復証拠への適用
　　　　⑤ 「後になされた供述」への適用

1　弾劾証拠と伝聞証拠

　証拠の種類には，主要事実の存否を直接的あるいは間接的に証明するための証拠と，そうではなくて，それら証拠の証明力についてその強弱に関する証拠とに区別して理解することができる。前者を実質証拠と呼び，後者を補助証拠と呼ぶ。すなわち補助証拠は，実質証拠の信用性に関する事実である補助事実を証明する証拠である。補助証拠には，証明力を減殺させる弾劾証拠，いったん減殺された証拠の証明力を回復させる回復証拠，そして証明力を強める増強証拠がある。
　一方，328条は，321条から324条の規定により証拠とすることができない書面や供述であっても，公判準備または公判期日における被告人，証人その他の者の供述の証明力を争うためには，証拠とすることができると規定している。すなわち，上述の弾劾証拠として利用する場合には証拠として許容される。したがって，この〈CASE〉においては，例えば検察側は弾劾目的として警察官面前調書を提出しようとすれば，このことは328条によって証拠として許されると考えることができるかもしれない。

2 学　　説

　問題は，このように，前にした供述あるいはその供述を記載した書面との間にある矛盾した供述，すなわち不一致供述（自己矛盾供述）に限られるのかである。すなわち，どのような証拠を証拠として許容できるのかについて，その範囲には争いがある。まず，第一に考えられるのが，証明力を争うためであれば制限はないとする非限定説である。この説によると，不一致供述だけに限られず，証人の信用性に関する補助事実として，証人の能力や性格，当事者に対する偏見などの事実を立証する証拠など，限定されないことになる。この根拠は条文に求められる。すなわち328条においては何ら限定がないからである。しかし，あらゆる伝聞証拠を，証明力を争うために無限定に許容するということになれば，弾劾目的で伝聞証拠がすべて法廷に持ち込まれることとなる。それでは，わざわざ伝聞法則を規定した意味がないことになり，伝聞法則は形骸化するであろう。

　また，例えば上述の〈CASE〉で，仮に証人Aとは異なる第三者Bが「Aはいつも嘘ばっかり言っているので信用しないようにしている」といった供述を内容とする検察官の前で作成された調書（検察官面前調書）があったとしてみよう。このような第三者の供述については，証明力を争うために許容するとすれば，その供述の内容が真実であることを前提として取り扱うことになる。そうすると，伝聞法則をわざわざ規定したのに真否を確かめなくてよいのか疑問が生じるであろうし，結局，実質証拠として利用することになりはしないかという懸念も生じることになる。

　そこで，同一人の不一致供述に限るべきであるという限定説が主張されることとなる。すなわち，「違うことを言っている」ということ自体を立証するのであれば，供述している内容の真実性が証明の対象になっているわけではない。公判供述と矛盾した供述をしたという事実が証明の対象になっているだけである。したがって，虚偽の可能性があるということになり，その意味だけ証明力がなくなるということでよいことになるというのが，この説の主張である。このようにして，非限定説が現在では通説的な地位を占めている。最近の判例でも，「刑訴法328条により許容される証拠は，現に証明力を争おうとする供述をした者の当該供述とは矛盾する供述又はこれを記載した書面に限られると解すべき」として，限定説によるものがある（東京高判平8・4・11高刑集49巻1号

174頁参照)。

しかし，自己矛盾供述に限るとすれば，供述している内容の真実性が証明の対象になっているわけではないから，厳密に言えば，その供述は「伝聞」ではなくて，「非伝聞」の証拠である。したがって，それは弾劾証拠として利用できるのはむしろ当然に許されることであり，わざわざ328条を規定する必要がないことになりはしないだろうか。そのため，限定的に条文を解釈することを条文の文意から引き出すことはできないのではないか，という疑問も提起されることになる。そこで，伝聞証拠であっても弾劾の目的のために非伝聞的にその証拠を利用するのであれば差し支えない旨を，328条は注意的に規定したものと解すれば足りると，説明されたりしている（鈴木・216頁）。

ところで，328条の条文の文言の無限定性と伝聞に関する特別規定が設けられたことの意義を考えて，328条は，立証趣旨を限定している伝聞例外の規定と考える学説もある。すなわち，被告人の証人審問権（憲37条2項）の趣旨を考慮して，328条を合憲限定的に解釈し，片面的に構成して，検察側においてこの規定が許されるのは非伝聞（同一人不一致供述）の場合に限るという折衷説が提案されている（田宮・395頁）。しかしこれに対し，限定説からは，そもそも328条の性格を無限定に捉えることに疑問を呈するものもある。折衷説によれば，328条の規定を片面的に解釈するといっても，冒頭の〈CASE〉の場合には検察側請求の不一致供述であるから，いずれにせよ証拠提出は認められることになる。しかし，前述した第三者Bの検察官面前調書については，検察側からの申請に基づく場合には，折衷説では認められるという帰結になる。

3 「証明力を争う」の内容

その他に冒頭の〈CASE〉とは離れて，「証明力を争う」の内容も問題となる。証明力を争う証拠としては，まずは〈CASE〉のような弾劾証拠が頭に浮かぶであろう。そして，証明力を争う証拠として利用する場合であっても，それを事実認定のための実質証拠とすることはできないことを確認する必要がある（最決昭28・2・17刑集7巻2号237頁）。

それでは，増強証拠は含まれるのであろうか。限定説からは，自己矛盾供述に限られるので，増強証拠ということになると真実性が争われるということから，一般的には，対象の証拠としては含まれないことになろう。増強というこ

とになると，増強によって犯罪事実の認定に到達する様な場合を想定することができ，それでは実質証拠と許容されることと同じになるのではないか，という理由から，否定説が有力である（田宮・395頁）。もっとも判例では，増強証拠として許容するものもある（東京高判昭36・7・18判時293号28頁）。

　証明力の減殺のほかに回復のための回復証拠を許容することができるか。これも限定説からすれば，同一人の一致供述については許容されるとするのが一般的である。なぜなら，このような場合であれば，内容をなす事実の真実性は問題とならないからである。また，公判外の供述を証明力で争うことについても，同条文を準用して許されるとするのが判例である（東京高判昭36・7・18判時293号28頁）。

4　「後になされた供述」

　ところで，不一致供述は以前のものでも，以後のものでもよいのかといった問題もある。冒頭の〈CASE〉の場合に，仮にAが法廷で証言した後に，検察官の前でそれとは違うことを供述し，その内容の調書が証拠として許容されるかどうかが問題となった場合も考えてみよう。

　確かに，328条には「前の供述」といった限定がないため，証人尋問終了後に作成された同一人の検察官面前調書の提出は，許容されたとする判例がある（最判昭43・10・25刑集22巻11号961頁）。しかし，そのような調書を直ちに利用することを認めるとすれば，公判における尋問はいったい何のためにあるのかが問われることになる。

　そのため，①公判廷での証言以前に検察官が取り調べる場合と比べて，公判廷での証言後に検察官が取り調べることは作為が入り込む危険性があり，前後を同列に論ずることはできないこと，②再主尋問も可能であり再度証人尋問すべきであること，③前の供述とは異なり，後の供述ではなぜ自己矛盾しているのか，反対尋問で吟味することができないことから，以後の供述について，これを利用することは許されないとする学説も有力である（福井・講義344-345頁）。

Practice

　下記の各問の正誤を答えなさい。

CASE 45　弾劾証拠

問1．被告人のアリバイを証言する証人は補助証拠である。　　　　（　　）
問2．いったん弱められた証拠の証明力を強めるものを増強証拠という。（　　）
問3．主要事実を直接証明する証拠を実質証拠，主要事実の存在を推認させる事実を証明するものを補助証拠という。　　　　　　　　　　　　（　　）
問4．証明力を争うため，証言者の前の不一致供述を伝聞証拠であっても証拠として許容することができる。　　　　　　　　　　　　　　　（　　）

315

CASE 46　現場写真の証拠能力

　甲は乙への傷害行為を起訴事実として起訴されている。Aはたまたまその犯行現場を通りかかったときに，その現場をカメラで写していたが，その後Aは交通事故により死亡した。この写真を裁判官は証拠として採用することができるか。テレビ関係者が報道用にビデオテープにおさめ，これを録画したテープの場合にはどうか。

〈POINT〉① 写真の意義
　　　　② 現場写真の供述証拠性
　　　　③ ビデオ映像の写しであるビデオテープの証拠能力

1　写真の証拠法上の問題点

　写真が証拠として利用されるときは，供述証拠の一部としての写真（検証調書などに添付される写真），書面や証拠物の写しとしての写真，独立証拠としての現場写真（犯行状況を撮影した写真など）に分類される（山田道郎「写真・録音テープ・ビデオテープ」争点（3版）188頁）。このような，現場写真の証拠の取扱い方については，これまで争いがあった。これらは，撮影，記録，そして編集などの過程で，何らかの作為の入る可能性は否定できないからである。最近では，コンピュータの普及に伴い，デジタル画像の写真などについては，日常的に作成者の編集が容易になっている。さらに，これらの写実的な証拠は，光の加減など，撮影者の意図的な表現をすることも可能であり，実物を忠実に反映させているものでも必ずしもない。

　そのため，これらが証拠としての資格を認められるのか，問題の余地が残されることになる。具体的には，①写真は供述証拠であると解釈し，撮影者の証人尋問を必要とする説（供述証拠説）がある。この説は，写真には人為的な操作が入る危険性を重視し，伝聞法則が適用される供述証拠であるとする。さらに，最近ではテクノロジーの進歩によって，パソコンなどを利用して写真を加工することが簡単な時代になっていることなども考慮されている。この考え方

によれば，伝聞証拠であるから，検証調書に準じて撮影者が「公判期日において証人として尋問を受け，その真正に作成されたものであることを供述したとき」に，初めて証拠能力が認められる。

　もう1つの説は，写真などの機械的に自動的に記録されるものであることを重視して，写真などと犯罪事実との関連性が認められる限り，証拠能力があるとする説（非供述証拠説）である。この説によれば，伝聞法則は適用されないことになるため，撮影者を証言させることを必要としないという違いがあることになる。ただし，まったく人為的な操作の危険性を考慮しないというわけではなく，証拠の関連性のところで問題を処理することになる。

2　現場写真の証拠能力

　現場写真について，判例は，「犯行の状況等を撮影したいわゆる現場写真は，非供述証拠に属し，当該写真自体又はその他の証拠により事件との関連性を認めうる限り証拠能力を具備するものであって，これを証拠として採用するためには，必ずしも撮影者らに現場写真の作成過程ないし事件との関連性を証言させることを要するものではない」とし（最決昭59・12・21刑集38巻12号3071頁），非供述証拠説に依拠している。

　もっとも，非供述証拠説に立つ場合であっても，関連性の立証方法について，さらに言及されている。すなわち，被供述証拠説においても，誰が撮影者したのかわかっている場合には，その撮影者を証人として喚問して撮影状況について尋問することを原則とする見解が一般的であるという。そして，撮影者が不明の場合においてこそ，供述証拠説と被供述証拠説で取扱いが明確に異なることになる（山田・前掲論文189頁）。もっとも，その例外を，撮影者が死亡，病気の場合に限定するという考え方もある（田口・416頁）。

　冒頭のケースの場合には，被告人が死亡しているから，撮影者を証人尋問することはできない。そこで，非供述証拠説によれば，それ以外の方法で関連性を確かめることができれば，その写真に証拠能力を認めることができることになる。供述証拠説によれば，真正に作成されたことを立証できないために，証拠能力が否定されることになる。ただし，〈CASE〉のように撮影者が死亡している場合や，精神・身体の故障等の理由で供述不能の場合には，刑訴法321条1項3号を準用して，その要件を満たすことによって証拠能力が認められる

第5章 証　　拠

とするものもある（山田・前掲論文189頁）。

3　録音テープの証拠能力

　録音テープについては，供述者の供述内容を録音する場合と，現場での音響などを録音する場合とを区別されている。供述の録音テープは，供述を書面の代わりに録音する場合であるから，これは供述証拠として用いられることとなり，伝聞法則が適用されるとするのが通説である。同様に写真が犯行再現写真であって，自白の性質を持つ場合には供述証拠であることになるであろう。

　このときに伝聞例外を考える場合には，被告人の供述録音は322条1項，それ以外の者の供述録音は321条1項2号・3号に準じて証拠能力が肯定される。ただし，人の供述内容を録取した書面である供述録取書には，供述者の署名・押印が求められている（321条1項本文，322条1項）。判例では，「供述録取書の要件とされる署名押印は，録取者が作成した文章について，供述者がその内容に相違ない旨を確認すること，すなわち，録取内容の正確性を担保するためのものである。録取内容の正確性が担保されるが故に，録取者が作成した書面であっても供述者作成の書面と同様に扱われるのである」と説明されている（和歌山地決平14・3・22判タ1122号464頁）。

　そこで，書面でなされるような署名・押印がテープではできないことが問題となる。供述が間違いなく原供述者のものであることが収録された音声や録音者の証言などで確認されればよいとするものがあるが（田宮・329頁），署名・押印の性格を被告人の決定に委ねていることを重視すると，紙片による封印・契印といった署名・押印に変わる何らかの工夫が必要である。また，疑いがあれば，録音者のみならず，録音立会人，テープ保管者等の尋問も必要となり，これによって関連性が立証された場合にのみ証拠能力を肯定できるとする見解もある（田口・417頁）。一方，現場録音についても，供述証拠説と非供述証拠説の間で結論が分かれることとなる。

4　ビデオテープの証拠能力

　それでは冒頭の〈CASE〉にあるような，犯行現場を撮影したビデオテープについてはどうであろうか。録音テープとの違いを若干意識して関連性の立証を慎重に行うべきであるという見解もあり，録音テープと同様にいずれにせよ

撮影者・編集者等の証人尋問が一般的に要請されている。しかし，少なくとも，録音テープと同様に供述証拠説（東京地決昭55・3・26判時968号27頁）と被供述証拠説（大阪地決昭48・4・16判時710号112頁）とで，結論が分かれることになる。

冒頭の〈CASE〉にあるように，捜査機関がテレビ画面をビデオ録画した場合，そのビデオテープの取扱いについてはどうだろうか。かつて判例は，①原本が存在すること（さらに厳密に言えば，写しを作成し，原本と相違のないことを確認する時点で存在すれば足り，写しを証拠として申請する時点まで存在することは不可欠の要件ではない。テレビ映像の如きは，放映とともに消滅する），②写しが原本を忠実に再現したものであること（原本の完全な複製である必要はなく，立証事項との関連において，その必要な性状が忠実に再現されていれば足りる），③写しによっては再現し得ない原本の性状（たとえば，材質，凹凸，透し紋様の有無，重量など）が立証事項とされていないことを挙げ，④原本の提出が不可能または著しく困難であることを写しの許容性の基準に数える必要はないとして，その許容基準を述べたことがある（東京高判昭58・7・13高刑集36巻2号86頁）。したがって，この〈CASE〉の場合には，判例の基準によれば，以上の要件を満たせば証拠として許容されることになる。

なお，被疑者取調べに際して犯行態様を立証に用いるために撮影された犯行再現ビデオというものがある。この場合には，実況見分における指示説明であると同時に自白の性質をもつので，321条3項，322条1項の準用がある（田宮・329頁）。ただし，犯行現場で自白したとおりに犯行を再現させるという手法が黙秘権侵害ないしは人道上問題であると強く主張されている。

Practice

下記の各問の正誤を答えなさい。
問1．供述証拠の場合には伝聞法則の適用がある。　　　　　　　（　　）
問2．検察官の面前で録音された供述録音テープは，テープが物であるから伝聞法則が適用されない。　　　　　　　　　　　　　　　　　　　（　　）
問3．現場写真は常に証拠能力が認められる。　　　　　　　　　（　　）
問4．供述録取書が伝聞例外として証拠として認められるときには，署名もしくは押印がなくてもよい。　　　　　　　　　　　　　　　　　　　（　　）

第5章 証　　拠

CASE 47　違法収集証拠排除法則

　警察官AおよびBは，Xに対して職務質問を行い，所持品検査を求めた。しかし，Xはこれに応じなかったため，A・Bは，抵抗するXを押さえつけて，Xの着衣のポケットを捜索した。その結果，覚せい剤粉末が発見されたため，これを差し押さえた。裁判所は，このような方法で入手された本件覚せい剤を，有罪認定のための証拠として採用できるであろうか。

〈POINT〉① 　違法収集証拠排除法則の意義およびその根拠
　　　　　② 　排除の基準
　　　　　③ 　「毒樹の果実」理論
　　　　　④ 　違法収集証拠と当事者の同意の効力

1　違法収集証拠排除法則の意義およびその根拠

　捜査機関が違法な手続によって収集した証拠（違法収集証拠）について，これを証拠として採用すること，すなわち証拠能力を認めることができるのであろうか。刑事訴訟法において証拠能力が否定されるものとしては，任意性のない自白（319条1項）および伝聞証拠（320条1項）が存在する。しかし，違法収集証拠に関しては，現行法に直接の規定はまったく存在しない（松尾（下）・118頁）。

　そのため，最高裁は，当初，収集手続に違法があっても証拠能力に影響はない（証拠能力を認める）とした（最判昭24・12・13集刑15号349頁）。しかし，アメリカ法の影響を受けて手続重視の傾向を強めていった学説においては，違法な手続によって収集された証拠の証拠能力を否定しようという「違法収集証拠排除法則」が主張されるようになった。そして，判例にも変化が起こり，昭和40年代には，違法収集証拠の排除を認める下級審判決が相次いで出された。

　このような状況の下で，最高裁は，いわゆる大阪天王寺覚せい剤事件（最判昭53・9・7刑集32巻6号1672頁）において，はじめて違法収集証拠の排除を明示的に認めた。すなわち，本人の承諾のない所持品検査に基づいて差し押さえ

られた覚せい剤の証拠能力について、「事案の真相の究明も、個人の基本的人権の保障を全うしつつ、適正な手続のもとでされなければならないものであり、……証拠物の押収等の手続に、憲法35条及びこれを受けた刑訴法218条1項等の所期する令状主義の精神を没却するような重大な違法があり、これを証拠として許容することが、将来における違法な捜査の抑制の見地からして相当でないと認められる場合においては、その証拠能力は否定されるものと解すべきである」と判示して、違法収集証拠排除法則の採用を宣言したのである。本判決の枠組みはその後の判断においても維持されており、違法収集証拠排除の法理そのものは、実務上定着をみたと評価することが可能である（大谷直人「違法に収集した証拠」争点（3版）・195頁）。

違法収集証拠排除の根拠としては、(a)憲法上の要請である適正手続の保障を根拠とする憲法保障説（規範説）、(b)違法捜査を将来にわたって防止することを目的とする抑止効説、(c)司法に対する国民の信頼を維持することを目的とする司法の廉潔性説（司法の無瑕性説）、の3つがあげられている（田宮・398頁以下）。このうち、昭和53年最高裁判決は、違法収集証拠の証拠能力については「憲法及び刑訴法になんらの規定もおかれていないので、この問題は、刑訴法の解釈に委ねられている」と述べていることから、一般的には、憲法保障説を否定し、抑止効説にたっているものと理解されている。しかし、最高裁が、「適正な手続」の保障あるいは「憲法35条」および「憲法31条」を証拠排除のために援用していることを考えると、憲法保障説を排除しているとまではいえないであろう（田口・374頁）。

2 排除の基準

違法収集証拠排除の基準としては、(a)端的に手続の違法の有無を排除の基準とする絶対的排除説と、(b)諸般の事情を利益衡量して排除を決定すべきであるとする相対的排除説の2つの考えが存在し、相対的排除説が通説的見解となっている。また、相対的排除説においては、憲法上の適正手続違反による絶対的排除の他に、それ以外場合の利益衡量の要素として、手続違反の程度、手続違反の状況、違反の有意性、頻発の度合い、手続違反と証拠との因果性、証拠の重要性、事件の重大性等が挙げられている（井上正仁『刑事訴訟における証拠排除』404頁（弘文堂、1985））。一方、昭和53年最高裁判決は、前述のように、

「重大な違法」と「違法捜査の抑制」という2つの要素を排除の判断基準として挙げている。すなわち，絶対的・画一的な基準によって排除を認めようとするものではなく，その意味で相対的排除説にたつ（あるいは相対的排除説に近い立場）といえる。本設例における覚せい剤の証拠能力についても，以上のような基準により証拠能力が否定される可能性は十分にあろう。

ところで，最高裁の挙げる「重大な違法」と「違法捜査の抑制」との関係については議論があり，①「重大な違法」がすなわち「違法捜査の抑制」の対象となるとする重畳説と，②「重大な違法」または「違法捜査の抑制」のいずれか一方の要件が認められれば証拠排除されるとする競合説が対立している（田口・303頁）。「重大な違法」がある以上「違法捜査の抑制」から要請される排除の必要性は当然肯定されるとして，昭和53年最高裁判決を重畳説として解釈する見解が有力であり（田宮・403頁），以降の最高裁判決もこれら2つの要件を重畳的に扱ってきたといえる（松本一郎「違法収集証拠の証拠能力(1)」百選（7版）・139頁）。

ただし，昭和53年最高裁判決は，一般論としては違法収集証拠排除法則を明言したものの，事案の具体的判断においては「重大な違法」をきわめて限定的に捉えて証拠排除を否定しており，以降の最高裁判決においても，証拠排除を認めることには極めて慎重であるといえる。

3 「毒樹の果実」理論

違法に収集された証拠に基づいて発見・取得された別の証拠（派生的証拠）にも違法収集証拠排除法則は及ぶのか，これが「毒樹の果実」あるいは「波及効」として議論されている問題である。

毒樹の果実に関して，補足意見ではあるが，最高裁判決（最判昭58・7・12刑集37巻6号791頁）において，違法収集証拠（第一次的証拠）に基づいて収集された派生的証拠（第二次的証拠）が排除される場合があることを認め，その可否は(a)第一次的証拠の収集方法の違法の程度，(b)収集された第二次的証拠の重要さの程度，(c)第一次的証拠と第二次的証拠との関連性の程度等を考慮して総合的に判断すべきである，とする。また，学説においては，(a)違法の程度と(b)両証拠間の関連性を基本とし，違法の程度も関連性も特別高度とはいえない場合には，(c)証拠の重要性および(d)事件の重大性も考慮した利益衡量的方法に

よって判断すべきとする見解も存在する（田宮・406頁）。

なお，関連性が否定されて派生的証拠の証拠能力が認められる場合としては，①派生的証拠（第二次的証拠）が最初の捜査とは独立した捜査活動から得られた場合（独立入手源の法理）や，②最初の捜査による証拠（第一次的証拠）と派生的証拠（第二次的証拠）との因果関係が希薄になっている場合（希釈化の法理）を挙げることができる（田口・378頁）。

4　違法収集証拠と当事者の同意の効力

326条1項は，同意により証拠能力が認められる場合を規定している。それでは，違法収集証拠について，被告人が証拠とすることに同意をした場合にも，当該違法収集証拠の証拠能力を肯定してよいであろうか。

当事者主義のもとでは，当事者には訴訟行為の処分権限が与えられている。したがって，手続の違法が被告人本人の放棄可能な権利・利益に関する場合には，同意が証拠能力の制限を消滅させると解する立場（反対尋問権放棄説）あるいは同意が証拠能力を付与すると解する立場（証拠能力付与行為説）のいずれにたっても，違法収集証拠に対する被告人の同意は原則として有効であると考えるべきである。一方，個人の放棄を許さない利益に関する場合や容認しがたい権利侵害の場合には，326条1項における「相当と認めるとき」には該当しないとして，同意の効力を否定すべきであろう（田口・379頁）。

Practice

下記の各問の正誤を答えなさい。

問1． 違法収集証拠排除法則は，学説・判例によって発展してきた理論である。
（　　）

問2． 違法捜査の抑制を証拠排除の根拠とする立場を，司法の廉潔性説とよぶ。
（　　）

問3． 最高裁は，違法収集証拠排除の基準は主に「違法捜査の抑制」の見地から判断すべきである，と述べている。　　　　　　　　　　　　　　　（　　）

問4． 前段階の手続の違法が，後の手続によって得られる証拠に影響を及ぼすことはない。　　　　　　　　　　　　　　　　　　　　　　　　　　（　　）

第5章 証　　拠

CASE 48　被告人の証人適格

　XおよびYは同一起訴状で起訴されて当初併合審理を受けていたが，裁判所はYをXの関係で証人として尋問するために，弁論を分離する決定をした。そして本人以外の者の事件の証人として尋問して得られたYの証人尋問調書を，Xに対する起訴事実の証拠として取り調べて有罪判決の証拠とした。このような裁判所の対応は，Yの黙秘権を侵害することにならないのか。

〈POINT〉① （共同）被告人の証人適格
　　　　② 弁論の分離
　　　　③ 共同被告人の証人としての供述の証拠能力
　　　　④ 共同被告人の公判廷における供述の証拠能力
　　　　⑤ 共同被告人の公判廷外の供述の証拠能力

1　（共同）被告人の証人適格

　証人適格とは証人になりうる資格のことをいうが，これについて143条は「この法律に特別の定めのある場合を除いては，何人でも証人としてこれを尋問することができる」と規定している。ここでいう例外にあたるのが，公務上の秘密を守る公務員（144条），国会議員（145条），訴訟関係人としての裁判官等（20条4号，26条）であることはいうまでもない。

　しかしながら，被告人に証人適格を認めるか否かは，特に黙秘権との関係で問題になる。311条1項は「被告人は，終始沈黙し，又は個々の質問に対し，供述を拒むことができる」と規定している。これは黙秘権を保障する憲法38条1項の規定に対応して，被告人には事実関係について公判廷においても供述義務がないことを明らかにしたものである。冒頭手続において，裁判長が被告人に黙秘権を告知することを定めた291条2項と照応している。これらの規定から，被告人の証人適格は否定され，証人尋問は許されないとするのが判例（大阪高判昭27・7・18高刑集5巻7号1170頁）・通説であり，実務もこれに従ってい

る。英米法では黙秘権の放棄を認めてこれを許すが，旧法以来大陸法の伝統を持つわが国の刑訴法では，被告人と第三者たる証人の地位は両立しないというわけである。

　では共同被告人の場合はどうであろうか。判例・通説によれば，共同被告人も「被告人」であるので証人適格がないということになる。

　〈CASE〉に即して考えてみると，Xを被告人，Yを共同被告人とした場合，Yの供述をY本人のために使うことで問題が生じることは少ないが，Xのために使うとなると厄介である。同じYの供述が自分との関係では被告人の供述であるにもかかわらず，Xとの関係では第三者の供述となりうるからである。そこで〈CASE〉では，弁論を分離して，Yを証人として尋問し，その証人尋問調書を証拠としてXの有罪を認定しているのである。しかし，弁論を分離すればYはXとの関係では第三者になって問題がなくなるかと言えば，問題はそう簡単ではない。

2　弁論の分離

　313条2項および刑訴規則210条は「裁判所は……被告人の権利を保護するために必要があるときは……弁論を分離しなければならない」と必要的分離を規定するとともに，313条1項では「その他適当と認めるとき」に分離できるとする裁量的分離規定を定めている。したがって，裁判所は，共同被告人として起訴された併合審理事件であっても，その裁量によって手続の分離自体は可能なのである。しかしながら問題は，何を持って「適当と認める」かである。

　裁判所がその自由裁量によって分離決定するにしても，1条の目的に則って行わなければならないことは言うまでもない。したがって，真実発見のためだけの安易な分離は許されず，あくまでも313条2項の趣旨も踏まえて，人権保障の観点からもその決定を行わなければならないのである。例えば，①X，Yがともに否認しているときは，Yの黙秘権に配慮して弁論を分離せずに被告人質問によること，②両者が否認して罪をなすりあっている場合は，反対尋問を保障するために弁論を分離してそれぞれ証人尋問によること，③Xが否認してYが自白しているときは，Xの反対尋問を保障するために弁論を分離してYの証人尋問によること，そして，④Xが自白してYが否認している場合は，Yの黙秘権を保護するために弁論を分離せずに被告人質問によること，といった基

準が考えられる（田宮・388頁）。〈CASE〉の詳細は明らかではないが，仮に③にあたるとすれば，弁論の分離自体は一応妥当であるように思われる。

3　共同被告人の証人としての供述の証拠能力

さて，〈CASE〉のように弁論を分離してX被告事件として審理中ということになると，Yは訴外第三者ということになるので強制的に証人喚問できるということになる（最決昭31・12・13刑集10巻12号1629頁，最判昭35・9・9刑集14巻12号1477頁）。そうなると，共同被告人でなくなったYは証人として供述することになり，Xの反対尋問に答えなければならない。もっとも，同時に，法146条に規定されている「有罪判決を受けるおそれがある証言を拒むことができる」とする証言拒絶権を行使することも可能ではある。しかしながら，この局面でYが証言拒絶権を行使することは，自らが有罪であることを認めているに等しいことになるし，かといって拒否しない限り偽証罪の制裁が伴うことになるので，供述が強制されてしまうというジレンマに陥る。

学説においては，（「被告人」である）Yの黙秘権の実質的保障の観点から見て，このような方法には疑問があるという意見（白取・305頁）が強いのはこのためである。〈CASE〉の場合も，Yが否認している場合（上記の分類④）であれば，証人尋問はYの黙秘権を侵害すると言わなければならない。したがって，そのような場合には，やはり弁論を分離すべきではなく，被告人質問によるべきであろう。もっとも，その場合は，Yの黙秘権が保障されることになるから，逆にXの反対尋問権が十分に保障されないおそれが出てくる。

4　共同被告人の公判廷における供述の証拠能力

この点については，311条3項が「共同被告人は，裁判長に告げて被告人の供述を求めることができる」と規定しているから，XにはYに対する反対質問の機会が保障されているとするのが判例の立場である（最判昭28・10・27刑集7巻10号1971頁）。この立場にたてば，被告人質問におけるYの供述についてその証拠能力を認めてよいということになる。

しかしながら，Yが黙秘権を行使してXの質問に答えない場合についてもYの供述の証拠能力を認めるということになれば，Xについては同じ被告人という立場にありながら不合理に権利を制約されることになりかねない。そこで通

説は，Xの質問に対してYが黙秘権を行使することなく答えた場合，つまり反対質問が十分に効果をあげた場合には，Yの供述の証拠能力を認めてよいとする（平野・225頁，田宮・388頁，白取・304頁）。通説に従って，Yが黙秘権を行使せず答えた場合のみ，その供述に証拠能力を認めてよいと考える。なお，Yが黙秘権を行使する場合には弁論を分離すべきであるとする見解（松尾（下）・79頁）もあるが，この場合には上記3で説明した問題点があるので分離すべきではない。

5 共同被告人の公判廷外の供述の証拠能力

最後にYの公判廷外の供述（主として供述調書）をXに対して用いることができるかが問題となるが，この点について通説・判例は共犯者であると否とを問わず321条1項によって証拠能力を認めるべきであるとする（最判昭28・7・7刑集7巻7号1441頁，田宮・389頁）。もっとも，共同被告人の供述調書が提出されるのは，321条1項1号前段，2号前段，3号については供述拒否や記憶喪失の場合，同1号後段，2号後段については質問・尋問に前と異なった供述をした場合であるので，調書を利用する目的で体裁だけの質問・尋問をするようなことになってしまってはならない（田宮・389頁）。前者については，特に2号前段については信用すべき情況を補って考える，後者については，反対質問が真に実効性をあげた場合にのみ許容するという態度を明確にすべきであろう（田宮・389頁）。

Practice

下記の各問の正誤を答えなさい。

問1． 被告人には包括的黙秘権が保障されているので証人適格は否定されるとするのが通説・実務の考え方である。　　　　　　　　　　　　　　（　　）

問2． 弁論の分離はいかなる場合であっても許されるとするの刑事訴訟法の趣旨である。　　　　　　　　　　　　　　　　　　　　　　　　（　　）

問3． 判例は，共同被告人であっても手続を分離すればもう1人の被告人との関係では訴外第三者になるので強制的に証人喚問できるとする。　　　（　　）

問4． 判例・通説ともに，共同被告人の公判廷外の供述の証拠能力を認める。
　　　　　　　　　　　　　　　　　　　　　　　　　　　　　　　（　　）

ケイスメソッド
第6章

裁　　判

CASE 49～ CASE 50

第6章 裁　　判

CASE 49　択一的認定

　被告人Xは，生後1カ月半の女児Yを捨てるために徘徊中，泣きじゃくるYを哺乳瓶で殴打したり，強く揺さぶったりして脳に傷害を与えて死亡させたうえ，放置・遺棄した。検察は，第1の訴因として傷害致死を，遺棄の時期と死亡の時期の前後関係が明確でないために第2の訴因として死体遺棄の事実を本位的訴因とし，瀕死のYの救護措置をとらなかった保護責任者遺棄を予備的訴因として起訴した。裁判所はどのような認定ができるだろうか。

〈POINT〉① 　有罪判決の理由
　　　　　② 　択一的認定
　　　　　③ 　狭義の択一的認定（＝選択的認定）
　　　　　④ 　共犯関係と択一的認定

1　有罪判決の理由

　有罪判決が被告人にとって不利益なものであることは言うまでもない。そこで335条1項は，「有罪の言渡をする際には，罪となるべき事実，証拠の標目，法令の適用を示さなければならない」と規定している。

　このうち，「罪となるべき事実」については，構成要件に該当する具体的事実の記載が必要である。もっとも，共謀共同正犯の「共謀」について，その日時・場所まで具体的に判示することは必要ないとするのが判例の立場である（最大判昭33・5・28刑集12巻8号1718頁）。

　また，「証拠の標目」については，事実認定に用いられた証拠の標目（目録）だけを摘示すれば足り，証拠の採否・取捨選択の判断または事実認定についての心証形成の理由の判示は必要ないとするのが同様に判例の立場である（最決昭34・11・2刑集13巻12号3089頁）。もっとも，学説は，事実認定の合理性の担保，当事者の納得の見地から証拠説明が必要であるとする（松尾（下）・149頁，鈴木・235頁，田口・438頁，白取・373頁）。

そして、「法令の適用」については、罪刑法定主義の観点から、罪となるべき事実に対する実体刑罰法規の適用を示す必要があるとするのが通説である。適用の順序は、①構成要件および法定刑を示す規定の適用、②科刑上一罪の処理、③刑種の選択、④累犯加重、⑤法律上の減軽、⑥併合罪加重、⑦酌量減軽、⑧宣告刑の決定である（白取・380頁）。

なお、犯罪の成立を妨げる事由（例えば、正当防衛など）または刑の加重減免の理由となる事実が主張されたときは、これに対する判断が示されなければならない（335条2項）。

ところで、有罪判決を言い渡すために最も重要な要件は、「犯罪の証明があった」ということである（333条1項）。訴因として掲げられた公訴事実が検察官によって合理的な疑いを残さない程度にまで立証されて、裁判官ははじめて有罪の確信を持つことができるのである。しかしながら、きわめて微細な事実認定まで要求されると裁判の長期化や捜査の糾問化を招くおそれもあり、実際の事実認定においてはどの程度の不特定性が許容されるかが問題とされることになろう。

2　択一的認定とは何か

訴因の一部について合理的疑いを入れない有罪の心証が得られた場合は、いわゆる「縮小認定」しても被告人の防御の利益を害さないので訴因の一部について有罪認定できる。しかしながら、A事実、B事実のいずれかの存在については合理的疑いを入れない確信があるが、A事実、B事実それぞれについて単独では確信が持てないという場合はどう処理するべきかが問題となる。つまり、A、Bいずれかの事実であることは間違いないが、A事実で有罪認定するには合理的疑いが残るし、B事実で認定する場合にも同様であるというような場合である。〈CASE〉でいうと、第2訴因の死体遺棄（A事実）とするには合理的疑いが残るし、保護責任者遺棄（B事実）でも合理的疑いが残る。しかしながら、被告人Xの行為によって生死不明の女児Yが放置されたことは疑いがないというような場合である。

このような場合に、「AまたはB」という（合成）事実で有罪を認定する、あるいは「少なくともB（軽い罪）」という事実で有罪を確保するという択一的認定を認めるか否かが問題となる。もしこれを認めれば、A事実でも、B事

実でも合理的疑いが残るのに罰するのは，刑事訴訟における「疑わしきは罰せず」の大原則に反する。また，仮に「AまたはB」事実で有罪認定できるとすれば，刑法に規定のない新たな構成要件を裁判上認めることになり，罪刑法定主義との関係で大きな問題を生むことになるからである。

この択一的認定をめぐっては，大きく次の3つの場合が考えられる。①同一構成要件内の択一的認定の場合で，日時・場所・方法などについて択一的心証にとどまる場合（いわゆる不特定認定），②異なる構成要件間の択一的認定の場合で，A事実とB事実について，「包摂関係」による解決が可能であるような場合（いわゆる予備的認定），そして，③異なる構成要件間の択一的認定での場合で，A事実かB事実であることは確実であるが，A事実，B事実いずれも不明のときに，どちらかを認定する場合（狭義の択一的認定）である。

①については，基本的に，同じ構成要件の枠内であれば全体として合理的疑いを超える証明があったとみなされてよいとされる。判例も，殺人未遂事件で，被害者を屋上から落下させた手段・方法について，単に「有形力を行使して」と認定しても判示として不十分ではないとしている（最決昭58・5・6刑集37巻4号375頁）。もっとも，これが被告人に対して，不意打ち認定となる場合には許されないと考えるべきである（白取・375頁）。判例にも，過失の態様に大きな違いがあるような場合は被告人の防御の利益が損なわれるので択一的認定は許されないとしたものがあることに注意しなければならない（秋田地判昭37・4・24判タ131号166頁）。

②については，いわゆる「包摂関係」（大は小を兼ねるという関係）による解決が可能であるような場合，例えば，既遂と未遂，殺人と傷害致死，単純横領と業務上横領などの場合は，「疑わしきは被告人の利益に」の原則に従って，軽い構成要件が適用されることになるので，そもそも択一的認定の問題として扱う必要はないとの主張もある（福井・講義365頁，安冨・289頁）。例えば，既遂であることに合理的な疑いが残るときの未遂の認定の場合，殺意の存在に合理的な疑いが残るときの傷害の認定の場合，業務上横領罪の業務性の存在の認定に合理的な疑いが残る場合などが想定される。

しかし，これに対して，典型的な事例はともかく，限界的な事例（そもそも包摂関係があるかどうか微妙な事例）をみると，択一的認定の問題として論じることが必要である場合がある（白取・383頁）。例えば，ここで問題となってい

る〈CASE〉では，傷害致死の事実は明らかであるが，死亡の時点がYを置き去る前か後かはっきりしていない。したがって，死体を遺棄したのか，それとも生体を遺棄したのかが判然としないのである。このような場合には，少なくとも2つの考え方が成り立つように思われる。

　1つは，死体遺棄あるいは保護責任者遺棄のいずれについても合理的な疑いを入れない程度の立証ができていないのであるから，刑事訴訟法上の挙証責任の法則に忠実に従って無罪を言い渡すという考え方である（大阪地判昭46・9・9判時662号101頁）。そしてもう1つは，ここで問題になっている事実は，置き去りの時点で，「Yは生きていた」さもなければ「Yは死んでいた」という論理的択一関係にあるので，重い罪である保護責任者遺棄罪の要素である「生きていること」が確定できないとすれば，死んでいたものとして軽い罪での死体遺棄罪で合理的な事実認定をしても差し支えないとする考え方である（札幌高判昭61・3・24高刑集39巻1号8頁，中野次雄「択一的認定」百選（5版）・207頁）。

　ここで重要なことは，保護責任者遺棄罪の成立を根拠づける前提としての女児の生存が証明できていないという点，そして，死体遺棄罪の成立を根拠づける前提としての女児の死亡の証明ができていないという点である。333条1項は，有罪判決を言い渡すための最も重要な要件として「犯罪の証明があった」ということを掲げている。〈CASE〉において検察官がいずれの証明もできていないとすると，論理的択一関係という概念を用いて必罰化を図るのではなく，謙虚に無罪を言い渡すほかないという結論になる。

3　狭義の択一的認定（＝選択的認定）は許されるのか

　また，さらに重要な問題点として，異なる構成要件間の事例で，しかも包摂関係にない，③の狭義の択一的関係を認めるか否かがある。

　例えば，被告人は窃盗事件が起こって間もない時期に盗品を所持していて，被告人が窃盗本犯者（窃盗罪）であるか，あるいは本犯者から盗品をすぐに譲り受けた者（盗品譲受け罪）であるかは証明できたが，そのいずれかが不明の場合を考えてみる。この場合に，「窃盗か盗品譲受けのいずれかである」という認定が許されるか，軽い方の罪である「盗品譲受け」という認定が許されるか，あるいはいずれも許されないかが問題となる。

第6章 裁　　判

　実務家の中には,「疑わしきは被告人の利益に」の原則に則って被告人に対して重い事実（窃盗罪の訴因）が訴訟上ないものとして扱われるので，軽い事実（盗品譲受けの訴因）しか存在しないという確信に達するし，無罪とせずに処罰することは国民の素朴な法感情にも合致するとするものがある（肯定説，小林充「択一的認定」争点（1版）・238等）。

　しかしながら，通説は択一的認定を認めない（否定説，白取・385頁，田口・435頁）。なぜなら，(i)それぞれについて確信が得られていないのに有罪にするのは「疑わしきは被告人の利益に」の原則に反する，(ii)「窃盗か盗品譲受けの罪」で有罪認定することは現実に存在しない合成的構成要件を判例によって創設することになり罪刑法定主義に反する，そして，(iii)すでに克服したはずの嫌疑刑を復活させるに等しいことになるからである。通説が妥当である。なお，肯定説は窃盗罪がなければ当然に盗品譲受けの罪があるとするが，そこには論理の飛躍があることは否定できない。

4　共犯関係と択一的認定

　最後に共犯関係と択一的認定の問題に若干触れておこう。これは，例えば，甲が強盗の実行行為を行ったということは合理的な疑いを入れない程度に証明されたが，「甲と乙との共謀関係を強く推認させる事実がある一方で，共謀の事実を否定する乙の供述も虚偽とは言えない」場合（第三者の可能性はないと認定された場合），「甲は単独又は乙と共謀の上で強盗を行った」という認定が許されるかという問題である。

　この場合，単独犯と共同正犯の違いは，基本形式か修正形式かの違いにすぎず同一の犯罪構成要件の中でその行為態様に差があるときに択一的認定をする場合に準じるとして「甲は単独又は乙と共謀の上で強盗を行った」という事実を認定し，被告人に有利な共同正犯の事実を基礎に量刑を行うとした裁判例がある（東京高判平4・10・14高刑集45巻3号66頁）。しかしながら，単独犯と共同正犯では適用条文も違うのであるから，単に行為態様の差に過ぎないとして択一的認定を認めることには疑問が残る。結局のところ，裁判所は，強盗の単独犯についても共同正犯についても事実認定ができなかったのであるから，無罪を言い渡すほかないのではないだろうか（もっとも，上記3の肯定説をとる場合は，強盗の共同正犯を認定して有罪判決を言い渡すことになる）。

Practice

下記の各問の正誤を答えなさい。

問1. 裁判所が有罪判決を言い渡す場合には，被告人に対して，罪となるべき事実についての犯罪の証明があったことが示されなければならない。（　　）

問2. 同一構成要件内の択一的認定で，日時・場所・方法などについて択一的心証にとどまる，いわゆる不特定認定の場合，基本的に，全体として合理的疑いを超える証明があったとみなされてよいとするのが判例・通説である。（　　）

問3. 死体遺棄あるいは保護責任者遺棄のいずれかであるが，いずれかがはっきりしない場合は，「生きていなければ死んでいた」という論理的択一関係にあるから軽い罪で合理的な事実認定をしてよいとするのが判例の一貫した立場である。

（　　）

問4. 甲と乙との共謀関係を強く推認させる事実がある一方で，共謀の事実を否定する乙の供述も虚偽とは言えない場合に，「甲は単独又は乙と共謀の上で強盗を行った」と事実認定して，被告人に有利な共同正犯の事実を基礎に量刑を行ってよいとするのが判例である。（　　）

第6章 裁　　判

| CASE 50 | 一事不再理効 |

　被告人Ｘは，２年にわたって30回の窃盗を繰り返した（本件事実）。検察官Ｐは，単純窃盗の罪名でこれらの事実を起訴した。しかし，これに先だち，Ｘが同じ時期に行った窃盗一件（別件事実）については，すでに有罪判決が確定していた。裁判所は，本件事実について単純窃盗を認定して被告人に有罪の判決を行うことができるか。

　〈POINT〉① 　一事不再理効の根拠
　　　　　② 　一事不再理効の発生事由
　　　　　③ 　一事不再理効の主観的・客観的範囲
　　　　　④ 　免訴判決と一事不再理効

1　一事不再理の効力とは
(1)　一事不再理効とは

　憲法39条は，何人も同一の犯罪について，重ねて刑事上の責任を問われることはないと規定し，刑訴法337条１項は，有罪，無罪および免訴の判決が確定したときには，同一事件について再度の公訴提起は許されず，公訴提起があった場合には，実体的訴訟条件がないとして，免訴の判決を言い渡さなければならない，と規定する。このように，裁判が確定したときに同じ事件について再度の訴追を行うことを禁ずる効力を，「一事不再理の効力（一事不再理効）」という。裁判所によって終局的な決定がなされた後も，公訴提起や審理を行って同じ事件の蒸し返しを繰り返せば法的平和は得られない。したがって，伝統的に刑事裁判の基本原則の１つとして，このような効力が認められてきた。

(2)　一事不再理効の根拠

　一事不再理効の根拠については，学説が大きく２つに分かれている。１つは一事不再理効を確定判決の拘束力から直接導き出す考え方（具体的規範説）であり，もう１つは一事不再理効を二重の危険禁止原則から導き出す考え方（二重の危険説）である。

具体的規範説は，一事不再理効が，確定裁判それ自体の拘束力からくると考える。ある事件に関する具体的な規範は確定判決によって確立するので，裁判所が同じ事件について再び判断を行い，一度行った意思表示を覆すことはできない，という考え方を基礎とする。この考え方は，裁判所の視点に立って，矛盾した判断を行わないようにしようという観点から一事不再理効の根拠付けを行う（したがって，この考え方をとる論者は，一事不再理効のことを「既判力」と呼ぶ）。しかし，訴因制度を採用している現行法の下では，審判の対象について訴因対象説をとると，一事不再理効が裁判所の判断の対象である訴因以外には及ばないこととなる。この帰結は憲法39条の「同一の犯罪」が，同一の公訴事実を指すものであり，したがって一事不再理効が公訴事実の同一性の範囲に及ぶという一般的な考え方と矛盾してしまうし，被告人の法的安定を害するため妥当でないとして批判されてきた。
　これに対して，二重の危険説は，一事不再理効を，手続をいったん終了したらまた蒸し返しはしない，ということを要求する効果として考える。一度刑事訴追が行われた場合は，再び同じ事件を訴追しないという手続面に注目する考え方である。この考え方は，既判力から一事不再理効を分離してとらえ，二重の危険禁止の原則（憲法39条）が一事不再理効の根拠であるとする。
　今日の判例・通説は，憲法39条が二重の危険説を採用したと考え，いったん確定した裁判を蒸し返されないという被告人の権利を「二重の危険」の問題であるとしている（最大判昭25・9・27刑集4巻9号1805頁）。

2　一事不再理効の発生事由

　では，一事不再理効はいつ，どのような裁判によって発生するか。

(1) 一事不再理効の発生する時期

　通説である二重の危険説を採用したとしても，一事不再理効が発生する時期（「危険」がいつから発生するか）については争いがある。
　一事不再理を被告人の視点から導き出し，被告人が手続の危険にさらされたという事実の効果であると考える「手続効力説」は，以下のように主張する。被告人にとって訴追にさらされることは，職や収入を失うことや，多額の出費，精神的なストレス等の苦痛を受けることにつながるから，二重の危険禁止原則は被告人のデュープロセスの権利の1つとして理解するべきであって，個人が，

一度刑事訴追を受けるというこのような苦しみを受けた場合は，再び同じ苦しみにさらされるべきではない，と。このような考え方からすれば，実体裁判があってはじめて一事不再理効（二重の危険禁止）が働くという必然性はなく，ある程度の実体審理が行われたならば危険は生じ，危険発生の時期も判決の確定時期より早まることもありうる。このようにして，手続効力説からは，検察官上訴は二重の危険禁止原則に反するから認められないとの主張がなされている。しかし，一事不再理効がいつ発生するかに関する明確な基準を提示できないのではないかとの批判がある。

手続効力説に対しては，実体裁判の形式的確定があってはじめて二重の危険が発生するという「裁判効力説」がある。この考え方からは，危険の発生は最終的な実体裁判の確定まで生じず，検察官上訴もいまだ裁判の確定していない段階で行われるのであって，二重の危険禁止には反しないということとなる。判例は「第一審から上訴審まで継続する一個の危険」であるとの考え方を採用し，検察官上訴を合憲とする（前出最大判昭25・9・27）。

(2) 一事不再理効の発生する裁判
(a) 実 体 裁 判

実体裁判である有罪・無罪の裁判について一事不再理効が生じることについては争いがない（337条1号）。略式命令も確定判決と同一の効力をもつ（470条）。最高裁も略式命令に一事不再理の効力が発生することを前提にした判示を行っている（最判昭33・5・6刑集12巻7号1297頁）。他方，不起訴処分には一事不再理効は生じないとされる（最判昭32・5・24刑集11巻5号1540頁）。

(b) 形 式 裁 判

形式裁判の一事不再理効は一般的に否定されている。公訴棄却の判決については，判例（最決昭30・11・1刑集9巻12号2353頁），通説ともに一事不再理効を否定している。したがって，公訴棄却の理由となった手続的な瑕疵が除去されれば，再度の訴追が可能である。

(c) 免 訴 判 決

形式裁判のうち免訴判決が確定した場合の一事不再理効については学説が対立している。そもそも免訴判決を形式裁判であると考える学説からは，一事不再理効が生じないこととなる。判例も大赦があったときには単に免訴の判決をすべきであって，その場合には当事者は無罪を主張して上訴できないと判示し

ており（最大判昭23・5・26刑集2巻6号529頁），形式裁判説を採用している。しかし，通説は，免訴判決は他の形式裁判と異なる実体裁判である，あるいは実体関係的形式裁判である，としつつ一事不再理効を認め，337条1号の「確定判決」には免訴判決も含まれるとしている。

3 一事不再理効の範囲

一事不再理効が及ぶ範囲は，主観的範囲，客観的範囲と時間的範囲とに分けられる。

(1) 主観的範囲（人的範囲）

一事不再理効は，どのような主体に及ぶか。その事件の当事者，すなわち裁判を言い渡した国家と当該被告人との関係についてのみ及ぶとされる。したがって，同じ事件の共犯者であっても，公判を分離し，別の裁判所で審判を受けた場合には，矛盾した判決の言渡しが行われることもありうる。共犯者には一事不再理効は及ばないからである。

(2) 客観的範囲（物的範囲）

一事不再理効は，訴追・判決のあった訴因のみならず，公訴事実が同一のすべての事実に及ぶ，というのが通説である。いったん起訴されると被告人は訴因変更が可能な範囲内，すなわち公訴事実の同一性の範囲で手続の危険を負っている。したがって，この範囲で再訴が禁じられることになる。ある犯罪事実Aに対する判決の一事不再理効が別の犯罪事実Bにまで及ぶか否かは，AとBとが公訴事実の同一性の範囲にあるか否かで決定される。

(3) 時間的範囲

継続犯や常習犯にあたる犯罪が判決の前後に渡って行われた場合も，一事不再理効が公訴事実の同一性の範囲に及ぶとすれば，一罪である限りはすべて同じ事件として判断とすることとなる。そうすると，判決確定後の犯行についても一事不再理効が及ぶことになるから処罰できず，不合理である。このようなときには，上記(2)の客観的範囲の例外を認めざるを得ない。これが一事不再理効の時間的範囲の問題である。

通説は，実体審理の法律的な可能性がある最後の時点を，「一事不再理効が遮断される時点」であるとしている。具体的には，原則的に第一審判決言渡しの時点，例外的に控訴審の破棄自判の時とする説が有力であり，この旨判示し

た下級審の裁判例も存在する（大阪高判昭27・9・16高刑集5巻10号1695頁，常習犯につき同趣旨，札幌高判昭28・11・19高刑集6巻12号1730頁）。起訴後，判決の言渡しまでは訴因変更により訴因を追加することが可能であったから，この時点を1つの区切りとするのである。

4 〈*CASE*〉の考え方

〈CASE〉は，実際の事件をモデルとしたものである（高松高判昭59・1・24判時1136号158頁）。高松高裁の裁判例は，本件事実も別件事実もあわせて盗犯等防止法2条の常習特殊窃盗一罪に当たるものであるとした上で，別件事実にはすでに確定判決があることから，「本件起訴事実については，一罪の一部につき既に確定判決を経ていることにな」り，免訴を言い渡すべきであるとして，「事実上同時審判の可能性のない部分にも一事不再理効を及ぼすのは犯人を不当に利することになり正義感情にそぐわない」との検察官の主張を退けた。

しかし，最近になって最高裁判所は，この裁判例を変更した（最判平15・10・7刑集57巻9号1002頁）。本件では，全体として実体的に常習特殊窃盗と評価できる多数の窃盗のうち，一部について単純窃盗として起訴・確定した後に（以下，前訴という），残りの窃盗事件について再び単純窃盗として起訴（後訴）するときに，前訴判決の一事不再理効が後訴に及ぶかが問題となった。判例はこのようなときには基本的に前訴及び後訴の各訴因のみを比較するべきであるとした上で，訴因がともに単純窃盗罪であり，常習性の発露という面が全く訴訟手続に上程されていない本件で常習特殊窃盗罪による一罪という観点をもちこむのは相当でないとし，結局本件では一事不再理効が後訴に及ばないと結論づけた。ただし，前訴が単純窃盗の訴因で後訴が常習窃盗の訴因である場合やその逆の場合には訴因の記載の比較のみから常習窃盗一罪とうかがわれるのであるから，単純窃盗の訴因につき常習性の有無の心証形成をして公訴事実の単一性を判断できるとし，そのように判示した判例（最判昭43・3・29刑集22巻3号153頁）は維持している。

Practice

下記の各問の正誤を答えよ。
問1. 通説によれば，判決があった訴因よりも広い範囲に一事不再理効は及ぶ。

　　　　　　　　　　　　　　　　　　　　　　　　　　　　（　　）
問2．通説・判例によれば，一事不再理効は，同一の犯罪事件に関わったすべての共同被告人に及ぶ。　　　　　　　　　　　　　　　　　　　（　　）
問3．殺人の被疑事実で起訴されて無罪となった場合，この殺人の被疑事実と科刑上一罪の関係に立つ住居侵入の事実があったときには，再度その住居侵入の被疑事実で起訴することができる。　　　　　　　　　　　　　　（　　）
問4．判例によれば，〈CASE〉において本件事実を検察官が常習特殊窃盗罪で起訴した場合には，裁判所は被告人を有罪とすることができる。　　　（　　）

ケイスメソッド
第7章

上訴・救済手続

CASE 51〜 CASE 52

CASE 51　控訴審における職権調査の範囲

　被告人は，住居侵入と窃盗の訴因で起訴された。一審裁判所は有罪判決を下したが，窃盗については，理由中で無罪の判断を示した。これに対し被告人は，住居侵入も無罪であると主張して控訴したが，検察官は控訴していない。しかし，控訴裁判所は，原審の記録を調査した結果，窃盗についても有罪であるとの心証を抱いた。控訴裁判所は，窃盗についても審判の対象とし，有罪判決を下すことができるか。

　〈POINT〉① 控訴の意義と控訴審の構造
　　　　　② 科刑上一罪と上訴の効力
　　　　　③ 控訴理由とその調査
　　　　　④ 職権調査の意義と限界
　　　　　⑤ 攻防対象論の実質的基礎
　　　　　⑥ 攻防対象論からの帰結

1　控訴の意義と控訴審の構造

　控訴とは，端的には，第一審判決に対する不服申立てといえる（372条）。したがって，控訴権を有するのは，基本的には検察官と被告人の両当事者であり（351条1項），法定の期間内（373条）に当事者からの申立て（374条）があって，はじめて事件は控訴審に移審・係属する。本問では被告人が控訴申立をしたが，第一審の弁護人（355条）や被告人の法定代理人（353条）なども，被告人の明示の意思に反しない限り（356条），被告人のために控訴することが可能である。

　控訴申立人は，控訴の理由を簡潔に明示した書面，すなわち控訴趣意書を提出しなければならない（376条，刑訴規240条）。控訴の理由は，377-383条に法定されているが，その中でも本問で主張されたのは，382条の事実誤認であると考えられる。控訴趣意書は，控訴審での弁論の基礎となるものであり（389条），その意義はきわめて重要である。

　このように，控訴審は，当事者からの申立てによって係属し，そこでの審理

も申立人が提出した控訴趣意書を中心に進められる。したがって，現行法上控訴審には，当事者の主張の当否を判断し，その限りで一審判決を審査するという役割が主として期待されており，その意味で，控訴審にはいわゆる事後審としての役割が期待されているといえる。

2 科刑上一罪と上訴の効力

〈CASE〉では，被告人が有罪部分を不服として控訴する一方，検察官は控訴していない。そこで，控訴審での審理について検討する前に，まず，この場合の無罪部分の訴訟係属について明らかにしておくことが必要であろう。

法は一部上訴を認めているが（357条），それが許されるのは，例えば併合罪中のそれぞれについて主文で有罪または無罪の言い渡しがなされるなど，主文が複数ある場合である（田宮・467頁）。しかし，〈CASE〉のように，科刑上一罪に対して一個の裁判がなされたときは，たとえその一部の事実（訴因）について理由中で無罪の判断が示されたとしても，一部上訴に対応しうる独立の判決主文が与えられていない以上，無罪部分を切り離して上訴することはできない。したがって，検察官が無罪部分について控訴していなくとも，被告人の控訴によって，無罪部分も理論上は控訴審に移審・係属することになり，控訴審が無罪部分も審判の対象にする余地が生ずることになるのである。

3 控訴理由とその調査

控訴趣意書に記載された事項については，控訴裁判所は調査する義務を負う（392条1項）。ここでいう調査とは，原審から送付された訴訟記録や証拠物（235条），控訴趣意書，控訴申立人から提出された疎明資料（376条2項）等を閲覧，検討することを意味する。これは，法廷外でも自由になしうる一種のインフォーマルな証拠調べといえる（田宮・479頁）。〈CASE〉の控訴裁判所は，この調査の過程で窃盗の無罪判決に対して疑問を抱いたことになる。

他方で，控訴裁判所は，控訴趣意書に記載されていない事項であっても，控訴理由については職権で調査することが可能である。もし〈CASE〉で，窃盗が実は有罪であったとすれば，原判決には事実誤認があったことになる。そこで控訴裁判所が，無罪部分も職権で調査して審判の対象とし，有罪とする理論的余地が生ずることになるのである。そのことは，逆にいえば，〈CASE〉で

検察官だけが無罪部分についてのみ控訴した場合でも，控訴審が有罪部分を職権調査して無罪判決を言い渡すことをもまた，可能であることを意味している。

4 職権調査の意義と限界

そもそも控訴裁判所による職権調査が認められている趣旨については，事後審化に対する安全弁的役割の達成，被告人のための後見的機能の確保，法令違反の是正に関する高等裁判所としての職責の実現といった点が指摘されている（松尾(下)・224頁）。とくに被告人に対する後見的機能は，まさに先の被告人に無罪を言い渡すべき場合に最大限に発揮されることが期待される。そのことは，被告人の具体的救済という上訴制度の趣旨（田宮・460頁）にも適うものである。

他方，事後審化に対する安全弁的役割といっても，〈CASE〉のように無罪部分について検察官が控訴していない場合にも関わらず，なお裁判所がその部分について職権で調査を及ぼそうとすることは，刑事訴訟法の基本原理である当事者主義という観点からは問題がある。そして，まさにそのような観点から職権調査の限界を明らかにしたのが，いわゆる新島ミサイル事件に関する最大決昭46・3・24刑集25巻2号293頁である。

この事案は，〈CASE〉同様，牽連犯または包括一罪として起訴された事実について，第一審はその一部を有罪としつつも，その他の部分については理由中で無罪の判断を示し，これに対して被告人だけが控訴を申し立てたところ，控訴審は，職権調査によって原判決に事実誤認ありとし，これを破棄自判して起訴事実の全部につき有罪としたというものである。これに対して，最高裁は，無罪部分を含めた一罪の全部について控訴提起の効力が及ぶことを承認した上で，次のように判示して，そのような控訴審の職権調査は違法であると判示した。

すなわち，「本件公訴事実中第一審判決において有罪とされた部分と無罪とされた部分とは牽連犯ないし包括一罪を構成するものであるにしても，その各部分は，それぞれ一個の犯罪構成要件を充足し得るものであり，訴因としても独立し得たものなのである。そして，右のうち無罪とされた部分については，被告人から不服を申し立てる利益がなく，検察官からの控訴申立もないのであるから，当事者間においては攻防の対象からはずされたものとみることができ

る。このような部分について，それが理論上は控訴審に移審係属しているからといって，事後審たる控訴審が職権により調査を加え有罪の自判をすることは，被告人控訴だけの場合刑訴法402条により第一審判決の刑より重い刑を言い渡されることが被告人に保障されているとはいっても，被告人に対し不意打を与えることであるから，前記のような現行刑事訴訟の基本構造［当事者主義］，ことに現行控訴審の性格［事後審］にかんがみるときは，職権の発動として許される限度をこえたものであって，違法なものといわなければならない」（［ ］内は引用者）。

5 攻防対象論の実質的基礎

これが「攻防対象論」として，控訴審の職権調査の限界を画する判例法理として確立されることとなったものである。この法理は，上述のように，現行法の基本原則である当事者主義が事後審としての控訴審の性格に具体化されたものということができる。もちろんこれに対しては，実体的真実主義を重視する立場から批判がある。しかし，現行法が訴因制度（256条，312条）を採用し，その下で検察官に処罰対象事実についての処分権限が認められている範囲内ではもともと実体的真実主義は後退しているのであるから，控訴審に限ってそれを貫徹させる必要はないであろう（香城敏磨「審判の対象」百選（5版）・233頁）。

もっとも，当事者主義といっても，単に当事者が不服を申し立てているかどうか，そしてその前提として，各訴因が可分か不可分かを形式的に問うべきでない。むしろ，先の被告人に対する後見的配慮が必要な場合も考慮するなら，攻防対象論の実質的基礎は，訴追当事者である検察官が訴追を放棄した事実については，裁判所がそれ以上職権で審理・判断すべきではないという点にこそ求められるべきである（光藤景皎「審判の対象」百選（6版）200頁）。

最高裁はその後，このような攻防対象論が上告審による職権調査（414条，392条）にも適用されることを明らかにした（最決昭47・3・9刑集26巻2号102頁［いわゆる大信実業事件］）。しかし，その一方で，第一審が本位的訴因を無罪，これと両立しえない予備的訴因を有罪とし，被告人のみが控訴した事案について，「検察官が本位的訴因の訴訟追行を断念して，本位的訴因が当事者間の攻撃防禦の対象から外れたとみる余地はない」として，差し戻された後の第二次第一審裁判所が，あらためて本位的訴因について審理し，有罪判決をした点に

違法はないとしている（最決平元・5・1刑集43巻5号323頁）。上述のような攻防対象論の実質的基礎からすれば、なお疑問の余地があろう。

6　攻防対象論からの帰結

いずれにしても、このような攻防対象論の意義をふまえると、そのいわば典型的な事例とも言える本問について、どのような回答が得られるだろうか。

〈CASE〉では、無罪部分について訴追当事者である検察官から控訴がない以上、検察官はその部分についてはもはや訴訟追行を放棄したとみなすことができ、したがって当事者の攻防対象からはずされたものと考えなければならない。それにもかかわらず、控訴裁判所が無罪部分について職権調査をして審判の対象とすることは、職権の発動として許される限度をこえるものであり、許されない。仮に職権調査のうえ審判の対象とし、有罪判決を下した場合には、判例違反として上告理由となる（405条2号）。

Practice

下記の各問の正誤を答えなさい。

問1．控訴申立人は、控訴理由を控訴申立書に書かなければならない。　　（　　　）

問2．科刑上一罪に対して一個の裁判がなされた場合、その一部分の事実（訴因）に対して一部上訴することは許されない。　　（　　　）

問3．本問について、逆に検察官だけが無罪部分についてのみ控訴した場合、控訴裁判所が有罪部分について職権調査をすることは許されない。　　（　　　）

問4．最高裁によれば、本位的訴因が無罪、それと両立しえない予備的訴因が有罪で、被告人のみが控訴した場合でも、本位的訴因はいまだ当事者の攻防対象からはずれていない。　　（　　　）

CASE 52　再　審

　　XはAに対する殺人罪で有罪判決を受け，判決はそのまま確定した。その判決では，Xが犯人であることを推認させる間接証拠として，Aの体内から摘出された弾丸はXの自宅から押収された拳銃より発射されたものであるとの事実が，甲鑑定人による鑑定を通じて認定されていた。しかしその後，乙鑑定人による新たな鑑定方法により，本件弾丸は本件拳銃から発射されたものではないことが明らかとなった。仮に本件が冤罪であるとした場合，Xを救済するには現行法上どのような主張が可能か。

〈POINT〉① 再審制度の意義
　　　　　② 再審請求手続
　　　　　③ 再審理由としての証拠の明白性
　　　　　④ 乙鑑定の新規性
　　　　　⑤ 明白性の程度
　　　　　⑥ 明白性の判断方法

1　再審制度の意義

　〈CASE〉では，Xの有罪はすでに確定している。そのため，Xの冤罪を控訴や上告などの上訴制度によって救済することはできない。そこで，裁判が確定してもなお，裁判をやり直し，誤った裁判を是正するための制度として再審が必要となる。
　435条は，その柱書で「再審の請求は……有罪の言渡をした確定判決に対して，その言渡を受けた者の利益のために，これをすることができる」と規定している（なお，436条も参照）。逆に，無罪の確定判決に対する再審（いわゆる不利益再審）は，現行法上認められていない。そのような不利益再審は，二重の危険禁止を定めた憲法39条に反するからである。したがって，現行法上再審とは，有罪が確定した者を救済するための制度，すなわち冤罪者（無辜）を救済するための制度として位置づけることができる（田宮・503頁）。かくして，再

審もまた1つの人権問題であることが自覚されることになるのである。

2 再審請求手続

再審を請求することができるのは、有罪の言渡しを受けたX本人はもちろんのこと（439条2号），その法定代理人や保佐人（同3号）などのほか、検察官も公益の代表者として請求が可能である（同1号）。検察官による請求がなされるのは、例えば、身代り犯人であることが判明したような場合である。なお、Xがすでに死亡している場合には、その配偶者や直系の親族なども請求することができる（同4号）。

上訴とは異なり、再審の請求時期には制限がない（441条）。また、再審手続は再審請求と再審公判の2段階の構造からなっていることも、その特徴である。すなわち、まず確定判決をした裁判所に対して再審請求をし（438条），そこで請求の理由があると判断されれば再審開始決定がなされる（448条）。そして、その開始決定が確定すると、判決確定時の審級に従って再審公判がなされるのである（451条）。〈CASE〉では、いまだ前者の再審請求がなされようとしている段階である点に注意すべきである。

3 再審理由としての証拠の明白性

435条は、1号－7号まで再審請求理由を列挙しているが、その中でも最も多く主張され、また本問との関係でも重要なのは6号である。そこでは、次のような再審理由が規定されている。「有罪の言渡を受けた者に対して無罪若しくは免訴を言い渡し、……又は原判決において認められた罪より軽い罪を認めるべき明らかな証拠をあらたに発見したとき」。

この文言からも伺われるように、この条文に該当するためには、①有罪判決を受けた者にとって有利であることが明らかな証拠が、②あらたに発見されたことが必要である。講学上、前者は証拠の明白性、後者は証拠の新規性と呼ばれる。理論上も実際上も重要なのは前者であり、そのためこの条文も「証拠の明白性」の問題として論じられることが多い。

いずれにしても、〈CASE〉においてXを救済するためには、乙鑑定が435条6号に規定する再審理由に該当するかどうか、すなわち、乙鑑定がXに「無罪を言い渡すべき明らかな証拠」として、「あらたに発見された」といえるかど

うかが問題である。ここでは便宜上，まず後者から説明する。

4 乙鑑定の新規性

〈CASE〉で問題となっている弾丸は，その（証拠方法としての）存在自体，確定判決以後「新たに」発見されたものとはいえない。しかし，証拠の新規性は，証拠方法ごとではなく，証拠資料について判断される（上口＝後藤他〔後藤昭〕・278頁）。したがって，既存の証拠方法（弾丸）であっても，違う鑑定人が新たな鑑定を行い，意義内容の異なる情報が得られれば，証拠としての新規性は認められる。

〈CASE〉でも，甲とは別の乙鑑定人が，新たな鑑定方法により，しかも甲鑑定とは全く逆の結果をもたらしていることから，証拠の新規性が認められることに問題はないであろう。むしろ，問題なのは，乙鑑定に証拠の明白性が認められるかどうかである。この要件についてはこれまでも盛んに議論されてきており，ここでも明白性の程度とその判断方法に分けて説明する。

5 明白性の程度

かつての実務では，判決の確定力を重視する立場から，新証拠には，それ自体で有罪判決を受けた者の無罪を証明するような高度の証明力を要求していた。「無罪を言い渡すべき明らかな証拠」という文言からすれば，そのような解釈にも根拠があるように見える。しかし，そこでは再審請求者は，事実上無罪の立証責任を負わせられていたと言っても過言ではなく，そのような解釈の結果，無辜の救済という再審制度の目的が果たされることはほとんどなかった。事実，再審は「開かずの門」とまで表現されていたのである。

しかし，そのような開かずの門を開くきっかけとなったのが，いわゆる白鳥事件に関する最決昭50・5・20刑集29巻5号177頁（以下，白鳥決定という）である。その中で最高裁は，「435条6号にいう『無罪を言い渡すべき明らかな証拠』とは，確定判決における事実認定につき合理的な疑いをいだかせ，その認定を覆すに足りる蓋然性のある証拠をいうものと解すべきである」としたうえで，後述のように，それを判断する場合には「疑わしいときは被告人に利益に」の原則（以下，利益原則という）が適用されることを明らかにした。

この白鳥決定により，再審請求者は無罪の立証責任を負うものではなく，確

定判決の事実認定に合理的な疑いを生じさせれば足りることが明らかにされた。そのことは，翌年のいわゆる財田川決定（最決昭51・10・12刑集30巻9号1673頁）でも，利益原則の適用との関係で次のように確認されている。すなわち，利益原則を具体的に適用するにあたっては，「確定判決が認定した犯罪事実の不存在が確実であるとの心証を得ることを必要とするものではなく，確定判決における事実認定の正当性についての疑いが合理的な理由に基づくものであることを必要とし，かつこれをもって足りると解すべきであるから，犯罪の証明が十分でないことが明らかになった場合にも右の原則があてはまるのである」。

では，〈CASE〉の新鑑定は，確定判決の事実認定に対して合理的な疑いをもたらす可能性はあるだろうか。

6　明白性の判断方法

かつての実務では，明白性の有無の判断については，新証拠の証明力をそれ自体単独で評価する立場（単独評価説）が支配的であった。それは，確定判決を尊重する立場からは当然の帰結ともいえる。しかしこれに対しても，白鳥決定は次のように述べている。

「右の明らかな証拠であるかどうかは，もし当の証拠が確定判決を下した裁判所の審理中に提出されていたとするならば，はたしてその確定判決においてなされたような事実認定に到達したであろうかどうかという観点から，当の証拠と他の全証拠と総合的に評価して判断すべきであり，この判断に際しても，再審開始のためには確定判決における事実認定につき合理的な疑いを生ぜしめれば足りるという意味において，『疑わしいときは被告人の利益に』という刑事裁判における鉄則が適用されるものと解すべきである」。

このように，最高裁は新証拠と旧証拠を総合的に判断する立場（総合評価説）に立つことを明らかにするとともに，その判断に際しても利益原則が適用されることを明言した。ただし，総合評価といっても，旧証拠の評価について原裁判所の心証を引き継ぎ，その拘束力を認めた上で，そこに新証拠を加味して判断したのでは（心証引継説），実質的に単独評価説と異なるところがなく，利益原則適用の趣旨に反する。また，最高裁自身，新証拠が原判決の「審理中に提出されていたとするならば」として，原裁判所の判断が確定されていないことを前提としているのだとすれば，総合評価にあたっては，旧証拠の評価の

やり直しを認め，そこに新証拠を加味して判断する方法が採られるべきである（再評価説）。そして，そのように解すると，新証拠の証明力に対する比重は旧証拠の証拠構造との関係において相対化され，新証拠は証拠全体にとっていわば「起爆剤」でありさえすれば足りることになる（田宮・508頁）。

〈CASE〉の旧鑑定は，いまだ間接証拠（いわゆる情況証拠）の1つにとどまり，全証拠の中でどのような位置を占めているのかは必ずしも明らかでない。しかし，情況証拠は，他の証拠と有機的に関連して証拠構造を形成しているのが通常であり，しかも仮に旧鑑定がXと犯人との同一性の証明にとって重要な位置を占めているのであれば，新鑑定は旧鑑定の証明力を大幅に減殺することによって，確定判決の事実認定に対して合理的疑いをもたらすような「起爆剤」となる可能性がある。とくに確定判決の証拠構造が脆弱であればあるほど，その可能性は高まるであろう。〈CASE〉でもそのような状況があるとすれば，新証拠によって再審開始決定が行われる可能性は高い。

もっとも，実務上は証拠の全面的な再評価を限定しようとする立場（限定的再評価説）が有力に主張され，「再審の門は依然として狭い」（加藤克佳「再審」争点（3版）・216頁）といわざるをえないのが現状である。

Practice

下記の各問の正誤を答えなさい。

問1. 現行法上不利益再審が認められないのは，もっぱら政策的な理由によるものである。　　　　　　　　　　　　　　　　　　　　　　　　（　　）

問2. 再審請求理由の存否は，再審公判において審理される。　　（　　）

問3. 既存の証拠であっても，証拠としての新規性が認められることがある。
　　　　　　　　　　　　　　　　　　　　　　　　　　　　　　（　　）

問4. 435条6号にいう「無罪を言い渡すべき明らかな証拠」とは，それ自体で無罪を証明しうるような高度の蓋然性を有する証拠をいう。　　　（　　）

解 答

解　答

[**Practice 解答**]
CASE 1
　　問１．×　　刑事訴訟法は，１条において，「真相の解明」とならんで「人権の保障」をも目的として規定する。すなわち，刑事手続においては，真相の解明だけが唯一の目的ではなく，人権の保障と適正手続の保障との調整が要求されているのである。
　　問２．○　　日本国憲法は，31条以下に刑事手続に関する詳細な規定をおいている。特に31条は，法定の手続によらなければ刑罰を科すことができない旨を規定しており，単に形式上手続が法定されているだけではなく，その内容が実質的に適正であることをも要請している，と理解されている。
　　問３．×　　最高裁は，高田事件（最大判昭47・12・20刑集26巻10号631頁）において，憲法37条を単なるプログラム規定ではなく，迅速な裁判を受ける被告人の権利が侵害された場合の具体的な救済を認めた規定である，と判示した。
　　問４．○　　高田事件最高裁判決は，迅速な裁判を受ける権利が侵害されたか否かは，「遅延の期間のみによって一律に判断されるべきではなく，遅延の原因と理由などを勘案して」，総合的に判断すべきである旨を述べている。

CASE 2
　　問１．×　　公訴を提起された者を，「被告人」という。これに対して，被疑者とは，捜査機関によって犯罪の嫌疑をかけられ捜査の対象となっている者で，未だ公訴を提起されていない者のことをいう。
　　問２．○　　当事者主義（当事者追行主義）の下では，検察官と被告人は対向関係に立たされ，被告人は，単なる取調べや訴追の客体ではなく，防御活動の主体として刑事手続に参加することになるのである。
　　問３．×　　最高裁は，岡山聴覚障害者窃盗事件（最決平７・２・28刑集49巻２号481頁）において，必ずしも意思能力がないとはいえないが，聴覚障害等のために意思疎通能力に著しい制約があり，その結果，理解力・判断力に問題があると疑われる場合についても，訴訟能力がないと判断した。
　　問４．×　　314条１項は，被告人が「心神喪失」の状態にあるときは，（無罪，免訴，刑の免除または公訴棄却の裁判をすべき場合を除いて，）心神喪失の状態が続いている間，公判手続を停止しなければならない旨，規定している。

CASE 3
　　問１．×　　弁護人と被告人との間の接見交通を制限する規定は，刑事訴訟法にはない。被疑者については，刑訴法39条３項による指定がある。
　　問２．×　　最大判平11・３・24民集53巻３号514頁によれば，憲法34条の権利は，弁護人からの援助を受ける機会を持つことを実質的に保障しているものとしている。したがって，単に形式的に弁護人を付ければよいとしているわけではない。
　　問３．×　　確かに，公訴提起の前にした弁護人の選任は，第一審においてもその効力を有するが（32条１項），公訴の提起後における弁護人の選任は，審級

ごとに選任しなければならない（同2項）。ただし，継続的に同じ弁護人が弁護をすることが望ましいとも考えられるから，必ず，別の弁護人を選任しなければならないというわけでもない。

問4．○　このようにして，第一審の手続に限定して弁護士以外の者が選任されることがある(31条2項)。この弁護人を特別弁護人と呼ぶ。ただし，地方裁判所においては，他に弁護士の中から選任された弁護人がある場合に限られる。

問5．○　刑訴法41条参照。独立代理権という構成に批判的な学説もあるが，この権限もあるとすれば，いずれにせよ，41条は独立代理権と固有権の両者に関する規定であるといえる。

CASE 4

問1．○　わが国の現行刑事手続においては，捜査段階では，捜査機関（警察・検察官）と被疑者，および令状の発付等における裁判官，また，公判段階では，検察官と被告人（・弁護人）および裁判所が中心となって活動を行い，犯罪被害者は当事者としての地位には立たない。

問2．×　親告罪の告訴期間は一般には犯人を知った日から6カ月以内と定められているが，強姦や強制わいせつ等の性犯罪に関しては告訴期間の制限はない（235条1項）。

問3．×　公訴の提起は，検察官の専権事項である（247条）。検察官の不起訴処分に不服があるときは，被害者は，検察審査会に当該不起訴処分についての審査を申し立てることができる（検察審査会法2条2項，30条）。

問4．○　強姦や強制わいせつの他，名誉毀損や器物損壊等の罪については，親告罪として，被害者の告訴がない限り検察官は起訴することができないこととされている（刑法180条，232条，264条等）。

問5．○　裁判所は，被害者から申出のあったときは，公判期日において被害に関する心情その他の被告事件に関する意見の陳述をさせることとされている（292条の2第1項）。ただし，この陳述は犯罪事実の認定のための証拠とすることはできない（292条の2第9項）。

CASE 5

問1．×　職務質問は，あくまでも犯罪予防と目的とした行政警察活動の一環として，警察官職務執行法によって行うことが認められている。もっとも，職務質問を契機に犯罪捜査に発展することがあるので任意捜査との限界が微妙な場合もある。

問2．×　判例は，「必要性」「相当性」の観点から，「肩に手をかける行為」（最決昭29・7・15），「エンジンキーを抜き取る行為」（最決昭53・9・22）等を適法な「停止」のための行為であるとしている。

問3．×　所持品検査を認める規定は，刑事訴訟法にも，警察官職務執行法にもない。

問4．×　判例は，所持品検査が一般にプライバシーの侵害が高い行為であることは認めており，侵害の程度が相当性の範囲を超える場合には違法になると

解　答

している（最判昭53・9・7）。

CASE 6
問1．×　自動車検問の中でも，いわゆる緊急配備検問については，任意捜査の一環として刑訴法197条を根拠に行うことができる。

問2．×　最高裁判例は，交通取締の現実的必要性に照らして，警察法2条1項を根拠として，あくまでも相手方の任意の協力を求める形で許される行政警察活動であるとしている（最決昭55・9・22）。

問3．○　最決昭55・9・22。

問4．×　下級審判例には，無差別一斉検問の法的根拠を警察法ではなくて警職法2条1項に求め，職務質問における停止権限の一環とするものがある（大阪高判昭38・9・6）。

問5．○　交通検問の有効性は否定できないが，法的根拠を明確にしておくことがやはり必要である。

CASE 7
問1．×　強制処分を行うには刑訴法に特別の規定が必要となるのであって，規定の有無が，強制処分と任意処分を分ける基準というわけではない（なお，刑訴法には，任意処分を定めた規定もある）。

問2．×　197条1項但書は強制処分法定主義を定めた規定であり，各強制処分を行うには，個別の条文が必要である。

問3．×　強制手段にあたらない有形力の行使が許容される場合があるとするのが，判例の立場である（最決昭51・3・16）。

問4．○　法は強制処分としての身体検査についても，女子については一定の条件を付けている（刑訴法131条2項）。

CASE 8
問1．○　人格的自律権を侵害する捜査方法であるといえる。

問2．○　犯意誘発型のおとり捜査はまさに人格的自律権に対する侵害である。

問3．×　殺人や傷害等の人身犯罪は，類型的に，おとり捜査を行う必要性に欠ける。のみならず，実施に伴う危険性の高さからみても，許容されえない。

問4．○　最決昭28・3・5刑集7巻3号482頁。

CASE 9
問1．×　逮捕には，逮捕の理由のほか，逮捕の必要性がなければならない。

問2．×　憲法33条を参照のこと。

問3．○　刑訴法210条はこのような事態を予定している。

CASE 10
問1．○　憲法33条を参照のこと。

問2．×　同上。

問3．×　現行犯人と比較して，準現行犯人は犯罪からさらに遠い位置にある。そのため，逮捕の要件は厳しくなる。刑訴法210条・212条参照。

解　答

CASE 11
　問１．×　　刑訴法60条１項を参照。
　問２．×　　逮捕→勾留，の順である。
　問３．○　　各被疑事実について司法審査を受けることができる。
　問４．×　　逮捕・勾留一回性の原則を貫徹すれば認められないことになるが，刑訴法199条３項，刑訴規142条１項８号など再逮捕を前提としたと考えられる規定もあり，「現行法上禁止されている」とまではいえない。

CASE 12
　問１．×　　別件基準説では，別件逮捕・勾留を論ずる余地自体がほとんどなくなることに留意。
　問２．○　　本件基準説が主張される根幹である。
　問３．×　　本文２(4)掲記の各裁判例を参照。
　問４．×　　主観重視では認定に困難を生じる。
　問５．○　　上記各裁判例を参照。

CASE 13
　問１．×　　刑訴法219条では被疑事実の要旨の記載は必要とはしていない。また，判例上も原則として必要とされていない。もっとも，記載を求めたと理解できる裁判例もある。
　問２．○　　憲法35条は「捜索する場所及び押収する物を明示する令状」を要求している。
　問３．×　　立会権は刑訴法上，明文で認めてはいない。222条６項が，「必要があるとき」に被疑者の立会いを認めているにとどまる。弁護人の立会いについては特に規定はない。

CASE 14
　問１．○　　*CASE 13*参照。
　問２．○　　最決平10・５・１刑集52巻４号275頁など。

CASE 15
　問１．×　　221条で任意提出，領置の規定が存在する。
　問２．○　　最大判昭33・６・７刑集15巻６号915頁参照。
　問３．○　　220条４項を参照。

CASE 16
　問１．×　　通信傍受法12条２項によれば，立会人は「当該傍受の実施に関し意見を述べることができる」にとどまる。なお，最高裁平成11年決定は，検証令状による電話検証について，立会人による傍受の遮断措置を検証の条件として裁判官が付することができる旨を判示している。
　問２．×　　通信傍受法26条３項。捜査機関によって行われた傍受の処分への不服申立てが認められ，裁判所が当該傍受処分を取り消す場合，捜査機関に対し，同条項１号～３号に該当すれば傍受記録の消去を命じなければならない。
　問３．○　　最決平11・12・16刑集53巻９号1327頁および問１.の解説参照。

359

解　　答

CASE 17
問１．×　　プライバシー侵害の程度が異なるため，同列に論じることはできない。いずれの見解においても後者についてはなお強制処分と解されている。
問２．○　　捜査の一般的手法として写真撮影を許す刑訴法上の規定はない。「新しい強制処分」とされるゆえんである。
問３．×　　判例によれば，犯罪発生前のビデオ撮影も許容される。
問４．×　　私人の設置する店舗内等の防犯カメラは，そもそも捜査の範疇から外れるし，利用者側の推定的承諾を根拠に許されると解されている。もっとも，防犯カメラの氾濫する現在，立法による規律の必要性は高いのかもしれない。

CASE 18
問１．×　　強制採尿，強制採血とも明文規定はない。
問２．×　　いわゆる強制採尿令状に基づいて実施される。
問３．○　　令状の効力として，最寄りの場所へ連行することが認められる。
問４．×　　強制採尿も強制採血も，身体の侵襲を伴い，体液を採取する点で共通するが，強制採血の法形式につき明確に論じた判例はなく，実務では鑑定処分許可状と身体検査令状の併用により運用されている。

CASE 19
問１．×　　取調受認義務肯定説は，刑訴法198条１項但書を，被疑者は，逮捕勾留されている場合を除いては（すなわち在宅の場合は），出頭を拒み，又は出頭後，何時でも退去することができるが，逆に逮捕勾留されている被疑者は，出頭を拒むことも，退去することもできない，と反対解釈するのである。他方，取調受認義務否定説は，但書を反対解釈せず，むしろ，逮捕勾留されている被疑者については，取調受認義務がないことを明らかにした確認規定だとする。
問２．○　　最大判平11・3・20参照。
問３．×　　最決昭36・11・21参照。

CASE 20
問１．×　　余罪と本罪，別件と本件の対応関係を混同しないこと。
問２．○　　最決昭52・8・9参照。
問３．×　　判例は，任意処分として被告人を取り調べることを認める。最決昭36・11・21参照。

CASE 21
問１．×　　最判昭37・5・2刑集16巻5号495頁。報告義務そのものは事故原因など刑事責任を問われるおそれのある事項の報告を求めていないため，黙秘権侵害にあたらないとしている。
問２．×　　現行法上は，そのような制度はわが国には存在しない。

CASE 22
問１．○　　39条３項参照。「公訴の提起前」は接見を指定しうる。
問２．×　　原則として公訴提起後は接見を指定できない。

CASE 23

問1．×　現行法は起訴状一本主義を採用している。公訴提起の際に裁判所に提出されるのは，起訴状のみである（256条1項）。

問2．×　起訴状に記載しなくてはならない事項としては，その他に罪名も必要である（256条2項）。

問3．×　不当な強制に基づく自白など，虚偽自白は冤罪の原因となるから，慎重に扱われる必要がある。不当な偏見の防止のために，刑訴法は，犯罪事実に関する他の証拠が取り調べられた後に取り調べることとしている（301条）。

問4．○　2004年の刑事訴訟法改正によって，新たに公判前整理手続が創設され，証拠調べを請求された証拠の立証趣旨，尋問事項等がそこで明らかにされると規定された（316条の5第5号）

問5．○　256条6項参照。

CASE 24

問1．×　検察官は公訴事実の同一性の範囲内で，訴因の追加，撤回，変更を請求することができる（312条1項）。

問2．○　公訴は，第一審の判決があるまでに取り消すことができる（257条）。ただし，主に法人の消滅や被告人の死亡などを理由とするものが，実際である。

問3．×　現行法は起訴便宜主義を採用している。検察官は犯罪の嫌疑がある場合に必ず起訴しなければならないわけではなく，「犯人の性格，年齢及び境遇，犯罪の軽重及び情状並びに犯罪後の情況により訴追を必要としないときは，公訴を提起しない」ことができる（248条）。

問4．×　一罪の一部起訴については，禁止規定は明文で刑事訴訟法上定められているわけではない。そのため，一罪の一部起訴が認められるのかが，問題となるのである。

問5．×　公訴提起は国家機関である検察官が行う（247条）。被害者の訴追権限は，刑事訴訟法では定められていない。

CASE 25

問1．×　訴因変更は審判対象の変更である。審判対象を設定するのは検察官である。審判対象を変更するのも検察官である。現行法が訴因変更を裁判官の許可にかからしめている（刑訴法312条1項）のは，「公訴事実の同一性」の範囲内であることを確認するためにすぎない。同条は「許すことができる」でなく「許さなければならない」と規定していることに注意。

問2．×　見張りから金庫破りという変化は，重要な事実の変化といえる。

問3．×　抽象的防御説のアプローチに立ってみよう。強盗（刑法236条）の構成要件と恐喝（刑法249条）の構成要件は，暴行脅迫による財物取得という点で共通し，その程度，及び被害者の意思が傷つけられた程度が異なるにすぎない。その意味で，大（強盗）は小（恐喝）を兼ねると法的に評価でき，恐喝と認定しても防御上不利益とはいえないと一般的には考えられる（最判昭26・6・15刑集5巻7号1277頁）。このように，訴因に包含された犯罪事実を認定

解　答

するには訴因変更を不要とする考え方を「縮小認定の原則」と呼ぶ。
問4．×　具体的防禦説に立つと，既に窃盗の事実に対して防禦がなされているから不利益はないと考えることになる。抽象的防禦説に立つと，窃盗（刑法235条）と強盗（刑法236条）では，犯行方法につき窃取と強取という重要な違いがあり，重要な事実の変化があるということになる。

CASE 26
問1．○　広義と狭義を使い分けなければならないので大変だが，きちんと整理しておこう。
問2．○　盗品保管は不可罰的事後行為なので，一種の吸収関係。
問3．○　問2と同趣旨。
問4．×　窃盗正犯とは異なり，窃盗の幇助犯・教唆犯が盗品譲受け等の罪を犯した場合には，二罪（併合罪）として処理するのが実務。これに対しては，盗品を譲り受けるために窃盗を幇助しているのだから一罪（牽連犯）として処理すべきだとの批判も強い。
　　問2～問4は，すべて財産犯の罪数処理に関する問題である。厳密にいえば刑法の問題だが，刑訴法における公訴事実の単一性処理の場面において，財産犯の事例がよく登場するので，しっかりおさえておこう。

CASE 27
問1．×　被告人または弁護人の請求がなければならない。312条4項参照。
問2．×　検察官の権限濫用その他の理由で許可されない可能性がある。また，そもそも公訴事実の同一性が認められなければ訴因変更は許可されない。

CASE 28
問1．○　最判昭42・8・31刑集21巻7号879頁参照。
問2．×　そのような最高裁判例は出ていない。下級審の裁判例の中には，訴因変更後の訴因によると無罪判決を出さざるをえない場合に，①変更を許可したこと，そして②訴因の再変更を促したり命ずる措置をとらなかったことにつき審理不尽の違法があると判断したものがある（大阪高判昭56・11・24判タ464号170頁参照）。

CASE 29
問1．×　従来は15年だったが，2004年12月の法改正により25年となった（2005年1月1日施行）。
問2．×　免訴判決（337条）による。
問3．×　「中断」ではなく，「停止」である。両者の違いをよくふまえておく必要がある。
問4．○　通説の立場である。しかし，本文中に述べたように，その立場が理論的に一貫しているかは，疑問の余地がある。

CASE 30
問1．×　準起訴手続（付審判手続），検察審査会といった例外がある。
問2．×　これは起訴法定主義の説明である。現行法は，起訴便宜主義を採用

している。
問3．○　だからこそ，公訴権濫用論が登場したのである。
問4．○　ただし，本文中に示したように，実際にはその適用範囲はかなり限定されている。

CASE 31
問1．○　憲法37条1項に規定されている。
問2．×　「公の秩序又は善良の風俗を害する虞がある」ときには非公開にすることができるのは，対審である。憲法82条2項を参照のこと。
問3．○　写真撮影は原則として禁止され，刑訴規215条により，裁判所の許可により写真撮影を認めている。
問4．×　最高裁判所によれば，筆記行為の自由は，憲法21条1項の規定の精神に照らして尊重されるべきであるとしている（最大判平元・3・8民集43巻2号89頁）。
問5．×　法廷警察権には制裁措置が用意されている。具体的には法廷等の秩序維持に関する法律2条と裁判所法73条である。

CASE 32
問1．×　必要的弁護事件は死刑，無期もしくは長期3年を超える懲役もしくは禁錮に当たる事件であって，短期1年以上ではない（289条）。
問2．×　新しく刑訴法改正によって創設された被疑者国選弁護制度は，勾留段階になってからであり，逮捕段階ではまだ認められていない（37条の2）。
問3．×　死刑または無期もしくは短期1年以上の懲役もしくは禁錮に当たる事件であって，長期3年を超える懲役もしくは禁錮に当たる事件という必要的弁護事件とは範囲が異なる（37条の2）。
問4．×　裁判所は職権で弁護人を付すことができる（289条2項）。
問5．○　被告人が公判期日に出頭しないときは開廷できないが（286条），被告人が法廷に出頭しなくても，裁判所は公判手続を行うことができる場合として，283条，284条，285条には規定がある。

CASE 33
問1．×　現行法は当事者主義を採用し，起訴状一本主義を採用したことから，記録は裁判所にすべて提出されるわけではない。そのため，証拠開示の問題が起こることとなる。
問2．×　定められている（299条1項）。だたし，これは取調請求証拠についてであり，299条ではそれ以外の証拠が対象とされているわけではない。
問3．○　弁護側の証拠収集手段の1つとして，刑事訴訟法に規定されている（179条）。
問4．○　最決昭44・4・25刑集23巻4号248頁によれば，訴訟指揮権に基づく証拠開示命令を認めた。
問5．×　刑事訴訟法によれば，①検察官請求証拠，②検察官手持ちのそれ以外の類型証拠，③弁護側取調請求証拠という順番である（316条の14以下参照）。

363

解　答

CASE 34
　問１．×　　証拠能力を有する，適式な証拠調べを経た資料に限られる。
　問２．×　　心構えのことを言っているのではない。証拠能力を有する，適式な証拠調べを経た証拠による証明（事実認定）のことである。
　問３．○　　併合罪と認定されると刑の長期が長くなる（刑法47条）。したがって，刑罰の範囲に影響を与える事実なので，厳格な証明を要する。
　問４．×　　証拠能力に関する事実は訴訟法上の事実なので，通説によれば厳格な証明を要しない。
　問５．○　　法律上の減軽（刑法68条等）と酌量減軽（刑法66条等）の違いについては，刑法総論や刑事学（刑事政策）等で勉強しておくこと。通説によると設問文のような結論になるが，これに果たして合理性は認められるか。

CASE 35
　問１．×　　原則として法律的関連性がないとされる。自然的関連性がないとされる場合も多いだろう。
　問２．○　　東京高判昭55・２・１東高時報31巻２号５頁参照。

CASE 36
　問１．×　　むしろ，自白を得るための拷問が認められていた。
　問２．×　　証拠能力がない資料を取り調べることはできない。自由心証主義は，取り調べられた証拠能力ある証拠の証明力評価に関するポリシーである。
　問３．○　　最決昭34・11・24刑集13巻12号3089頁参照。が，それでよいか。

CASE 37
　問１．×　　被告人が犯人ではないのではないかという疑いが少しでもあるのであれば，被告人に不利な措置がとられてはならないことを意味する。
　問２．○　　必ず認定しなければならないことになると，推定事実につき挙証責任を被告人が負うことと同じになってしまい，不当だからである。なお，「法律上の推定」の意味がそもそもよくわからない人は，面倒がらずに，人の健康に係る公害犯罪の処罰に関する法律５条などの実例をみて考えよう。

CASE 38
　問１．×　　自白は犯罪事実の全部または一部を認める被疑者・被告人の供述であるから，有罪である旨の自認とは異なる。
　問２．×　　自白の任意性および信用性は，それぞれ証拠能力と証明力の問題に他ならないから，任意性のある自白についてのみ，信用性が判断されるのである。証拠物の場合と変わらない。
　問３．×　　学説によって結論は分かれるが，自白採取の過程に着目すれば（違法排除説），偽計を用いること自体，排除理由とはなる。ただ，その場合でも違法の程度が問題となることはいうまでもない。
　問４．○　　捜査官が約束を履行した場合は，自白を排除する根拠を失うようにも思われる。しかし，約束の内容にもよることだが，約束をして自白を引き出すという手法自体に問題があるとすれば，やはり排除が考えられる余地はある。

CASE 39
問１．×　補強法則は，自白の証明力に関わる原則である。
問２．×　補強証拠も犯罪事実を認定するための実質証拠である。したがって，証拠能力は必要である。
問３．○　そのために，共犯者の供述を他の者に不利益に利用する場合，慎重に判断することが求められる。この点は，いずれの論者も一致している。
問４．×　判例によれば，共犯者の自白を「本人の自白」と考えていないから，その数に関係なく，補強証拠は不要とする。

CASE 40
問１．○　憲法は37条２項で反対尋問権を保障するが，これは，単に公判廷で出廷した証人に対するだけでなく，およそ供述証拠を提出する供述者（実質的意義の証人）を含めて考えるべきである。
問２．○　主尋問終了後，反対尋問前に証人が死亡したような場合は，主尋問に対する供述は当事者の申立により伝聞証拠として排斥される。ただし，321条１項各号のいずれかを準用することによって，伝聞法則の例外として扱うことが考えられる。
問３．×　必要最小限の証明力（自然的関連性）はあるが，裁判官の評価を誤らせる危険があるから排除されるのである。したがって，法律的関連性が欠けていることになる。
問４．○　精神状態の供述は，その時の精神状態からストレートに発せられた言葉であるために知覚，記憶の段階がない。もっとも，原供述者の真摯性，叙述の正確性の吟味を通して，その真意を確かめることは，証拠一般と同様，関連性のレベルで必要である。

CASE 41
問１．○　供述録取書に署名・押印のある場合は，原供述者と録取者との間の伝聞性が払拭される。あとは書面の伝聞性のみが残る。
問２．×　判例によれば，供述不能の事由は，条文にある４要件だけではない。すなわち，証言拒否，記憶喪失，宣誓拒否，共同被告人となった事件での黙秘権行使などがある。
問３．×　本文でも触れたように，かつて判例は事情を問わなかったが，最高裁は，国外退去の事態をことさら利用しようとして調書をとった場合や，手続的正義から公正さを欠くような事実があれば，供述調書の証拠能力を認めない立場をとった。
問４．×　信用性の情況的保障は，特に前段では要求されていない。必要性だけで証拠能力が付与される。しかし，これに対しては批判も強く，違憲説もある。有力なのは，解釈上，信用性の情況的保障を付け加えて証拠能力を認めるべきだとする見解である（制限的合憲説）。ただし，判例は，必要性だけで証拠能力を認めている。

解　　答

CASE 42
問１．×　相反性と特信性の両方の要件を満たすことが必要である。
問２．○　判例は，当たるとしている（最決昭32・9・30）。
問３．×　特信性は，主として供述がなされた際の外部的な事情を基準として判断しなければならない。
問４．×　再度公判期日等において証人として証言し，検面調書に反する供述をしたときには，321条1項2号によって証拠能力を付与される。

CASE 43
問１．○　通説は作成名義の真正だけではなく，検証した結果の内容が正確に記載されていることの供述が必要であるとする。
問２．○　検証調書と同様の性格を有する書面に広く適用されうる。
問３．×　通説は，検証調書に実況見分調書が含まれるとして，321条3項の準用ではなく，直接適用を認めている。
問４．×　指示説明を「供述」として扱う場合にも，321条1項1号ないし3号，322条1項の要件を満たせば証拠能力は認められる。

CASE 44
問１．×　326条により，被告人が同意をすれば，その書証は証拠としての能力が認められる。
問２．×　共同被告人には及ばない。
問３．○　広島高判平15・9・2判時1851号155頁など参照。
問４．○　326条2項参照。

CASE 45
問１．×　アリバイの証言は主要事実に関する証拠なので，実質証拠である。
問２．×　弾劾された証拠の証明力を回復させるものであるから，この場合は回復証拠である。
問３．×　主要事実を直接証明する証拠を直接証拠，主要事実の存在を推認させる事実を証明するものを間接証拠という。
問４．○　刑訴法328条により，限定説，非限定説どちらでも，許容される。

CASE 46
問１．○　供述証拠の場合には，伝聞法則が適用され，非供述証拠の場合には伝聞法則が適用されない。
問２．×　一般的に，供述内容を録音したテープは，供述証拠と理解されるため伝聞法則の適用がある。次に，伝聞例外に該当するかどうかが問われることになる。
問３．×　供述証拠説によれば伝聞法則が適用され，非供述証拠説によっても関連性が認められなければ証拠能力は認められない。
問４．×　供述録取書には，署名もしくは押印が求められる（321条1項本文，322条1項）。

CASE 47

問1．○　違法収集証拠の証拠能力に関して，現行法に直接の規定はまったく存在しない。違法収集証拠の証拠能力を否定することを認める違法収集証拠排除法則は，学説および判例によって，発展してきた理論である。

問2．×　違法収集証拠排除の根拠として違法捜査の抑止を考える立場は，抑止効説といわれる。司法の廉潔性説（司法の無瑕性ともいわれる）は，違法収集証拠排除の根拠として，司法に対する国民の信頼を考える立場である。

問3．×　最高裁は，昭53・9・7の判決において，「重大な違法」と「違法捜査の抑制」の2つの要素を排除の基準として挙げている。ただし，この2つの要素の関係の捉え方については，重畳説と競合説との対立がある。

問4．×　違法な捜査によって収集された証拠に基づいて発見された別の証拠（派生的証拠）は，排除される場合がある。これを，毒樹の果実の理論という。

CASE 48

問1．○　憲法38条1項，刑訴法311条1項，291条2項。

問2．×　弁論の分離は，被告人の権利を保護するため必要があるときにはかならず，その他裁判所が適当と認めるときには裁量で分離できる（刑訴法313条）。

問3．○　最決昭31・12・13等参照。

問4．○　最判昭28・7・7等参照。

CASE 49

問1．○　刑訴法333条，335条参照。

問2．○　最決昭58・5・6参照。もっとも被告人に不意打ちを与える場合には許されるべきではない。

問3．×　札幌高判昭61・3・24は確かにそのように認定しているが，大阪地判昭46・9・9は，いずれについても合理的な疑いを入れない程度の立証ができていないのであるから，刑事訴訟法上の挙証責任の法則に忠実にしたがって無罪を言い渡すべきであるとしている。

問4．○　東京高判平4・10・14参照。

CASE 50

問1．○　通説によれば，一事不再理効は公訴事実同一性の範囲に及ぶ。したがって，判決があった訴因よりも広い範囲に及ぶこととなる。

問2．×　一事不再理効は，事件の当事者，すなわち裁判を言い渡した国家と当該被告人との関係についてのみ及ぶとされている。本文中，一事不再理の主観的範囲の項を参照。

問3．×　殺人の被疑事実と科刑上一罪の関係に立つ（すなわち公訴事実同一性の範囲内にある）住居侵入の事実にも一事不再理効は及ぶ。したがって，この場合，住居侵入の被疑事実による再度の起訴は許されない。

問4．×　前訴の訴因が単純窃盗，後訴の訴因が常習累犯窃盗の事案において，前訴も後訴とともに1つの常習累犯窃盗を構成するとして，後訴のうち，前訴

解　答

が確定する前に行われたものを免訴とすべきであるとした判例（最判昭43・3・29）は維持されている。

CASE 51

問１．×　　控訴理由を書くのは，控訴申立書ではなく，控訴趣意書である。両者を区別して理解しなければならない。なお，控訴の提起期間は14日だが（373条），控訴趣意書の提出期限は，事件毎に控訴裁判所により指定される（刑訴規236条）。

問２．○　　本文中の point ②で述べたように，科刑上一罪の場合には，上訴の効力はそこに包含される訴因のすべてに及ぶ。

問３．×　　控訴理由に該当しうる事由があれば，職権調査は可能である（392条２項）。むしろ，そのような被告人に不利益な部分についてこそ，裁判所の後見的機能という観点から職権調査が積極的に行われるべきである。

問４．○　　本文中に引用した最決平元・５・１刑集43巻５号323頁参照。しかし，検察官は本位的訴因（無罪部分）について控訴しなかった以上，その部分については訴訟追行を放棄したとみなされてもやむを得ないのではないだろうか。

CASE 52

問１．×　　本文中に示したように，そのようないわゆる不利益再審は，現行法上認められていない。憲法39条の二重の危険の禁止に反するからである。

問２．×　　再審請求理由の有無は，再審請求手続において審理される。実際に重要なのはこの再審請求手続であるが，再審公判とは区別して理解しなければならない。

問３．○　　証拠の新規性は，証拠方法ごとではなく，証拠資料について判断されるからである。本問では鑑定が問題となったが，同様のことは，たとえば証人の供述についても妥当しうる。

問４．×　　本文中に引用したように，最高裁は，白鳥決定および財田川決定を通じて，「無罪を言い渡すべき明らかな証拠」とは，それ自体無罪を証明しうるようなものである必要はなく，確定判決の事実認定に「合理的な疑いをいだかせ」るものであれば足りるとした。

事項索引

あ行

荒れる法廷 …………………… 244
意見の陳述 …………………… 106
意思説 ………………………… 93
意思疎通能力 ………………… 94
意思能力 ……………………… 94
1号書面 …………………… 73, 294
一罪(一逮捕)一勾留の原則 … 22, 140
一罪の一部起訴 …………… 201, 202
一罪の一部起訴否定説 ……… 204
一事不再理(効) ………… 80, 336
一般的指揮権 ………………… 10
一般的指示権 ………………… 10
一般的指定 …………………… 192
一般令状 ……………………… 148
違法収集証拠 ………… 145, 308, 320
　──の排除法則 ………… 145, 320
疑わしいときは被告人に利益に … 83, 184, 266, 351
押　印 ………………………… 290
押収拒絶権 …………………… 26
大阪天王寺覚せい剤事件 …… 320
岡山聴覚障害者窃盗事件 …… 94
おとり捜査 ………………… 18, 126

か行

回　避 …………………… 197, 262
回復証拠 …………… 62, 311, 314
科学的証拠の証拠能力 ……… 257
確定判決 ……………………… 336
監視カメラ …………………… 31
間接証拠 ……………………… 61
鑑　定 …………………… 28, 29
鑑定書 ………………………… 75
鑑定処分 ……………………… 172

関連性 ………………………… 75
　──の立証方法 …………… 317
機会提供型 …………………… 18
偽計等を用いた令状の執行 … 28
偽計による自白 ……………… 271
希釈化の法理 ………………… 323
起訴状 ………………………… 97
起訴状一本主義 ……… 5, 45, 196, 262
起訴状謄本 …………………… 45
起訴独占主義 …………… 42, 231
起訴便宜主義 ………… 42, 201, 231
起訴猶予 ………………… 201, 231
規範説 ………………………… 321
規範的任意説 ………………… 112
既判力 ………………………… 337
忌　避 …………………… 197, 262
基本的事実同一説 …………… 49
客観証拠優先の原則 ………… 12
糾問的捜査観 ………… 10, 19, 34
競合説 ………………………… 322
供述過程 ……………………… 72
供述拒否権 …………………… 183
供述者の署名・押印 ………… 318
供述書 …………………… 71, 72, 291
供述証拠 …………… 61, 304, 315
供述不能 …………… 73, 290, 292
供述録音 ……………………… 318
供述録取書 ……… 71, 72, 73, 290, 304
行政警察活動 ………… 9, 12, 16, 111
強制採血 ……………………… 173
強制採尿 ………………… 29, 171
強制採尿令状 ………………… 30
強制処分 ………………… 120, 146
強制処分法定主義 …… 16, 120, 162
強制処分法定の原則 ………… 11
強制捜査 ……………………… 124

369

事項索引

(共同) 被告人の証人適格……………324
共犯者の自白……………………279
挙証責任………………65, 246, 267
────の転換……………………269
挙動説……………………………93
切違え尋問………………………271
緊急(捜索)差押え……………30, 153
緊急逮捕…………………21, 131
────の合憲性…………………132
緊急配備検問………………13, 106
具体的指揮権……………………10
具体的指定書……………………192
具体的防御説…………………48, 208
警戒検問……………………13, 116
経験則……………………………263
形式裁判……………………78, 338
刑事被告人………………………242
形成力……………………………224
継続犯……………………………339
結　審……………………………60
決　定……………………………78
厳格な証明…………………63, 252, 253
厳格任意説…………………13, 112
現行犯逮捕…………………20, 134
検察官上訴………………………338
検察官請求証拠…………………247
検察官同一体の原則……………8
検察官面前調書 (検面調書)……290, 296, 297, 312, 314
検察審査会………………104, 230
検察審査会制度…………………43
検　視……………………………14
検視調書…………………………303
検　証…………………………28, 301
検証調書………………………18, 301
検証令状…………………………164
現場供述…………………………74
現場写真………………19, 20, 74
憲法保障説………………………321

権利保釈…………………………182
合意書面…………………………77, 292
公開主義…………………………57
抗　告……………………………83
交互尋問方式……………………60
控　訴……………………………81
公訴棄却…………………………338
公訴権濫用論………………54, 231
公訴時効……………………53, 225
公訴事実…………………………339
公訴事実対象説…………………46
公訴事実の単一性………………212
────と同一性…………………215
公訴事実の同一性………47, 49, 212, 228
────（狭義）…………………213
────（広義）…………………212
交通検問……………………13, 118
口頭主義…………………………58
行動説……………………………93
公判期日…………………………59
公判記録閲覧制度………………8
公判準備…………………………56
公判中心主義…………59, 218, 294, 306
公判廷……………………………57
公判手続………………………57, 95
────の停止……………………95
公判の基本原則…………………57
公判前整理手続………5, 56, 90, 262
公平な裁判所……………………45
攻防対象論………………………347
合理的疑いを超えた証明……64, 265
勾　留……………………22, 23, 138
勾留質問手続……………………22
勾留理由開示………………22, 139
国選弁護制度……………………241
国選弁護(人)…………………8, 98, 241
告　訴……………………………14, 103
告　発……………………………14
国家訴追主義………………42, 201, 229

事項索引

固有権 …………………………… 99
コンピュータと差押え …………… 27

さ行

罪刑法定主義 …………………………… 3
再勾留 …………………………………… 24
罪証隠滅防止 ………………………… 138
再　審 …………………………… 84, 349
再逮捕 …………………………………… 24
再逮捕・再勾留の禁止 ……………… 140
採尿場所への強制連行 ……………… 173
裁　判 …………………………………… 78
　——の公開原則 …………………… 236
　——の効力 …………………………… 80
　——の成立 …………………………… 78
裁判員制度 …………………… 9, 247
裁判官の除斥 ………………………… 197
裁判官面前調書（裁面調書）… 73, 290
裁判所・裁判官の検証調書 ………… 73
裁判所の証人尋問調書 ……………… 73
裁量保釈 ……………………………… 182
差押え ………………………………… 146
　——の必要性 ……………………… 147
差押対象物の特定 …………………… 149
差押物以外の物の写真撮影 ………… 27
3号書面 ………………………………… 73
参考人取調べ …………………………… 33
事件単位説 …………………………… 140
事件単位の原則 ……………… 139, 181
事件の配点 ……………………………… 57
事後審 ………………………………… 345
自己負罪拒否特権 …………………… 183
事実記載説 ……………………… 48, 209
事実誤認 ……………………………… 267
自　首 …………………………………… 15
私人訴追 ………………………………… 8
事前準備 ………………………… 56, 198
自然的関連性 ………… 67, 252, 287, 257
私選弁護（人） ………………………… 98

実況見分 …………………… 17, 29, 304
実況見分調書 ……………… 18, 74, 303
　——の証拠能力 …………………… 301
実質証拠 ………………… 62, 296, 311
実質的表示説 ………………………… 93
実体裁判 ……………………… 78, 338
実体的真実 ……………………………… 3
実体的真実主義 ………………… 4, 89
実力説 ………………………… 13, 112
指定弁護士 ……………………………… 43
自動車検問 …………………… 13, 108
自動速度監視装置 …………………… 32
自　認 ………………………………… 272
自　白 ………………………… 68, 271
　——の証拠能力 …………………… 144
　——の証明力 ……………………… 276
自白偏重 ……………………………… 279
自白法則 ………………… 68, 188, 273
司法警察活動 …………………………… 9
司法警察職員 …………………………… 7
司法支援センター ……………………… 8
司法の廉潔性説 ……………………… 321
司法の無瑕性説 ……………………… 321
氏名黙秘 ……………………………… 184
写　真 ………………………………… 314
写真撮影 ………………………… 31, 167
写真撮影報告書 ……………………… 75
遮へい措置 …………………………… 106
臭気選別 ……………………………… 303
終局裁判 ……………………………… 78
重畳説 ………………………………… 322
自由心証主義 …………… 63, 261, 276
自由な証明 ……………………… 252, 253
修復的司法 …………………………… 107
受訴裁判所 ……………………………… 57
主要事実 ……………………………… 254
準現行犯 ……………………………… 135
準現行犯逮捕 ………………………… 20
準抗告 ………………………………… 139

371

事項索引

準備手続	56
照会	28
情況証拠	285
消極的実体的真実主義	4
証拠	61, 253, 311
——の新規性	351
——の標目	330
——の明白性	350
証拠禁止	68, 252, 257, 259
上告	82
証拠構造	353
証拠裁判主義	62, 252
証拠書類	61, 246
証拠資料	61
証拠提出責任	268
証拠能力	67, 257, 298, 320
証拠物	61, 246
証拠方法	61
証拠保全請求権	41
常習犯	339
情状事実	254
上訴	80
承諾留置	124
証人	105
証人尋問	60
証人尋問権	279
証明の優越	64
証明予定事実	248
証明力	348
——を争う証拠	77
職権主義	6
職務質問	12, 110, 136
所持品検査	12, 113
職権尋問	293
職権調査	346
署名	290
署名・押印	75, 318
白鳥決定	84
親告罪	104, 105
人身の自由	155
真相の解明	88
迅速な裁判	5, 58, 89
身体検査	28, 29, 172
人的証拠	61
信用性の外部的情況	289
信用性の情況的保障	72, 294
推定	66
請求	15
制約説	13, 112
責問権	308
積極的実体の真実主義	4, 5
接見交通権	97, 164, 189
接見指定	39, 190
絶対的特信情況	329
絶対的特信性	290
絶対的排除説	321
説得説	13
訴因	206
——の構成	202
——の同一性	209
——の特定	44
訴因逸脱認定の効果	210
訴因共通説	49
訴因制度	5, 44
訴因対象説	47, 228, 337
訴因変更	207
——の可否	211
——の拒否	218
——の時期的限界	217
——の要否	206
訴因変更時	228
訴因変更制度	207
訴因変更命令	50, 221
——の性質	222
増強証拠	311, 313
捜査機関の検証調書	73
捜索	146
捜索・差押え	25

事項索引

——の執行	26
捜索差押令状	173
捜査のための証人尋問	33
捜査比例の原則	11, 120
相対的特信情況	329
相対的排除説	321
訴訟記録の閲覧・謄写	106
訴訟指揮権	238, 247
訴訟主体	57
訴訟条件	51, 233
訴訟的捜査観	10
訴訟当事者	57
訴訟能力	7, 93
訴訟法上の事実	254
訴追裁量権	7
即決裁判手続	90
疎明資料	148

た行

逮捕	19, 130
逮捕・勾留一回性の原則	140
逮捕前置主義	22, 139
逮捕に伴う捜索・差押えの時間的限界	157, 158
逮捕に伴う無令状捜索差押え	156
代用監獄	23
代理権	99
高田事件	5, 90
立会権	27
立会請求権	36
立会人の指示説明	74
弾劾証拠	15, 62, 284, 296
弾劾的捜査観	6, 10, 19
注意則	264
中間訴因を経た訴因変更	219
抽象的防御説	48, 208
懲戒処分請求権	10
直接主義	58, 283, 298
直接証拠	61

通常逮捕	19, 130
通信の秘密	166
通信傍受	162
通信傍受法	163
罪となるべき事実	330
程度の証明	64
適式の証拠調べ	63
適正手続の保障	4, 11, 12, 89
適正な事実認定	263
手続打切り	91, 95
デュー・プロセス	4, 337
伝聞供述	76, 282, 291
伝聞証拠	71, 282, 312
伝聞書面	282
伝聞法則	71, 282, 306, 312
——の例外	296
伝聞例外	286
電話（通信）傍受・盗聴	32
同意	306, 323
——の擬制	309
同意書面	77, 292
同意捜索	161
当事者主義	5, 10, 92, 97, 101, 244, 246
当事者対等主義	92
当事者追行主義	92
当事者能力	93
盗聴	162
当番弁護士制度	242
逃亡防止	138
毒樹の果実	322
特信情況	298
特信性	73
特信文書	76, 292
独立入手源の法理	323
取調べ受忍義務	10, 34, 144, 176, 179, 191
取調べ中断効	39
取調べの可視化	36, 69, 178

373

な行

2号書面	290
二次被害	105
二重の危険禁止	81, 349
——の原則	336
任意処分	120
任意捜査	17, 120
——と強制捜査の区別	121
——の原則	11, 15, 120
任意同行	12, 16, 122, 194
人証	61
練馬事件	280

は行

派生的証拠	322
犯意誘発型	18
判決	78
——の宣告	60
犯行再現写真	318
犯罪被害者等基本法	8, 102, 103
反証	62
反対尋問	289, 297
反対尋問権	283, 307
被害者	101
被害者意見陳述制度	8
被害者等通知制度	104
被害者保護・支援	102
被害者連絡制度	103
被疑者	92
被疑者国選弁護制度	242
被疑者取調べ	175
被疑者ノート	69
被疑者・被告人	96
非供述証拠	61, 74
被告人	92
——の供述	76
——の特定	44
——の取調べ	178, 181
非終局裁判	74
非常上告	85
必要的弁護事件	242
必要な処分	155
ビデオテープ	318
ビデオリンク	106
ビデオ録画	169
非伝聞	71, 284, 313
人単位説	139
表示説	93
非類型的訴訟条件	52
不一致供述（自己矛盾供述）	312, 314
不起訴処分	104
武器対等の原則	59, 92, 246
付審判請求制度（準起訴手続）	43
物的証拠	61
プライバシー	167
不利益推認の禁止	65
不利益な事実の承認	68, 272
プレインヴューの法理	31, 154
別件基準説	24, 142
別件捜索・差押え	152
別件逮捕・勾留	23, 142, 179
弁護人依頼権	6, 37, 89
弁護人の援助を受ける権利	96
弁論の分離	325
包括的代理権	97
防御権	130
傍聴人のメモ	237
法廷警察権	239
法定証拠主義	261
法廷の写真撮影・録音等	238
法律構成説	48, 209
法律的関連性	68, 252, 257, 258
法令の適用	331
補強法則	70, 276
保釈	182
補助証拠	62, 311
ポリグラフ検査	33, 259

本件基準説 ················· *24, 47, 180*
本　証 ································ *62*

ま行

ミランダ告知 ························ *187*
民事裁判上の和解への執行力 ············ *8*
無罪推定原則 ························ *184*
無罪判決 ······························ *80*
無令状逮捕 ·························· *137*
命　令 ································ *78*
メモの理論 ·························· *302*
面会切符 ······························ *39*
免　訴 ························· *336, 338*
黙秘権 ············ *6, 37, 177, 183, 185, 189*
　　──の告知義務 ···················· *186*

や行

有罪であることの自認 ··········· *68, 272*
有罪判決 ······························ *79*
優先的傍聴 ·························· *106*
優先傍聴制度 ·························· *8*
抑止効説 ···························· *321*
余罪取調べ ···················· *143, 179*
余罪の接見指定 ····················· *194*
余事記載 ······························ *46*

予断排除の原則 ················· *45, 56*
米子強姦殺人事件 ·················· *287*

ら行

立証趣旨 ···················· *72, 75, 313*
略式命令 ···························· *338*
領　置 ······················ *18, 154, 161*
類型証拠 ······················ *247, 249*
類型的訴訟条件 ······················ *52*
例外的許容説 ······················· *112*
例外的実力説 ························ *13*
令状執行 ······························ *28*
令状主義 ········ *11, 20, 21, 25, 132, 134, 146,*
　　152, 163, 166
令状審査 ························ *15, 21*
令状によらない捜索・差押え ········ *30*
令状の呈示 ···················· *28, 133*
令状の筆写 ·························· *28*
連日開廷 ························ *59, 90*
録音テープ ·························· *317*
論理則 ······························ *263*

わ行

和　解 ······························ *110*
わなの抗弁 ·························· *127*

ケイスメソッド 刑事訴訟法
2007年1月20日 第1版第1刷発行

編 著 山 口 直 也
　　　 上 田 信太郎

発 行 不 磨 書 房
〒113-0033 東京都文京区本郷6-2-9-302
TEL(03)3813-7199／FAX(03)3813-7104

発 売 ㈱信 山 社
〒113-0033 東京都文京区本郷6-2-9-102
TEL(03)3818-1019／FAX(03)3818-0344

©著者, 制作：編集工房INABA　　印刷・製本／松澤印刷
2007, Printed in Japan

ISBN978-4-7972-9118-6 C3332

日本の人権／世界の人権　横田洋三著　■ 1,600 円 (税別)

導入対話による 国際法講義【第2版】
廣部和也 (成蹊大学)／荒木教夫 (白鷗大学) 共著　　■本体 3,200円 (税別)

みぢかな 国際法入門
松田幹夫編　■本体 2,400 円 (税別)

講義国際組織入門
家　正治編　■本体 2,900 円 (税別)

国際法 ◇ファンダメンタル法学講座
水上千之／臼杵知史／吉井淳編著　■本体 2,800 円 (税別)

◆はじめて学ぶひとのための　法律入門シリーズ◆　　　［学部・LS 未修者に］

プライマリー 法学憲法
石川明・永井博史・皆川治廣 編
■本体 2,900円 (税別)

プライマリー 民事訴訟法
石川明・三上威彦・三木浩一 編

プライマリー 刑事訴訟法
椎橋隆幸 (中央大学教授) 編
■本体 2,900円 (税別)

早川吉尚・山田 文・濱野 亮 編

ADRの基本的視座
根底から問い直す "裁判外紛争処理の本質"

1　紛争処理システムの権力性とADRにおける手続きの柔軟化　　（早川吉尚・立教大学）
2　ADRのルール化の意義と変容アメリカの消費者紛争ADRを例として　　（山田 文・京都大学）
3　日本型紛争管理システムとADR論議　　（濱野亮・立教大学）
4　国によるADRの促進　　（垣内秀介・東京大学）
5　借地借家調停と法律家　日本における調停制度導入の一側面　　（髙橋 裕・神戸大学）
6　民間型ADRの可能性　　（長谷部由起子・学習院大学）
7　現代における紛争処理ニーズの特質とADRの機能理　　（和田仁孝・早稲田大学）
8　和解・国際商事仲裁におけるディレンマ　　（谷口安平・東京経済大学／弁護士）
9　制度契約としての仲裁契約　仲裁制度合理化・実効化のための試論　　（小島武司・中央大学）
10　ADR法立法論議と自律的紛争処理志向　　（中村芳彦・弁護士）

A 5 判　336頁　定価 3,780円 (本体 3,600円)

不磨書房

◆既刊・新刊のご案内◆

gender law books

ジェンダーと法
辻村みよ子 著（東北大学教授） ■本体 3,400円（税別）

導入対話による
ジェンダー法学【第2版】
監修：浅倉むつ子（早稲田大学教授）／阿部浩己／林瑞枝／相澤美智子／
山崎久民／戒能民江／武田万里子／宮園久栄／堀口悦子　■本体 2,400円（税別）

比較判例ジェンダー法
浅倉むつ子・角田由紀子 編著

相澤美智子／小竹聡／今井雅子／松本克巳／齋藤笑美子／谷口川知恵／
岡田久美子／中里見博／申ヘボン／糠塚康江／大西祥世　［近刊］

パリテの論理
男女共同参画へのフランスの挑戦
糠塚康江 著（関東学院大学教授）
待望の1作　■本体 3,200円（税別）

ドメスティック・バイオレンス
戒能民江 著（お茶の水女子大学教授）　A5変判・上製　■本体 3,200円（税別）

キャサリン・マッキノンと語る
ポルノグラフィと買売春
角田由紀子（弁護士）
ポルノ・買売春問題研究会
9064-1 四六判　■本体 1,500円（税別）

法と心理の協働
二宮周平・村本邦子 編著
松本克美／段林和江／立石直子／桑田道子／杉山暁子／松村歌子　■本体 2,600円（税別）

オリヴィエ・ブラン 著・辻村みよ子 監訳
オランプ・ドゥ・グージュ
──フランス革命と女性の権利宣言──

フランス革命期を
毅然と生き
ギロチンの露と消えた
女流作家の生涯

【共訳／解説】辻村みよ子／太原孝英／高瀬智子　（協力：木村玉絵）
「女性の権利宣言」を書き、黒人奴隷制を批判したヒューマニスト　■本体 3,500円（税別）

発行：不磨書房　TEL 03(3813)7199 ／ FAX 03(3813)7104　Email：hensyu@apricot.ocn.ne.jp
発売：信山社　TEL 03(3818)1019　FAX 03(3818)0344　Email:order@shinzansha.co.jp

不磨書房

■導入対話シリーズ■

導入対話による民法講義（総則）【第3版】 ■ 2,900円（税別）
橋本恭宏（中京大学）／松井宏興（関西学院大学）／清水千尋（立正大学）
鈴木清貴（帝塚山大学）／渡邊力（関西学院大学）

導入対話による民法講義（物権法）【第2版】 ■ 2,900円（税別）
松井宏興（関西学院大学）／鳥谷部茂（広島大学）／橋本恭宏（中京大学）
遠藤研一郎（獨協大学）／太矢一彦（東洋大学）

導入対話による民法講義（債権総論） ■ 2,600円（税別）
今西康人（関西大学）／清水千尋（立正大学）／橋本恭宏（中京大学）
油納健一（山口大学）／木村義和（大阪学院大学）

導入対話による刑法講義（総論）【第3版】 ■ 2,800円（税別）
新倉 修（青山学院大学）／酒井安行（青山学院大学）／高橋則夫（早稲田大学）／中空壽雅（獨協大学）
武藤眞朗（東洋大学）／林美月子（立教大学）／只木 誠（中央大学）

導入対話による刑法講義（各論） ★近刊 予価 2,800円（税別）
新倉 修（青山学院大学）／酒井安行（青山学院大学）／大塚裕史（岡山大学）／中空壽雅（獨協大学）
信太秀一（流通経済大学）／武藤眞朗（東洋大学）／宮崎英生（拓殖大学）
勝亦藤彦（八賀大学）／安藤泰子（青山学院大学）／石井徹哉（千葉大学）

導入対話による商法講義（総則・商行為法）【第3版】 ■ 2,800円（税別）
中島史雄（高岡法科大学）／神吉正三（流通経済大学）／村上 裕（金沢大学）
伊勢田道仁（関西学院大学）／鈴木隆元（岡山大学）／武知政芳（専修大学）

導入対話による国際法講義【第2版】 ■ 3,200円（税別）
廣部和也（成蹊大学）／荒木教夫（白鷗大学）共著

導入対話による医事法講義 ■ 2,700円（税別）
佐藤 司（元亜細亜大学）／田中圭二（香川大学）／池田良彦（東海大学）／佐瀬一男（創価大学）
転法輪慎治（順天堂医療短大）／佐々木みさ（前大蔵省印刷局東京病院）

導入対話によるジェンダー法学【第2版】 ■ 2,400円（税別）
浅倉むつ子（早稲田大学）／相澤美智子（一橋大学）／山崎久民（税理士）／林瑞枝（元駿河台大学）
戒能民江（お茶の水女子大学）／阿部浩己（神奈川大学）／武田万里子（金城学院大学）
宮園久栄（東洋学園大学）／堀口悦子（明治大学）

導入対話によるスポーツ法学 ■ 2,900円（税別）
井上洋一（奈良女子大学）／小笠原正（東亞大学）／川井圭司（同志社大学）／齋藤健司（筑波大学）
諏訪伸夫（筑波大学）／濱野吉生（早稲田大学）／森浩寿（大東文化大学）

刑事訴訟法講義【第3版】　渡辺咲子 著
◇法科大学院未修者　基礎と実務を具体的に学ぶ　　定価：本体 3,400 円（税別）